权威·前沿·原创

皮书系列为
"十二五""十三五"国家重点图书出版规划项目

BLUE BOOK

智库成果出版与传播平台

中国社会科学院创新工程学术出版资助项目

经济蓝皮书
BLUE BOOK OF CHINA'S ECONOMY

2022年中国经济形势分析与预测
ANALYSIS AND FORECAST OF CHINA'S ECONOMIC SITUATION (2022)

主　编 / 谢伏瞻
副主编 / 蔡　昉　李雪松

社会科学文献出版社
SOCIAL SCIENCES ACADEMIC PRESS (CHINA)

图书在版编目(CIP)数据

2022年中国经济形势分析与预测/谢伏瞻主编.--北京：社会科学文献出版社，2021.12（2022.1重印）
（经济蓝皮书）
ISBN 978-7-5201-9401-3

Ⅰ.①2… Ⅱ.①谢… Ⅲ.①中国经济-经济分析-2021②中国经济-经济预测-2022　Ⅳ.①F123.2

中国版本图书馆CIP数据核字（2021）第238916号

经济蓝皮书
2022年中国经济形势分析与预测

主　　编 / 谢伏瞻
副 主 编 / 蔡　昉　李雪松

出 版 人 / 王利民
组稿编辑 / 邓泳红
责任编辑 / 吴　敏
责任印制 / 王京美

出　　版 / 社会科学文献出版社·皮书出版分社（010）59367127
　　　　　 地址：北京市北三环中路甲29号院华龙大厦　邮编：100029
　　　　　 网址：www.ssap.com.cn
发　　行 / 市场营销中心（010）59367081　59367083
印　　装 / 天津千鹤文化传播有限公司

规　　格 / 开　本：787mm×1092mm　1/16
　　　　　 印　张：31.25　字　数：470千字
版　　次 / 2021年12月第1版　2022年1月第2次印刷
书　　号 / ISBN 978-7-5201-9401-3
定　　价 / 128.00元

本书如有印装质量问题，请与读者服务中心（010-59367028）联系

▲ 版权所有　翻印必究

经济蓝皮书编委会

主　　编　谢伏瞻
副 主 编　蔡　昉　李雪松
撰 稿 人　(以文序排列)
　　　　　谢伏瞻　蔡　昉　江小涓　靳　景　李雪松
　　　　　冯　明　李双双　左鹏飞　张彬斌　孙博文
　　　　　娄　峰　汪红驹　张　斌(世经政所)　徐奇渊
　　　　　王碧珺　张　平　杨耀武　祝宝良　陈昌盛
　　　　　孙学工　杨志勇　张　斌(社科大)　付广军
　　　　　张晓晶　费兆奇　曹　婧　张　明　刘　瑶
　　　　　李世奇　朱平芳　李国祥　史　丹　张航燕
　　　　　哈　悦　解三明　刘玉红　于　颖　张永生
　　　　　禹　湘　张长春　王　微　王　念　高凌云
　　　　　都　阳　张车伟　赵　文　李冰冰　黄群慧
　　　　　邓曲恒
编辑组成员　冯　明　李双双　陈星星

主要编撰者简介

谢伏瞻 中国社会科学院院长、党组书记，学部委员，学部主席团主席，研究员，博士生导师。历任国务院发展中心副主任、国家统计局局长、国务院研究室主任、河南省政府省长、中共河南省委书记；曾任中国人民银行货币政策委员会委员。1991年、2001年两次获孙冶方经济科学奖；1996年获国家科技进步二等奖。1991~1992年美国普林斯顿大学访问学者。

主要研究领域为宏观经济政策、公共政策、区域发展政策等。先后主持完成"东亚金融危机跟踪研究""国有企业改革与发展政策研究""经济全球化与政府作用的研究""金融风险与金融安全研究""完善社会主义市场经济体制研究""中国中长期发展的重要问题研究""不动产税制改革研究"等重大课题研究。

蔡　昉 中国社会科学院国家高端智库首席专家，学部委员，学部主席团秘书长，研究员，博士生导师。先后毕业于中国人民大学、中国社会科学院研究生院，经济学博士。第十三届全国人民代表大会常务委员会委员、农业与农村委员会副主任委员，"十四五"国家发展规划专家委员会委员。

长期从事中国经济问题研究，主要研究领域包括劳动经济学、人口经济学、中国经济改革与经济增长、收入分配和贫困，以及"三农"问题的理论和政策等。著有《读懂中国经济》《从人口红利到改革红利》《四十不惑：中国改革开放发展经验分享》等，发表学术论文和理论文章数百篇。获中国出版政府图书奖、孙冶方经济科学奖、中华人口奖、中国发展百人奖、中国农村发展研究奖等。

李雪松　中国社会科学院数量经济与技术经济研究所所长、研究员，中国社会科学院宏观经济研究智库主任，《数量经济技术经济研究》杂志主编，兼任中国数量经济学会会长、工业和信息化部工业经济分析专家咨询委员会成员。长期从事中国经济问题研究，主要研究领域包括宏观经济运行，经济政策效应，结构优化、效能提升与经济增长，经济社会中长期发展规划与发展战略等。

主持完成各类重大重点项目几十项，发表论文论著百余篇/部。获孙冶方经济科学奖、中国社会科学院研究生院优秀教学奖、中国社会科学院优秀科研成果奖、中国社会科学院优秀对策信息特等奖等，入选百千万人才国家级人选，享受国务院政府特殊津贴。

摘　要

2021年，在疫情防控常态化形势下，我国经济总体上表现出较好复苏态势，但在不确定不稳定的疫情和外部环境中，经济下行压力有所加大，保持经济平稳运行的风险挑战较多。2022年，应适度加大宏观政策逆周期调节力度，注重做好跨周期调节：积极的财政政策要加力提效，继续保持一定支出强度，更加注重促进产业转型升级和以人为核心的城镇化，对冲经济增长下行压力；稳健的货币政策要稳量降负，增强信贷总量增长的稳定性，引导实体经济平均融资利率下行，降低实体经济利息负担，有效应对成本推升型通胀；坚持就业优先政策，加快破除劳动力市场结构性矛盾，强化城镇就业扩容提质；努力做好保供稳价工作，切实降低企业运营成本；同时，注重加强财政、货币、产业、区域、竞争等方面政策协调，既要防止相互掣肘，也要避免政策叠加共振。

2022年，建议抓好以下重点工作：一是努力做好保供稳价工作，有效应对成本推升型通胀；二是充分挖掘国内市场潜力，加快构建新发展格局；三是提升产业链供应链现代化水平，切实增强产业体系稳定性和韧性；四是统筹有序做好碳达峰碳中和工作，稳步促进经济社会发展全面绿色转型；五是促进城乡居民收入加快增长，着力绘就共同富裕的民生底色；六是统筹发展与安全，做好重点领域风险防范化解工作；七是加快完善科技管理体制机制，不断强化科技创新能力；八是着力增强城乡区域发展协调性，促进形成城乡要素双向流动新格局；九是加快推进重点领域改革，建设更高水平开放型经济新体制。

关键词：中国经济　跨周期调节　产业链韧性　绿色转型　风险防范

目 录

全面准确认识当前经济形势　为高质量发展统筹政策布局
　………………………………………………………谢伏瞻 / 001
以2021年为基点认识中国经济 …………………………蔡　昉 / 013
中国数字经济发展的回顾与展望 ……………………江小涓　靳　景 / 021

Ⅰ 总报告

B.1 2022年中国经济形势分析与政策建议
　………………………中国社会科学院宏观经济研究智库课题组 / 001

Ⅱ 宏观走势与政策展望

B.2 疫情中的全球经济复苏和产业链安全
　………………………………………张　斌　徐奇渊　王碧珺 / 024
B.3 中国"人口转变"下的增长减缓与发展转型
　………………………………………………………张　平　杨耀武 / 039

B.4　2022年中国经济走势和政策建议 …………… 祝宝良 / 062
B.5　稳字当头应对供需双侧压力
　　　——2022年中国经济形势分析与展望 ………… 陈昌盛 / 074
B.6　中国经济形势分析、展望及政策建议 …………… 孙学工 / 084

Ⅲ　财政运行与税收分析

B.7　中国财政运行形势分析、展望及政策建议 ………… 杨志勇 / 096
B.8　中国税收形势分析与2022年展望 …………………… 张　斌 / 119
B.9　2021年中国税收形势分析与2022年展望 ………… 付广军 / 136

Ⅳ　货币金融与风险防范

B.10　中国货币金融形势分析与风险防范
　　　………………………………… 张晓晶　费兆奇　曹　婧 / 157
B.11　中国国际收支的变化、影响与展望 ……… 张　明　刘　瑶 / 184
B.12　中国股票市场回顾与2022年展望 ……… 李世奇　朱平芳 / 203

Ⅴ　产业发展与低碳转型

B.13　中国农业经济形势分析、展望与政策建议 ………… 李国祥 / 224
B.14　中国工业经济形势分析、展望与政策建议
　　　……………………………………………… 史　丹　张航燕 / 242
B.15　工业信息化经济运行分析与2022年发展趋势研判
　　　……………………………………………… 哈　悦　解三明 / 257

目　录

B.16 服务业发展形势分析、展望及政策建议 …………刘玉红 / 267

B.17 当前中国服务业的发展特征及高质量发展的

　　　 政策建议………………………………………于　颖 / 287

B.18 中国碳中和的战略与实现路径……………张永生　禹　湘 / 305

Ⅵ　投资、消费与对外贸易

B.19 投资形势分析与2022年展望…………………………张长春 / 316

B.20 消费市场形势分析与2022年展望 ………王　微　王　念 / 326

B.21 中国外贸形势分析与2022年展望 ……………………高凌云 / 345

Ⅶ　就业、收入与共同富裕

B.22 就业优先战略应充分考虑青年就业问题 ……………都　阳 / 360

B.23 中国国民收入分配形势分析与政策建议

　　　 ……………………………………张车伟　赵　文　李冰冰 / 375

B.24 以改善收入和财富分配格局扎实推进共同富裕

　　　 ………………………………………………黄群慧　邓曲恒 / 397

Abstract ……………………………………………………………… / 421
Contents ……………………………………………………………… / 423

皮书数据库阅读**使用指南**

全面准确认识当前经济形势
为高质量发展统筹政策布局

谢伏瞻 *

2021年是"十四五"开局之年，面对复杂多变的外部环境和疫情点状散发的新形势，以习近平同志为核心的党中央坚持稳中求进工作总基调，科学统筹疫情防控和经济社会发展，我国经济总体上表现出较好的复苏态势，经济高质量发展和结构转型升级取得了新的成效，为整个"十四五"时期经济社会发展主要预期目标的实现打下了良好基础。2022年将召开中国共产党第二十次全国代表大会，是党和国家事业发展中具有重大意义的一年，做好经济工作至关重要。正确认识当前经济形势，对于把握新发展阶段，贯彻新发展理念，构建新发展格局，统筹制定落实好各项政策，持续推动经济高质量发展具有重要意义。要全面准确认识当前经济形势，统筹好各项政策布局，着力推动经济高质量发展，以优异成绩迎接党的二十大胜利召开。

一 我国经济总体保持恢复态势

2021年，全球经济在经历了新冠肺炎疫情的历史性冲击之后开始走出衰退，主要发达国家和新兴市场经济体均呈现出不同程度的复苏态势。然而，新冠肺炎疫情笼罩在全球经济上空的阴霾仍未散去，病毒变异导致传染力更强、传播路径更加隐秘不定，部分中低收入国家疫苗供给短缺、接种进度缓慢，一些地区确诊感染人数再创新高，加之大宗商品价格上涨、海运运力不

---

* 谢伏瞻，中国社会科学院院长、党组书记、学部主席团主席，主要研究方向为宏观经济政策、公共政策、区域发展政策等。

足、芯片等关键零部件供应链紧张、国际宏观政策协调困难加大等问题，也进一步加剧了世界经济复苏前景的不确定性。

面对严峻、复杂的新形势，以习近平同志为核心的党中央坚持稳中求进工作总基调，科学统筹疫情防控和经济社会发展，一方面有序做好点状疫情防控，有效推进疫苗接种进度，逐步优化疫情防控策略，为经济社会发展营造平稳安定的大环境；另一方面促进经济朝着更加稳固、更加平衡的方向持续恢复，并在确保经济短期运行在合理区间的同时，着力通过改革、开放、创新等手段激发新动能，助力中长期经济持续健康高质量发展。

2021年，我国经济总体上表现出较好的复苏态势，经济增速在全球主要经济体中继续位于前列，经济高质量发展和结构转型升级取得了新的成效，这些成绩为整个"十四五"时期经济社会发展主要预期目标的实现打下了良好基础。

一是经济增速在主要经济体中继续保持领先地位。2020年，在主要国家经济普遍负增长的情况下，我国实现了2.3%的增速，可谓一枝独秀；2021年我国GDP实际增速预计达到8%左右，根据国际货币基金组织（IMF）的预测，仍将高于世界其他绝大部分主要经济体。受益于制造业较强的韧性，2021年我国出口继续保持较高增速，工业生产持续增长，制造业在GDP中所占比重有所提升，其中高技术制造业增长更为突出。信息传输、软件和信息技术、科学研究和技术服务等现代服务业的增长势头也较为亮眼。

二是就业形势在市场力量拉动下整体平稳。全年城镇新增就业目标提前实现，调查失业率保持在预期目标值以内。灵活就业人群保障范围和力度加大、农民工欠薪基本清零、劳动纠纷化解效率提高，各类劳动者合法权益得到更好保护。

三是科技创新支撑引领作用得到增强。我国在世界知识产权组织"全球创新指数"排名中的位次提升至第12位，实现了自2013年以来连续九年稳步提升。科技创新对产业升级和消费升级的带动作用有所增强。在新技术的带动下，先进制造业和现代服务业呈现良好的发展势头，电子信息制造等数字经济核心产业继续保持高增速；消费结构升级步伐加快，商品消费逐步从低端迈向中高端，新能源汽车、智能家电等消费较为旺盛。

四是营商环境改善激发市场主体活力。市场主体活力既是经济高质量发展的一种外在表现，也是持续推进高质量发展的重要基础。近年来，我国先后推出市场准入负面清单制度、减税降费、商事登记制度改革、优化营商环境等多项改革举措，2021年在此基础上又推出了金融让利、阶段性税收缓缴等政策，持续激发和保护市场主体活力。多个省市积极制定并实施"链长制"方案，靶向瞄准产业链供应链上的断点、堵点、难点，贯通产业链上下游关键环节，也有助于稳定产业链上相关市场主体的信心和预期。

五是多措并举推动经济社会发展全面绿色转型。在经济恢复的特殊时期，我国体现出了高度的定力，坚决遏制"两高"项目盲目发展，大力推动重点行业领域节能降碳，扎实推进绿色低碳循环经济体系建设。2021年10月，中共中央、国务院印发了《关于完整准确全面贯彻新发展理念做好碳达峰碳中和工作的意见》，对碳达峰碳中和工作进行了全面系统部署；国务院印发《2030年前碳达峰行动方案》，为下一步推出分行业分领域碳达峰实施方案、加快形成碳达峰碳中和"1+N"政策体系奠定了基础。

在保持经济平稳运行和高质量发展的同时，2021年以来一系列深化改革和扩大开放的举措落地生效，改革开放持续推进。在深化改革方面，全国碳排放权交易市场上线，北京证券交易所注册成立，防止资本无序扩张和反垄断力度加大，教育"双减"得到人民群众普遍好评，科研经费自主权提升改革为科技创新释放活力，《农村土地经营权流转管理办法》发布实施。在扩大对外开放方面，2021年我国完成了RCEP协定的核准程序，并正式提出申请加入CPTPP；拓展了服务业扩大开放综合试点的范围，加快落实海南贸易港贸易便利化。我国在能力允许的范围内积极向有需要的国家供应疫苗、捐助抗疫物资，支持国际社会抗击疫情。

二　当前需要重点关注的问题及应对

与此同时，也要清醒地认识到，当前我国经济运行中仍面临一些问题和挑战，须加以重点研究和应对。

（一）海外疫情反复加剧产业链供应链风险，须加强顶层设计主动应对全球产业格局调整

新冠肺炎疫情对全球产业链供应链的影响持续且复杂，对疫情控制能力的差异导致国家间生产恢复显著分化。受益于有效的疫情防控及强大的生产配套能力，我国产业链供应链恢复速度较快，产业链供应链韧性经受住了考验，并加速升级；但芯片短缺、电力不足、大宗商品价格高涨、国际海运运力紧张等问题增加了产业链供应链保持稳定性、完整性的难度。当前，全球产业呈现向分散化、多元化、地区化、本土化发展的趋势，使得未来一段时期我国产业链供应链挑战与机遇并存。应加强顶层设计和统筹规划，加快推动产业链供应链优化升级。

一是集中力量强基础、补短板，防止关键领域的"断链"风险。充分发挥举国体制与市场机制的作用，增加对创新和基础研究的激励，加快关键领域零部件、技术等研发，增强产业链供应链自主可控能力。二是畅通国内大循环固优势、促协同，利用产业集群发展稳定产业链。加快推进产业链现代化建设，畅通国内大循环，有序推进区域产业转移和协同发展，通过提升产业集群的分工协作水平稳定国内产业链。三是深化开放稳预期、促合作，共享中国大市场的产业升级红利。扩大贸易、投资等领域开放，落实好RCEP协议，积极参与CPTPP等框架下的国际合作，用更加开放、包容的姿态吸引外资持续分享中国产业升级机遇。

（二）国际大宗商品涨价势头尚未根本遏制，须针对性缓解下游中小微企业成本压力

2020年下半年以来，受全球绿色低碳转型、大宗商品供需失衡、发达国家流动性宽松、国际海运运力紧张等因素叠加影响，国际大宗商品价格持续上涨，这种局面在2021年进一步加剧，国内电力、煤炭等领域甚至出现了阶段性供应紧张。近期，随着一系列保供稳价政策措施的落实，煤炭等国内定价的大宗商品价格已高位回落；然而部分国际定价的大宗商品价格仍居高位，涨价势头尚未得到根本遏制。本轮大宗商品价格上涨涉及面广、关联度高、成因复杂，对下游行业和中小企业的成本冲击不容低估。

为应对大宗商品价格上涨带来的持续性影响，持续提升实体经济发展质效，要针对性缓解下游中小微企业成本压力。一是要精心谋划、周密部署，持续做好大宗商品保供稳价工作，进一步强化期现货市场联动监管。加快构建应对大宗商品价格异动的长效机制，提高应对 PPI 高位运行的能力。加强国际合作、提升海运运力，积极推进大宗商品进口多元化和贸易渠道稳定化。二是要积极行动、综合施策，在落实已定减负降本政策的同时，加快制定有针对性的政策举措，缓解本轮大宗商品价格上涨对中小微企业的成本冲击。统筹协调发挥各方优势，持续优化营商环境，切实提高中小微企业生存和发展能力。三是强化保障、做好引导，加强相关部门和单位的沟通对接，密切协作配合形成工作合力，保障电力平稳有序供应。坚持政府引导、市场运作，促进技术、资本、人才等资源更多流向实体经济，增强实体经济发展的韧性与动力。

（三）碳中和碳达峰理念深入人心，实现路径与相关政策体系有待细化完善

碳中和、碳达峰目标提出以来，全国各地积极响应，加快推进减碳工作。但对照中共中央、国务院最近出台的《关于完整准确全面贯彻新发展理念做好碳达峰碳中和工作的意见》（以下简称《意见》），发现仍然存在一些问题：一是部分地方和行业性政策系统性、科学性和公平性不足。一些地区和行业忽视地区和行业的差异性，简单对照国家的"双碳"目标，将长期目标短期化，甚至影响了地区经济正常运行和民生保障。二是统计监测体系和标准体系有待完善。目前尚缺乏全国统一且具有权威性的碳排放核算监测体系和绿色低碳评价标准体系，影响"双碳"目标的落实。三是财政金融等方面支持碳中和、碳达峰的政策创新力度不够。财政支持精细化和精准化有待加强，绿色金融体系尚未建成。

下一步，应在落实《意见》要求的基础上，重点做好以下几方面工作：一是加快研究制定碳达峰碳中和"1+N"政策体系中的"N"，为各地区和各行业更好落实《意见》要求提供更为具体的依据，合理引导市场预期，提高

"双碳"政策体系的系统性、科学性和公平性。二是加快完善碳排放相关的统计监测和标准体系，构建全国—地区—行业多维度统一的碳排放监测和核算体系，出台多尺度低碳标准，为"双碳"工作提供标准化支撑。三是加大"双碳"政策创新力度，鼓励财政、金融等领域创新"双碳"政策工具，出台靶向"双碳"政策，提升"双碳"工作效率。

（四）数字经济规模持续壮大，对数字经济治理体系与治理能力提出了更高要求

近年来，我国数字经济规模持续壮大，人工智能、区块链等技术创新能力不断提升，"三新"等数字经济活动不断丰富，数字技术在抗击疫情和恢复生产生活中的重要作用得到进一步发挥，数字贸易成为我国外贸发展新亮点。与此同时，资本无序扩张、不正当竞争和垄断问题也逐渐显现，制约了数字经济高质量发展。

为推动我国数字经济健康有序发展，要坚持规范监管和促进发展并重。一是加强数字经济关键核心技术攻关。充分发挥新型举国体制优势和超大规模市场优势，优化科研力量配置、推动创新资源共享，加快攻克数字经济领域"卡脖子"技术。要充分调动重点企业包括民营企业的积极性，切实增强数字技术基础研发能力，尽快把握数字经济发展自主权。二是完善数字经济治理体系。加快构建面向数字经济业态的新型监管体系，建立健全涉及市场准入、公平竞争、国家安全的制度安排。完善相关部门监管职责，形成监管合力，实现事前事中事后全链条全领域监管。三是将平台监管与行业自律有机结合，加快提高监管技术和手段现代化水平，推动平台企业就平台治理、风险防范、反垄断与反不正当竞争、平台用户权益保护、数据安全保障等问题积极落实主体责任，保障各方主体合法权益。

（五）发达经济体宏观政策调整可能产生外溢风险，应坚持以我为主灵活实施国内宏观政策

发达国家宏观政策调整是影响2022年国际金融市场与世界经济的一个

重要变量，可能对我国产生外溢风险。疫情暴发之后，美欧等发达国家实施了历史性的扩张性财政政策和超宽松货币政策，导致全球流动性泛滥，一些发达国家股价、房价以及加密货币等资产价格创下新高，全球债务也再度创出历史新高，国际金融市场的脆弱性明显增强。根据美联储最近一次议息会议的政策公告，缩减购债计划（Taper）2021年末2022年初即将启动。尽管Taper并不意味着政策利率调整，但历史经验表明此举可能引发美元回流，抬高美元币值和美国国债利率，从而改变大类资产定价基准，届时一方面可能触发国际金融市场上前期积累的风险，引发资产价格震荡；另一方面可能引发新兴市场经济体资本外流和汇率贬值风险，甚至造成部分新兴市场国家陷入经济危机。此外，美国将于2022年11月举行中期选举，两党围绕中期选举的角逐和博弈从2021年底开始逐步升温，在此期间美国宏观政策不确定性也会显著增大。

对此，我国应坚持以我为主，灵活实施国内宏观政策。一是密切跟踪研究主要发达国家尤其是美国的经济增长、就业、通货膨胀和资产价格变化，对其宏观政策调整可能产生的外溢效应进行沙盘推演，准备政策预案。加强宏观政策国际协调与沟通。二是坚持以我为主实施国内货币政策。面对中美经济周期错位、增速差收窄的格局，适度调高稳增长在宏观政策制定中的权重，避免货币政策跟随美联储被动收紧，避免人民币一揽子汇率跟随美元指数被动升值。三是在美联储调整货币政策的窗口期，要审慎做好资本项目管理，防止热钱大规模流入流出冲击国民经济。保持人民币汇率在合理均衡水平上基本稳定，增强人民币汇率双向波动弹性，避免短期内陷入资本流出与人民币汇率贬值恶性循环。四是密切跟踪分析外需外贸形势以及外贸企业经营情况，及时动态调整应对措施，巩固疫情期间新增的海外市场。

（六）统筹发展与安全，做好重点领域风险防范化解工作

当经济面临下行压力时，金融风险往往也容易加速暴露，因而防范化解重大金融风险的工作就变得更为重要。具体到2022年：首先，部分房地产企业债务问题仍较为严重，须重点关注房地产市场降温可能引发的尾部风险。

尽管恒大事件目前已处于妥善应对和化解之中，但其在房地产投融资领域造成的震荡还在发酵之中，影响将持续到未来一段时期。恒大事件加深了金融市场对高负债房地产开发企业的担忧，部分杠杆率偏高、信用指标偏弱的房企信用利差上升，再融资难度上升；同时也引发了部分城市购房者的房价下跌预期和观望情绪，进一步加剧房企的销售回款压力和新增投融资意愿。除恒大之外，还有其他一些房地产企业，尤其是地方中小型房企，也面临较为严重的债务问题，未来一段时期存在风险暴露的可能。房地产相关产业链条长、上下游带动能力强，因而在降温过程中对经济增长的拖累具有乘数效应，应引起关注。特别是对于土地出让收入依赖度较高的地区，一方面房地产销售、土地出让、基建投资之间的联动循环会受到冲击，另一方面可能触发地方财政收支平衡压力、隐性债务风险和中小银行风险相互传导叠加的区域性财政金融尾部风险。

此外，部分地区与行业在转型发展过程中面临的融资接续困难也需引起足够重视。部分经济基本面和财政实力偏弱的地区社会融资总量下降较快，地方政府隐性债务风险仍然突出。民营企业和社会资金参与专项债项目和城投公司项目的积极性有待被进一步激励。在绿色低碳转型背景下，部分高耗能行业融资条件恶化，市场预期模糊导致相关领域企业融资难度骤增，融资成本明显上升，与绿色低碳转型相适应的绿色金融服务体系亟待加快完善。

（七）全面正确认识共同富裕发展目标，在高质量发展中扎实推进共同富裕

共同富裕具有长期性、艰巨性、复杂性，等不得也急不得，要循序渐进、脚踏实地、久久为功。共同奋斗是实现共同富裕的根本途径，要鼓励通过勤劳创新创业合法致富、先富带后富；要在不断做大"蛋糕"、在高质量发展中推动共同富裕，决不搞"杀富济贫"。共同富裕不是政府大包大揽，既要尽力而为，把关系到群众切身利益的事情扎实办好，也要量力而行，不吊高胃口，不办"过头事"。

要持续深化收入分配制度改革，完善"提低、扩中、限高"有效路径，

增加低收入群体收入、着力扩大中等收入群体、合理调节高收入。要重视区域差距尤其是南北差距不断扩大的问题，着力发挥南北比较优势、深化市场化改革、优化营商环境、培育发展新动能，提高南北发展的平衡性协调性包容性。要深入推进"以人为核心"的新型城镇化，完善农民工市民化的合理成本分担机制，保障农民工平等享有城镇基本公共服务权利。要加强薄弱环节、补短板，更加注重向农村、基层、欠发达地区倾斜，向低收入群体、困难群众倾斜，推动基本公共服务均等化。要强化农民职业技能培训，促进农村基础教育优质均衡发展，不断培育内生发展动力、消除"代际传递"不平等。要发挥浙江共同富裕示范区引领作用，构建共同富裕评价指标体系，做好试点地区有关指标测度和评价工作。

三 2022年的宏观政策选择

2022年将召开中国共产党第二十次全国代表大会，是党和国家事业发展中具有重大意义的一年。做好经济工作，要以习近平新时代中国特色社会主义思想为指导，全面贯彻党的十九大和十九届三中、四中、五中、六中全会精神，坚持稳中求进工作总基调，立足新发展阶段，贯彻新发展理念，构建新发展格局，以推动高质量发展为主题，以深化供给侧结构性改革为主线，以改革创新为根本动力，以满足人民日益增长的美好生活需要为根本目的，坚持系统观念，更好统筹发展和安全，统筹推进稳增长、促改革、调结构、惠民生、防风险等各项工作，增强产业链供应链韧性，科学精准实施疫情防控和宏观政策，坚持扩大内需战略，稳步推进经济绿色转型，强化科技战略支撑，持续为经济高质量发展激发新动能，扩大高水平对外开放，保持社会和谐稳定，以优异成绩迎接党的二十大胜利召开。

在对未来一段时期经济形势进行分析研判的基础上，综合考虑短期宏观调控和中长期经济高质量发展需要，为促进我国经济恢复更加稳固和平衡并为高质量发展激发新动能，2022年应适度加大宏观政策逆周期调节力度，注重做好跨周期调节，加强各项政策之间的统筹协调。

（一）积极的财政政策要加力提效，保持一定支出强度，注重优化支出结构，促进产业转型升级和居民就业增收

2021年受益于上游行业价格上涨、盈利能力增强，全国财政收入实现超预期增长，相较而言，财政支出的进度和强度则有所不足。在经济增速放缓压力加大的背景下，应保持一定的财政支出强度，有效对冲私人部门下行压力。同时，积极财政政策应优化财政支出结构：一是加大对"两新一重"建设、技术改造、产能绿化等领域的支持力度，加快推进"十四五"规划重大工程项目建设，引导企业加大技术改造投资，通过财政支出助力供给侧固本培元。二是扩大教育、文化、体育、养老、医疗等公共服务供给，提高公共服务品质，促进以人为核心的城镇化。三是在保市场主体的基础上，更加注重促进居民就业增收，突出普惠性，加大对低收入困难家庭支持力度，带动和激发有效最终需求合理增长。

（二）稳健的货币政策要注重稳量降负，增强信贷总量增长的稳定性，引导平均融资利率下行，降低实体部门利息负担

当前我国PPI涨幅偏高、CPI较为温和，这种工业领域结构性通胀格局主要是由国际大宗商品价格上涨推动所致，不宜采取紧缩性货币政策来应对，而应主要做好重点领域保供稳价工作。货币政策一是应高度重视当前企业信贷意愿不足和社会融资规模增速放缓的情况，缓解信贷需求端的不合理约束，适度提高市场化高效能主体的信贷意愿，避免信贷增速和社会融资规模增速过快下滑。增强对商业银行尤其是中小银行发行永续债的支持力度，提高银行体系信贷投放能力。二是合理引导实际贷款利率进一步降低，有效降低实体经济存量债务利息负担，缓解大宗商品价格上涨、劳动力市场结构性错配等因素对实体经济尤其是中小微企业造成的成本上升压力。三是有序推进碳减排支持工具落地生效，为生产和使用清洁能源、促进节能环保、开发运用碳减排技术等经济活动提供适宜的低成本资金，助力实现碳达峰碳中和目标。四是坚持以我为主实施国内货币政策，灵活应对美联储货币政策调整的外溢效应。

（三）坚持就业优先政策，加快破除劳动力市场结构性矛盾，促进就业扩容提质

就业是民生之本，在宏观调控各项政策中要更加突出就业导向，并以就业为优先目标促进各类政策更好协调。当前，我国劳动力市场仍然存在劳动力技能结构与市场需求结构不匹配、部分制造业企业招工难与部分青年群体就业难矛盾并存、青年大学生就业质量不高和隐性失业等问题。应着力扩大劳动力市场的就业容纳能力，在产业升级过程中增强创造高质量就业岗位的能力。促进制造业与高等教育、职业教育、技能培训的互动融合，增强制造业就业机会对青年劳动者的吸引力，缓解制造业招工难问题。在公共就业服务方面，应增进政策的普惠性和精准性，一是将高校毕业生、农民工、退转军人、失业群体、就业困难人群等作为就业政策关照的重点，注重提升劳动技能和激发就业积极性，避免养懒人；二是加快消除各种就业歧视，把吸纳已育妇女就业情况纳入对企业履行社会责任的考察；三是优化失业保险基金支出结构，更好发挥各类公共资金的就业促进作用。

（四）长短结合，激发高质量发展新动能

当前，我国经济处于从高速增长向高质量发展转换的关键时期，推动经济高质量发展的根本，在于激发和蓄积更多新动能。一是充分发挥科技创新支撑引领作用，增强创新驱动发展的能力。加快构建和发挥新型举国体制优势，推进国家战略科技力量体系建设，聚焦关系国家安全和发展的重大科学问题、工程技术难题和产业链瓶颈问题，推动集成电路、6G网络、量子计算机等关键领域核心技术实现重大突破。加快完善科技管理体制机制，优化基础研究和基础应用研究支持体系，健全科技人才培养与激励机制，持续推进政产学研用深度融合。二是加快推动数字经济与实体经济融合发展，赋能传统产业数字化智能化升级。实施数字经济领域关键核心技术攻坚，牢牢掌握数字经济发展自主权。加快数字基础设施建设步伐，稳步推进传统基建数字化改造升级，夯实数字经济发展底座。推动数字技术与实体经济深度融合，

促进数字经济向相关上下游产业链延伸,充分发挥数字经济对传统产业数字化智能化升级的动力引擎作用。同时,坚持发展与监管并重,加快构建面向数字经济业态的新型监管体系,增强数字经济发展的规范性和有序性。三是加快推进绿色低碳循环发展经济体系建设,不断增强绿色发展内生动力。把碳达峰碳中和目标纳入经济社会发展全局,加快构建碳达峰碳中和"1+N"政策体系。加快建立绿色低碳的生产体系、流通体系、消费体系,大力发展绿色低碳产业,持续推进产业结构、能源结构、交通运输结构绿色低碳转型。探索建设碳达峰碳中和先行示范区,发挥引领带动作用。四是持续优化提升营商环境,为高质量发展激发活力和动力。持续深化"放管服"改革,构建亲清政商关系,为激发市场主体的积极性、能动性、创造性营造良好政策环境。培育和促进"专精特新"企业发展,鼓励和引导各类市场主体聚力技术改造、坚持专业深化、努力开拓创新,不断为经济持续高质量健康发展夯实基础。

最后,除了做好各项政策自身的研究设计之外,当前还应特别注重加强财政政策、货币政策与产业政策、竞争政策等的统筹协调。宏观经济管理部门一方面要在总体层面把握好各项政策出台的节奏节点,避免一段时期内多项可能产生紧缩效应的政策过于密集地推出;另一方面也要充分研判不同政策可能产生的交互作用,既要防止相互掣肘,也要避免政策叠加共振。

以 2021 年为基点认识中国经济

蔡昉[*]

在 2020 年中国率先世界各国控制住新冠肺炎疫情大流行，经济迅速复苏并实现正增长的基础上，虽然面对着严峻复杂的全球疫情和世界经济环境，以及在经济复苏过程中出现的各种挑战，但 2021 年的中国经济仍然保持了较快增长，国内生产总值之外的各项宏观经济指标也符合预期。鉴于 2021 年对于中国经济发展具有多重的重要性，既是疫情后实现经济增长常态化的巩固之年，也是"十四五"乃至进入新发展阶段的开局之年，处于一个长期目标与短期任务的汇合点，更好理解这一年的经济增长特点，分析存在的问题及背后原因和政策含义，具有承上启下的意义，可以得到温故知新的启发。

一 经济复苏的趋势和特点

从宏观经济基本指标来看，2021 年是良好实现疫情后经济复苏，逐步回归经济增长常态的一年，表现在疫情防控稳妥有效、供给和需求诸因素明显改善、宏观经济总体健康、"六稳""六保"效果突出等方面。实际经济增长速度总体符合潜在增长能力，是值得充分肯定的复苏成绩。虽然在存在下行压力的情况下，经济学界有一种担心，即 2020 年和 2021 年两年的实际平均增长率可能达不到潜在增长率，其实这种担心并不必要。2020 年取得战疫胜利，中国经济实现了全世界主要经济体中唯一的正增长，已经是了不起的成绩，2021 年经济增长回归潜在增长率是正常的，从长期、健康和可持续的角

---

[*] 蔡昉，中国社会科学院原副院长，中国社会科学院国家高端智库首席专家，学部委员，研究方向为劳动经济学、人口经济学。

度来看，无须追求两年实际平均增长率达到潜在增长率，因为那样的话，实际上2021年实际增长率已经超过了潜在增长率。

2021年中国经济增长也表现出一些突出的特点，既有复苏过程中的不可避免性，从某些方面也提出一定的警示，值得总结和关注。特点之一是经济增长速度表现出前高后低的趋势。这在某种程度上，是由中国经济与发达经济体特别是美国在应对疫情冲击时采取政策的差异，以及经济复苏时间的错位造成的。一方面，中国较多通过保市场主体来保就业和保民生，发达国家则对遭受疫情冲击的劳动者和居民家庭进行直接补贴；另一方面，中国控制住疫情的时间远远早于发达经济体和世界上其他地区，因而在经济恢复过程中，中国供给侧超前于需求侧，而发达国家具有供给侧滞后于需求侧的特点。

总体来说，各国的经济复苏都具有不平衡性。而中国复苏中的不平衡性主要表现在经济增长的需求拉动较大程度上依靠出口和投资因素，消费需求的拉动作用相对羸弱。利用能够获得的出口机会和投资空间，尽快回到经济增长常态上，固然是明智且应有的选择，同时，在内外部环境都发生变化的情况下，中国经济增长从前期的速度上逐渐降下来，也是合乎逻辑的，关键在于后续政策如何因时调整。从这个意义上，认识中国经济复苏的重要特点及其可能产生的对增长可持续性的影响，是十分必要的，也恰恰是2021年能够为我们提供温故知新的机会。在中国经济回归增长常态的过程中出现的不平衡，可以从就业状况和物价水平等重要的宏观经济指标进行观察、分析并引申政策含义。

二 经济复苏的不平衡特点

通过保居民就业、保基本民生、保市场主体、保粮食能源安全、保产业链供应链稳定和保基层运转，宏观经济政策良好地应对了新冠肺炎疫情对经济的冲击。"六保"在内容上的逻辑是一致的，相互之间也具有促进关系。但是，政策的执行在不同时期总是各有抓手、各有重点，在执行各项任务和运用各种手段之间要实现充分的协同，既有难度也需要因时因地而进行转换。例如，保市场主体是为了保就业和基本民生，在疫情冲击的早期十分重要，也确实取得了卓著的成效。城镇调查失业率在 2020 年 2 月达到最高点 6.2% 后，就逐渐下降且一直没有发生明显的反弹（见图 1）。中国城镇的自然失业率大约为 5%，所以，总体上可以说已经消除了周期性失业的严重困扰。在疫情发生和初步得到控制的那个特殊困难时刻，做到这一点既难能可贵也至关重要。

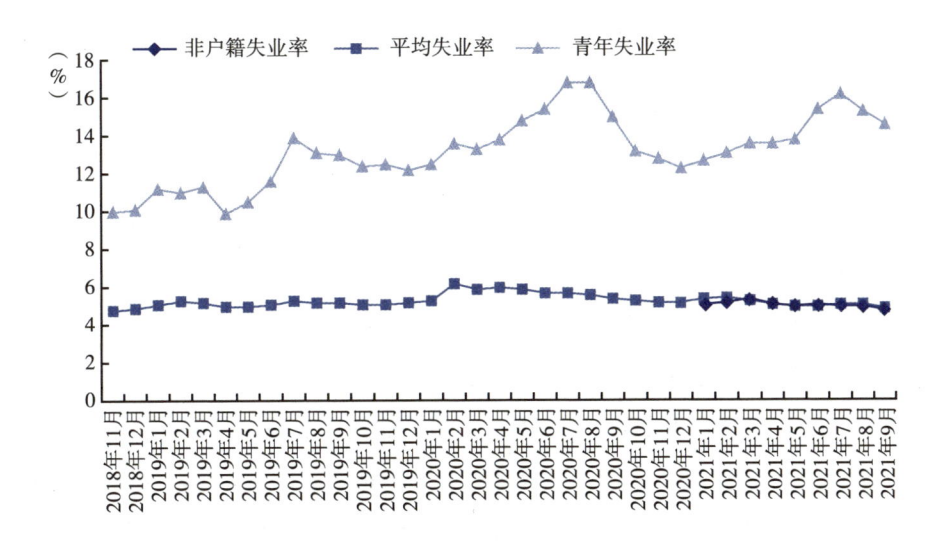

图 1　中国城镇调查失业率

资料来源：国家统计局网站，https://data.stats.gov.cn/easyquery.htm?cn=A01。

然而，城镇调查失业率数据常常并不能充分反映劳动力市场状况。在美国，人们长期失业而失去信心、不再寻求工作的现象，被经济学家叫作"沮丧的工人效应"，所以宏观经济决策者常常在失业者之外，再加上就业不足及因沮丧退出劳动力市场的人员，作为计算失业率的分子。在中国，与此相关的主要问题是城镇调查失业率无法反映农民工独特的"退出"劳动力市场行为。由于农民工没有改变户籍身份和登记地，也未能在工作所在地被社会保障体系充分和均等地覆盖，一旦因宏观经济波动而失去工作，他们要么选择以较低的保留工资尽快找到新工作，要么回到户籍所在地（往往是家乡的村镇）。

总的结果是，由于农民工对失业的承受力显著弱于城镇户籍人口，他们在城市劳动力市场上处于失业的状态并不常见。这部分统计意义上的城镇常住人口和就业者，虽然已经占到城镇人口的29%和城镇就业的40%以上，但多数并没有被纳入登记失业的统计范围，也常常不在城镇失业调查的样本中，或者在遭遇就业冲击时便回到家乡，因此他们的就业状况，在统计上不会对城镇失业率产生值得关注的影响。虽然从统计数据上看不出这些非户籍人口有更高的失业率，但是并不意味着他们没有受到劳动力市场冲击。相反，疫情期间农民工实际上承受了最严重的就业冲击。

国家统计局公布的16~24岁人群的调查失业率即青年失业率，在一定程度上可以弥补总体失业率指标的不足，更好地反映劳动力市场状况。从图1可见，除了青年失业率大幅度高于平均失业率之外，青年失业率在2020年显著高于2019年及以前的水平，超过平均失业率的幅度也趋于增大。这些特点在2020年7~9月高峰时更为突出。2021年青年失业率也保持在高位，并且7~9月的高峰期也如期而至，同样高于疫情前的同期水平。就业损失导致居民收入损失，就业恢复不充分也导致收入不能得到充分恢复。这既反映为消费复苏缓慢、服务业复苏滞后，以及消费者价格上不去的短期周期现象，也很可能成为消费不足、需求制约长期经济增长的新常态的开始。

另一个类似的表现是通货膨胀率的低迷，特别是大宗产品价格和生产者价格指数传导不到消费者价格指数上，并且总体呈现方向不一致的变化。大宗商品价格的大幅度上涨，以及发达经济体的通货膨胀，一方面对中国产生冲击，另一方面却难以推动国内消费者价格上涨。中国促进经济复苏的政策举措具有注重基础设施建设和投资领域，以及保护市场主体等特点，使得生产领域特别是第二产业的经济活跃度较快恢复，同时造成中国经济复苏具有复产先于复工、生产先于消费、供给先于需求等不平衡性特点。于是，不仅工业生产者价格指数与居民消费价格指数的走向不一致，生产资料工业生产者出厂价格指数与生活资料工业生产者出厂价格指数的走向也不一致。

三 实现短期目标与应对长期挑战

经过 2021 年的经济复苏及其成果的巩固,中国经济总体而言已经进入疫情后时期。于此之时,也需要根据疫情后时期的国内外环境变化,完善宏观经济政策,促进经济复苏及其增长的平衡性。政策目标应该着眼于阻断经济面临的长期不利因素与短期冲击效应之间的关联。我们先来看这一命题是如何产生的。经验表明,在过去的金融危机、经济衰退或其他类型的短期冲击发生之后,原本朝着某个方向发生缓慢变化的长期趋势,会因短期的冲击而发生变化,这种变化不一定是中断以往的趋势,更可能是加速这个趋势。在宏观经济研究领域存在所谓的"冲击延滞效应"(hysteresis),即一个时期的潜在经济增长能力与此前发生过的各种周期性中断有关。这也是为什么美国试图营造一个"高压经济",不惜承受更大的通胀压力,以避免不利的"冲击延滞效应"。

就中国而言,这种"冲击延滞效应"有可能导致潜在增长率进一步降低。为了增强宏观经济政策的针对性,需要我们更清晰地认识中国经济下行趋势的特征,对以下问题做出更好的判断。第一,2021 年下半年开始显现的经济下行,是不是一种长期趋势的提前到来?第二,在应对经济冲击中,如何与时俱进地完善政策思路及其实施手段,以便协调好必要的平衡关系?第三,在贯彻落实党中央重大战略决策和总体思路中,政策工具如何部署才能做到坚定推进?在稳中求进工作总基调的统领下,既有只争朝夕的节奏,又有久久为功的耐心?弄清楚并明确回答这些问题,面对各种风险挑战才能真正做到对症施策。

第七次全国人口普查后的数据显示,人口出生率和人口自然增长率持续降低,2020 年再创新低。例如,人口自然增长率从 2010 年的 4.79‰ 下降到 2020 年的 1.45‰,日益趋近于零增长(见图 2)。按照这个趋势,2025 年之前中国人口即将达到峰值,并于之后呈负增长。人口老龄化水平也达到一个新的高点,65 岁及以上人口为 1.91 亿,占全部人口的 13.5%;60 岁及以上人口更高达 2.64 亿,占全部人口的 18.7%。这个趋势对未来经济增长会产生一个新的潜在冲击效

应。如果说2010年劳动年龄人口达到峰值及其随后的负增长，带来的是供给侧冲击，导致潜在增长率降低的话，总人口达到峰值及其随后的负增长将带来需求侧特别是消费冲击，对中国经济实现潜在增长率提出巨大挑战。

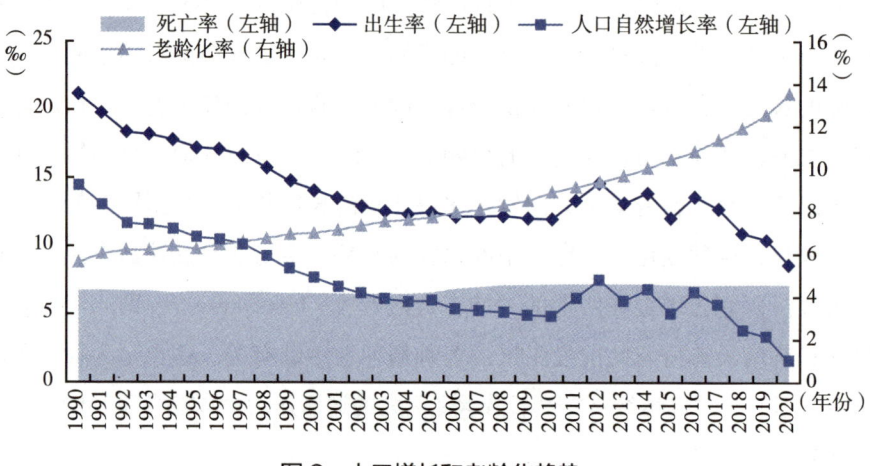

图2　人口增长和老龄化趋势

资料来源：国家统计局网站，https://data.stats.gov.cn/easyquery.htm?cn=A01。

随着人口老龄化加速，特别是临近人口峰值，中国经济增长的需求侧制约越来越明显。供给侧影响潜在增长率的因素都在弱化，以及短期出口的拉动效应终将减弱，近年来统计数据也显现出过度储蓄（储蓄大于投资）等总需求变弱的趋势。中国亟待防止由需求不足导致经济增长率低于潜在增长率的情形，或者靠刺激政策维持增长速度的情形。尤其是需要避免这种趋势与前述疫情后复苏过程中就业尚不充分、居民收入增长趋缓，从而消费乏力并且后劲不足的短期挑战相会，产生双重不利效应。为此，应该在政策导向中予以突出强调。

四　促进宏观经济政策目标的平衡

早在2020年上半年，根据新冠肺炎疫情的诡异变化轨迹，以及由此产生的对经济影响的不确定性，我设想过一种可能的全球经济复苏轨迹：如果新冠病毒成为一个长期存在并经常变异的流行疾病，则可能形成一个与之对应的经济周期或增长轨迹，呈现一种横向的"S字形"，即经济活动定时或不定时发生停摆，进而出现时起时落的现象。从全球疫情大流行及其对许多国家的影响来说，这或多或少已经一语成谶。中国在坚持采取最全面、最严格、最彻底的防控举措情况下，局部性零散感染病例也时有出现，经济活动受到一定影响。特别是在经济复苏供给侧领先于需求侧、第二产业领先于第三产业、生产领先于消费的情况下，中国经济从供给侧率先复苏的特点与发达经济体从需求侧率先恢复特点之间产生了一种嵌合效应，使中国得以利用外需扩大出口。这一机会是暂时和非常态的，因而终将弱化乃至消失。如何促进复苏的平衡性，特别是启动消费需求的拉动作用，是亟待解决的关键政策问题。

党中央提出在高质量发展中促进共同富裕，构建初次分配、再分配、三次分配协调配套的制度，是中国特色社会主义现代化的根本要求，也说明了社会主义市场经济条件下，使市场在资源配置中起决定性作用和更好地发挥政府作用，是实现共同富裕的根本途径。这一战略部署要求以新发展理念为引领，推进高质量发展，加快构建新发展格局，是2022年乃至"十四五"及更长时期经济社会发展的根本遵循。特别是要求围绕经济增长新特点，对宏观经济政策进行相应的完善和调整。

首先，以就业优先理念创新宏观调控政策。从以人民为中心的发展思想和促进共同富裕目标出发，依据应对失业及就业困难的长期策略与短期措施性质，界定各类政策在就业优先政策实施中的独特作用。把就业优先政策置于宏观政策层面；把强调总量与结构矛盾并存的政策优先序转变为更加注重结构性就业困难；把新技术革命成果广泛应用于增加更多更高质量就业岗位、提高劳动力市场匹配度和保护劳动者等领域。

其次，因应人口老龄化对经济增长提出的新挑战，特别是居民消费需求日益成为制约经济增长的主要因素的新特点，加强货币政策和财政政策的互补、协调和协同作用。总体来说，在应对各种不确定性、风险挑战和周期性冲击的情况下，货币政策实施的原则应该是保持流动性合理充裕下的精准帮扶，在微观层面更多着眼于企业纾困；财政政策实施原则是阳光普照下的精准帮扶，在微观层面更多着眼于家庭保障。

最后，加快推进具有明显改革红利的关键领域改革，提高居民收入和公共服务保障水平。稳定和提高城乡居民收入，要求进一步调整国民收入分配结构，保持收入提高和经济增长的同步性，缩小收入、财富和享受基本公共服务的差距。其中，通过户籍制度改革推动以人为核心的新型城镇化，既是从初次分配领域改善收入分配的关键举措，也是加强社会流动性，培育和扩大中等收入群体的必要途径。类似这样的改革可以从扩大劳动力供给、促进资源重新配置、稳定制造业比较优势等方面提高潜在增长率，同时通过增加居民收入、缩小城乡收入差距、扩大消费，产生从需求侧支撑经济增长的效应。

中国数字经济发展的回顾与展望

江小涓 靳 景[*]

过去十多年,数字经济快速增长,在国民经济中的比重上升。"十四五"规划要求,我国数字经济加快发展,比重有明显上升。从发展条件和发展环境看,完成这个目标既有机遇也有挑战,本报告将对此进行分析,判断未来几年数字经济发展趋势。

一 "十三五"数字经济增长态势

(一)数字经济持续增长,比重上升

1. 数字经济快速增长

过去十多年,我国数字经济保持较快增长速度,"十三五"时期继续保持了这个态势。数字经济产出从2016年的22.6万亿元增长到2020年的39.2万亿元,占GDP的比重从30.3%上升到38.6%(见图1),增速明显高于同期GDP名义增速约8.5个百分点。

2. 中国数字经济排名进入世界前十位

从国际比较看,中国信息通信研究院[①]测算了2020年47个国家数字经济增加值规模,总额达到32.6万亿美元,同比名义增长3.0%,占GDP比重为43.7%;产业数字化仍然是全球数字经济发展的主引擎,占数字经济比重为84.4%,其中,第三产业引领行业数字化融合渗透,第一、第二、第三产业数

---

[*] 江小涓,全国人大常委,清华大学公共管理学院院长、教授,研究方向为经济发展、产业结构、数字经济、公共管理;靳景,清华大学公共管理学院博士后,研究方向为数字创新与治理、服务数字化转型。

① 中国信息通信研究院:《全球数字经济白皮书——疫情冲击下的复苏新曙光》,2021年8月。

图1 2015~2020年中国数字经济规模

资料来源：中国信息通信研究院。

字经济占行业增加值比重分别为8.0%、24.1%和43.9%。图2显示，中国数字经济在全球处于领先位置，从产出规模看排名第二，仅次于美国；从占国民经济的比重看，排名第9，比重为38.6%，尚处于第二梯队；德国、英国、美国数字经济在国民经济中占据主导地位，占GDP比重超过60%。

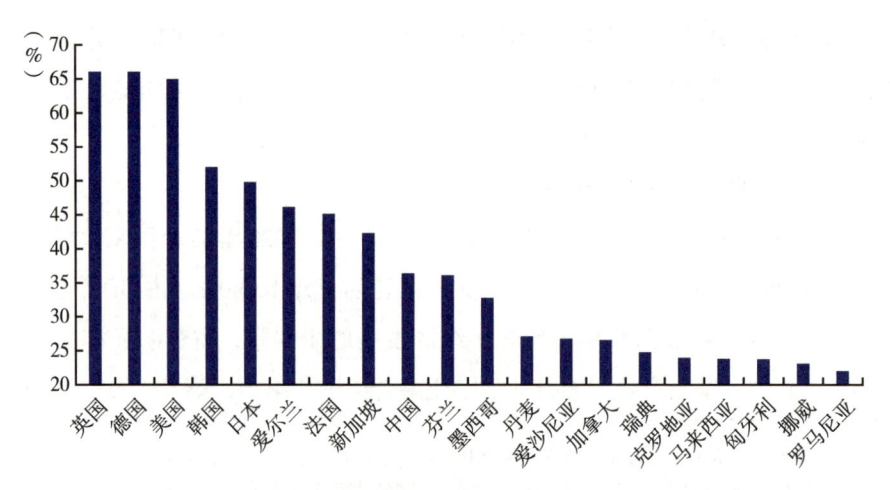

图2 2020年数字经济占GDP比重排名前20的国家

资料来源：世界银行、中国信息通信研究院。

（二）数字经济结构分析

1. 数字产业化与产业数字化

数字经济是以数字化的知识和信息为关键生产要素，以数字技术创新为核心驱动力，以现代信息网络为重要载体，通过数字技术与实体经济深度融合，不断提高传统产业数字化、智能化水平，加速重构经济发展与政府治理模式的新型经济形态。[①]

数字经济分为数字产业化和产业数字化两部分。数字产业化即数字及相关技术产业化应用带来的经济增长，主要有信息通信产业，目前主要包括电子信息制造业、电信业、软件和信息技术服务业、互联网行业等，不仅自身是数字经济的重要组成部分，也为产业数字化提供技术、产品、服务和解决方案等。产业数字化是指各类传统产业应用数字技术所带来的产出增长和效率提升，从比重上看是数字经济发展的主阵地，其新增产出构成数字经济的主要组成部分，包括除数字产业化部分之外的数字农业、数字制造、数字服务、数字两化融合等广泛产业领域。

"十三五"时期，数字产业化和产业数字化都发展较快。一方面，数字技术产业化带来的新产业新业态层出不穷，但产值增长速度明显慢于产业数字化，仅略高于GDP增速。2020年，数字产业化规模达到7.5万亿元，占GDP的比重由"十二五"末期的6.9%略升至7.4%；但由于速度明显慢于产业数字化，占数字经济的比重由2015年的25.7%下降至2020年的19.1%。另一方面，产业数字化深入发展获得新机遇，电子商务、平台经济、共享经济等数字化新模式接替涌现，产业数字化实力进一步增强，在数字经济中的主导地位进一步巩固。2020年产业数字化规模达31.7万亿元，占GDP比重为31.2%，占数字经济比重由2015年的74.3%提升至2020年的80.9%，为数字经济持续健康发展输出强劲动力（见图3、图4）。

---

① 中国信息通信研究院：《中国数字经济发展白皮书2017》，2017年7月。

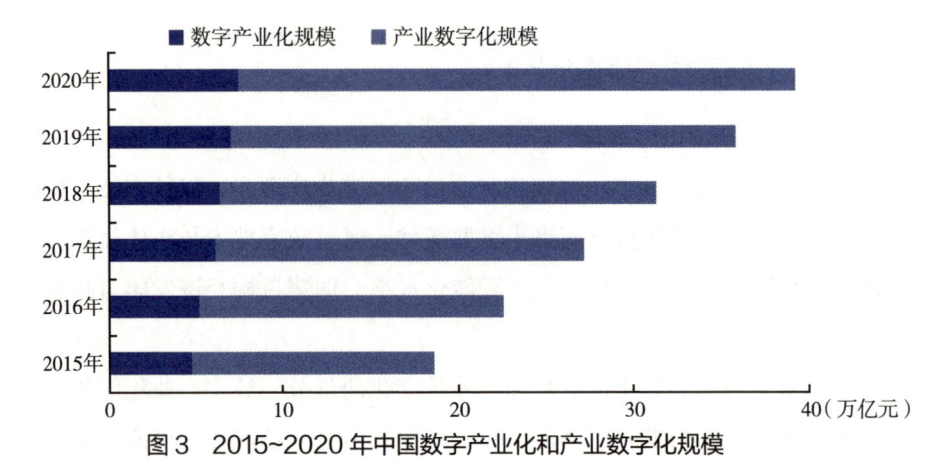

图 3　2015~2020年中国数字产业化和产业数字化规模

资料来源：中国信息通信研究院。

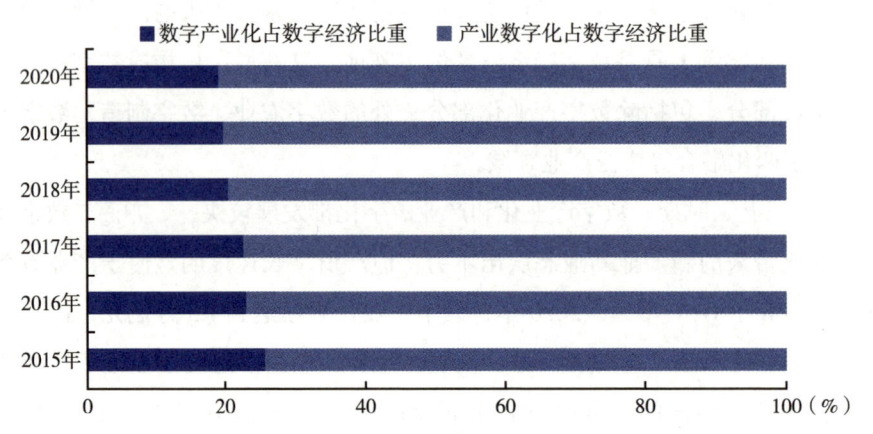

图 4　2015~2020年中国数字产业化和产业数字化占数字经济比重

资料来源：中国信息通信研究院。

2. 数字经济的三次产业结构

服务业一直是数字经济含量最高的部门。从结构上看，我国服务业、工业、农业中的数字经济规模分别由2016年的11.6万亿元、5.0万亿元、0.4万亿元增长到2020年的22.5万亿元、8.1万亿元、0.7万亿元，占行业增加值比重分别从2016年的29.6%、16.8%、6.2%提升至2020年的40.7%、21.0%、8.9%

(见图5)。从变化上看,服务业是我国数字经济增长最快的部门,服务业、工业、农业中的数字经济部分在"十三五"时期分别达到了18.2%、12.9%和16.7%的年均增长速度。

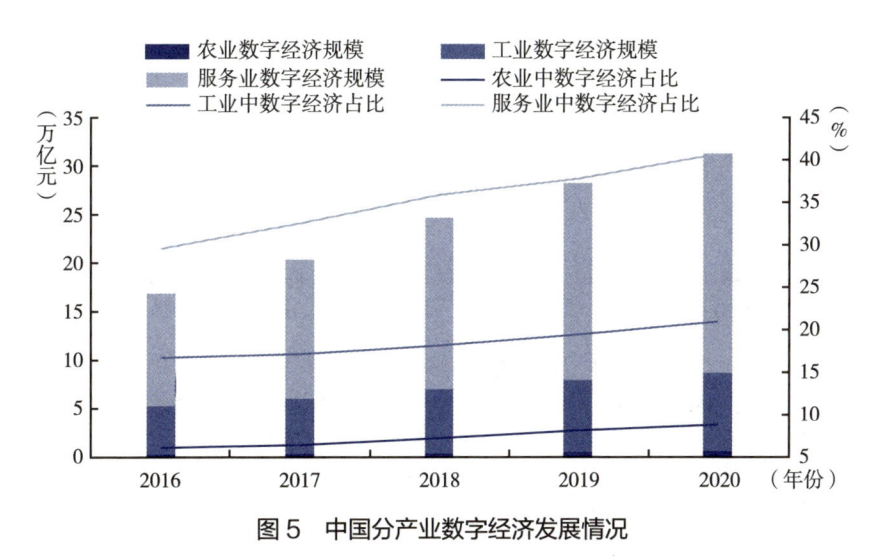

图5 中国分产业数字经济发展情况

资料来源:中国统计局、中国信息通信研究院。

从国际比较看,服务业和工业的数字经济份额接近世界平均水平,农业的数字经济发展水平超过了世界平均水平。2020年,全球服务业、工业、农业增加值中的数字经济份额分别为43.9%、24.1%和8.0%(见图6)。[①]

二 数字贸易增长迅速,成为疫后经济增长的带动力量

(一)疫情之后国际贸易先行复苏带动全球经济增长

近十年来,经济全球化受多种因素的影响,在有些方面推进迟缓,甚至有些倒退。主要得益于数字技术的发展,经济全球化在近几年有所加速,特别在疫后时代,国际贸易再次成为全球经济恢复增长的带动力量。2021年上半年与2019年上半年相比(2020年受疫情影响突出,不具有代表性),全球

---

① 中国信息通信研究院:《全球数字经济发展白皮书2017》,2021年8月。

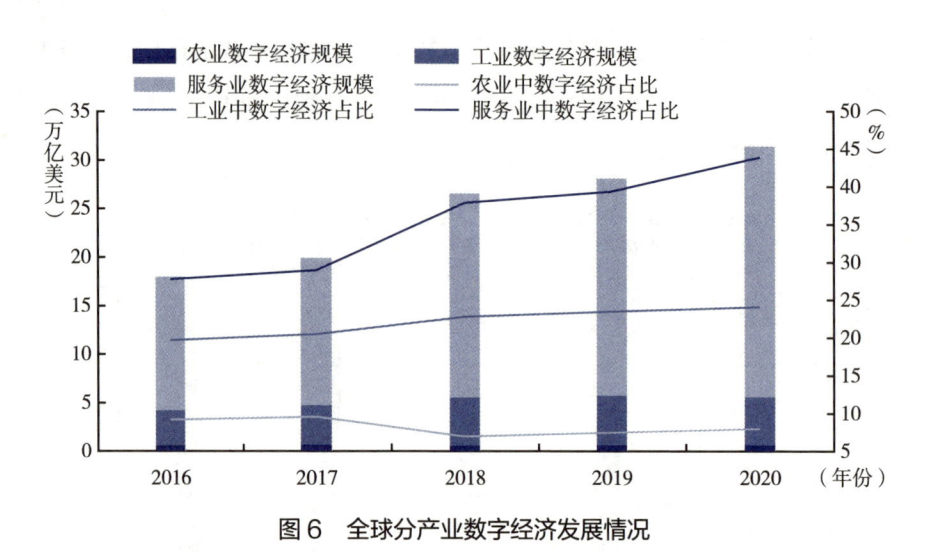

图6 全球分产业数字经济发展情况

注：鉴于数据可得性，2016年和2017年的分产业数字经济占比用信息通信研究院公布的G20国家对应指标代替全球指标，2016年和2017年G20国家GDP占全球GDP的比重都在90%以上，均为96.2%。数据均以当前国际美元表示。

资料来源：世界银行、中国信息通信研究院。

GDP仅增长了1.1%，[①] 同期全球货物贸易进出口总额却增长迅速，联合国贸发会（UNCTAD）数据显示，其同期增速高达11.9%，（2021年上半年为21.0万亿美元，2019年上半年为18.8万亿美元）；据中国海关统计，2021年上半年我国货物贸易额达到历史同期最高水平，货物进出口总值为2.8万亿美元，比2019年上半年的2.1万亿美元增长了33.5%，比中国同期GDP16.2%的增长速度高出17.3百分点。图7显示了全球贸易与全球GDP、中国对外贸易与中国GDP增长速度的差距，表明国际贸易率先复苏，成为全球经济增长的带动力量。

---

① 鉴于数据可得性，这里用经济合作与发展组织（OECD）公布的G20国家GDP季度数据计算结果代替全球GDP，2019年和2020年G20国家GDP占全球GDP的比重都在90%以上（2019年为96.0%，2020年为96.2%）。

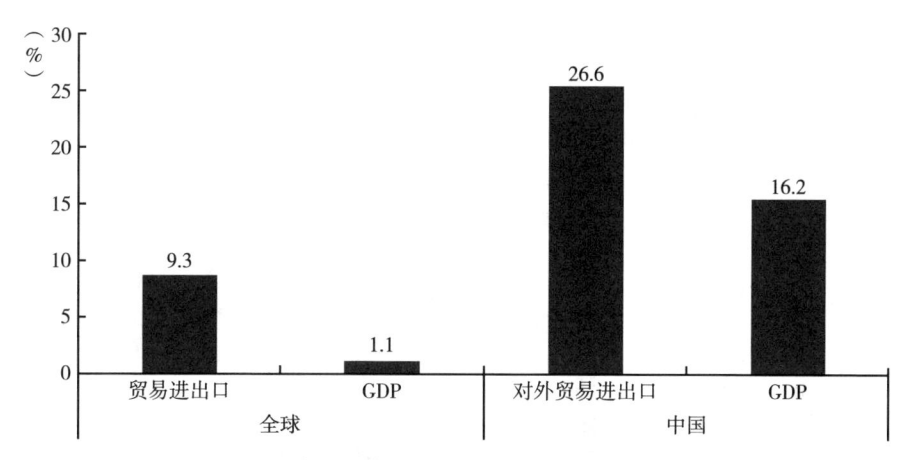

图7 全球和中国贸易与GDP增长速度比较

资料来源：联合国贸易和发展会议（UNCTAD）、中国商务部。

（二）数字贸易发展迅速，表现突出

1. 数字贸易快速发展，地位上升

数字技术的不断发展创造了种类繁多的数字贸易[①]新模式、新业态，传统产业与数字技术也正在实现深度融合，大量商品通过数字化订购进行跨境交易，越来越多的服务变得可数字化、可贸易，全球数字贸易呈蓬勃发展势头。以典型的数字密集型贸易品——信息通信技术（ICT）商品为例，全球ICT商品贸易增长迅速，从2011年的1.81万亿美元扩张到了2020年的2.35万亿美元，占全球商品贸易的比重由9.89%提升至13.37%（见图8）。

我国ICT商品贸易在商品贸易中的比重显著高于世界同期水平，大约是全球的两倍，增长速度也要快于全球。图9显示，2011年至2020年，中国ICT商品贸易从0.82万亿美元增长到了1.22万亿美元，占中国商品贸易份额从22.57%提升到了26.21%。

---

① 联合国贸易和发展会议（UNCTAD）定义的数字贸易包括利用信息通信技术进出口的商品（ICT商品）和服务。UNCTAD, "Manual for the Production of Statistics on the Digital Economy 2020," 2021年2月。

图 8　全球 ICT 商品贸易及其占全球商品贸易比重情况

注：联合国贸易和发展会议（UNCTAD）定义的信息通信技术（ICT）商品贸易包括电子元件、计算机和外围设备、通信设备、消费类电子设备及相关商品。数据均以当前国际美元表示。https://unctadstat.unctad.org/wds/ReportFolders/reportFolders.aspx。

资料来源：联合国贸易和发展会议（UNCTAD）。

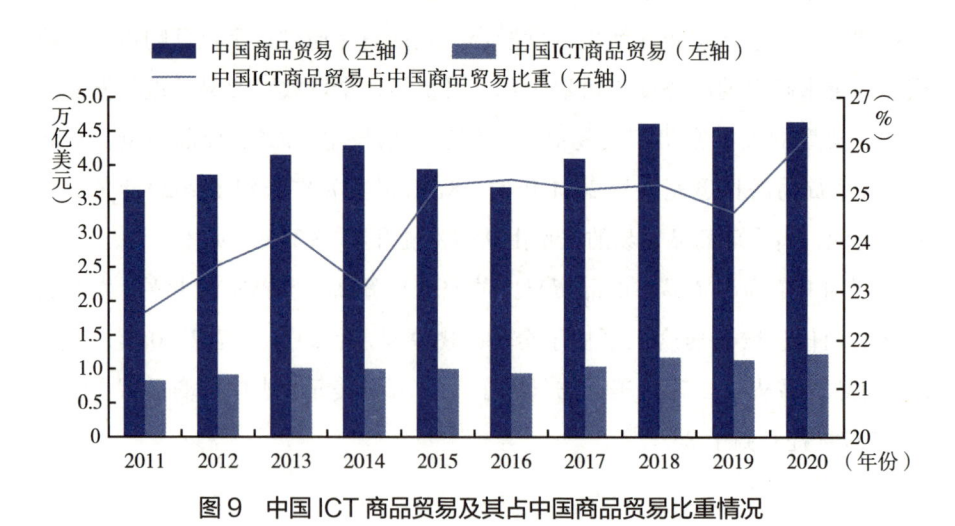

图 9　中国 ICT 商品贸易及其占中国商品贸易比重情况

资料来源：联合国贸易和发展会议（UNCTAD）。

2. 服务贸易数字化程度显著提高

数字技术在服务业中的应用最广泛，与此相关联，服务贸易也是数字化程度最高的贸易。2020年受新冠肺炎疫情影响，全球服务贸易遭到较大冲击，特别是围绕自然人跨境流动的相关服务贸易出现大幅下滑，全球数字交付贸易占服务贸易的比重将进一步上升。图10显示，2011年至2020年，全球数字服务贸易从2.14万亿美元增长到了3.17万亿美元，数字服务贸易在服务贸易中的份额从47.89%上升到了63.55%。2020年，全球服务贸易受疫情影响，同比下降19.96%，数字服务贸易受影响较小，同比仅下降了1.78%，全球数字服务贸易占服务贸易的比重较2019年骤增11.76个百分点，是2011年以来比重上升最快的一年。

图10　全球数字服务贸易及其占全球服务贸易比重情况

注：联合国贸易和发展会议（UNCTAD）定义的数字服务贸易（即数字可交付服务贸易）包括保险服务、金融服务、知识产权使用费、ICT服务（信息服务、计算机服务和通信服务）、其他商业服务以及个人文化娱乐中的视听及相关服务。数据均以当前国际美元表示。https://unctadstat.unctad.org/wds/TableViewer/summary.aspx。

资料来源：联合国贸易和发展会议（UNCTAD）。

数字服务贸易同样是我国服务贸易中增长最快的部分。图11显示，2011年至2020年，中国数字服务贸易总额由1648.38亿美元增长到2947.60亿美元，数字服务贸易在服务贸易中的比重从36.72%上升至44.55%。可以看到，自

2015年以来，我国数字服务贸易占服务贸易的比重从波动变为稳步提升，数字服务贸易总额由2015年的1794.41亿美元增长到2020年的峰值2947.60亿美元，同期占服务贸易份额从27.43%逐步上升至44.55%。2020年，我国服务贸易因疫情同全球服务贸易一样有所回缩，同比下降15.71%，数字服务贸易逆势同比增长8.44%，服务贸易数字化发展势头强劲。

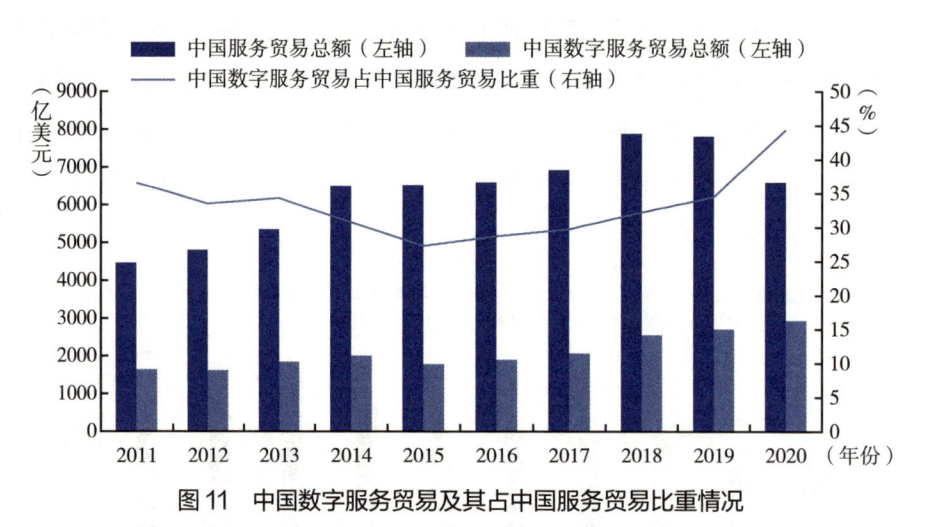

图11 中国数字服务贸易及其占中国服务贸易比重情况

资料来源：联合国贸易和发展会议（UNCTAD）、中国商务部服务贸易和商贸服务业司。

（三）跨境电商发展迅速，数字贸易平台化趋势明显

跨境平台通过整合生态链上的制造商和服务供应商，利用海量交易数据和算法，降低跨国交易成本，精准对接国际市场，在境外客户需求挖掘、海外影响推广、跨境支付、供应链管理与品牌建设等方面发挥了重要作用。2019年，全球电子商务销售额为26.7万亿美元，贡献了30%的GDP。① 电商平台促成的交易已是全球经济和数字贸易发展的重要构成，我国是积极的参与者和贡献者，中国跨境"企业—消费者"（B2C）贸易规模约占全球的五分之一，如表1所示。

---

① 联合国贸易和发展会议（UNCTAD）：《2019年全球电子商务评估和2020年新冠肺炎疫情对在线零售影响的初步评估》，2021年5月。

中国数字经济发展的回顾与展望

表1 中国和全球跨境"企业—消费者"(B2C)贸易发展情况

单位：亿美元，%

年份	跨境B2C贸易额 中国	跨境B2C贸易额 全球	跨境B2C贸易额占商品贸易比重 中国	跨境B2C贸易额占商品贸易比重 全球	中国跨境B2C贸易额占全球比重
2019	1050	4400	4.2	2.3	23.9
2018	1000	4040	4.0	2.1	24.8
2017	790	4120	3.5	2.3	19.2
2016	—	—	—	—	—
2015	390	1890	2.3	1.1	20.6

资料来源：根据联合国贸易和发展会议（UNCTAD）历次发布资料统计和计算。

按可比口径[①]计算，我国"十三五"时期的跨境电商贸易增速高达48.7%（见图12）。若将"企业对企业"（B2B）和"海外仓"贸易形式统计在内，我国2020年跨境电商进出口总额为1.69万亿元，[②] 占贸易进出口总额的比重高达53.4%。

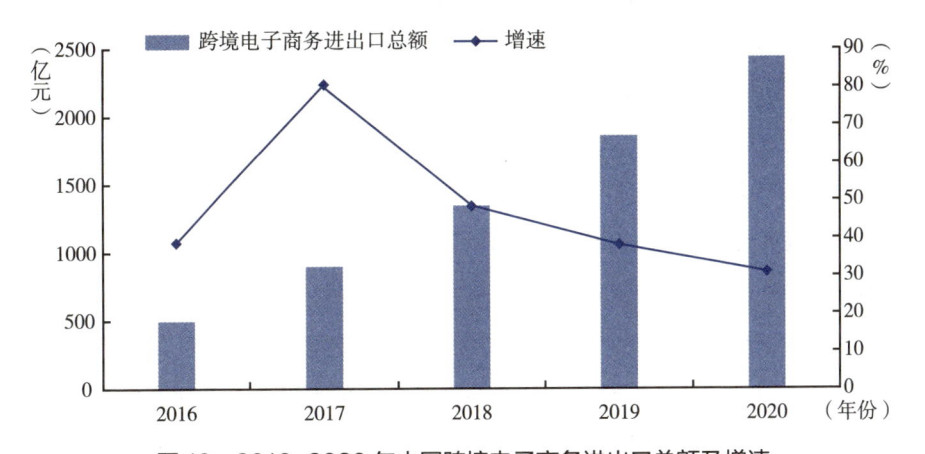

图12 2016~2020年中国跨境电子商务进出口总额及增速

资料来源：中国海关总署。

[①] 2020年之前，海关总署对跨境电商的监管方式代码主要是9610跨境电子商务零售进出口、1210保税跨境电子商务；2020年，海关总署增设监管方式代码9710跨境电商"企业对企业"B2B直接出口、9810跨境电商出口海外仓。

[②] 商务部电子商务和信息化司：《中国电子商务报告（2020）》，http://dzsws.mofcom.gov.cn/article/ztxx/ndbg/202109/20210903199156.shtml。

三 "十四五"时期数字经济发展前景分析

"十四五"时期,我国将进一步加快数字经济发展,《中华人民共和国国民经济和社会发展第十四个五年规划和2035年远景目标纲要》(以下简称"十四五"规划)对数字经济做了全面部署,包括充分发挥海量数据和丰富应用场景优势,促进数字技术与实体经济深度融合,赋能传统产业转型升级,催生新产业新业态新模式,壮大经济发展新引擎,加强关键数字技术创新应用。我国将持续加快推动数字产业化发展,在重点行业和领域通过数据赋能全产业链协同数字化转型。

(一)我国发展数字经济的有利条件

"十四五"期间加快数字产业发展,我国在需求端和供给端都具备突出的有利条件。一是我国具有超大规模的数字消费市场。截至2020年底,中国已拥有9.89亿的网民人数和70.4%的互联网普及率,2019年,中国的网上零售额渗透率达到26%,是发达国家的2.4倍,而智能手机的用户移动支付渗透率也达到了发达国家的2.8倍,高达81%。[1] 如此大规模用户,使数字服务业在国内市场就能同时获得规模经济和竞争效应的双重优势。

二是我国拥有良好的互联网基础设施。全国5G基站建设规模在2020年已近16万个,在50个城市正式开启大规模商用,行业创新应用超过5000个。[2] 截至2021年3月,全国互联网宽带接入端口数量达9.65亿个,同比增长4.5%,比上年末净增1856万个。[3] 强大的通信基础设施能够建立广泛的人—人、人—物、物—物连接,高质量的数字化传输能力将催生更丰富的内容在网络空间进行传递。

---

[1] 贝恩、阿里研究院、百度发展研究中心:《中国数字经济互联网之中国特色发展模式》, https://www.bain.cn/pdfs/202103300524126586.pdf。
[2] 《全国已建设80万个5G基站 5G用户超2亿》,人民网,2021年2月8日。
[3] 工业和信息化部:《2021年一季度通信业经济运行情况》,2021年4月21日。

三是我国已出现许多具有较强创新能力的数字企业。入围2021年《财富》世界500强的企业中有7家是互联网公司,其中有4家来自中国。截至2021年9月,世界经济论坛和波士顿咨询共同评选出全球90家"工业4.0时代的灯塔工厂"企业,这些企业代表了全球领先的商业创新能力、智能技术研发与投资能力、数字化转型能力,其中有31家企业来自中国(见表2),其中将会有若干企业成为具备全球竞争力和富有创新精神的全球数字产业的头部企业,带动中国数字制造和数字服务快速发展。

表2 90家"数字化灯塔工厂"中的中国境内企业

工厂名称	所属行业	工厂地址	公布时间
宁德时代	电子产品	福建	2021年9月
中信戴卡	汽车行业	河北	2021年9月
富士康(武汉)	电子产品	武汉	2021年9月
富士康(郑州)	电子产品	郑州	2021年9月
海尔(天津)	家电行业	天津	2021年9月
友达光电(台中)	光电子	台湾	2021年9月
群创光电(高雄)	光电子	台湾	2021年9月
三一(北京)	工业装备	北京	2021年9月
施耐德电气(无锡)	电气元件	江苏	2021年9月
联合利华(太仓)	消费品	江苏	2021年9月
美的(顺德)	家电行业	广东	2021年3月
纬创资通	电子产品	台湾	2021年3月
青岛啤酒	消费品	山东	2021年3月
富士康(成都)	电子设备	成都	2021年3月
博世(苏州)	汽车零部件	江苏	2021年3月
阿里巴巴犀牛智造	科技公司+服装行业	浙江	2020年9月
美光科技(台中)	半导体存储器行业	台湾	2020年9月
美的集团广州南沙工厂	家电行业	广东	2020年9月

续表

工厂名称	所属行业	工厂地址	公布时间
联合利华（合肥）	家化行业	安徽	2020年9月
宝山钢铁	钢铁制品	上海	2020年1月
福田康明斯	汽车行业	北京	2020年1月
海尔沈阳共享互联工厂	电器行业	辽宁	2020年1月
强生DePuy	医疗设备	江苏	2020年1月
宝洁	消费品	北京	2020年1月
潍柴	工业机械	山东	2020年1月
上汽大通C2B定制工厂（南京）	汽车制造	江苏	2019年7月
丹佛斯商用压缩机工厂（天津）	工业设备	天津	2019年1月
富士康（深圳）	电子设备	广东	2019年1月
博世（无锡）	汽车零部件	江苏	2018年
海尔中央空调互联网工厂（青岛）	家电行业	山东	2018年
西门子工业自动化产品（成都）	工业自动化	四川	2018年

资料来源：根据WEF-World Economic Forum历次发布资料统计。

（二）数字经济增长预测

根据"十四五"规划，我国数字经济核心产业增加值占GDP的比重要由2020年的7.4%提升至10.0%，较"十三五"时期提升明显（"十三五"时期数字产业化占GDP比重从7.0%增长到了7.4%），如图13所示。据此，2021年至2025年，将GDP设定为年均5%的增长速度，数字经济核心产业比重需要从7.8%提高到10.0%，年增长率要达到11.57%，是GDP增长速度的2.3倍（"十三五"时期我国数字经济核心产业的增长率是GDP增长率的1.2倍），这是一个需要努力才能达到的目标。

如果数字产业化的增长速度能达到上述目标，同时将产业数字化设定为与"十四五"时期数字产业化增速同样的年增长率，到2025年，产业数字化和数字产业化总值预计将超过 GDP 的 50%（见图 14），届时数字经济将成为国民经济存量的半壁江山和增量的主要贡献来源。

图13 中国数字产业化发展预测

资料来源：国家统计局、中国信息通信研究院。

图14 中国数字经济发展预测

资料来源：国家统计局、中国信息通信研究院。

（三）数字技术创造新消费空间

数字消费有广阔的增长空间，并将进一步向新领域延伸。5G技术带来高通量、低延时的"万物互联"，能够支持数字服务行业创造重量级的新消费形态，数字学习、数字医疗、数字文化、数字传媒以及各种智能生活场景等都会有比较快的发展。例如，3G、4G时代，远程教学和真实课堂有较大差距，特别是工科、医科和职业教育，有很多实训、实验和动作要求、行为要求，在5G技术大规模应用之前都无法与线下课堂相比拟。进入5G时代之后，远程教学可以多点互动，增强现实技术（AR）营造逼真、实时的操作场景，显著提高线上教学的真实性、实用性和覆盖面。在数字医疗方面，传统的远程医疗以远程诊断和辅助诊疗为主，数字时代的远程医疗能够借助5G技术，在智能高精尖手术机械和满足条件的网络空间支持下实现远程手术。再如体育消费，疫情中出现的一些新兴智能体育设备将持续得到广泛的应用发展。上述实例不仅能够创造企业收益、催生行业级的数字消费场景，也能让消费者单位线上时间的获得感增强，为消费者带来新消费体验。

（四）数字投资、数字技术产业化和数字制造快速推进

疫情之中，新型基础设施建设（以下简称"新基建"）成为中国重要的投资领域。2020年3月4日，中共中央政治局常务委员会召开会议，强调"要加快5G网络、数据中心等新型基础设施建设进度"。面对新冠肺炎疫情和经济下行压力，加快新型基础设施建设成为一项重要举措，涵盖信息基础设施（通信网络、新技术、算力基础设施）、融合基础设施（智能交通、智慧能源基础设施）和创新基础设施（重大科技、科教、产业技术创新基础设施）三个方面，涉及5G基站建设、特高压、城际高速铁路和城市轨道交通、新能源汽车充电桩、大数据中心、人工智能、工业互联网七大领域。2021年7月，十部门联合印发《5G应用"扬帆"行动计划（2021—2023年）》对我国5G应用的中长期发展目标进行了详细量化，要求到2023年底，5G普及率应达

到40%以上，用户人数不低于5.6亿，每万人拥有5G基站数超过18个。[1]

目前，中国已建成全球最大规模的5G网络，5G基站数量占全球的70%以上，5G终端连接用户占全球比重超过80%。[2] 数据中心建设速度和成效显著（见表3），[3] 截至2019年底，我国在用数据中心机架总规模达到315万架，与2016年底相比增长1.54倍。我国大力推进以"新基建"为代表的数字投资，2020年在大数据中心、5G基础设施、工业互联网、人工智能领域的投资总额高达1万亿元，占比分别为52%、27%、11%、10%。[4]

表3 我国数据中心建设情况

单位：万架

项目	2016年	2017年	2018年	2019年
在用机架规模	124	166	226	315
规划在建机架规模	125	107	181	364

资料来源：根据工业和信息化部发布的历年数据统计整理。

加强关键数字技术创新应用，我国在"数字产业化"领域也有广阔发展空间。"十四五"规划纲要明确提出，要加强关键数字技术创新应用，如高端芯片、操作系统、人工智能关键算法、通用处理器、云计算系统和软件核心技术一体化研发，量子计算、量子通信、神经芯片、DNA存储等前沿技术，并加强信息科学与生命科学、材料等基础学科的交叉创新。

数字化制造在很大程度上要依托产业互联网的发展。产业互联网和消费互联网不同，行业特点、企业特点非常突出。首先，中小企业建设内部网络

---

[1] http://www.gov.cn/zhengce/zhengceku/2021-07/13/content_5624610.htm.

[2] 工业和信息化部副部长刘烈宏在"世界电信和信息社会日"大会上的发言《奋力开创5G融合应用新格局》，2021年5月。

[3] 由于出现数据中心建设过多的倾向，2021年6月，国家发展改革委会同有关部门研究制定了《全国一体化大数据中心协同创新体系算力枢纽实施方案》，指出要"加强数据中心统筹规划和规范管理，开展数据中心、网络、土地、用能、水、电等方面的政策协同，促进全国范围数据中心合理布局、有序发展"。http://www.gov.cn/zhengce/zhengceku/2021-05/26/content_5612405.htm.

[4] 赛迪研究院、腾讯云、腾讯研究院：《新基建引领产业互联网发展白皮书（2020）》，2020年12月24日。

面临很大的技术与成本挑战,即使政府出台相关政策措施,如促进中小企业"上云用数赋智"、鼓励大企业建平台赋能全产业链协同转型等,都还需要探索经验。其次,头部企业建设行业性网络,需要深刻理解产业运行特点,与各相关方长期磨合,以达到为全产业链提供有效服务的目的,是一个较高投入和需要较长时间的过程。因此,"十四五"期间,我国产业互联网处在起步后的加速阶段,能够释放出较大能量,但仍需要较长时间才能实现数字消费网络那样的增长。

(五)用好数字全球化机遇,提升我国技术和产业竞争力

现在,5G及相关技术发展迅速,支撑"万物连接",从信息到设备,从服务到产品,从企业到产业,都跨越国界形成了新的生产方式和产业组织,在全球范围内重新进行资源配置,推动形成研发制造服务全链条深度国际分工的产业形态。

首先,跨国技术创新网络快速发展。现在的前沿技术多数是多国共同研发技术,这些国家共同注册专利、共同分享收益。在跨国共同研发网络中,中国的贡献快速成长。世界知识产权组织采用大数据方法追踪了世界上最大的科技集群,研究全球范围内的创新如何相互交织在一起。研究发现,21世纪之前,仅三个国家(美国、日本和德国)就贡献了全球共同研发专利的三分之二。将其余西欧经济体包括在内,这一比例达到了90%左右。然而最近十年,借助全球研发网络,世界其他地方贡献了所有专利活动的三分之一以上,[①] 表明全球创新网络的分工更多元更多样。图15显示,中国的贡献增长最快,已经在跨国研发网络中占将近五分之一的份额。当多国研发密切融合时,我们应该努力加入其中,既贡献力量,也获得利益。

其次,制造业全球分工体系继续深化。此前的制造业全球分工是制造能力从跨国公司母国向海外转移的过程,并由此催生了全球产业链。现在的全球制造特别是复杂新产品的制造体系,是从产业链的源头、从初始研究设

[①] 世界知识产权组织:《2019年世界知识产权报告——创新版图:地区热点、全球网络》,2019年12月。

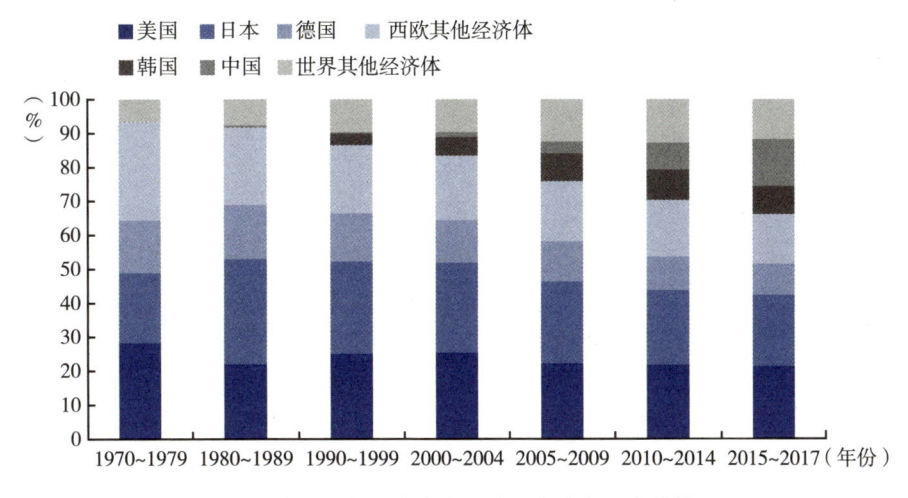

图15 全球创新网络中专利的国家分布及变化情况

资料来源：世界知识产权组织。

计阶段就开始形成全球共同研发设计和制造格局，寻求各种零部件最适宜制造的地点，保证技术水平最高和产品品质最好，从而配置出最优的全球制造体系。

最后，服务业全球分工体系加速推进。传统服务业是典型的本地化产业，服务贸易在国际贸易中的比例一直较低。现在，随着服务业数字化特别是数字化生产者服务平台的出现，巨量生产服务提供商和使用者可以在平台上汇聚，在全球范围智能匹配供需双方甚至多方，极大提升了服务效率和品质，提高了服务业的生产效率。

我国拥有全球最大的产业技术体系、制造业体系和生产者服务体系，在创新、制造、服务、头部企业等方面都已经形成一定的优势，需要积极参与全球数字技术和产业开放体系，汇聚全球智力资源产业资源，连接全球用户和市场，加速形成我国在数字时代的经济增长新优势、技术体系新优势、产业发展新优势和全球竞争力新优势。

总 报 告
General Report

B.1
2022年中国经济形势分析与政策建议

中国社会科学院宏观经济研究智库课题组*

摘 要： 2021年，在疫情防控常态化形势下，我国经济总体上表现出较好

---

* 课题组组长：谢伏瞻，中国社会科学院院长，学部主席团主席，主要研究方向为宏观经济政策、公共政策、区域发展政策等；课题组副组长：蔡昉，中国社会科学院国家高端智库首席专家，学部委员，学部主席团秘书长，主要研究方向为人口与劳动经济学、发展经济学等；执笔：李雪松，中国社会科学院数量经济与技术经济研究所所长，研究员，主要研究方向为数量经济、宏观经济等；冯明，中国社会科学院数量经济与技术经济研究所宏观政策与评价研究室主任、副研究员，主要研究方向为宏观经济、货币财税政策等；李双双，中国社会科学院数量经济与技术经济研究所助理研究员，主要研究方向为开放宏观经济、国际贸易等；左鹏飞，中国社会科学院数量经济与技术经济研究所信息化与网络经济研究室副主任、副研究员，主要研究方向为信息技术经济、互联网经济等；张彬斌，中国社会科学院财经战略研究院助理研究员，主要研究方向为发展经济学、劳动经济学等；孙博文，中国社会科学院数量经济与技术经济研究所副研究员，主要研究方向为环境政策、区域经济等；娄峰，中国社会科学院数量经济与技术经济研究所经济预测分析研究室主任、研究员，主要研究方向为经济预测、政策模拟等；汪红驹，中国社会科学院财经战略研究院经济发展战略研究室主任、研究员，主要研究方向为经济监测、货币金融政策等。

复苏态势，但在不确定不稳定的疫情和外部环境中，经济下行压力有所加大，保持经济平稳运行面临的风险挑战较多。2022年，应适度加大宏观政策逆周期调节力度，注重做好跨周期调节：积极的财政政策要加力提效，继续保持一定支出强度，更加注重促进产业转型升级和以人为核心的城镇化，对冲经济增长下行压力；稳健的货币政策要稳量降负，增强信贷总量增长的稳定性，引导实体经济平均融资利率下行，降低实体经济利息负担，有效应对成本推升型通胀；坚持就业优先政策，加快破除劳动力市场结构性矛盾，强化城镇就业扩容提质；努力做好保供稳价工作，切实降低企业运营成本；同时，注重加强财政、货币、产业、区域、竞争等方面政策协调，既要防止相互掣肘，也要避免政策叠加共振。2022年，建议抓好以下重点工作：一是努力做好保供稳价工作，有效应对成本推升型通胀；二是充分挖掘国内市场潜力，加快构建新发展格局；三是提升产业链供应链现代化水平，切实增强产业体系稳定性和韧性；四是统筹有序做好碳达峰碳中和工作，稳步促进经济社会发展全面绿色转型；五是促进城乡居民收入加快增长，着力绘就共同富裕的民生底色；六是统筹发展与安全，做好重点领域风险防范化解工作；七是加快完善科技管理体制机制，不断强化科技创新能力；八是着力增强城乡区域发展协调性，促进形成城乡要素双向流动新格局；九是加快推进重点领域改革，建设更高水平开放型经济新体制。

关键词： 中国经济　产业链韧性　绿色转型　风险防范

一　2022年经济发展的国际环境和基本走势

2021年，全球经济走出新冠肺炎疫情冲击造成的历史性大衰退并维持复苏，然而疫情反复和供给约束造成复苏势头减弱。展望2022年，病毒变异和供给中断可能继续对全球经济增长构成阻碍，通货膨胀、金融市场风险、应对气候变化压力、各国政策权衡与协调困境等因素更增加了世界经济复苏前景的不确定性。

（一）全球经济复苏势头有所减弱，多方面结构性失衡引发次生问题

得益于大规模刺激政策和疫苗推广接种，全球经济得以迅速走出衰退并维持复苏，但是由于疫情反复和供给约束，复苏势头已经减弱，预计2022年全球经济增长4.9%。需求恢复已经带动全球货物贸易复苏，但供给侧瓶颈对贸易增长构成明显制约，且服务贸易依然疲软。伴随全球经济增长放缓，2022年全球贸易增速预计也将降低，特别是跨境服务业恢复前景依然不容乐观。全球复苏进程中出现多方面结构性失衡，并引发次生问题：一是供给恢复慢于需求恢复，引起通胀高企和政策两难；二是服务业恢复明显滞后于工业，引起减排降耗压力和服务贸易失衡；三是就业恢复慢于产出，自动化加速对劳动力替代，造成就业市场永久性失业的疤痕效应。全球经济复苏前景依然充满不确定性，病毒变异、疫苗接种进展、供应链中断持续时间、全球通胀形势以及政策转向节奏均将影响经济增长前景。

（二）发达经济体和发展中经济体复苏分化，二者增速差显著缩小

疫苗接种和政策支持差异导致发达和发展中经济体增长前景分化。与2008年经济危机后发达经济体遭遇重创而新兴经济体经济表现较好的情况相反，本轮疫情危机中，发达经济体受益于率先完成较高比例的疫苗接种以及大规模经济刺激，经济迅速恢复；而新兴和发展中经济体，由于疫苗获得和接种率低，且在通胀高企的压力下不得不提前退出刺激政策，经济恢复受阻，特别是部分低收入国家大量人口再次陷入极端贫困，并由于物资短缺存在人道主义灾难风险。新兴经济体经济增速显著高于发达经济体的局势出现暂时调整，二者增速差显著缩小。此外，发达经济体经济政策外溢效应导致部分

新兴经济体经济政策失去独立性，除了通胀压力，发达经济体政策转向预期引起货币贬值和资金外流压力迫使部分新兴经济体抢跑加息。分区域看，发达经济体方面，美国经济恢复势头强劲，且得益于旨在提高潜在产出水平的中长期大规模投资计划，将很快重返疫情前增长水平；欧日经济也将继续维持稳步复苏态势。新兴和发展中经济体方面，印度和东盟疫情反复造成增速不及预期；非洲因饱受疫情、免疫鸿沟、数字鸿沟和粮食供应等问题困扰而与发达经济体之间的发展鸿沟进一步拉大；大宗商品出口国得益于大宗商品价格上涨而经济增长前景改善。

（三）疫情影响持续，外部环境风险和挑战有增无减

虽然全球经济复苏势头持续，但是面临的风险有所增加。一是全球不平衡可能进一步加剧。一方面，主要发达国家在实现全民免疫后或对症药物研发出现明显成效后，彼此之间会打开国门、加快经贸往来；而另一方面，一些发展中国家由于免疫水平低、医疗资源支持力弱，经济运行尤其是国际经贸交往可能持续受到疫情抑制。此外，病毒变异仍将构成未来一段时期全球经济最大的不确定性，一旦变异毒株传染性和致死性增强，将会再度拖累全球经济。二是芯片短缺、港口拥堵、集装箱配置失调、极端天气以及贸易保护主义引起的供给短缺，或将持续对全球贸易进而对全球经济增长造成阻碍。三是受到持续的供需失衡、低收入国家粮食短缺导致粮价高企、通胀预期改变等因素影响，美欧发达经济体和部分新兴经济体通胀或将持续更长时间。四是美国等发达国家刺激政策退出可能产生外溢风险。疫情之后，美欧等发达国家实施了历史性的超宽松货币政策，导致全球流动性泛滥，股价、加密货币、房价等金融市场资产价格创下新高，全球债务也再度创出历史新高，国际金融市场的脆弱性明显增强。在接下来发达国家刺激政策退出尤其是美联储货币政策调整的过程中，一方面可能触发国际金融市场上前期积累的风险，另一方面可能引发新兴市场经济体资本外流和汇率贬值风险，甚至造成部分新兴市场国家陷入经济危机。五是在经济尚待完全恢复之际，气候变化、绿色发展成为国际治理新理念，碳中和被普遍提上各国发展议程，尚

未完成工业化的新兴经济体面临更大的绿色转型压力，碳关税也可能成为国际贸易领域新的壁垒性工具。六是部分国家普遍出现就业增长未达预期而通胀却已然高企的类滞胀局面进而遭遇政策权衡困难。此外，新兴经济体和发达经济体经济恢复节奏分化也造成政策国际协调困难。

二 2022年经济发展的国内环境和基本走势

2021年，在疫情防控常态化形势下，我国经济总体上表现出较好复苏态势，增长处于合理区间，外需继续保持较快增长，就业形势总体稳定，制造业比重提升，创新引领作用有所增强，产业链供应链加速重构，区域协调发展与新型城镇化有力有效推进，绿色转型和生态文明建设取得重要进展，改革开放持续深化，高质量发展的新动力进一步凝聚，宏观杠杆率有所降低，金融风险防范化解向制度建设层面深入。

（一）经济增长处于合理区间，下行压力有所加大

2021年，我国坚持做好常态化疫情防控，强化宏观政策跨周期调节，国民经济持续恢复发展。一是主要宏观指标总体处于合理区间。预计2021年经济增长8.0%，两年平均增长5.1%，在全球仍处于领先水平。二是工业生产持续增长，制造业占比提升，高技术制造业增长较快，企业效益稳步提升。新能源汽车、工业机器人、集成电路产量增长较快。三是服务业稳步恢复，信息传输、软件和信息技术、科学研究和技术服务等现代服务业增势较好。四是市场销售保持增长，升级类和基本生活类商品销售增长较快；固定资产投资规模扩大，高技术产业和社会领域投资快速增长。但下半年受到全球疫情反复和国内疫情点状散发、少数省份遭遇严重水灾、国际大宗商品价格上涨等不利因素影响，经济下行压力有所加大，供需两侧同步放缓。

（二）科技创新支撑引领作用日益增强，高质量发展新动能加速形成

我国科技创新正经历从数量到质量、从单点到系统、从表层到内核的

整体飞跃。2021年，天和核心舱、"祝融号"火星车、"羲和号"探日卫星、"祖冲之号"量子计算机、二氧化碳合成淀粉等重大科技成果竞相涌现。北京、上海、粤港澳大湾区3个国际科技创新中心，以及怀柔、张江、合肥、大湾区等4个综合性国家科学中心建设取得重要进展，引领高质量发展的动力源正在加速形成。从世界知识产权组织发布的全球创新指数排名来看，2021年我国排第12位，实现了自2013年以来的9年稳步提升。科技进步推动制造业结构持续优化，制造业占比呈上升态势，高技术制造业实现全面快速增长，呈现出蓬勃的发展活力、创新动力和广阔潜力。电子信息制造等数字经济核心产业继续保持高增速。高校、科研院所在基础研究中的主力军作用更加凸显，创新活力进一步增强。消费结构升级步伐加快，商品消费不断从低端迈向高端，新能源汽车、智能家电等消费旺盛。生猪产能已经完全恢复，规模养殖比重和行业集中度显著提高。然而，关键核心技术制约、核心元器件瓶颈、居民消费整体疲软等问题制约了新动能的全面释放。

（三）市场主体活力得到进一步激发，产业链供应链加速重构

2021年，我国聚焦市场主体实际需求和关切问题，推出一系列精准、务实、有效的改革举措，不断完善保护和促进中小企业发展的政策法规体系，营商环境优化成效显著。市场准入负面清单制度运行平稳有效，商事登记制度改革红利不断显化，减税降费、金融让利等政策组合拳持续发力，各类市场主体实现快速增长。创新激励政策持续发力，科技型中小企业、高新技术企业等创新型企业大量涌现，对经济高质量发展的引领带动作用日益显著。以智能化数字化转型为主攻方向，深化产业战略布局、强化薄弱环节建设、优化供给结构，不断提高产业基础高级化、产业链现代化水平。靶向瞄准产业链供应链上的断点、堵点、难点，全国多数省区市积极制定并实施"链长制"方案，促进贯通产业链上下游关键环节，更好推进国民经济循环畅通。然而，芯片短缺、电力不足、大宗商品价格高涨、疫情汛情等因素对产业链供应链安全稳定产生了一定冲击。

（四）区域协调发展与新型城镇化有力有效推进，城乡区域发展协调性进一步增强

深入实施区域协调发展战略，东部地区现代化水平不断提升，中部地区综合实力和竞争力明显增强，强化举措推进西部大开发形成新格局，东北地区生产需求稳步恢复，东中西发展差距持续缩小，但南北发展差距呈不断扩大态势。扎实推进区域重大战略实施，区域发展协调性不断增强。新型城镇化战略深入实施，城乡融合发展体制机制不断健全，城市群与都市圈承载力进一步增强，"以县城为重要载体"的就近就地城镇化稳妥推进。"七普"数据显示，2020年城镇化率达到63.89%，2022年城镇化率仍将保持上升的趋势，但增速可能有所放缓。农业转移人口市民化有序推进，城区常住人口300万以下城市落实全面取消落户限制政策。积极推进城镇基本公共服务覆盖未落户常住人口，农业转移人口有序有效融入城市，城乡融合发展水平进一步提升。

（五）多措并举推动经济社会发展全面绿色转型，生态文明建设取得重要进展

深入打好污染防治攻坚战，完成污染防治攻坚战阶段性目标任务。持续推进中央生态环境保护督察工作，不断推进生态环境治理体系与治理能力现代化。加快编制2030年前碳达峰行动方案和分行业分领域碳达峰实施方案。出台实施国家标准化发展纲要，推动建立碳达峰碳中和中国标准。扎实推进绿色低碳循环经济体系建设，坚决遏制"两高"项目盲目发展，大力推动重点行业领域节能降碳。完善能耗"双控"制度，及时纠正一些地方"一刀切"停产限产与"运动式"减碳行为。出台建立健全生态产品价值实现机制与深化生态保护补偿制度改革方案，生态产品价值实现机制和路径不断完善。举办联合国生物多样性昆明大会，推动建立全球生物多样性治理框架。

（六）改革开放持续推进，外贸实现超预期增长

在深化改革方面，《民法典》生效、"三孩"政策、教育"双减"、构建三级分配制度推进共同富裕等民生领域改革先后落地；科研经费自主权提升，创新动力提高；全国碳排放权交易市场上线，"双碳"战略加速落实；平台反垄断有力推进，平台经济竞争秩序逐步规范；北京证券交易所注册成立，资本市场改革深入推进；《农村土地经营权流转管理办法》发布实施，农村土地三权分置制度进一步落实。在扩大对外开放方面，RCEP协定核准完成，中国—新西兰自贸协定升级；服务业扩大开放综合试点扩围；公布《关于推进海南自由贸易港贸易自由化便利化若干措施的通知》《海南自由贸易港跨境服务贸易特别管理措施（负面清单）（2021年版）》，海南自由贸易港贸易便利化加快落实；申请加入CPTPP；积极参与WTO改革；向COVAX供应疫苗并捐资，支持国际抗疫。此外，得益于疫情防控得力，生产能力得以保障，以及因东南亚疫情反复产生的订单转移，我国对外贸易维持高速增长，特别是出口取得超预期增长，继续保持全球第一大贸易国地位。

（七）城镇劳动力市场韧性较强，整体平稳的就业态势得以延续

得益于疫情常态化防控与生产恢复的科学统筹，尤其是2021年前三季度工业经济加快修复，市场力量持续拉动城镇就业复苏；减负稳岗扩就业政策力度不减、精准性和有效性持续提升，制度力量不断推动就业优先战略落地见效。农民工群体返乡创业就业增加、新就业形态就业群体规模壮大，城镇劳动力市场调节功能继续发挥，劳动力市场韧性不断增强。2021年全年城镇新增就业目标提前实现，调查失业率保持在预期目标值以内，就业整体态势平稳。灵活就业人群保障范围和力度加大、农民工欠薪基本清零、劳动纠纷化解效率提高，各类劳动者合法权益得到更好保护，劳动关系更趋和谐。居民人均可支配收入保持增长，但增速有所回落，略低于经济增长。受益于2020年实施的专升本学生和硕士研究生扩招等方案，2022年城镇新成长劳动力整体质量将明显提升，需要就业的高校毕业生数量将维持在高位。

（八）宏观杠杆率有所降低，金融风险防范化解向制度建设层面深入

根据疫情防控和宏观经济形势变化，货币政策在"不急转弯"基调下实现了温和调整，管住了总闸门。M2和社会融资规模存量增速均明显降低，预计2021年末实体经济部门总杠杆率相比年初将有所下降。贷款加权平均利率稳中有降，人民币汇率总体稳定。在持续防范化解金融风险的同时，先后出台一系列措施，加强重点领域基础制度建设，从根本上防患于未然：一是针对债券市场信用评级虚高、评级指标区分度不足、揭示预示违约风险能力较弱等问题，出台相关政策指导意见，加强评级方法体系建设，强化独立性和市场约束机制，促进信用评级高质量发展；二是在加大对小微企业帮扶力度的同时，通过账户分类分级、识别可疑账户、倒查涉案账户等手段加强小微企业账户风险防控；三是出台《系统重要性银行附加监管规定（试行）》，为实施系统重要性银行附加监管提供指导和依据；四是有序推进《反洗钱法》修法工作，进一步完善以风险为本的反洗钱监管体系。

同时也要看到，当前疫情影响仍在持续，我国经济发展仍面临不少困难：居民人均可支配收入增速慢于GDP增速，消费恢复仍然乏力，有效需求偏弱，需求端弱于生产端的矛盾仍未发生根本改变；就业质量仍有待巩固，中青年群体就业不足问题较为凸显；基础科技、关键零部件和产业链短板仍亟待加强；大宗商品价格上涨显著抬升了中下游行业特别是中小微企业的生产成本，煤炭、电力等领域出现了阶段性运营紧张；个别大型房企因盲目扩张和经营管理不善而风险暴露。然而，我国经济总体向好的态势没有变，在疫情防控和外部环境复杂背景下，尽管一系列机遇与挑战并存，但只要准确把握新发展阶段的内涵，全面贯彻新发展理念，加快构建新发展格局，坚持深化改革、扩大开放、促进创新，就能不断激发我国广阔的市场空间和丰富的人力资源优势，推动经济持续健康高质量发展。

三 2022年经济工作基本思路和主要预期目标

(一) 2022年经济工作的基本思路

2022年将召开中国共产党第二十次全国代表大会,是党和国家事业发展中具有重大意义的一年。做好经济工作,要以习近平新时代中国特色社会主义思想为指导,全面贯彻党的十九大和十九届三中、四中、五中、六中全会精神,坚持稳中求进工作总基调,立足新发展阶段,贯彻新发展理念,构建新发展格局,以推动高质量发展为主题,以深化供给侧结构性改革为主线,以改革创新为根本动力,以满足人民日益增长的美好生活需要为根本目的,坚持系统观念,更好统筹发展和安全,统筹推进稳增长、促改革、调结构、惠民生、防风险等各项工作,增强产业链供应链韧性,科学精准实施疫情防控和宏观政策,强化科技战略支撑,持续为经济高质量发展激发新动能,坚持扩大内需战略,稳步推进经济绿色转型,扩大高水平对外开放,保持社会和谐稳定,以优异成绩迎接党的二十大胜利召开。

(二) 2022年经济发展的主要预期目标

当前我国经济恢复仍然不稳固、不平衡,外部环境存在较多不稳定、不确定因素,2022年保持经济平稳运行面临的风险和挑战较多,但我国经济长期向好的基本面没有改变。我们要坚定信心,攻坚克难,更加注重扩大内需,着力提升内生动力,努力保持经济社会持续健康发展。

2022年经济发展主要预期目标是:国内生产总值增长5%以上;城镇新增就业1100万人以上,城镇调查失业率5.5%左右;居民消费价格涨幅3%左右;进出口量稳质升,国际收支基本平衡;居民收入稳步增长;生态环境质量进一步改善,单位国内生产总值二氧化碳排放继续下降;粮食产量保持在1.3万亿斤以上。

2022年经济增速预期目标设定为5%以上的主要考虑是:首先,根据对当前及未来几个季度宏观经济运行形势的研判,综合基期因素,预计2022年经济增速大概率落在5%~5.5%区间。其次,2022年我国潜在经济增长率约为

5.5%，但受疫情反复、大宗商品价格上涨等因素影响，实际增长率可能略低于潜在增长率，目标设定为5%以上留有一定余地，较为稳妥，也有利于引导各方面集中精力推进改革创新、推动高质量发展。最后，5%以上的增速能够确保完成城镇新增就业目标。考虑2022年城镇男性劳动者退休规模预计明显大于2021年、疫后经济恢复势头延续等宏观环境因素，2022年城镇新增就业人数可望超过1300万人。

对于通货膨胀，2022年居民消费价格（CPI）涨幅预期目标设定为3%左右，同时预计2022年生产者出厂价格（PPI）涨幅约5%。主要原因在于：一方面，国际大宗商品价格经历了过去几个季度较为普遍的大幅上涨之后，一些门类大宗商品价格涨势正在逐渐趋缓，特别是在我国多项保供稳价政策作用下，煤炭等部分门类大宗商品价格近期已有所下降，这些因素将带动2022年PPI涨幅收窄。另一方面，前期涨价因素已明显抬高了上游能源原材料价格水平，使得中下游和最终消费端未来一段时期仍将面临上游成本转嫁传导的压力，加之部门领域关键零部件供应短缺以及猪肉价格可能触底回暖，预计2022年CPI涨幅相比2021年将有所扩大。但总体而言，在疫情不确定性犹存、居民消费恢复不充分不稳固的情况下，2022年CPI将处于温和区间，出现全面通胀风险的可能性不大。

上述经济增速、就业、物价等预期目标，体现了保持经济运行在合理区间的要求，与今后目标以及整个"十四五"时期目标平稳衔接，有利于实现可持续健康发展。

四 2022年经济工作的政策建议

在对2022年经济形势进行全面分析的基础上，综合考虑短期宏观调控和中长期经济高质量发展需要，为促进我国经济恢复更加稳固和平衡，2022年应适度加大宏观政策逆周期调节力度，注重做好跨周期调节：积极的财政政策要加力提效，继续保持一定支出强度，更加注重促进产业转型升级和以人为核心的城镇化，对冲经济增长下行压力；稳健的货币政策要稳量降负，增

强信贷总量增长的稳定性,引导实体经济平均融资利率下行,降低实体经济利息负担,有效应对成本推升型通胀;坚持就业优先政策,加快破除劳动力市场结构性矛盾,强化城镇就业扩容提质;努力做好保供稳价工作,切实降低企业运营成本;同时,注重加强财政、货币、产业、区域、竞争等方面政策协调,既要防止相互掣肘,也要避免政策叠加共振。

(一)积极的财政政策要加力提效,继续保持一定支出强度,更加注重促进产业转型升级和以人为核心的城镇化,对冲经济增长下行压力

2022年经济增长面临较大的下行压力,积极的财政政策需要继续保持必要的力度。一是继续保持适当的赤字规模,财政支出节奏适当前移。2021年经济增长较快,财政收入增速高于财政支出增速,预计全国一般公共预算赤字率可控制在3.1%左右。2022年全国一般公共预算赤字率可设为3%左右,即财政赤字规模大约37000亿元,比2021年增加1300亿元。二是优化财政支出结构。积极财政政策应加大对"两新一重"建设、技术改造、产能绿化等领域的支持力度,通过财政支出助力供给侧固本培元。建立城镇教育、就业创业、医疗卫生等基本公共服务与常住人口挂钩机制,推动公共资源按常住人口规模配置,促进以人为核心的城镇化。在教育、文化、体育、养老、医疗等公共服务领域扩大供给,提高品质。三是优化地方政府债务管理。提高地方政府专项债发行与"十四五"重大投资项目匹配度,提高地方债发行和使用效率,提高社会资本参与专项债项目的积极性。四是完善社会保障制度。加大力度向社保基金划拨国有企业和金融机构利润,补充社保基金。加快改革户籍制度,降低人户分离人口比例,推进基本公共服务均等化,缓解人口流入地与流出地之间的收支矛盾。五是针对疫情局部散发的局面,研究设立补偿救助措施。稳定市场主体尤其是服务业中小微主体的预期、信心和投资意愿,疫情期间出台的部分针对中小微市场主体的阶段性减税政策可视情况延续实施。

（二）稳健的货币政策要稳量降负，增强信贷总量增长的稳定性，引导实体经济平均融资利率下行，降低实体经济利息负担，有效应对成本推升型通胀

一是在当前经济下行压力加大、主要经济指标趋弱的情况下，2022年上半年货币政策在坚持稳健基调的基础上，边际上可适度宽松，保持实体经济流动性合理充裕。既要用好再贷款、再贴现、直达工具等结构性工具，也要注重货币政策总量工具在宏观调控中的基础性作用。二是供需两侧双管齐下，增强信贷总量增长的稳定性。高度重视当前企业信贷意愿不足和社会融资规模增速放缓的情况。一方面，缓解信贷需求端的不合理约束，合理增加保障性租赁住房信贷及居民合理改善型住房信贷，适度提高市场化高效能主体的信贷意愿，避免信贷增速和社会融资规模增速进一步下滑。另一方面，加大对商业银行尤其是中小银行发行永续债的支持力度，增强银行体系信贷投放能力。三是利用好美联储货币政策调整将动未动的时间窗口，合理引导实际贷款利率进一步降低。有效降低实体经济存量债务利息负担，缓解大宗商品价格上涨、劳动力市场结构性错配等因素对实体经济尤其是中小微企业造成的成本上升压力。四是研究设立碳减排支持工具，稳步有序落地生效。为生产和使用清洁能源、促进节能环保、开发运用碳减排技术等经济活动提供适宜的低成本资金，助力实现碳达峰碳中和目标。同时，继续对符合环保标准的煤电、煤炭等传统能源项目提供合理信贷支持，避免盲目限贷、抽贷造成融资接续困难，威胁能源供给稳定。五是灵活应对美联储货币政策调整的外溢效应，坚持以我为主实施国内货币政策。面对中美经济周期错位、增速差收窄的格局，适度调高稳增长在宏观政策制定中的权重，避免货币政策跟随美联储被动收紧，避免人民币一揽子汇率跟随美元指数被动升值。

（三）坚持就业优先政策，加快破除劳动力市场结构性矛盾，强化城镇就业扩容提质

宏观调控应更加突出就业导向，并以就业为优先目标促进各类政策更

好协调。当前，劳动力技能结构与市场需求结构不匹配、部分制造业企业招工难与部分青年群体就业难矛盾并存、青年大学生就业质量不高和隐性失业等问题仍然存在。一是要扩大市场的就业容纳能力，加大对民营企业的减负力度，加快优化保市场主体援企稳岗方式，对暂时性经营困难的企业，在补贴性的扶上马送一程之后更加注重以优化营商环境、降低制度成本、适当政策倾斜等柔性扶持方式增强企业的自身发展动力，发挥市场在资源配置中的决定作用，增强稳岗扩就业的持续性。二是要进一步增强公共就业服务的普惠性和政策精准性，继续将高校毕业生、农民工、退转军人、失业群体、就业困难人群等作为就业政策关照的重点，密切关注退出性限制性行业的规模性人员溢出，注重激发劳动者个人参与劳动力市场匹配筛选的积极性，提升应对劳动力市场变化的能力。加快消除各种就业歧视，把吸纳已育妇女就业情况纳入企业履行社会责任的考察内容。三是以鼓励劳动者就业或创业为导向，提高财政就业补助资金使用效率，推动财政就业政策更多向末端的劳动者延伸；优化失业保险基金支出结构，确保失业群体的合理失业保险金应支尽支外，提高技能提升补贴支出等直接面向劳动者个人的项目在非保险金支出中的比重（相对压缩"稳定岗位补贴"等面向企业的支出项目），更好发挥各类公共资金的就业促进作用。四是以缓解制造业招工难为重点，促进就业质量提升，一方面要重点推进用工主体降本增效、提升盈利能力、改善薪酬待遇和工作环境，大幅提高制造业对青年群体的吸引力，另一方面要促进制造业与高等教育、职业教育、技能培训的互动融合，提高各类劳动者适应制造业就业的能力。五是持续增强服务业就业的吸纳能力，并通过提高生产率改善从业人员报酬水平。科学统筹促进生活服务等密接服务业加快修复，吸纳更多农村适龄劳动力到城市务工，提高农村劳动力工资性收入。

（四）加强财政、货币、产业、区域、竞争等方面政策协调，既要防止相互掣肘，也要避免政策叠加共振

一是建议由有关部门牵头，在总体层面把握各项政策出台节奏节点，

避免一段时期内多项可能产生紧缩效应的政策过于密集地推出。每项重大政策出台前，应充分研判与其他相关政策的联系以及可能产生的交互作用。二是各项政策在设计和执行过程中要注重发挥市场在资源配置中的决定性作用，更多采用市场机制、市场手段、市场工具，辅之以法律和行政手段。三是把握好经济周期波动规律，提高能耗"双控"限产政策的分阶段、分区域实施弹性。疫后一段时期，由于服务业恢复慢于工业，加之2021年制造业占GDP比重有所提高，服务业增速和占比较疫情前相对下降导致短期内单位GDP能耗指标上升具有一定合理性，并不完全等同于真实的能源强度上升和能源效率下降。四是在执行房地产"三条红线""两集中"政策过程中，积极推动房地产业"软着陆"，既要防止土地拍卖频繁流标、热点城市供地不足导致后期房价暴涨，又要防止四、五线城市房价过快下跌引发连带风险。五是注重反垄断监管的市场沟通，引导市场预期，凝聚多方共识，减轻市场震荡。在平台经济领域加强反垄断和防止资本无序扩张是完全正确和必要的。在互联网技术快速发展的条件下，相关法律法规可能出现滞后，应及时完善法律法规，在实施有关政策时提前预告，给予自查自纠的时限，科学引导市场预期，增强市场主体发展信心，推动各类市场主体依法合规经营和持续健康发展。

五 2022年经济工作重点任务

2022年，在继续做好点状疫情防控、加大疫苗接种力度、视情优化疫情防控策略的同时，应进一步巩固经济恢复态势，确保经济运行在合理区间，同时兼顾长远，进一步为促进经济长期持续健康高质量发展打基础、聚动能，建议重点抓好以下工作。

（一）努力做好保供稳价工作，有效应对成本推升型通胀

当前我国物价形势呈现出高度结构性，在CPI涨幅较小的同时，PPI受大宗商品价格推升涨幅持续走阔。在总需求仍然乏力的情况下，应对PPI上

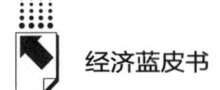

涨，不宜采用收紧总量货币政策的办法，而应主要通过扩大关键商品供给的办法实现保供稳价。一是加强政府各部门沟通协调，阶段性适度放开国内煤企产量限制，对具备增产潜力且在保供中做出突出贡献的煤矿企业在产能核增等方面给予政策支持，简化并加速煤企产量核增流程，全力增加电煤供应，保障电力供应安全。二是高度重视国内煤炭生产端管控和我国煤炭国际进口变化对国内外煤炭价格的综合影响，进一步强化国内外煤炭价格走势分析研判工作；持续推进大宗商品进口来源多元化、进口渠道多样化、通关过程便利化，积极探索构建中国与全球大宗商品市场互利共赢的交易新模式。三是积极有序推进电价改革，进一步完善分时电价机制，稳步扩大分时电价执行范围；要充分发挥市场在资源配置中的决定性作用，加快完善煤电价格联动机制，按照先企业后居民的顺序，在合理区间内，实现煤涨电涨、煤降电降；进一步优化煤电企业并购重组体制机制，促进产业上下游融合发展，积极探索"煤电化运"一体化运营，增强煤电产业链的稳定性、可靠性、安全性。四是加快健全大宗商品期现货市场联动监管机制，运用大数据等技术手段进一步完善价格监测分析预警机制，及时采取针对大宗商品价格大涨的应对措施，维持价格运行在合理区间。五是推进生猪产能调控基地分级建设，加快构建准确、即时、动态的生猪生产月度监测机制，强化生猪生产逆周期调控能力；进一步细化任务、压实责任，因地制宜发挥生猪养殖重点地区的主动性、灵活性，协同保障全国能繁母猪存栏量、规模猪场数量在合理区间波动，切实提升猪肉安全供应保障能力。

（二）充分挖掘国内市场潜力，加快构建新发展格局

一是改革完善收入分配体制机制，财政与社保政策要更加注重保民生和促进城乡居民增收。继续扩大民生领域财政支出，常态化的财政资金直达机制不仅直达基层地方和企业，而且应更大比例直达个人和家庭。加快健全工资增长机制、提高劳动报酬在初次分配中的比重，完善财税手段对收入分配的调节机制，在微观上鼓励劳动参与，在宏观上壮大中等收入群体规模；以提升就业技能为主、社会政策兜底为辅，促进低收入家庭增收。二是释放消费潜力，推动消费升级。提升传统消费，加快推动汽车等消费品由购买管理向使用管理转变，健全强制报废制度和废旧家电、消费电子等耐用消费品回收处理体系，促进住房消费健康发展。培育新型消费，发展信息消费、数字消费、绿色消费，鼓励定制、体验、智能、时尚消费等新模式新业态发展。三是优化投资结构，提高投资效率，保持投资合理增长。在人口流入较多城市，加快建设保障性租赁住房，促进供需均衡；推动企业设备更新和技术改造，加大战略性新兴产业投资；推进既促消费惠民生又调结构增后劲的新型基础设施、新型城镇化、交通水利等重大工程建设；健全项目谋划、储备、推进机制，加大资金、用地等要素保障力度，加快投资项目落地见效。四是畅通国民经济循环，加快构建新发展格局。着力打通生产、分配、流通、消费各个环节，加快要素市场化配置改革，形成全国统一大市场，畅通国民经济循环，加快构建以国内经济大循环为主体、国内国际双循环相互促进的新发展格局。

（三）提升产业链供应链现代化水平，切实增强产业体系稳定性和韧性

提升产业链供应链现代化水平，是构建现代产业体系、经济体系和开放格局的应有之义。要统筹做好传统产业改造提升和新兴产业培育壮大，补短板、强弱项、去隐患，增强传统产业链供应链的完整性和安全性，提升应对原材料短缺等问题的抗风险能力。要下极大功夫解决芯片生产供给等关乎全局的关键领域"卡脖子"问题，最大限度集聚优势研发力量，加大政策支持力度，充分调动重点企业包括民营企业的积极性。要加大关键细分产业进口替代力度，确保重点领域、重点行业在关键时候不掉链子。要推进产业基础高级化，支持多元主体参与，培育一批核心元器件、重大技术装备等领域的"专精特新"企业。要健全产业协同机制，促进产业链上下游标准有效衔接和各类资源融通共享，推动关键共性技术攻关。要着力提升数字经济产业链关键环节，推动数字经济向相关上下游产业链延伸，打造我国数字经济新优势。要推进产业链、创新链、人才链、信息链、金融链、政策链等跨链互通、同频共振、互相促进，形成多链融合贯通的新型产业生态。

（四）统筹有序做好碳达峰碳中和工作，稳步促进经济社会发展全面绿色转型

建议用碳排放总量与强度双控指标替代能耗双控调控指标，尽快将二氧化碳纳入现有环境管理体系，以减碳为战略抓手，完善减碳与经济增长目标协同推进的实现路径。坚持全国一盘棋，通盘考虑碳达峰碳中和有关能源和经济政策落实，及时调整不适宜的政策。出台实施2030年前碳达峰行动方案和分行业分领域碳达峰实施方案，健全碳达峰碳中和政策体系。深化改革煤电价格市场化形成机制，确保能源稳定供应和安全。立足基本国情，加强煤炭清洁化利用，加快发展风电、水电、光伏发电，安全发展核电项目，稳步提升清洁能源消费比重。优化能耗双控政策，鼓励地方增加可再生能源消费，对超额完成可再生能源电力消纳责任的地区，超出部分不纳入该地区当期能源消费总量考核。开展绿色电力市场化交易试点，推动构建以新能源为主体的新型电力系统。加快能源领域关键核心技术攻关，强化绿色低碳前沿技术研发。持续深入打好污染防治攻坚战，强化多污染物协同控制和区域协同治理，推进细颗粒物和臭氧协同控制。大力发展绿色经济，加快发展方式绿色转型，构建绿色低碳循环发展经济体系。积极总结推广绿水青山转化为金山银山的实践经验，扩大全国生态产品价值实现机制试点城市范围。加快推进生活垃圾分类和处理设施建设，推进生活垃圾减量化资源化无害化。

（五）促进城乡居民收入加快增长，着力绘就共同富裕的民生底色

坚持就业优先，促进各类市场主体在提升效率的基础上不断创造就业机会，广开灵活就业渠道，完善失业保险体制，增进劳动力市场自发调节能力，千方百计形成比较充分的就业和更高质量的就业。持续提高城乡居民可支配收入水平，力争居民收入增速与经济增长基本同步。完善收入分配体制，提高劳动报酬在国民收入中的比重，扩大农村居民和城镇劳动者财产性收入渠道，重点以推进中低收入群体加速增收的方式继续缩小收入差距。面

向幼儿托育、社会养老等民生领域，加大人才培育培训的公共投入，填补人才缺口扩就业并扩大优质生活服务的社会供给。坚持不将房地产作为短期刺激经济的手段，加大保障性租赁住房供给力度，加快破解特大城市中青年等重点群体住房难题，更好满足民生类住房需求。推广农业保险等互助性金融产品，增强农业从业人员应对自然灾害等突发风险能力。抓牢农业生产，推进乡村振兴。强化防灾减灾能力建设，保障基本民生物资、民生能源充足供给。精准识别精准帮扶特殊困难群体，健全不养懒汉、不漏真难的社会政策兜底机制。

（六）统筹发展与安全，做好重点领域风险防范化解工作

在经济下行压力加剧的背景下，2022年金融风险形势也可能进一步复杂化。原本掩盖于水面之下的风险可能在经济增速放缓的过程中加快暴露，结构性矛盾也将表现得更为突出。在此情况下，要审慎做好重点领域风险防范化解工作，统筹好稳增长、调结构与防风险的平衡。一是按照市场化、法治化原则处置化解恒大集团风险事件。压实企业主体责任，防止引发事后道德风险。确保已预售楼盘正常施工、正常交付，避免出现大面积停工损害购房者权益，严防出现群体性事件。跟踪研判恒大个体风险向上下游、金融机构、其他房企传导形势，防止个体风险演变为系统性风险。二是审慎管理四、五线城市房地产市场，做好稳房价、稳预期工作。避免房地产企业在"三道红线"压力下为补充流动性出现过度降价促销行为，引发部分四、五线城市房价下跌压力，反而进一步加剧房地产行业债务风险。三是疏堵结合，合理增加人口净流入城市的保障性租赁住房，以及相关土地指标和信贷供给。加强住房开发贷款集中度管理，防止中小商业银行贷款过度集中于个别房企。四是在出台碳达峰行动方案和分行业分领域实施方案的基础上，科学引导市场预期，防止部分高耗能行业出现融资接续困难。根据地区、行业、人口结构变化，科学调整优化区域投资规划，完善地方政府投融资机制，从根本上防范地方政府隐性债务增量风险。五是在美联储调整货币政策的窗口期，要审慎做好资本项目管理，加强宏观政策国际协调与沟通。坚持

有管理的浮动汇率制，增强人民币汇率双向波动弹性，避免短期内陷入资本流出与人民币汇率贬值恶性循环。

（七）加快完善科技管理体制机制，不断强化科技创新能力

科技创新是我国实现现代化远景目标的战略支撑。要进一步加大全社会研发经费投入，加快推进科研经费管理体制改革，让经费真正为创造性、实效性的科研活动服务。要加快国家战略科技力量体系建设，着力解决关系国家安全和发展的重大科技问题，推动实现高水平科技自立自强。要加快健全新型举国体制，发挥好政府和市场的合力作用，加快在集成电路等关键核心技术上实现重大突破，提升汽车等产业芯片供给能力。要持之以恒加强基础研究，加快构建新型基础研究支持体系，出台国家基础研究十年行动方案（2021~2030年）。要构建面向世界科技前沿的预见机制，鼓励国内大型科技企业深度对标国际同领域领先企业，明确差距短板、加强合作交流，稳步提升国际竞争力和国家安全水平。要调动好高校、企业、研究机构三方积极性，推进产学研用深度融合。要构建有利于释放科技人才创新活力的激励机制和评价体系，落实好重点领域特殊人才特殊政策，不要都用一把尺子衡量，让揭榜挂帅机制落到实处。要健全科技伦理规范体系，加强科研诚信和学术道德建设。

（八）着力增强城乡区域发展协调性，促进形成城乡要素双向流动新格局

区域战略系统布局已经基本完成，接下来要深入推动区域协调发展战略、区域重大战略、新型城镇化战略取得新成效，促进城乡、东中西和南北地区平衡、充分发展。深入推进以人为核心的新型城镇化，加快编制出台国家新型城镇化规划（2021~2035年）。深入实施重要农产品保障战略，积极化解通胀传导至农产品潜在压力，稳定发展粮食生产，健全生猪生产逆周期调控机制，补齐"菜篮子"产品流通短板，切实提升粮食、生猪、"菜篮子"产品供给保障能力。深化农业供给侧结构性改革，推动农业特色化、优质化、品牌

化、绿色化，促进农业增效、农民增收。做好向全面推进乡村振兴平稳过渡工作，保持现有主要帮扶政策总体稳定，巩固拓展脱贫攻坚成果。以城乡融合发展为着力点推进乡村振兴，健全农业转移人口市民化公共成本分担机制，让能够向外转移的劳动力更多地转移出去，促进各类要素流向乡村，推动城乡要素平等交换、双向流动，形成城乡要素双向流动新格局。

（九）加快推进重点领域改革，建设更高水平开放型经济新体制

一方面，要继续深化改革，激发经济内生动力，推动经济稳中向好。一是要着力推进电价改革，实现煤电价格联动，优先实现工业用电特别是高能耗行业用电市场化定价。二是尽快出台《禁止网络不正当竞争行为规定》，以法律手段规范平台经济竞争秩序，促进数字经济规范持续健康发展。三是继续深化国资国企改革，支持非公经济发展，优化营商环境，激发创新创业潜能。四是加快推动土地、劳动力、资本、技术、数据等要素市场化配置，促进要素自由流动，提升要素配置效率，激发市场活力。另一方面，要持续推动高水平对外开放，建设更高水平开放型经济新体制。一是要推动取消中美双边加征的不合理关税，防止双边经贸关系扭曲。二是把自贸区的成功实践尽快复制推广到全国范围实施，稳定市场主体预期。三是进一步缩减全国和自贸区外资准入负面清单，制定全国版跨境服务贸易负面清单，落实《鼓励外商投资产业目录》，鼓励外资更多向先进制造业和现代服务业领域投资。四是深化"一带一路"合作，推动共同抗疫以及疫后经贸往来恢复；继续坚定维护多边贸易体制，积极推动WTO改革；推动RCEP如期生效实施，落实推进加入CPTPP谈判，加快推动中日韩等自贸谈判。

六 2022年中国经济主要指标预测

未来一段时期，全球经济将延续复苏走势，但复苏面临不确定性。预计2021年中国经济增长8.0%，2020~2021年两年平均增长5.1%。考虑到全球疫情仍在持续，预计2022年中国经济增长5.3%左右，2020~2022年三年平均增

长5.2%，略高于2020~2021年两年平均增速。

随着主要经济体产能逐步修复，中国出口替代效应将有所减弱；新出口订单PMI领先指标连续多月处于收缩区间，中长期下滑趋势明显。预计2022年我国进口和出口增速分别为10.4%和6.0%，增速明显回落，但仍保持一定韧性。

预计2022年物价总体温和上涨，PPI涨幅下降，CPI涨幅提高，PPI和CPI分别上涨5.0%和2.5%，两者剪刀差明显缩小。

2021~2022年中国经济主要指标预测结果见表1。

表1 2021~2022年中国经济主要指标预测

单位：%

主要经济指标	2020年统计值	2021年预测值	2022年预测值
GDP实际增长率	2.3	8.0	5.3
工业增加值实际增长率	2.4	9.6	5.6
社会消费品零售总额增长率	-3.9	12.1	6.5
全国固定资产投资增长率	2.7	4.5	5.5
房地产投资增长率	7.0	5.1	3.8
制造业投资增长率	-2.2	12.8	6.0
基建投资增长率	3.4	0.3	5.0
出口总额增长率（以美元计）	3.6	30.2	6.0
进口总额增长率（以美元计）	-0.6	28.0	10.4
居民消费价格（CPI）上涨率	2.5	0.8	2.5
生产者出厂价格（PPI）上涨率	-1.8	7.8	5.0
公共财政收入增长率	-3.9	10.9	6.0
M2余额增长率	10.1	8.4	8.6

参考文献

谢伏瞻主编《经济蓝皮书：2021年中国经济形势分析与预测》，社会科学文献出版社，2021。

谢伏瞻主编《迈上新征程的中国经济社会发展》，中国社会科学出版社，2020。

中国社会科学院宏观经济研究中心课题组：《未来15年中国经济增长潜力与"十四五"时期经济社会发展主要目标及指标研究》，《中国工业经济》2020年第4期。

中国社会科学院宏观经济研究智库课题组：《更加注重扩大内需　着力提升内生动力》，《财经智库》2021年第4期。

IMF, "World Economic Outlook (October 2021): Recovery During a Pandemic: Health Concerns, Supply Disruptions and Price Pressures," https://www.imf.org/en/Publications/WEO/Issues/2021/10/12/world-economic-outlook-october-2021, October 2021.

宏观走势与政策展望

Macroeconomic Situation and Policy Outlook

B.2
疫情中的全球经济复苏和产业链安全

张 斌 徐奇渊 王碧珺 *

摘 要： 全球经济仍未摆脱疫情的影响，但还是实现了较快的复苏，2021年全球经济增速有望实现5.7%。发达经济体复苏情况较好，中低收入经济体复苏艰难，造成差别的主要原因在于疫苗接种普及程度和救助政策。包括大宗商品在内的部分商品和服务的供给恢复滞后于需求增长，通胀压力凸显，发达经济体开始讨论退出量化宽松政策，加息还需要更长时间。疫情加剧了对产业链安全的担忧，发达国家的跨国公司和政府均采取措施提升产业链安全，中

---

* 张斌，中国社会科学院世界经济与政治研究所研究员，研究方向为中国全球宏观经济；徐奇渊，中国社会科学院世界经济与政治研究所研究员，研究方向为中国经济；王碧珺，中国社会科学院世界经济与政治研究所副研究员，研究方向为国际投资。

国企业对海外的产业链拓展受到限制。

关键词： 全球经济　大宗商品　产业链

虽然新冠肺炎疫情影响尚未褪去，但全球经济仍实现了较快的复苏，2021年全球经济增速有望实现5.7%[①]。发达经济体的疫苗可得性高，且有充分的宏观经济政策应对疫情给经济带来的负面冲击，经济整体恢复情况较好。部分中低收入国家难以获得疫苗，经济活动受到疫情严重影响，且缺乏足够的宏观经济应对措施，经济复苏情况不乐观。

经济复苏进程中遇到了新问题，最突出的表现是美国和一些新兴市场经济的通胀快速上升。美国的通胀上升主要来自与疫情相关的供给缺口，以及2021年大宗商品价格在2020年较低基数背景下的高增长。随着供给面的逐渐恢复，通胀压力有望逐步减缓，美联储预计美国通胀有望逐步回落至2%左右的温和水平，市场上的中长期通胀预期也大致在这个水平。部分新兴市场经济面临更难解决的通胀压力，难以获得疫苗制约了供给端恢复，能源和食品价格上涨再加上货币贬值给通胀带来新的压力，通胀预期强化，遏制通胀的难度增加。

未来的全球经济复苏进程有望逐步放缓。低基数驱动的高增长难以持续，美欧日等发达经济体的经济景气指标进入2021年第三季度以后开始放缓。全球经济复苏面临的主要风险是如果供给缺口不能尽快恢复，通胀压力可能会驱使发达经济体货币当局采取超出市场预期的宽松货币政策退出措施。这种情景下，不仅是发达经济体的经济复苏进程难以持续，新兴市场经济体在资本流动和汇率稳定方面也将遇到更大压力，经济复苏更加艰难。

未来全球经济的可持续复苏需要维护好国内政策预期，加强国际合作。国内政策方面，需求不足的经济体需要提振经济增长预期，采取支持性货币

---

① IMF预测2021年全球经济增速为6%，笔者对于第四季度全球经济增长预测值偏低，对全年增速的预测值低于IMF。

和财政政策，避免经济实际增长率持续低于潜在增长率；通胀压力较大且持续的经济体需要稳住通胀预期，采取适当收紧的货币和财政政策，避免通胀失控带来更大的不确定性和经济损失。国际合作方面，需要在提高中低收入国家的疫苗可得性、修复全球供应链薄弱环节、共同维护全球金融市场稳定、增强重债务国的债务可持续性、减少碳排放等方面加强合作。

疫情冲击下全球产业链安全问题广受关注。跨国企业通过两大支柱来重新塑造其供应链的韧性：一是生产网络重组，涉及投资和撤资决策，跨国企业全球供应链呈现回流、近岸以及多元化的特征。二是跨国企业更加重视供应链的风险管理解决方案，加强其生产网络抵御和吸收冲击的能力。发达国家政府强化了安全审查等投资限制，以确保疫情期间关键基础设施、核心技术或其他与国家安全直接或者间接相关的敏感国内资产免受外国收购。中国企业对海外的产业链拓展受到了明显的限制。

一 通胀成为宏观经济政策新挑战

发达国家总体保持了宽松的货币政策与财政政策以支持经济复苏。在经济复苏和通胀上行背景下，美国和欧洲央行释放了退出宽松货币政策的信号，接下来将会减少购买资产的规模，2022年是否加息还需进一步观察。金融市场担心通胀，但基本上还是认同央行对于暂时性通胀的看法，市场交易视角下的中长期通胀预期仍保持在温和水平。

美联储采取了平均通胀目标，政策初衷是避免过低的通胀预期。美联储认为保持中长期内2%左右的通胀预期最有利于实现就业和产出目标。美联储在2021年9月议会会议中宣布维持联邦基金利率、资产购买节奏、准备金利率和隔夜逆回购利率不变。美联储主席鲍威尔表示年内可能开始启动减少资产购买规模，预计将于2022年中期完成。纽约联储主席威廉姆森认为，不应将央行购买资产看作非常规政策，在当前全球低利率的环境中购买资产属于正常的工具，这是对其他货币工具的补充和完善。央行购买资产政策与传统的短期利率政策工具发挥作用的具体渠道不同，但它同样是通过影响利率、金融环境和对证券的需求而发挥作用。美联储加息时点前置，但首次加息时点存在不确定性。美联储公布的点阵图显示，预计2022年至少加息1次的委员有9位，预计2023年至少加息1次的委员有17位。这表明美联储内部对2023年加息达成一致意见，但对于2022年是否加息分歧较大。

美国财政政策重心从抗击疫情转向支持经济复苏，新政策如何落地有较大变数。美国采取的大量补贴政策使得个人收入在疫情期间不降反升，随着疫情缓解，补贴政策也将退出。为了确保经济增长，拜登政府提出了为加强基础设施建设和提高制造业竞争力的《基础设施投资和就业法案》和3.5万亿美元的预算支出。众议院批准了3.5万亿美元的预算框架草案，包括加大对教育、医保、气候变化等方面的投资，但民主党内部尚存在分歧，最终金额可能会被要求缩减。为了筹措财政支出资金，美国众议院公布了新的增税草案：美国企业税率将从21%提高到26.5%，最高个人税率也提升至39.6%，对500万美元以上的个人收入征收3%的附加税，并且资本利得税最高税率也提升至25%。该增税法案不仅遭到共和党保守派的反对，在民主党内部也争议激烈，该法案能否为基建计划提供充足资金尚有待验证。

欧央行采取了类似于美联储的做法，把通胀目标低于并靠近2%修改为以2%为中轴的对称变化。欧洲通胀率上行，欧央行9月货币政策会议决定维持三大关键利率不变，同时表示将放缓第四季度的紧急抗疫购债计划（PEPP）购债速度。在时间和规模上，欧央行并未对PEPP进行调整，PEPP仍将至少持续到2022年3月底，规模亦维持在1.85万亿欧元不变。欧央行行长拉加德表示，推动近期欧元区通胀上升的很多因素如能源价格上涨、供应链中断等都是暂时的，短期内通胀可能温和超过目标，2022年通胀应该会随着暂时性因素的消退而逐渐企稳。欧盟自2021年8月开始向经济复苏计划正式获得批准的成员国分发资金，获批的国家包括奥地利、比利时、丹麦、法国、德国、希腊、意大利、拉脱维亚、卢森堡、葡萄牙、斯洛伐克和西班牙。在欧盟财政和欧央行宽松货币政策的支持下，欧元区经济运行仍能保持在复苏轨道之上。

从过去的经验来看，发达经济体退出宽松货币政策将会对新兴市场经济

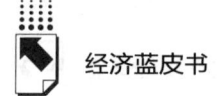

体带来显著冲击。上一轮美联储退出购买资产和加息对新兴市场经济体汇率和资产价格的影响均是讨论时期大于实施时期，加息预期的影响大于央行退出购买资产的影响。相较于上一次的退出量宽和加息，好消息是市场和政府在本次发达经济体退出宽松货币政策时有了较为明确的历史退出路径参照，这使得美联储退出的路径更好地被预测，预期渠道所带来的不确定性和市场波动可能随之削减。坏消息是这次宽松规模远超上次，退出的规模和对流动性的抽取显然更高；疫情对很多新兴市场经济体经济的影响仍然显著，经济应对冲击的能力较弱。2021年9月美联储公布缩减央行购买资产的明确信号以后，新兴市场经济体大部分货币对美元汇率均出现贬值，其中泰铢和菲律宾比索的贬值幅度最大，分别为14.2%和9.1%；股票市场方面，越南和韩国股市下跌幅度较大，分别下跌了4.7%和6.9%。

二 大宗商品价格大幅上涨

全球大宗商品价格在2020年4月以后持续上涨，进入2021年第三季度以后价格上涨势头有所减弱。目前大宗商品价格较2020年最低点有将近1倍的涨幅，较疫情之前的2019年也有超过30%的涨幅。能源和工业金属价格上涨幅度最突出，农产品价格也有显著涨幅。不同类型大宗商品价格上涨背后有着共同的全球经济复苏背景支撑，也有各自独特的需求和供给格局变化。

石油供给增长滞后于需求复苏。经济复苏为石油需求增长提供了支撑。石油供给端，OPEC虽然在恢复产量，但仍远不及市场预期。头部产油国控制产量、腰部产油国产能不足。增长最显著地来自伊拉克和沙特阿拉伯。尼日利亚受限于停电和技术困难，产量反而出现下降。伊朗、利比亚和委内瑞拉免于此前减产协议限制但产量几乎没有出现增长。考虑到增产部分，OPEC供给相较于疫情前水平仍有300万桶以上的差距。美国的原油供给逐步恢复，目前运营的钻井数相比上年同期超过500口，但相较于疫情前水平仍有200口以上的差距。短期内供给增长滞后于需求复苏的格局较为清晰，为油价反弹提供了基础。由于腰部产油国恢复速度放慢，沙特等头部产油国对石油价格的话语权在这一轮去产能中变得更强，OPEC预计油价将稳定在70美元/桶以上。

受天气影响新能源供给不稳定，天然气价格大幅上升。新能源中的风电和水电供应容易受到天气影响，对以天然气为代表的替代能源价格带来冲击。2021年的寒冷和干旱极端天气现象较普遍，风电和水电供应减产，极端天气下用电需求增加，再加上经济复苏对用电的需求增加，对天然气发电需求也相应增加。欧洲的天然气库存大幅下降，天然气现货价格大幅上升。随着冬季取暖需求和极端天气频率增加，预计全球能源需求仍将持续反弹，而供给复苏明显滞后于需求增长，价格仍有持续上涨动力。然而价格上涨的基础仍有明显的薄弱点，包括：OPEC第二梯队的增产和美国能源企业增加资本支出；需求端如欧洲和中国对上游加大议价压力或管控需求，推动上游放松对产能的控制；疫情反复。

金属方面，有色金属需求前景向好，价格保持在高位；黑色金属缺乏经济基本面支持，难以支撑高价。与传统汽车相比，新能源汽车及其相关行业对有色金属有更大的需求，金融市场认为其对有色金属的长期需求，刺激了有色金属价格大幅上涨。全球铜库存处于2016年以来的低位，铜的价格保持在高位。铜矿供给随着南美洲主要铜产国经济逐步恢复而温和增长，但全球最大的铜生产商智利国有矿业公司面临的铜矿罢工风险上升并因此对铜价带来扰动。铝价保持上涨势头。铝的中上游供应均紧张，上游铝矿石主产国几内亚发生政变，边境关闭，阻碍了铝矿出口；中游主产国中国实施"双碳"政策限制了电解铝产能；主要出口国俄罗斯对有色金属加征关税减少了电解铝出口。铁矿石价格经过前期大幅上涨后在第三季度大幅跳水。国际铁矿石受中国压产影响，普氏62%铁矿石价格在2021年第三季度从218.4美元/吨一路下跌至94美元/吨，季末小幅回升至114.80美元/吨，回吐近一年来全部涨幅。铁矿石供给端整体宽松，巴西稳中有增，澳大利亚相对疲软。需求端整体弱势，中国压产力度加大，叠加出台生铁、粗钢等零进口关税、取消钢铁出口退税等政策，上游铁矿石需求大幅下降。

未来金属价格走势方面主要关注"碳中和"带来的金属结构性改革、中

国"双碳"政策力度与方向、新冠肺炎疫情发展态势以及各国经济刺激政策的影响。铜、铝方面，供应端受主矿国政治扰动及中国"双碳"限产能影响整体偏紧，利好价格；需求端全球经济复苏节奏放缓，利空价格。多空交织预计有色金属价格可能维持在高位震荡。黑色金属方面，中国需求增速放缓对铁矿石价格带来中长期向下压力。

农产品方面，小麦、玉米和大豆等粮食价格在2020年4月以后持续上涨至2021年5月，进入6月以后开始回调，回调后的粮食价格大幅超过了疫情前水平。粮食价格大幅上涨主要有五个驱动因素：一是疫情引发的粮食供应安全担忧，食用粮食和动物饲料粮的需求处于高位，一些国家加大粮食的进口和储备力度进一步加剧了国际粮食市场的供应紧张程度。二是疫情导致化肥、种子供应障碍和国际劳动力流动中断，限制了全球粮食产量增长。三是2020~2021年全球性拉尼娜现象（通常每隔几年发生一次）导致一些重要的粮食出口国出现干旱现象，如阿根廷、巴西、俄罗斯、乌克兰和美国等，致使粮食产量低于预期。当粮食产量增速低于需求增速时，粮食的库存消费比率将会下降。根据美国农业部的估计，2020年9月至2021年8月，小麦、玉米和水稻三大主粮的产量将增长1.7%，导致主粮的库存消费比率将下降1个百分点，处于多年来的低位。四是主要农产品库存偏低。据美国农业部发布的期末库存预测数据，大豆、玉米和小麦库存在2020年8月至2021年8月呈现明显的下行走势，8月的库存预测值明显低于2019年平均水平，尤其是大豆库存在2020年8月至2021年3月由9500万吨减少至8300万吨，降幅高达12.6%。五是粮食主产国的出口管制和运输成本大幅上升助推了国际粮食价格的上涨。

未来粮食价格将因供需缺口缩小而趋于稳定。全球粮食种植气候条件正在改善，疫情趋缓将有助于增加种子、化肥的供应，并促进农业劳动力国际流动，粮食供需缺口将会缩小。据美国农业部的估计，2021~2022年，美国的玉米、大豆、小麦的种植面积将分别比2020年增加2%、5%、5%，这有助于促进主要农产品供应的增加。另据联合国预计，2021~2022年全球粮食储备将增加2.4%。

三 跨国企业通过两大支柱重塑供应链韧性

疫情大流行严重冲击了全球经济，随着疫苗接种计划的推进——尽管世界各地的速度非常不同——注意力正转向如何更好地重建经济，使其发展变得更加可持续，更能抵御未来的冲击，一个关键的优先事项是评估供应链风险，增加供应链弹性。

在过去三十年的时间里，供应链变得越来越全球化。跨国企业在市场寻求型、效率寻求型、资源寻求型等动机下，在全球建立生产网络，减少库存、缩短运输时间和简化生产系统，以最大限度地提高利润，这形成了长期、复杂且地理上分散的全球生产基地和供应商网络，即现在的全球供应链体系。在这样的体系里，跨国企业被高效且相对成本便宜的物流所吸引，应用跨越全球网络的精益生产方法，使分包变得越来越普遍、组件越来越复杂。生产商希望拥有灵活的产能，供应商又在多阶段生产网络中利用自己的供应商网络，并且拥有四层或更多层供应商的情况并不少见。这意味着企业很难了解所有供应商的实际情况。

对这一国际生产体系脆弱性的担忧并不新鲜，并会周期性地被新的供应链冲击重新强化。新冠肺炎疫情全球大流行再次敲响警钟，医疗设备和药品国际供应链的内在脆弱性在面对市场（需求高峰）和政策（贸易限制）的外来挑战下变得更为突出。当前的大流行是否会被视为一次性事件？跨国企业未来是否将恢复到疫情前的惯常做法——追求精益生产和多级供应商网络？实际上，这一可能性较低。一方面，新冠肺炎疫情正在呈现长期化、常态化和复杂化之势，新变种不断出现，疫苗有效性面临考验，特效药尚在研发中，难言何时结束。另一方面，气候变化导致的越来越多的极端天气和自然灾害，百年未有大变局下的国际格局演变，以及某个新的细菌或者病毒正在哪个拐角等着人类，这些风险都绝非罕见。在这些背景下，跨国企业正在通过生产网络重组以及风险管理解决方案的"双支柱战略"来提高供应链弹性，优化供应链。

第一个支柱是生产网络重组，涉及投资和撤资决策。它意味着从两个方面来重新设计全球供应链——回流和近岸转移、多元化。

一方面，回流和近岸转移通过缩短生产长度、在国内或区域内从物理上限制制造足迹和供应商基数，减少了参与生产过程的国家数量，削弱了国际贸易在中间投入品交换中的作用，从而降低全球供应链的网络复杂性和相互依存性。从运营角度来看，更简单、更短的价值链也更易于管理。可以预见，许多个人防护设备（Personal Protective Equipment，PPE）产品的国内生产肯定会增加，通过增强本国生产能力来解决被认为必不可少的安全问题，但尚不清楚哪些PPE产品或组件将被优先考虑。区域供应链（或近源采购）将成为PPE行业未来分散风险的重要机制，但难以判断本地生产与进口在PPE物品总供应量中的比例分配。中国仍然是PPE供应链中的关键参与者，不仅是作为相对低成本进口的来源，更重要的是因为中国的医疗保健市场是世界第二大市场，国际医药企业已将中国市场视为影响其长期国际竞争力的关键。全球供应链的区域化并不意味着国际贸易或资本流动本身的减少，而是涉及距离惩罚的增加，这有利于进一步促进区域经济一体化。但值得注意的是，回流和近岸转移也意味着国内和区域风险的集中。

另一方面，多元化通过冗余和增加选项来提升供应链弹性，利用复杂的网络作为避免过度集中和在系统中形成冗余的一种手段，目的是使供应、运营和分销渠道多样化，增加弹性选项并使生产更接近终端市场。地理分布的多元化淡化了全球供应链中与集中和相互依存相关的弱点，并增加了灵活性，允许跨站点分配和切换生产，但这也意味着跨国企业需要在协调和控制方面增加投资和付出额外的努力。采购多元化的实现方法是进行采购承诺，尽管要求新供应商与现有规模参与者的价格相匹配可能并不现实，但长期采购承诺将激励替代供应商进行投资，并有助于形成长期具有竞争力的价格。

对于大多数拥有复杂全球供应链的公司而言，生产网络重组涉及投资和撤资决策，成本高昂，即使企业能够吸收可变成本的冲击，对固定成本的影响和无法恢复的沉没成本使得生产网络重组可能不是短期或中期的解决方案。

只有在政治压力或具体政策干预的作用下，短期内的生产网络重组才可能加速。但从长期来看，供应链弹性将在跨国企业的选址决策中占据更大权重，可能会导致国际生产网络的逐步再平衡。

第二个支柱是风险管理解决方案。除了重组生产网络，跨国企业还可以利用各种供应链风险管理解决方案来加强其生产网络抵御和吸收冲击的能力。增强供应链的可见性和透明度，以监控供应链事件，并做出及时适当的决策，采取主动措施限制供应链中断的负面影响。新的工业数字技术通过增强可追溯性和身份验证来提升供应链的可见性和透明度。评估安全库存水平和建立战略储备也是关键的缓冲举措，可以最大限度地减少供应链中断的影响。供应集中通常是由制造业的规模经济、供应商的独特能力或特定资源的位置驱动的。根据情况，重新评估安全库存水平很重要。增强市场情报的获取和预测能力，预判巨大的供给和需求波动风险，并提高获取运输和物流替代方案的能力。

以上各种供应链风险管理解决方案可能要求对相关技术进行大量投资，以加强对供应链的控制和协调；提高生产能力以满足缓冲需求；运营模式从"准时制"（just-in-time）[①]转变为"以防万一"（just-in-case）。推动全球化和全球国际分工的"精益求精"效率概念所认为的增加冗余是效率低下和管理不善的现象将被改写，在新的效率概念中，缓冲、生产线的安全性和交付保证将获得更为突出的地位。

供应链风险管理解决方案在增强供应链弹性方面不及生产网络重组，但并不需要大量实物资产的结构性搬迁，对国际直接投资的冲击不如生产网络重组那样大，主要涉及供应链数字化对跨地区增值分配、资产轻量化和外包决策等方面的间接影响。跨国公司增加供应链弹性的选择依然受到成本收益考虑的驱动，受到不同行业的国际生产状况、资本/劳动密集度、对新投资的需求（增长前景）、潜在的政策风险以及技术发展趋势等多种因素的影响，确保以更有效的方式建立弹性而不致失去经济竞争力。

[①] "准时制"（just-in-time）商业模式优先考虑低成本地区的外国制造产品，减少库存以最大限度地降低运营成本和库存现金。

四 发达国家强化投资限制以确保产业链安全

根据2021年6月发布的《世界投资报告》(World Investment Report)，2020年，涉及外商直接投资国别政策变化的国家和政策数量大幅增加，分别达到2007年以来和有史以来的最大值。有67个国家进行了152项涉及外商直接投资的政策变化，比2019年的54个国家、107项政策变化分别增加了24%和42%。从这152项政策变化的组成来看，72项涉及投资自由化和促进政策，50项施加了新的投资限制性和监管政策，余下30项是中性政策。除中性政策外，涉及投资自由化和促进措施的政策比例从2019年的76%下降至2020年的59%，涉及限制性和监管措施的政策比例从2019年的24%大幅上升至2020年的41%，都创有记录以来的极值。

图1　2000~2020年国别投资政策变化

资料来源：World Investment Report, 2021。

2020年全球新推出50项投资限制性和监管政策，比2019年的21项翻了1倍多，基本来自发达经济体（35项，占比70%），涉及美国、加拿大、日本、韩国、澳大利亚、新西兰、奥地利、芬兰、法国、德国、意大利、荷兰、西班牙、英国等国。这些投资限制性和监管政策大多数与东道国国家安全方面的考虑有关。新冠肺炎疫情进一步强化了发达国家关于外资的国家安全审查措施,以确保疫情期间关键基础设施、核心技术或其他与国家安全直接或者间接相关的敏感国内资产免受外国收购。例如,2020年,基于国家安全考虑,澳大利亚政府阻止了中国蒙牛乳业以6亿美元收购奶企Lion Dairy & Drinks;加拿大政府阻止了中国山东黄金矿业有限公司以2.07亿美元收购黄金生产商TMAC Resources Inc.;德国政府阻止了中国航天科工集团子公司中国航天工业发展股份有限公司(Addsino)收购专门从事卫星和无线电技术业务的企业IMST GmbH。然而,针对外资的国家安全审查的泛化已危及国际投资的正常秩序,很多时候沦为投资保护主义的工具,亟须加强外国投资国家安全审查制度的国际协调。

2020年全球新推出72项投资自由化和促进政策,比2019年的66项增加了9%,主要来自发展中经济体和转型经济体(69项,占比96%)。在疫情的冲击下,2020年全球FDI大幅下降了35%,达到2005年以来的最低水平,促使发展中国家对全球FDI的竞争更为激烈,推出新的投资促进措施,给予外国投资者以财政性质为主的投资激励,简化外国直接投资的行政程序。此外,部分亚洲发展中国家还在农业、制造业、采矿业、金融服务业、运输业、制药业等领域部分或全面放开外国投资,进一步加快投资自由化步伐。以中国为例,根据2019年颁布的《中华人民共和国外商投资法》制定的《中华人民共和国外商投资法实施条例》自2020年1月1日起施行,强化了内外资一致、投资促进和保护以及相关法律责任。中国在2020年10月1日起正式实施《外商投资企业投诉工作办法》,完善外商投资企业投诉的处理程序,进一步加大了保护外商投资合法权益的力度。中国还在2020年进一步缩减了全国版和自贸区版的外资准入负面清单,取消了对金融服务、制造业、农业、矿产冶炼和制药业等行业的外商直接投资限制,发布了比全国版和自贸区版负面清单更短的《海南自由贸易港外商投资准入特别管理措施(负面清单)(2020年版)》,不断推进高水平开放。

在新冠肺炎疫情冲击下,各国产业链均受到不同程度影响,全球产业链

面临巨大不确定性。在此过程中，跨国公司开始反思过去单纯以效率为主导的供应链管理思路，更多考虑效率和安全的平衡。同时，美国、日本、欧盟等主要发达经济体也开始反思产业链政策，强调产业链的安全性和可控性，以社会成本作为产业配置的最终标准，对医疗、高科技等关键产业链布局进行调整，如对国内应急供应链备份、引导关键产业的回流以及回归区域化、缩短价值链等。

"疫情终将过去，但世界从此不同"。疫情通过对政治逻辑、经济逻辑的冲击，影响到了全球产业链的重构趋势。我们的研究认为，未来全球产业链的发展将呈现以下三个特征。

首先，跨国公司将通过多元化产业集聚以增强产业链抗风险能力。多元化的过程，可能会导致中国面临一定程度的产业外移，但这与纯粹的产业外移不同。在此背景下，我国如何进一步改善营商环境，如何确保供应链体系的稳定性、可预期性，给全球的下游生产商提供信心和保证，将关系到中国未来在全球供应链中的地位。这对于评估中国对外国（尤其是对美国之外国家）的经贸关系稳定性、权衡经贸制裁措施也是一个重要的考虑因素。

其次，随着全球要素禀赋格局的变化，全球产业链将在中长期呈现知识化、数字化和资本化趋势。在此过程中，全球分工的比较优势格局将被重新定义。有一些国家虽然拥有劳动力成本比较优势，但是数字经济发展滞后以及相关基础设施面临瓶颈。一般的发达国家在个人隐私保护和商业效率之间的权衡也面临更多障碍。相较而言，在推进产业链的数字化、资本化的过程中，中国在研发尤其是应用环节具有显著优势，但是也面临一定隐忧。尤其是美国机构给中国扣上所谓"数字威权主义"的帽子，并试图在网络世界和数字经济领域的国际标准中孤立中国，从而限制中国在数字化时代的竞争优势，这需要引起高度重视。

最后，生产方式的绿色化、低碳化，主要影响到依赖能源出口或正处于工业化进程中的发展中国家。气候变化因素使得后发国家的赶超过程又增加了一个额外的约束条件。在低碳化、绿色化的背景下，碳关税可能使出口导向模式的复制难度进一步增加。2021年3月，欧盟议会通过了"碳边境调节机制"（CBAM）的决议。作为一个参照，美国在2008年也对碳关税的立法进行了尝试，也就是《沃纳-利伯曼法案》。虽然该法案最终没有被通过，但第1306条款也列出了免于征税的三类国家清单。这些享受豁免待遇的国家一般体量不大，其对于全球生产网络的影响也较小。但是另一些状况好于最不发达国家，且仍处于工业化扩张阶段的国家（例如越南、印度）以及依赖于高碳资源的国家（例如石油出口国），其发展空间将可能面临额外约束。相对于这些国家而言，中国受到的影响较小。一方面，中国工业化进程已经从粗放型扩张阶段进入创新驱动阶段，出口贸易内含的碳也已经开始下降。另一方面，虽然中国传统工业会受到冲击，但是绿色技术、绿色产业、绿色金融市场发展较快，有利于缓释低碳化带来的冲击。

总体上，全球产业链的多元化布局，可能使得部分发展中国家的产业发展暂时从中受益。但是在资金成本长期保持低位的背景下，数字技术对劳动力的替代可能改变传统的比较优势逻辑，绿色低碳也将成为后发国家赶超的额外约束条件。种种迹象表明，印度、越南等后发经济体，甚至是全局意义上劳动力密集型、高碳资源密集型的后发经济体，其赶超的历史窗口期有可能将逐渐关闭。这个关闭的过程取决于数字化、绿色化生产方式的发展速度。对于全球经济格局而言，数字鸿沟、绿色鸿沟可能使得国与国之间的阶层更趋向于固化，一些后进发展中国家的赶超之路可能将更加艰难。

参考文献

Alfasi N. and Portugali J., "Planning Just-in-time Versus Planning Just-in-case," *Cities*, 2004, 21(1).

Antràs P., "De-Globalisation? Global Value Chains in the Post-COVID-19 Age," NBER Working Paper No. 28115, 2020.

IMF, "World Economic Outlook," Oct. 2021.

Gereffi G., "What does the COVID-19 Pandemic Teach Us about Global Value

Chains? The Case of Medical Supplies," *Journal of International Business Policy*, 2020, 3(3).

Srai S. and Ané C., "Institutional and Strategic Operations Perspectives on Manufacturing Reshoring," *International Journal of Production Research*, 2016, 54 (23).

UNCTAD, "World Investment Report 2020: International Production Beyond the Pandamic," New York and Geneva: United Nations Conference on Trade and Development, 2020.

廖凡:《〈外商投资法〉：背景、创新与展望》，《厦门大学学报》（哲学社会科学版）2020年第3期。

漆彤、刘嫡琬:《外国投资国家安全审查制度的国际协调：必要性、可行性和合作路径》，《国际经济评论》2021年第4期。

王碧珺:《国际直接投资形势回顾与展望》，载张宇燕主编《世界经济黄皮书：2020年世界经济形势分析与预测》，社会科学文献出版社，2021。

王碧珺、肖河:《哪些中国对外直接投资更容易遭受政治阻力？》，《世界经济与政治》2017年第4期。

B.3 中国"人口转变"下的增长减缓与发展转型

张 平 杨耀武[*]

摘 要: "加快构建以国内大循环为主体、国内国际双循环相互促进的新发展格局"被列入"十四五"规划纲要,"双循环"战略也成为研究的热点问题。本报告在梳理外部经济环境和国内短期各种震荡叠加因素都会削弱我国经济增长动能的基础上,从"人口转变"下的增长逻辑诠释"双循环"发展的必然趋势、理论逻辑和现实挑战,旨在分析中国如何打破对国际大循环的路径依赖,向"双循环"战略转变。中国必须通过经济结构性改革,提高劳动份额,促进消费;通过人力资本水平与创新效率的同步提高,构建以国内大循环为主体的循环体系;对外要深化"一带一路"倡议,积极推进高水平对外开放,实施"双循环"战略。

关键词: 人口转变 双循环 人才红利 社会投资 汇率稳定

一 差异化复苏中的全球经济

(一)总体复苏中的全球经济

自2020年第一季度新冠肺炎疫情暴发以来,在全球蔓延时间超过一年半,在变异毒株等因素影响下,全球新增感染病例时有起伏,但随着各国医

---

[*] 张平,中国社会科学院经济研究所研究员,主要研究方向为中国经济增长、宏观政策和上市公司等;杨耀武,中国社会科学院经济研究所助理研究员,主要研究方向为中国经济增长。

疗系统的全面启动、疫苗接种的推进，由重新开放和政策推动的经济总体复苏仍在持续之中。

中国是最早实现经济正增长的主要经济体，2020年GDP比上年增长2.3%，按初步核实结果，2021年前三季度GDP较上年同期增长9.8%，这主要得益于中国疫情防控形势向好和供给体系的及时启动。发达国家则在2020年遭受了自第二次世界大战以来最为严重的经济衰退，根据IMF数据，发达国家经济总量2020年下降了4.5%，其中，美国为-3.4%，欧元区为-6.3%，日本为-4.6%，英国为-9.8%。在重启经济活动和大规模刺激政策作用下，美欧等发达国家在经历2020年第二季度经济大幅下探后，2020年下半年经济指标环比出现改善；随着疫苗的大面积接种，2021年上半年美欧等发达国家经济重启的步伐加快，2021年第二季度，部分发达国家GDP已小幅超过或接近疫情暴发之前的水平。一些新兴市场和发展中经济体，由于管控措施的阶段性放松和大宗商品价格上涨等因素助推，2020年下半年以来经济也较快复苏。2021年第二季度，巴西和俄罗斯经济总量较2019年同期分别上涨0.18%、1.8%。

（二）各国经济复苏的差异性

疫情暴发以来，由于疫情防控有效性、疫苗获取能力、救助政策力度等的不同，各国经济复苏态势出现了明显的差异，主要表现在两个维度，一是各国经济复苏时间的差异，二是各国经济复苏程度的差异。这拉大了全球供需缺口，对供应链形成了不小的冲击。在全球经济复苏浪潮中，中国位于潮头，随后是美欧等发达经济体，之后是资源型新兴市场与发展中国家。目前，美国财政刺激政策的影响正在消散，通胀升温使欧洲央行放缓了购债的步伐。发达国家由政策刺激和经济重新开放拉动的强劲复苏已渐入尾声，进一步的经济复苏需要依赖就业的增长和经济自身内生动力的增强，这将是一个相对缓慢的过程。2021年8月以来，美欧日等发达国家或地区制造业PMI均出现了不同程度的下降，部分国家服务业PMI也有所下降。巴西和俄罗斯等资源国，在全球大宗商品涨价等因素的带动下，经济总量也分别在2021年第一季度和第二季度超过了疫情暴发前的同期水平；而印度和东南亚部分国家在疫苗接种率较低的情况下，受德尔塔变异毒株影响，经济复苏状况仍不理想（见图1）。

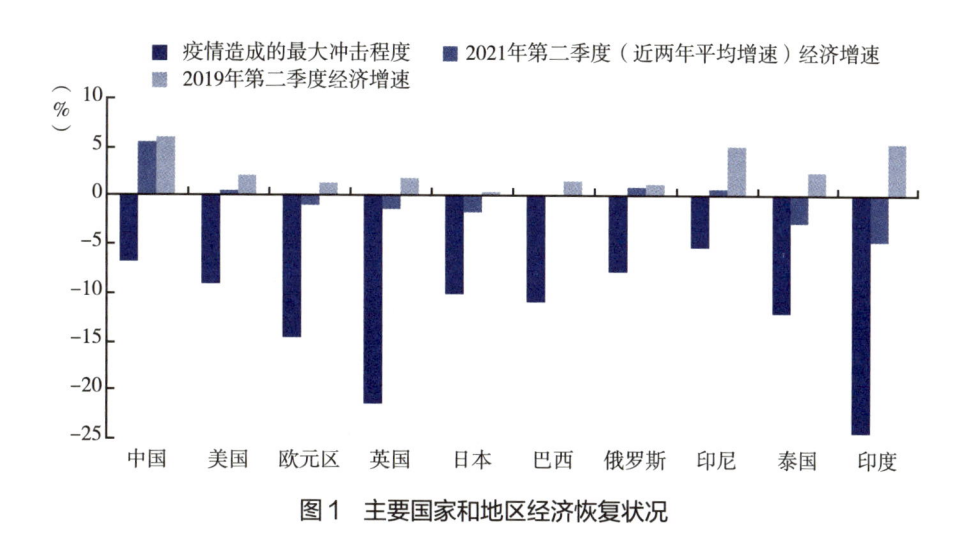

图1　主要国家和地区经济恢复状况

随着发达国家更加依靠就业市场的改善来推动经济进一步复苏，以及疫苗接种在全球的推进，疫情对全球供应链的扰动短期内仍会存在但有望逐步缓和，而且全球大宗商品价格上涨和部分国家通胀上升反过来也为全球就业市场和生产端的恢复提供了市场激励，从而有利于缩小全球供需缺口。在疫情防控常态化下，各国将转向更加注重供应链稳定和安全，全国供应链的重构可能将逐步展开，中国依靠短期内的份额增加带来的出口增长终将褪去（见图2）。在全球供应链调整、绿色发展和数字化转型中，迎接新挑战、抓住新机遇是未来推动中国经济高质量发展的关键。

二　中国经济结构转型中的"震荡叠加"减弱增长

面对国内外形势的变化，中国在统筹疫情防控和经济社会发展过程中，主动加快了经济结构转型步伐。一是更加注重创新在推动经济发展中的重要作用。通过创新和优化资源配置提升全要素生产率，实现产业链供应链的自

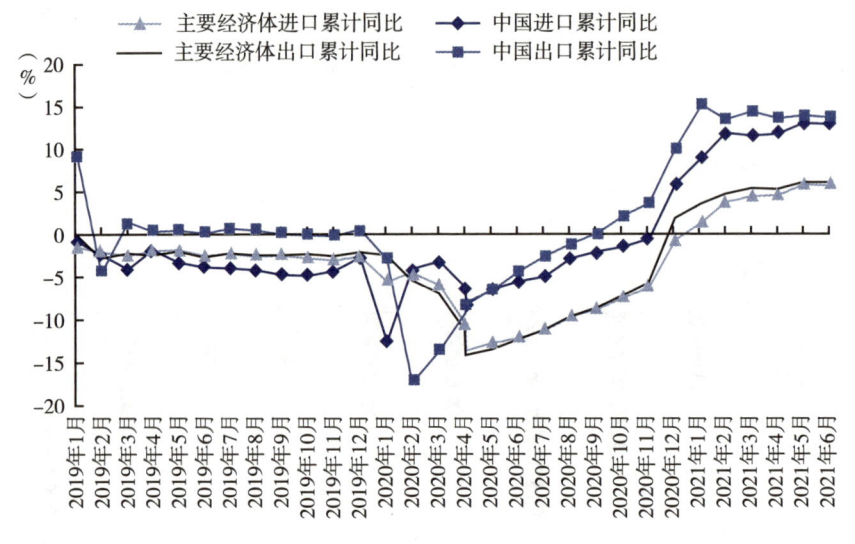

图 2　2019 年 1 月至 2021 年 6 月主要经济体进出口累计同比增速

注：2021 年的各月值为近两年平均增速，主要经济体包含中国。

主可控，加快改变以往靠"铺摊子""上项目"的要素积累的传统发展模式，不将房地产作为短期刺激经济的手段。二是促进经济社会发展全面绿色低碳转型。疫情的暴发和近年来极端天气增多，凸显了人类与自然和谐共存的重要性，实现绿色转型也是把握未来发展机遇和增强国际竞争力的需要。三是疫情的暴发加快了全球数字化转型的步伐，数字化转型开始影响人们生产生活的各个方面，在数字化转型过程中，需要规范数字化发展使其实现更加充分的竞争、更好服务人民生活。

中国经济转型的重要性毋庸赘述，但经济结构转型从来都不容易，我国曾有经济转轨时期短暂的市场无序甚至混乱，也有 20 世纪 90 年代末国企改革的阵痛，但转型成功后的红利会相当丰厚。在国际环境日趋复杂，不稳定性不确定性因素明显增多，叠加新冠肺炎疫情对经济社会的冲击仍未消退、时而有所反复的情况下，踏上转型之路不仅面临不少风险、挑战，也孕育着巨大的发展机遇。短期内，中国经济结构转型过程中的各种因素"震荡叠加"可能会减弱经济增长。

(一)2021年前三季度中国经济运行总体情况

2021年前三季度,中国国内生产总值(GDP)同比增长9.8%,两年平均增长5.2%。分季度看,第一季度同比增长18.3%,两年平均增长5.0%;第二季度同比增长7.9%,两年平均增长5.5%;第三季度同比增长4.9%,两年平均增长4.9%。各季度经济增速变化既受疫情的影响,也表现出一些阶段性、趋势性特征。

从三大需求看,消费增速受防疫措施升级影响波动较为明显,同时消费增速中枢也出现了明显下降,这与居民收入增速放缓和收入分配差距拉大有关。2021年第一至第三季度,社会消费品零售总额两年平均增速分别为4.2%、4.6%和3.0%,低于2019年约8.0%的季度平均增速且波动幅度加大。2021年前三季度,全国居民人均可支配收入与可支配收入中位数之比为1.185,高于2020年同期的1.159和2019年同期的1.151,预示着2021年居民收入分配差距有可能继续扩大。固定资产投资在房地产投资走弱、基建投资效益考核压力和财政支出偏慢等因素影响下增速放缓,体现了经济结构转型的影响,唯有制造业投资增速受前期利润增加影响仍保持一定韧性。2021年前三季度,全国固定资产投资同比增长7.3%,两年平均增长3.8%,两年平均增速较上半年下降0.6个百分点。出口在前期全球经济复苏和部分东南亚国家疫情大幅反弹的情况下保持较快增长,成为支撑经济增速的重要力量。2021年前三季度,货物和服务净出口拉动GDP增长1.9个百分点,两年平均拉动GDP增长1.1个百分点;其中,第三季度货物和服务净出口拉动GDP增长1.1个百分点,两年平均拉动GDP增长1.2个百分点。

从生产端看,服务业复苏进程因疫情反复而出现波折,制造业因触及能耗双控等资源和环境约束的硬顶而增速放缓,这同样体现了经济结构转型对经济增长的短期影响。2021年前三季度,全国服务业生产指数同比增长16.3%,两年平均增长6.4%,较上半年回落0.4个百分点,低于疫情前3年同期平均7.7%的水平。2021年前三季度,全国规模以上工业增加值同比增长11.8%,两年平均增长6.4%,较上半年回落0.6个百分点。2021年9月受"拉

闸限电"等因素影响，在中国疫情总体好转的情况下，全国规模以上工业增加值两年平均增速仍下降了近 0.5 个百分点。

（二）2021年第四季度及2022年经济增速预测

考虑到中国经济结构转型过程中，各种因素"震荡叠加"短期内可能影响经济增长，我们调低了 2022 年的经济增速预测值。在 2021 年第三季度经济增长低基数和制约第三季度经济增长的不利因素可能减少的情况下，我们适当调高了 2021 年第四季度经济环比增速（见表 1）。按照我们的推算，如果疫情不发生大的反弹，2021 年第四季度经济增速为 3.3% 左右，全年可实现 7.9% 左右的增长，近两年平均增速为 5.1%，预计 2022 年全年经济增速在 5.0% 左右。

表 1　2015~2022 年中国经济环比增速

单位：%

季度	2015年	2016年	2017年	2018年	2019年	2020年	2021年	2022年
第一季度	1.9	1.4	1.8	1.8	1.6	-9.5	0.2	1.5
第二季度	1.8	2.0	1.7	1.6	1.2	10.7	1.2	1.2
第三季度	1.7	1.7	1.6	1.3	1.3	2.9	0.2	1.1
第四季度	1.7	1.6	1.7	1.6	1.6	3.2	1.6	1.2

注：2021 年第四季度至 2022 年第四季度的季度环比增速为预测值。
资料来源：国家统计局网站。

一些国际组织也在最新的预测中调低了中国经济 2021~2022 年两年的增速。国际货币基金组织（IMF）2021 年 10 月发布的《世界经济展望》预测，2021~2022 年两年中国经济增速分别为 8.0% 和 5.6%，比 7 月均下调了 0.1 个百分点。

在经历结构转型的阵痛后，如果中国能最终成功实现转型将有助于推动经济高质量发展。关于一国（或地区）经济结构转变，世界银行原副行长和经济顾问钱纳里（Hollis B. Chenery）等认为经济发展需要得益于经济结构的成功转变，而转变的路径和方式主要受到一国（或地区）初始经济结构、要

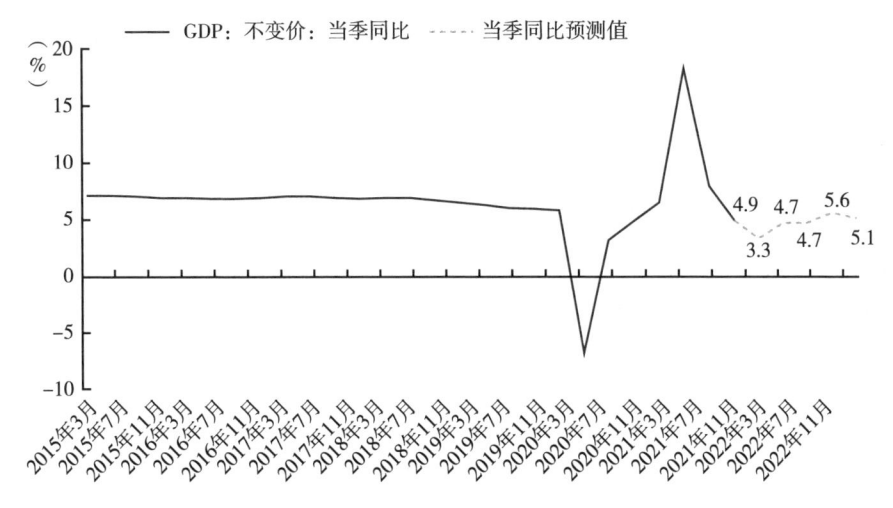

图 3　中国 GDP 季度增速情况及预测

素禀赋及发展战略的影响。从要素禀赋来看，改革开放后相当长一段时期，中国的劳动力资源非常丰富。针对当时的经济结构与要素禀赋条件，发展外向型经济，参与国际经济大循环的战略构想在 20 世纪 80 年代后期逐步形成。① 在经历一段时间经济高速增长之后，中国的要素禀赋发生了变化，出现了一些新的特征。中国出口导向的国际大循环战略早在 2012 年就达到了顶峰，2020 年随着新冠肺炎疫情对全球经济的重塑，中国转向"双循环"战略是必要的选择。②

三　中国人口转变下的潜在增长率放缓

中国人口转变经历了两大阶段即中国经济高速增长的"人口红利"阶段和"人才红利"发展阶段。人口转变决定了中国潜在增长率放缓，也倒逼中国经济向高质量发展转型。

---

① 王建:《什么是国际经济大循环》，《四川建材学院学报》1988 年第 3 期。
② 张平、杨耀武:《经济复苏、"双循环"战略与资源配置改革》，《现代经济探讨》2021 年第 1 期。

（一）20世纪90年代以来的中国人口转变

根据第七次人口普查数据，中国人口转变包含了人口总量和结构的转变。中国劳动力年龄人口总量到2013年见顶，2014年呈负增长，就业人口2014年见顶，2015年呈负增长。根据联合国对中国人口总量的预测，人口总量2027年见顶而后开始下降，最好情景是2031年人口总量见顶。从年龄结构转变看（见图4），1990年中国劳动力年龄人口（15~64岁）占人口总量比重为66.7%，2000年达到70.2%，2010年达到顶峰上升至74.5%，而后逐步下降到2020年的68.6%，而65岁及以上人口占比达到13.5%，人口老龄化加快，中国的"人口红利"阶段行将结束，进入"人才红利"阶段。

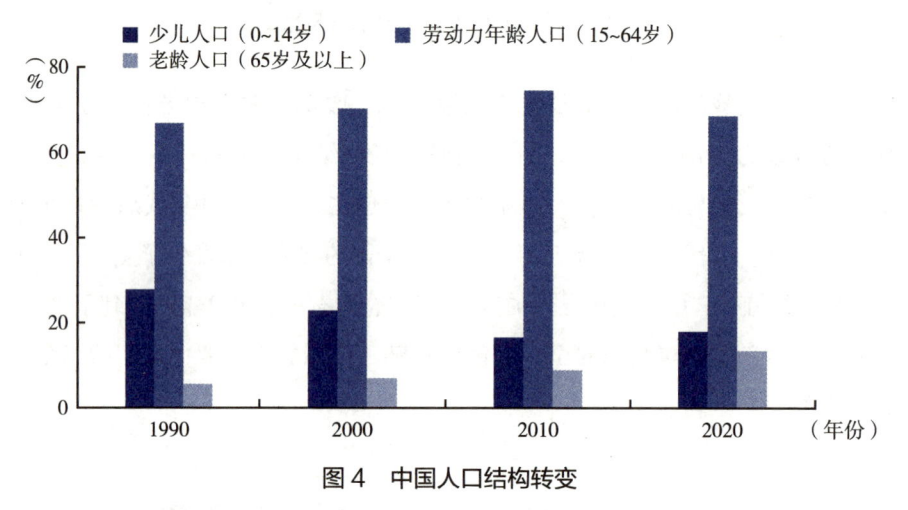

图4 中国人口结构转变

资料来源：全国第七次人口普查公报。

中国"人口红利"阶段通过改革开放等，依靠劳动力的比较优势与国际资本相交换，通过国际大循环成功地走上了出口导向的工业化道路；中国通过参与全球价值链分工体系，成为全球化受益者，跨越低收入阶段，步入中高收入阶段，准备跨入高收入国家行列。人口结构转变影响了增长要素的禀赋优势，中国增长方式也随之调整，必须从"人口红利"转向"人才红利"。中国的经济循环方式从以劳动力比较优势为基准的国际大循环转向重振内需、加大人力资本和研发投入的国内循环,同时利用中国的"人才红利"和科技创新提升国际大循环质量。

(二)20世纪90年代以来的中国需求转变

1994年人民币汇率并轨贬值,加上基于大量农村剩余劳动力形成的比较优势,提高了国际竞争力,取得了出口导向工业化的比较优势。这直接降低了国内购买力。20世纪90年代中期以后,针对中国GDP中劳动收入份额的下降,学者们曾给予了高度关注。白重恩和钱震杰利用31个省份的数据测算结果显示,劳动收入份额在1995~2006年从59.1%下降到47.3%,同期,资本收入份额则上升了11.8个百分点。[①] 按照国家统计局公布的资金流量表计算的劳动收入份额,2018年根据普查结果进行了调整得出,2018年劳动收入初次分配收入比为52%。按资金流量表公布数据计算的劳动收入份额普遍偏高,高于基于资本弹性测算下的劳动收入份额(即1-资本份额)。张车伟和赵文做了雇用与自雇的差异解释,并使用超越对数的生产函数进行了理论值与现实值的比较,指出雇用经济劳动份额低于GDP中不区分雇用与自雇(如农业生产者)的劳动收入份额。[②] 从统计局资金流量表的数据和学者修订数据看,二者都有着比较相同的趋势,与发展阶段特征相吻合。劳动报酬的收入份额与GDP中最终消费支出份额的走势存在明显的一致性趋势(见图5),即劳动报酬下降必然会引起最终消费率的下降,初次分配影响了消费者的支出能力。从2018年的资金流量表看,财产收入占居民部门收入的比重为7%,居民储蓄为7.7092万亿元,负债为7.8514万亿元,居民持有现金、债券、股票和保险等财产,储蓄与负债基本是持平的。从资金流量表的数据看,居民主要依靠劳动报酬。住户部门初次分配后经过税收和转移支付调整后的住户可支配收入低于初次分配中的劳动报酬。按资金流量表计算的住户部门人均可支配收入为3.89万元,比2018年通过家庭住户

---

① 白重恩、钱震杰:《国民收入的要素分配统计数据背后的故事》,《经济研究》2009年第3期。
② 张车伟、赵文:《中国劳动报酬份额问题——基于雇员经济与自雇经济的测算与分析》,《中国社会科学》2015年第12期。

调查的全国居民人均可支配收入 2.82 万元，高出了 38%，两者有着极大的差异。

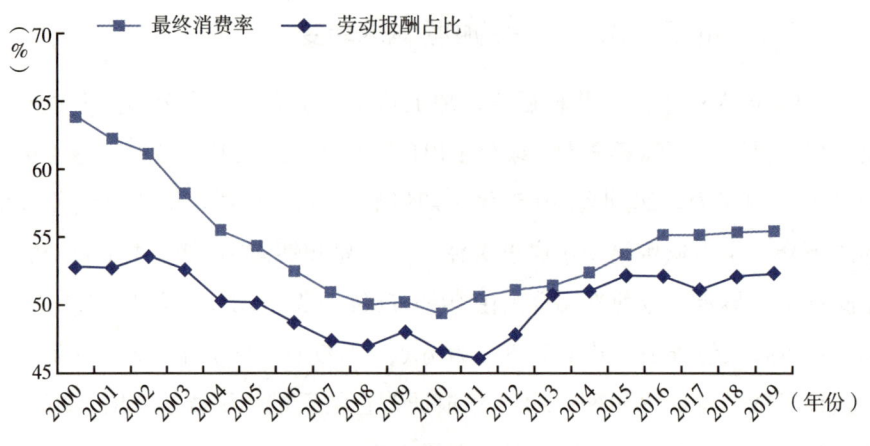

图 5 中国劳动收入份额与最终消费占比的变动情况

注：劳动收入份额是依据国家统计局发布的资金流量表数据计算。
资料来源：国家统计局。

劳动收入份额在 20 世纪 90 年代中期以后的较长时间内出现下降，主要是由中国推动外向型经济发展，劳动人口从农业部门向城市部门的转移以及产业结构变迁引起的。在农村存在大量剩余劳动力的时候，城市部门只需要以稍高于农业部门的生存收入就可以吸引到足够的农村劳动力转移，此时城市部门劳动生产率大幅高于农业部门，造成了劳动收入占比持续下降。随着农村剩余劳动力的持续转移，其数量逐步减少，劳动收入份额逐步上升。为应对 2008 年全球金融危机的冲击，中国采取积极财政政策予以对冲，资本支出大幅上升，2008~2011 年劳动报酬占比降至谷底，而后随着中国服务业发展和劳动力人口增长，劳动报酬占比逐步上升。

2010 年劳动人口（15~59 岁）达到了顶值，农村剩余劳动力转移进入"刘易斯拐点"，这些人口转变现象直接引起了经济增长方式的改变。[1] 中国的劳动收入份额出现由降转升的局面，从而带动住户部门收入份额增加和消

---

[1] 蔡昉：《从人口红利到改革红利》，社会科学文献出版社，2014。

费比重上升。从近年来的实践看，劳动报酬占比稳定。企业现在更依赖资本替代劳动，这就需要深入产业升级的角度去分析资本与劳动的要素配置情况。出口导向战略和人口红利制约了劳动要素提高，降低了国内需求。

（三）20世纪90年代以来的中国生产要素扭曲变化

基于GVC计算了1995~2005年中美通信业在产业升级过程中的劳动报酬与资本报酬情况，中国主要依靠资本，即引进设备，依然是"干中学"的技术进步，而劳动报酬份额提升缓慢；美国该行业的驱动因素是人力资本，劳动报酬份额上升快，而非依靠资本投入。[1] 在全球价值链研究中，很多论文讨论了劳动技能升级路径和传统产业发展范式中不断过度利用低端劳动力的不同发展范式。[2] 中国当前依赖资本，而不是升级劳动技能和提高劳动报酬的倾向依然比较严重。笔者也做了中国劳动力市场匹配机制不畅的研究。[3]

微观的扭曲表现在近年来资本产出比持续上升，反映出中国资本扭曲导致效率下降的基本特征。依据世界银行的佩恩表（Penn World Table, PWT）9.1版本的国别经济增长数据库提取的资本产出比数据可以看出，资本产出比持续上升，已经达到5.7，比发达经济体要高得多，美国则长期稳定（见图6）。资本产出比不断提高说明了当前在技术进步贡献不足、劳动力增速下降的条件下，只能靠负债提高杠杆率的方式进行资本形成，而资本产出效率不断下降，这种依靠资本累积模式维持增长是难以持续的，并且会全面加剧资本配置扭曲和资本要素在行业中的配置扭曲。

从要素结构看，资本与人力资本的要素配置扭曲是中国经济增长中存在的主要问题，资本要素配置扭曲更集中反映在金融、房地产业；而人力资本要素配置扭曲较多存在于科教文卫体等服务业。制造业和服务业升级受阻于要素配置扭曲。

---

[1] Meng, B., M. Ye, and S-J. Wei, "Value-added Gains and Job Opportunities in Global Value Chains," IDE Discussion Paper No. 668, IDE-JETRO, Chiba City, Japan, 2017.
[2] ［美］加里·杰里菲等：《全球价值链和国际发展：理论框架、研究发现和政策分析》，曹文、李可译，上海人民出版社，2018。
[3] 张鹏、张平、袁富华：《中国就业系统的演进、摩擦与转型——劳动力市场微观实证与体制分析》，《经济研究》2019年第12期。

图6 中美资本产出比

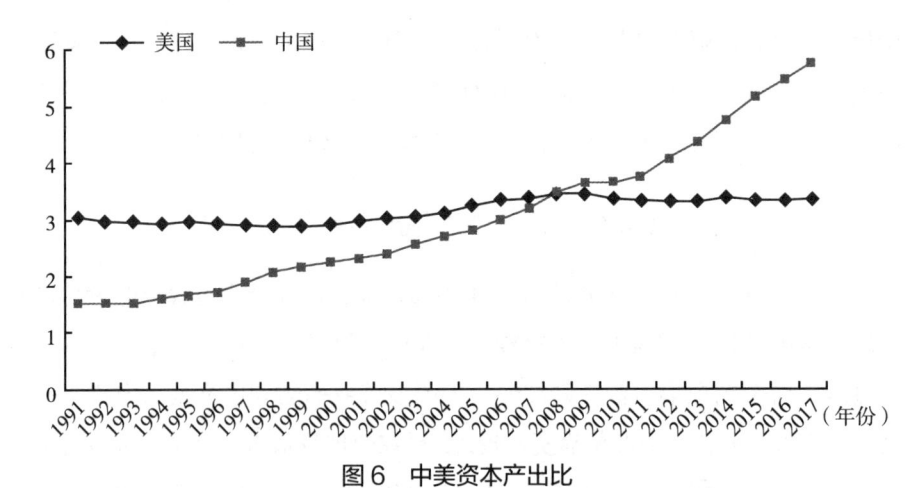

资料来源：世界银行的佩恩表（Penn World Table, PWT）中的资本存量与产出的国别数据。

随着人们收入和城市化率的提高，服务业占比不断上升是必然趋势，服务业也是制造业升级的根本所在。制造业与服务业是不可分的，服务业是制造业效率、价值和创新的根本。从企业微笑曲线看，制造企业的高附加价值涉及技术研发、外观和品牌设计、管理、分销、数字化等，由供应链管理与物流、金融服务等形成一整套提升制造业附加价值、创新价值和竞争能力的服务。要想保持竞争力、技术创新和获得高附加价值，必须依靠人力资本密集的方式，通过整体产业升级来实现。

在消费服务业的效率提升方面受到了公共服务的行政管理影响，科教文卫体发展不足。中国劳动生产率增长依然缓慢，TFP贡献也没有提升，资本产出持续下降，这说明中国产业升级不足，服务业的竞争力不足，特别是金融与房地产业的资本要素配置扭曲，提高了整体产业的成本，阻碍了企业的创新能力提升。人力资本集中分布于国家机关、事业单位，其教育得不到市场回报激励，创新受阻。人力资本提升与效率提升相关度下降，阻碍了技术创新。

中国的内循环应该不断提高消费支出中的"广义人力资本"消费支出比重，并通过人的"人力资本"提高来进行创新，获得效率补偿。中国发展要转向"人才红利"阶段，自主创新是根本，需要持续提高人力资本，并通过市场机制与创新更紧密地结合，相互促进产业效率的提升。

（四）中国经济增长率再测算

中国正由中高收入阶段迈向高收入阶段，"人口红利"逐步消失，继续通过压低劳动报酬以维系国际大循环具有不可持续性，提升广义人力资本和自主创新已经是必然的选择。同时还要消除资本的扭曲，特别是降低金融与房地产服务业的扭曲所带来的效率损失。中国通过汇率并轨贬值的方式推动了由内向外的转换，但再采取人民币大幅升值来切换显然是具有高风险的。随着人民币汇率的市场定价机制逐步完善，通过缓解人民币波动，在此基础上推动国家福利化转型是必然选择。中国转型可选择的道路就是要基于提升人力资本，以"人才红利"作为转型的根本选择。从生产函数核算结果可以看出，在中国劳动力（就业）负增长背景下的转型，必须走"人才红利"这条道路，提振国内需求，增加对广义人力资本的社会投资与人力资本回报，提升创新效率。

从生产函数的角度看，一国的增长模型包括四个因素：资本与劳动要素分配比例，即资本产出弹性；劳动增长率或可换算成劳动力供给量与劳动力质量（受教育年限的增长）；资本增长率；技术进步（TFP）。

以 C-D 生产函数为基础，将劳动投入分为劳动力供给量 L、劳动力质量 H 并引入生产函数，宏观生产函数设定如下：

$$Y_t = A_t K_t^a (H_t L_t)^{1-a} \qquad (1)$$

其中，A 代表全要素生产率，K 代表资本存量，H 代表劳动力质量，L 代表劳动力供给量。取对数，将其转换为增长率形式：

$$\ln\frac{Y_{t+1}}{Y_t} = \ln\frac{A_{t+1}}{A_t} + a\ln\frac{K_{t+1}}{K_t} + (1-a)\left(\ln\frac{H_{t+1}}{H_t} + \ln\frac{L_{t+1}}{L_t}\right) \qquad (2)$$

式（2）表明，一国经济增长率 =TFP 增长 +（劳动力供给量 × 质量）增长 × 劳动份额 + 资本供给增长 × 资本分配份额。这里用受教育年限增长率作为人力资本质量提升指标。就业量作为劳动力投入指标。资本存量通过永续盘存计算。

在模型中劳动力供给增长 = 劳动力供给量增长 + 劳动力质量提高。劳动力质量提高的增长率用受教育年限增长率来表示。劳动力数量的供给直接用就业人口来衡量。1979~2009年的受教育年限数据取自前人论文的计算数据[①]估算，按文中数据受教育年限增长率是平稳的，其增速与其他学者计算的人力资本增速[②]相当。计算得出2009年中国受教育年限为7.41年，国家统计局第七次人口普查公布的2010年15岁以上受教育年限为9.08年、2020年为9.9年，但没有给出每年的数值，此处取各年增速作为人力资本的增长指数，按国家统计数据可以计算得出2010~2020年人力资本年均增长0.88%，设定2010~2017年年均人力资本增长率为0.88%。1979~2017年的教育质量按年均增长进行计算。劳动力增长用受教育年限年增长率乘以就业人数进行修订，而不是用年限值直接乘以就业人口的算法，与模型设定略有差别，但对教育质量数据不同来源处理则更平稳。依据世界银行PWT表中的产出和资本存量，做计量回归（见表2），计算出中国1979~2017年的资本产出弹性为0.5368%。分段计算2009年金融危机后的资本产出弹性为0.458%，与统计局资金流量表计算的数据基本吻合，证明中国资本产出弹性明显回落。本模型进行了人力资本指标的调整。资本分配份额下降是劳动力供给下降的必然结果，资本收益份额在国内会不断降低，这与剩余劳动人口高峰时高资本收益份额相比已经完全不同了。

表2 1979~2017年我国生产函数的估计结果

变量	1979~2017年	2009~2017年
Ln(K/L)	0.538 (0.00)	0.458 (0.0000)
Adjust-R^2	0.994	0.959
F统计量	5593.546 (0.0000)	163.37 (0.0000)

注：表中括号内的数值为P值。
资料来源：中国的产出和资本存量等数据来自世界银行PWT9.1版本的国别经济增长数据库，由人力资本受教育年限年增长率乘以就业人数计算而得。

[①] 宋家乐、李秀敏:《中国经济增长的源泉：人力资本投资》,《中央财经大学学报》2010年第12期。
[②] 王小鲁、樊纲、刘鹏:《中国经济增长方式转换和增长可持续性》,《经济研究》2009年第1期。

资本产出弹性的变化与人口转变高度相关，中国当前的人口转变涉及方方面面。中国的劳动参与率和失业率稳定，总人口保持正增长，可以看出就业增长率与劳动人口增长率相一致，可反映劳动供给的增长情况（见表3）。

表3 中国人口转变与劳动人口和就业增长率的情况

年份	总人口（亿人）	劳动人口（15~64岁，亿人）	就业人口（亿人）	人口红利（%）	劳动参与率（%）	就业增长率（%）	受教育年限年均增长率（%）
2010	13.4091	9.9938	7.6105	74.5	76	0.36	0.88
2011	13.4735	10.0283	7.6196	74.4	76	0.12	0.88
2012	13.5404	10.0403	7.6254	74.1	76	0.08	0.88
2013	13.6072	10.0582	7.6301	73.9	76	0.06	0.88
2014	13.6782	10.0496	7.6349	73.4	76	0.06	0.88
2015	13.7462	10.0361	7.6320	73.0	76	−0.04	0.88
2016	13.8271	10.0260	7.6245	72.5	76	−0.10	0.88
2017	13.9008	9.9829	7.6058	71.8	76	−0.25	0.88
2018	13.9538	9.9357	7.5782	71.2	76	−0.36	0.88
2019	14.0005	9.8910	7.5447	70.6	76	−0.44	0.88
2020	14.1178	9.6776	7.5064	68.5	78	−0.51	0.88

注：按第七次人口普查公告的数据，15岁及以上人口的平均受教育年限由9.08年提高至9.91年，每年0.88%的增长率分摊到各年，用以修正劳动力的人力资本量。

资料来源：历年《中国统计年鉴》，2020年的人口数据来自第七次人口普查。

从表3可以看到，第一，"人口红利"在2010年达到顶峰后，快速下滑，到2020年降低到了68.5%。中国65岁及以上人口2020年占比为13.5%。按联合国人口标准，65岁及以上人口占比超过14%被认定为中度老龄化，而中国已经接近此值。第二，劳动人口2014年进入负增长，有加速负增长的迹象，特别是按联合国的人口展望预测，中国2031年人口总量增长停止，加上人口老龄化部分，劳动人口增长速度会加速下降。第三，劳动参与率稳定且略有上升，而中国公布的调查失业率保持稳定，因此就业增长率比劳动人口增长率更平稳。第四，就业人口增速随着劳动人口增速的下滑而下滑，2015年进入负增长，2020年就业增长率为千分之五的负增长水平。第五，劳动人口质量（按照教育年限计算）持续增长。按第七次人口普查的数据，15岁及以上人口的平均受教育年限由9.08年提高至9.91年，以每年0.88%的年均增长率，抵消了中国就业人口下降带来的影响。未来十年要保持劳动力供给的正增长，需要受教育年限年增长达到1%，以日本为历史对照，日本1990年受教育年限为9.8年相当于中国2020年的水平，2000年日本受教育年限为10.9年，每年增长1%。中国要通过不断提高受教育年限来获得劳动力的正贡献，每年受教育年限要实现1%的增长，保持素质增速比劳动力减速快，才能抵消劳动力减少带来的影响。

中国人口转变迅速，预计中国劳动力供给通过素质提高加权，到2030年继续保持正增长仍然可期。中国需要更大规模的"社会投资"，投向针对年轻人的普惠教育、医疗、体育等，不断提升社会服务供给能力，增加劳动力受教育年限，通过提高劳动力质量提升速度抵消劳动力数量下降带来的影响，保证中国劳动力供给每年保持0.5%的增长。

从中国人口转变的经验事实来看经济循环变化：第一，以消费为主导的循环必须开启，消费与人力资本提升是同步的，相关人力资本（教育、医疗、科学、文化、体育等）消费占比不断提升，人力资本才能相应提高，这一需求带动了国家、企业和个人在教育、医疗领域的投资并形成供给，消费带动投资循环。第二，人力资本与效率提升相匹配的报酬-效率的良性循环。人力资本要带来创新和劳动生产率的提升，这一供给效果需要依靠劳动力市场匹配和企业利用人才推进创新双重微观机制的转换才能完成。只有实现了效率提升，人力资本的需求才会增加，形成良性循环。当前中国劳动生产率增长和TFP贡献均没有明显的提升，说明劳动力市场和企业利用人力资本的效率不高，需要进一步的市场化结构性改革。第三，人力资本报酬提升对消费带动的循环。劳动报酬的提升一方面优化了家庭的教育支出结构，另一方面人力资本的回报增加直接拉动了社会消费，形成了人力资本提升、劳动收益份额上升、消费水平上升的循环。按现有文献的计算，人力资本回报率有下降趋势，这与劳动用工制度和行业管制等制度性障碍有关，阻碍了循环的通畅。①

随着人口转变，中国的潜在增长速度会向着发达经济体收敛，联合国 2019 年预测中国人口总量 2024 年可能见顶（见图 7），依据长期增长 S 形曲线模型预测 2025 年中国经济增长率下降到 5%，但 2020~2021 年平均增长率预计为 5.1%，2022 年维持在 5%，经济增长率会提前低于长期潜在增长率，需要宏观政策加以刺激和加快经济结构性改革。

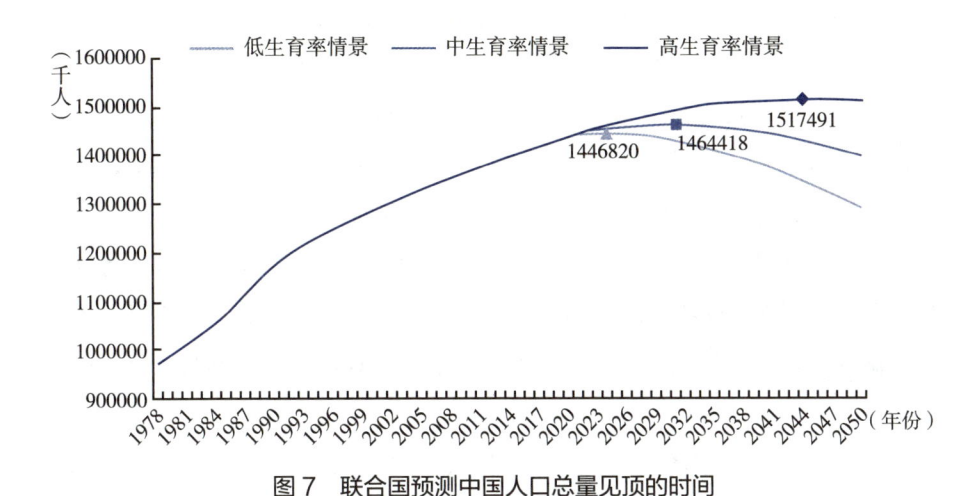

图 7 联合国预测中国人口总量见顶的时间

资料来源：WPP9-POP-F01_1_Total Population Both Sexes。

四 中国发展战略转换

中国 20 世纪 90 年代以来的"人口红利"到 2020 年即将结束，中国成功地通过国际大循环、参与国际竞争获得了经济的高速发展，由低收入国家积极迈向高收入国家。中国实施改革开放，积极参与国际分工体系，确立出口

---

① 王建：《什么是国际经济大循环》，《西南科技大学学报》1988 年第 3 期。

导向型工业化道路，不仅解决了农村剩余劳动力问题，更提升了国家竞争力和福利水平，促使国内市场需求增加，城市化在1997年后加速推进，城市化率2020年达到64%，人均GDP2019年达到1万美元，中国正从中高收入阶段迈向高收入阶段。劳动消耗型的国际大循环战略将随着"人口红利"的消失而转型，转向以人力资本驱动经济发展，获取人才红利，强化人力资本与创新提升的内生增长道路。中国从国际大循环战略转向双循环战略是顺应了人口结构和经济发展阶段的转变，但如同上文分析的一样，中国面临很多的"路径依赖"的羁绊，不可能一蹴而就，有很多挑战需要克服。①

发达经济体大多遇到了由出口导向转向以国内为主的战略模式变换。以德国和日本两个出口导向型工业国家的转型为例，其有着三条基本经验：一是国际化经验，发达经济体共同的经验是从国际贸易竞争逐步转向国际资本输出与产业转移，并大幅度延伸其服务体系，深度参与全球化。德国、日本、美国等国家净海外要素收入为正，这对本国福利是一个重要的收益补充。产业转移释放了国内的要素过度累积，通过资本与后发国家进行劳动交换，获得额外的资本回报和提升了本国的创新能力，持续地保持国际竞争力。德国和日本依然保持了贸易顺差，并通过治理体系深度参与国际价值链体系。

二是国内进行市场结构性改革，扩大国内需求。德国是以"社会投资"（SIP）为基准的社会福利转型，即在原有的福利国家体系下以对教育的全方位投资为契机带动国内人力资本提升并向知识密集型经济转型。日本也实施了相应的福利制度改革，扩大国内需求。

三是日本通过汇率升值强行内外切换，导致资产泡沫和经济停滞。持续的日元升值导致资产泡沫，引发了经济停滞。德国在这方面则通过欧元区的发展，降低本国货币升值压力，稳定汇率，保证了国内外平衡。德国通过顺差持续提升，保持了财政盈余，成为平衡内外发展的典范。德国依靠欧盟一体化推动了内外转换，也担负了欧盟发展的经济与社会责任。汇率定价是一

---

① 张平：《中国经济增长路径转变中经济与非经济因素共同演进机制构建》，《社会科学战线》2020年第10期。

个调整内外需求的关键变量,但其副作用很大,所以汇率升值不是解决扩大内需问题的好办法。它对刺激国内资产泡沫的作用大于刺激需求的作用。汇率在市场决定基础上保持稳定是比较好的选择。

未来中国实施双循环战略的关键变量和动力机制是要深化"一带一路"建设,高水平对外开放,并进行国内市场结构性改革,走上以"人才红利"重振内需的发展道路,并配以宏观管理体制改革,逐步探索建立一个基于大国模型的宏观体制,继续稳定汇率,平衡国内外,推动发展转型。

(一)推进"一带一路"建设,实施高水平的对外开放

从实践看,从鼓励"走出去"到推进"一带一路"建设都可以看到中国在尝试"资本输出与产业转移"。中国"一带一路"建设与国际上发达国家的模式不同,是以更多的实物资本输出为后发国家进行基础设施建设为特征,再开拓产业—贸易转移,形成了中国的产业转移道路。在基础设施建设带动下,中国"一带一路"建设开始推进中国工业产业园发展,特别是东南亚已经成为中国贸易第一出口地,可见中国产业转移的积极特征,形成了中国产业周期的海外延展。中国围绕"一带一路"建设坚定不移地通过投资、产业、贸易和治理参与连接国际价值循环,形成更高水平的开放。

参照国际发展的道路,企业发展与国家资本配套资金是加快循环的关键所在,中国当前依然是海外资本增长很快,但海外净收入仍没有取得正值,这说明在国际化拓展效率上依然有很大的改进空间,特别是服务业体系的国际化延伸是跨国发展中最为重要的内容。中国应积极鼓励互联网企业的全球化发展,并通过中国企业国际化形成由中国主导的全球价值链,这不同于原有发达国家基于跨国公司分工构筑全球价值链的发展路径,是中国特色的新发展,需要更多的产业政策支持。

(二)劳动力市场改革与国家"社会投资"引领

面对劳动力供给量下降,需要提高劳动力质量,通过增加政府的财政

公共支出提高受教育年限，但更重要的是受教育年限的提高要有助于微观效率的提升，否则公共支出增加只是提高了受教育年限，未必能获得"人才红利"，其关键就在于劳动力市场的匹配机制和企业研发转化机制。从微观激励来看，如果一个人的教育回报率不提高，并且求职时受到各类准入歧视，其必然会减少对教育时间的配置，放弃终身教育。企业的研发科技转化同样会面临很大的创新风险，导致亏损和效率不高，使得企业宁可模仿也不愿创新。国家创新需要完善的创新生态，其由创新的各方利益相关者共同构造，以提升企业创新转化效率，而不是由企业完全承担。当"人口红利"向"人才红利"转变时，首先推动的是劳动力市场体制改革，使人才与企业需求实现高效率匹配。

中国的产业结构具有市场竞争充分与管制的二元化特征。中国制造业和低端服务业以初级劳动主导，形成了相对有效率的劳动力市场，存在"低端锁定"的就业形态。高端服务业以科教文卫体等现代服务业为主导，服务业人力资本密集主要体现在ICT等行业，但就业容量有限，依然非完全市场化主导。涉及广义人力资本的高端服务业受到行政管制，供给增长缓慢，且不以市场效率为主导，人力资本堆积与无效率共生，未能形成产业效率提高与人力资本聚集同步。中高技能、退休员工再就业等劳动力市场机制很不成熟，或者说效率很低，其原因包括管制和退休福利制度等羁绊，应逐步进行行政体制改革，放松对广义人力资本供给部门的管制，加强服务业供给侧改革，消除劳动要素在服务部门的配置扭曲。

劳动力市场结构性改革事关双循环战略转型的核心，涉及"人口红利"向"人才红利"转变，以及通过劳动份额提升来促进消费、消费促进人力资本供给、人力资本促进创新和提升效率的新循环。因此，中国这一阶段的政策设计至关重要，既包含基于工业化过程的社会福利保障体系的建立与完善，又包含如何通过新的社会福利模式来鼓励人才成长，包括在职培训、退休再工作的激励等全生命周期的人力资本提升和劳动贡献的激励。这方面应积极借鉴以德国为主导的欧盟共同构建的"社会投资"体系。由德国主导的欧盟"社会投资"体系的核心是"通过社会保障能更加充分和可持续地投资于人的技能和能力，支持员工渡过他们一生关键时刻"。①

社会投资国家理念旨在摆脱既有福利制度中的坐等国家福利的弊端，把重点放在通过"社会投资"教育、在职培训、终身教育等，推动知识经济发展。社会投资有助于人们适应社会挑战，适应不断变化的劳动力市场，帮助人们避免陷入贫困或失去生活家园，包括早期儿童教育和护理、早期学校教育的预防退学、终身学习、培训、求职协助、住房支持、无障碍健康服务和促进老年人独立生活等。②

社会投资国家理念是对"从摇篮到坟墓"无所不包的传统福利制度的改革和重新定位，强调对人力资本的投资，尤其是对儿童和青年的投资。国家、个人和集体在面对各类风险时要积极承担责任，共同参与社会福利供给。中国在从"人口红利"转向"人才红利"的过程中可以充分借鉴社会投资国家理念，引领教育投资推动劳动力由数量向质量转换，提升效率，从而改变不劳动、坐等福利的老福利主义"养懒人"的思维定式，平衡财政能力，避免人口老龄化带来的过度负担。借鉴社会投资国家理念，积极推动中国公共福利体系的建立，促进人们"人力资本"消费与供给的提升，促进员工与企业共同成长，提升生产效率。

（三）稳定汇率与保持宏观政策对经济增长的激励

中国成功地通过汇率定价和劳动力比较优势推动了出口导向型的国际大循环，但从国际大循环切换回双循环，升值不是一个有效的转换策略。中国多年来通过汇率市场化改革，形成汇率市场决定下的双向波动，成功加入SDR，实现了非常成功的转换。未来保持稳定就是最好的策略。汇率的稳定为国内宏观资源配置战略转换提供了时间窗口。国内宏观资源配置战略是基于出口导向的工业化设立的小国模型，主要特征是货币发行是以外汇资产为

---

① European Commission, "Social Investment: Commission Urges Member States to Focus on Growth and Social Cohesion - frequently Asked Questions," Brussels, https://ec.europa.eu/commission/, 20 February 2013.

② European Commission, "Policy Roadmap: for the Implementation of the Social Investment Package," August 2015 Version, https://ec.europa.eu/commission/.

抵押的发行，财政、产业、贸易等宏观管理与政策都围绕出口展开。2008年后基于城市化的快速发展，形成了一个"孪生"的宏观资源配置体制，但其根本性特征依然是激励国际大循环，货币供给、财政和产业政策没有摆脱原有制度的设计特征，对促成国内循环有着明显的制度羁绊。①

重新建立基于大国发展的宏观管理体制，核心就是重建国家主权信用，形成中国国家信用资产。要认真应对人口转型后的需求不足和债务增加，保持GDP增长依然是中国宏观政策目标的重中之重。

参考文献

白重恩、钱震杰：《国民收入的要素分配统计数据背后的故事》，《经济研究》2009年第3期。

蔡昉：《从人口红利到改革红利》，社会科学文献出版社，2014。

[美]加里·杰里菲等：《全球价值链和国际发展：理论框架、研究发现和政策分析》，曹文、李可译，上海人民出版社，2018。

宋家乐、李秀敏：《中国经济增长的源泉：人力资本投资》，《中央财经大学学报》2010年第12期。

王建：《什么是国际经济大循环》，《四川建材学院学报》1988年第3期。

王小鲁、樊纲、刘鹏：《中国经济增长方式转换和增长可持续性》，《经济研究》2009年第1期。

张车伟、赵文：《中国劳动报酬份额问题——基于雇员经济与自雇经济的测算与分析》，《中国社会科学》2015年第12期。

张鹏、张平、袁富华：《中国就业系统的演进、摩擦与转型——劳动力市场微观实证与体制分析》，《经济研究》2019年第12期。

张平：《中国经济增长路径转变中经济与非经济因素共同演进机制构建》，《社

---

① [美]加里·杰里菲等：《全球价值链和国际发展：理论框架、研究发现和政策分析》，曹文、李可译，上海人民出版社，2018。

科学战线》2020 年第 10 期。

张平、杨耀武:《经济复苏、"双循环"战略与资源配置改革》,《现代经济探讨》2021 年第 1 期。

European Commission, "Social Investment: Commission Urges Member States to Focus on Growth and Social Cohesion-frequently Asked Questions," Brussels, https://ec.europa.eu/commission/, 20 February 2013.

European Commission, "Policy Roadmap: For the Implementation of the Social Investment Package," https://ec.europa.eu/commission/, August 2015 version.

H. Chenery, S. Robinson, M. Syrquin, *Industrialization and Growth: A Comparative Study*, Oxford University Press, 1986.

Meng, B., M. Ye, and S-J. Wei, "Value-added Gains and Job Opportunities in Global Value Chains," IDE Discussion Paper No. 668, IDE-JETRO, Chiba City, Japan, 2017.

B.4
2022年中国经济走势和政策建议

祝宝良[*]

摘　要： 2021年，我国经济增速继续保持世界领先水平，产业链供应链稳定，经济发展新动能增强，就业形势改善，物价总体可控，全年经济增长预计8.1%左右。与此同时，经济下行压力加大，供给约束和需求不足同时显现，企业经营困难，财政金融风险隐患有所暴露。2022年，要坚持稳中求进工作总基调，把稳增长放在更加突出的地位，继续实施积极的财政政策和稳健的货币政策，不断深化改革、扩大开放，着力扩大内需，增强微观主体活力，稳定市场主体信心，保持经济持续稳定健康发展。

关键词： 产出缺口　价格剪刀差　预期管理

一　2021年经济持续恢复但产出缺口尚未得到回补

面对新冠肺炎疫情带来的经济大幅波动，判断经济运行走势和政策取向，需要科学的分析框架和分析方法，既要看中长期发展趋势，又要看短期走势和波动，结合我国潜在经济增长水平，剔除2020年的基数因素，基于2019年数据计算两年复合增长率，以判断经济形势；同时要密切关注经济边际变化，研究经济走势。

---

[*] 祝宝良，国家信息中心首席经济师、研究员，主要研究方向：数量经济。

（一）我国经济持续恢复，仍存在较大产出缺口

得益于新冠肺炎疫情防控形势向好和率先复工复产，我国经济在 2020 年第一季度遭受严重冲击后，从 2020 年第二季度开始呈现快速恢复势头。2021 年上半年经济持续复苏，第一季度实际同比增长 18.3%，两年平均增长 5%；第二季度同比增长 7.9%，两年平均增长 5.5%。但从第三季度开始，受疫情、汛情、拉闸限电等因素影响，经济增长放缓，第三季度同比增长 4.9%，两年平均增长 4.9%。2021 年前三季度，我国经济同比增长 9.8%，两年平均增长不到 5.2%。虽然与世界其他主要国家相比，我国经济增速仍处于领先水平，但我国潜在经济增速在 6% 左右，以此为经济增长基准值来看，疫情造成的产出缺口尚未得到完全回补。从边际运行看，2021 年第一至第三季度环比经济增长分别为 0.2%、1.2% 和 0.2%，折年率也低于潜在经济增速。

（二）工业生产形势总体良好，服务业持续稳定恢复

2021 年前三季度，全国规模以上工业增加值同比增长 11.8%，两年平均增长 6.4%，与疫情前水平相当。工业产能利用率为 77.6%，较 2020 年同期提高 4.5 个百分点，较 2019 年同期提高 1.4 个百分点，为近年来较高水平。制造业增加值增长 12.5%，两年平均增速为 7.0%，对工业生产恢复形成有力支撑。装备制造业和高技术制造业增加值同比分别增长 16.2%、20.1%，两年平均增速分别为 10.3%、12.8%，均高于疫情前同期水平 4 个百分点以上。医药制造业增势强劲，同比增长 29.2%，两年平均增速为 15.4%。第三产业持续恢复但尚未回归至正常水平，前三季度服务业增加值同比增长 9.5%，两年平均增长 4.9%，与 2015~2019 年第三产业平均增速在 7.5% 左右相比还有较大差距。信息传输、软件和信息技术服务业增长迅猛，同比增长 19.3%，两年平均增长 17.6%。零售业、交通仓储、住宿和餐饮、租赁和商务服务业恢复较慢，其中住宿和餐饮、租赁和商务服务业的不变价增加值总量还没有恢复到 2019 年的绝对量水平。

（三）外需超预期增长，内需恢复偏弱

目前，消费受疫情影响最大，一旦发生零星疫情，居民餐饮、出行、娱乐等消费需求就会呈现塌方式减少。2021年前三季度，社会消费品零售总额同比增长16.4%，两年平均增长3.9%，大大低于前几年年均8%左右的水平。城乡居民消费意愿不强，居民平均消费倾向为0.658，仅仅比2020年同期提高0.03个点。尽管消费增速较慢，但相对投资而言，最终消费支出对经济增长贡献率为64.8%，仍是拉动经济的主要动力。投资增速不及预期。2021年前三季度，全国固定资产投资（不含农户）同比增长7.3%，两年平均增长3.8%。资本形成总额对经济增长贡献率为15.6%，其中，2021年第三季度资本形成总额对经济增长贡献率为-0.6%。房地产金融和土地等调控政策效应显现，虽然房地产投资两年平均增速仍然较高，但其同比增速开始趋缓。基础设施投资同比增长1.5%，两年平均增速仅为0.4%，明显低于预期。第一产业和制造业投资增长相对较好，同比增长分别为14.0%和14.8%，两年平均增速分别为13.0%和3.3%。出口是经济的强有力支撑。2021年前三季度，按美元计算，我国出口同比增长33.0%，两年平均增长14.9%；进口同比增长31.2%，两年平均增长13.4%；顺差增长31.1%。1~9月，我国出口价格上涨5.7%，进口价格上涨18.2%，如果扣除价格因素，我国的实际出口增速大大高于世界贸易增速。货物和服务净出口对经济增长贡献率为19.5%，超过投资的贡献。其中，第三季度货物和服务净出口对经济增长贡献率为21.7%。

（四）就业压力有所缓解，收入与经济增长基本同步

为应对新冠肺炎疫情对就业的冲击，我国全面强化就业优先政策，大力援企稳岗，就业形势总体稳定。2021年上半年，随着经济活动趋于活跃，企业用工需求增加，劳动力市场不断回暖，调查失业率连续下降，6月降至5.0%。受毕业季大量高校毕业生集中求职就业影响，青年失业率上升，带动7月调查失业率升至5.1%。随着毕业生工作落实，9月调查失业率下降至4.9%。

总体来看，前三季度就业形势总体平稳，全国城镇调查失业率均值为5.2%，低于5.5%左右的全年宏观调控预期目标。城镇新增就业1045万人，农民工达到18303万人，比2020年同期增加351万人，但比2019年同期减少33万人。城乡居民就业形势稳定，部分地区上调最低工资标准，外出务工农村劳动力月均工资水平回升，居民收入稳定增加。前三季度，全国居民人均可支配收入实际增长9.7%，与GDP增长基本同步，两年平均实际增长5.1%。

（五）原材料价格过快上涨，价格剪刀差扩大

我国工业品出厂价格从2020年11月开始出现了较大幅度回升，主要是由石油、化工、有色金属、铁矿石、黑色金属等原材料价格上涨所致。居民消费价格基本稳定。2021年1~9月，我国居民消费价格上涨0.6%，扣除食品和能源的核心价格上涨0.7%。工业品出厂价格上涨6.7%，其中，9月上涨10.7%，单月涨幅超过2008年和2017年两轮工业品出厂价格的高点。我国供给端恢复快于需求端，还存在一定的产出缺口，货币政策也从2020年5月开始回归到常态运行，通胀压力不大。从世界范围来看，大宗商品价格从2020年第三季度开始上涨，2021年以来涨幅还有所扩大，主要是由世界各国生产端恢复慢，需求端恢复快，短期内需求生产错配造成的。全球流动性泛滥，大宗商品金融化，投机炒作、期货多头增加，也拉动了价格上涨。美欧的能源、钢铁、部分化工产品等市场价格水平明显高于我国，全球大宗商品价格上涨并不是由我国需求拉动的，我国的能源、原材料价格上涨主要是输入性的。同时，一些国内商品如煤炭、钢铁、建材等的价格上涨与由国内能源双控、钢铁双限、碳达峰碳中和等导致的价格上涨预期有较大关系。

二　我国经济发展面临的主要挑战

当前，国内外政治经济环境仍然严峻复杂，美国等国家政策调整的外溢效应有所显现，能源、芯片短缺等供给侧约束仍然存在，需求侧压力不断显现，企业经营困难增加，财政金融风险隐患有所暴露。地缘政治、疫情风险、

极端天气等"黑天鹅"事件难以预料。我国经济发展面临的不确定性因素增加。

一是美国等国家政策转向带来全球外溢效应，需要防范其对我国经济和金融带来的影响。新冠肺炎疫情暴发以来，世界各国均推行了力度空前的宽松货币政策和财政政策，全球利率水平降至历史低位，金融资产价格屡创新高。随着疫苗接种率不断提高，疫情初步得到控制，自2020年第三季度以来，世界经济开始出现恢复性增长，国际大宗商品价格和运输价格大幅上升。与此同时，美国等大国的货币政策提前转向紧缩的预期不断升温，对全球乃至我国带来较大的外溢效应。美国超宽松货币政策退出，需要经历缩减资产购买、加息、缩表等阶段。美国很可能在2021年底至2022年第四季度期间，逐步退出自新冠肺炎疫情危机以来所启用的各项购买资产计划，从2022年底或2023年初开始，进入加息和缩表阶段，此后开始加息。作为全球第一大经济体，美国的经济复苏无疑有助于世界经济恢复，但其货币政策周期转变带来的全球外溢影响也不容忽视。当前，世界各国经济复苏态势仍处于分化阶段，美国、欧洲等发达国家或地区得益于新冠肺炎疫苗接种率高、政策扩张力度大，经济复苏势头较好。一些发展中国家由于新冠肺炎疫苗接种率低，经济恢复基础并不牢固。当前的通胀上行并非源于经济过热，而更多的是来自供给恢复滞后于需求、产业链供应链断裂和流动性过剩。未来一段时期，美国货币政策转向以及主要国家的央行跟随操作，将导致全球流动性收缩，融资环境恶化，汇率大幅波动，商品价格大幅调整，国际资本无序流动，经济脆弱国家将面临严重冲击，世界经济复苏势头会有所减弱。国际货币基金组织2021年10月预测，2021年世界经济增长6%，2022年为4.9%左右，全球贸易量增长6%左右。历史上，美联储加息多次成为其他国家金融经济危机的诱因，我国也需要防范金融市场可能出现的同频共振风险。人民币可能从强势升值周期进入双向波动阶段。中美利差收窄，外资可能以更快速度流出，加剧我国资本市场波动。境外机构持有我国国债占托管总量比重超过10%，2021年前6个月证券组合投资净流入月均规模达239亿美元。国外大宗商品价格波动加剧，境内外价格联动性较强，需要保供稳价，打击投机行为。中资美元债市场也需要高度关注，近年来中资美元债市场快速扩张，并呈现期限短期化、房地产行业为主体、评级两极分化等特征。在国内融资环境收紧、境外融资面临兑付高峰、融资成本上升等背景下，部分企业资金链将面临较大压力。

二是企业特别是中小微企业经营困难。新冠肺炎疫情多点散发频扰我国，给我国经济带来了较大的负面影响，对服务业领域的企业冲击尤为明显。商业批发零售、住宿餐饮、交通、租赁和居民服务业四大行业占我国经济的18%左右，吸纳就业约2.8亿人，占我国非农就业的一半左右，其中约2.6亿人在私人小微企业工作或从事个体劳动。这四大行业主要是接触性、线下生产和消费行业，受疫情影响最大，如果这些行业就业不充分，将导致居民收入差距扩大，影响我国消费增长。钢铁、有色、煤炭、化工等原材料价格上涨过快，而工业消费品价格基本稳定，价格剪刀差将导致中下游的大量中小企业生产成本上升、经营困难，纺织、食品等企业利润下降。一旦小微企业普惠贷款还本付息延长期结束，可能会增加企业的生产经营成本。一些关键设备和零部件进口时有中断，产业链和供应链安全受到威胁，影响企业的生产，汽车芯片就是典型的例证。

三是金融风险有所显现。在地产融资持续收紧的情况下，房地产企业流动性压力明显增大，债务违约事件越发频繁，截至2021年8月底，房企债券违约规模已超过2020年全年。由于房地产产业链条较长，房企爆雷往往会"牵一发而动全身"，尤其容易形成从企业债务向金融领域的传染，并影响社会稳定。对城投发债进行分档管理，监管政策持续升级，部分城投发债受限，非标融资渠道收紧，城投公司的现金流面临严峻考验。地方国有企业信用风险持续释放，违约主体和违约金额明显增加。落实地方党政主要领导负责的财政金融风险处置机制，提高各级政府的风险责任，有利于风险控制和化解。但地方政府财政困难，债务负担有所增加，金融风险仍会进一步暴露。

四是重视政策叠加效应对经济增长造成的冲击。在我国经济还处于疫情冲击后的恢复阶段、国际大宗商品价格急剧上涨的背景下，我国在能源双限、

双碳、钢铁等产业双限、房地产市场调控、平台经济反垄断、共同富裕，以及教育、文化等领域防止资本无序扩张的政策力度是空前的，出现了各类政策正确但叠加后对增长产生"合成谬误"的效应，从供给和需求两端对经济可能产生了一些冲击，市场预期不稳，企业生产经营积极性不高。部分地区拉闸限电已对经济带来影响，限制煤炭产量和进口、压减钢铁产量导致钢铁价格持续上涨。宏观调控要高度注意不同部门政策同时出台对经济增长的同向叠加影响，加强政策协调配合，既包括财政政策和货币政策协同，也包括产业政策和竞争政策的协同。

三 2022年经济运行基本态势

2022年，我国经济会面临较大下行压力，经济增速呈现前低后平态势。

（一）出口回落

全球新冠肺炎疫情防控形势向好，越来越多的国家选择与病毒共存战略，对我国的医疗物资和耐用品的需求相对会降低。各国恢复正常生产后，一些回流我国的订单会流出。各国内顾倾向加剧，保护主义和单边主义上升，全球产业布局将从注重成本转向注重安全和效率，产业链供应链趋于区域化、本土化、短链化，部分产业会流出我国，也会影响我国的出口。但我国产业链齐全，配套能力强，出口具有韧性，世界经济恢复会带动我国的出口。预计我国出口额按美元计算增长3%左右。与此同时，由于大宗商品价格仍处于高位，我国进口会相应增加，贸易顺差减少，净出口对经济增长的贡献会转为负值。

（二）投资总体低迷

2020年下半年以来，国家先后出台的"三道红线、两个上限、两个集中"一系列房地产调控政策，仍会抑制消费贷、经营贷违规进入房地产领域，房地产企业融资会继续减慢，购房者观望情绪增强，房地产开发投资将会下降。

对各国的比较研究表明，我国传统的基础设施水平相对经济发展阶段来说是超前的，叠加地方政府债务风险约束，短期内基建投资难有大幅增长。目前，我国制造业产能利用率已经回到历史较高水平，企业整体盈利状况也有好转。国家也出台了系列支持数字化、绿色化领域投资的规划，金融机构加大了对制造业的支持力度，这些因素有利于制造业投资回升。但出口和房地产投资减慢，上游产品价格上涨会挤压中下游制造业利润空间，叠加拉闸限电、防止资本无序扩张等政策，企业面对的不确定性增加，投资意愿不足。

（三）消费恢复仍有较大不确定性

就业和收入水平稳定，有利于消费平稳回升。但疫情仍存在较大不确定性，疫情的零星散发可能影响整个国家的消费。消费者消费意愿总体偏低，还没有恢复到疫情前水平，央行的城镇储户调查结果显示，目前居民选择"更多储蓄"的占比仍远高于2010~2019年的平均水平。居民部门杠杆率仍然较高，消费信贷受到制约，对消费形成挤出效应。在居民收入与经济增长基本同步的情况下，居民的财产性收入和工资性收入差距有所扩大，抑制了低收入群体的消费。

（四）通胀会温和上升

我国货币政策自2020年5月就领先于世界其他主要经济体逐步回归常态，基本稳住了物价上涨的货币基础。国内需求低迷，价格缺乏需求支撑，上游的能源、原材料价格上涨难以有效传导到消费端。如果不发生供给端停产、减产或输入性价格上涨冲击，我国的能源、原材料价格迟早会回落。从世界经济发展看，全球经济增长态势也不支持大宗商品价格持续、大幅度上涨。首先，疫情影响了各国的生产和产业投资，但并没有严重破坏各国的工业生产和运输能力，随着疫苗普及率提高，在价格上涨的刺激下，各国的工业生产和运输将逐步恢复。其次，在世界进入数字化、智能化时代背景下，全球经济经历2008年次贷危机和新冠肺炎疫情两轮冲击后，低增长、高债务、高收入差距的格局尚不会改变，大宗商品价格没有持续上涨的需求基础。最

后，全球通胀预期较为稳定，反映通胀的美国十年国债利率仍处于较低水平。当然，面对低经济增长和高债务率，各国政府对实施紧缩货币政策比较谨慎，对物价上涨的容忍度提高，大宗商品价格和通货膨胀还会持续一段时间，对我国的物价上涨仍有一定的推动力。考虑到2021年物价翘尾对2022年的影响较大，煤炭、芯片供给缺口仍会持续一段时间，粮食、猪肉等价格处于低位，预计2022年居民消费价格指数上涨2.5%左右，工业生产者价格指数上涨4.5%左右。

总的来看，由于出口和房地产开发投资这两大动能边际趋缓，而消费、制造业投资等需求整体支撑力度仍处于恢复之中，预计2021年第四季度，我国经济同比增速会回落到4%左右，2021年经济增长8.1%左右。如果2022年继续保持2021年财政赤字水平和财政支出力度、货币供给和社会融资总量与经济增速相匹配、人民币汇率基本稳定，预计2022年我国经济增长5%左右。考虑到我国的潜在经济增长水平、满足充分就业和防范化解风险需求、提振市场主体信心等因素，建议把2022年经济增长目标设定为5.5%左右，通过"跳一跳"可以"够得着"。为此，需要采取更加积极的政策措施，填补必要的增长缺口。

四 2022年经济政策建议

做好2022年经济工作，要继续坚持稳中求进工作总基调，把稳增长放在更加突出的地位，继续实施积极的财政政策和稳健的货币政策，不断深化改革、扩大开放，着力扩大内需，增强微观主体活力，保持经济持续稳定健康发展。继续统筹疫情防控和经济社会发展，根据疫情形势变化适时调整防控策略。

（一）继续实施积极的财政政策，着力提升政策效能

2022年，我国将出现供给需求双约束、低增长和相对较高物价组合的现象，需要财政政策更好地发力以破解这一难题。要适度增加财政赤字，赤字

率可按 3% 安排，保持专项债规模不变。由于 2021 年实际经济增长速度和国内生产总值缩减指数大大超过预期目标，一般公共预算实际收入会明显高于预算，建议把 2021 年全部超收收入和过去积累的中央预算调节基金全部用于扩大 2022 年的预算支出规模。加大对中小微企业的减税力度，帮助中小微企业渡过难关。优化支出结构，保障和改善民生，完善养老、医疗保障和社会救助体系，加快保障性租赁住房建设。支持基础研究、关键核心技术攻关，支持新能源转型和绿色发展。

（二）稳健的货币政策要自主有效

2022 年，国内物价总水平将有所上升，美国货币政策转向对我国的货币政策也带来一定压力。要继续实施稳健的货币政策，保持货币政策自主有效、合理充裕，保持货币供应量和社会融资规模增速与名义经济增速相匹配。发挥好结构性货币政策工具作用，引导金融机构加大对小微企业、绿色发展、科技创新、区域协调发展等重点领域和薄弱环节的支持力度。在现有资本管制政策基本不变的基础上，增加人民币汇率弹性，对冲美国等政策的外溢效应和输入性价格的上涨影响。

（三）深化供给侧结构性改革，着力打通国内大循环

消除生产、分配、流通、消费各领域中存在的问题，使经济运行的各个环节内部、环节之间能够顺利衔接、顺利转化。尊重企业技术创新的主体地位，发挥新型举国体制优势，加强科技创新和技术攻关，攻克"卡脖子"技术问题，提升产业链水平。坚持"房住不炒"，保持房地产健康发展，维护好住房消费者的合法权益。确保居民收入增长和经济发展基本同步、劳动报酬增长和劳动生产率提高同步，完善社会保障体系，优化收入分配结构，实现共同富裕。深化体制机制改革，激发劳动力、资本、土地、技术、数据等要素的活力，充分发挥市场在资源配置中的决定性作用。发挥国内超大规模市场优势，积极扩大内需。

（四）激发微观主体活力

企业活力源于有效市场与有为政府的合理分工和有效配合，凡是市场能自主调节的就让市场来调节，凡是企业能干的就让企业干。该放给市场和社会的要放足放到位，法无禁止即可为；该政府管的要管好管到位，严格依法行政，切实履行好政府的职责。要始终坚持两个毫不动摇，在市场竞争、生产要素使用、产权保护等方面，对各类所有制企业一视同仁。

（五）防范财政金融风险

压实地方党委和政府主体责任，推进法定债务和隐性债务合并监管，督促高风险地区稳妥降低风险水平。坚持市场化法制化和适度救助原则，推动中小金融机构改革。我国企业特别是房地产企业负债率过高，要未雨绸缪，防止因个别企业经营困难而引发系统性金融风险。

（六）加强预期管理

要科学预判形势，加强政策评估，努力在实现宏观调控多目标下选择最优政策组合。政策出台要有轻重缓急，把握政策的时度效，加强政策协调配合。高度注意不同部门政策同时出台对经济增长的同向叠加影响，防止各类政策正确但叠加后对经济产生"合成谬误"效应。准确判断经济形势，科学解读经济政策。妥善处理国际经贸关系，加强各国间经济政策协调。

表1　2022年中国主要宏观经济指标预测

指标	2020年 绝对值（亿元）	2020年 同比增长（%）	2021年 绝对值（亿元）	2021年 同比增长（%）	2022年预测 绝对值（亿元）	2022年预测 同比增长（%）
GDP	1015986	2.3	1140000	8.1	1238000	5.5
第一产业	77754	3.0	81650	5.0	85800	3.0
第二产业	384355	2.6	442090	8.3	485900	5.3
第三产业	553977	2.1	616260	8.0	666300	6.0

续表

指标	2020年 绝对值（亿元）	2020年 同比增长（%）	2021年 绝对值（亿元）	2021年 同比增长（%）	2022年预测 绝对值（亿元）	2022年预测 同比增长（%）
规模以上工业增加值	—	2.8	—	9.8		5.5
城镇固定资产投资	518907	2.9	555230	7.0	588500	6.0
房地产投资	141443	7.0	149900	6.0	156000	4.0
社会消费品零售总额	391981	-3.9	446800	14.0	473600	6.0
出口（美元）	25906	3.6	33150	28.5	34200	3.0
进口（美元）	20556	-1.1	26930	31.0	29100	8.0
居民消费价格指数		2.5		0.9		2.5
工业生产者价格指数		-1.8		7.5		4.5

参考文献

黄益平：《中国经济增长面临三大挑战 进一步推进要素市场改革》，澎湃新闻，2020年8月14日。

祝宝良：《2021年中国经济走势和经济政策》，《中国经济报告》2021年第1期。

祝宝良：《新冠肺炎疫情冲击下中国经济走势》，《清华经济评论》2020年第4期。

祝宝良：《"十四五"时期我国经济发展和政策建议》，《经济智库》2020年第8期。

B.5
稳字当头应对供需双侧压力

——2022年中国经济形势分析与展望

陈昌盛[*]

摘　要： 2022年，外部环境仍然复杂严峻，主要经济体政策退出外溢效应增加，国际国内周期不同步和恢复进程不平衡特征明显，预计国内供需两侧都可能承压，经济下行压力加大。做好2022年经济工作，需要把稳增长放在更突出的位置，加强政策针对性、有效性、协同性，加快消除供给侧约束，释放被抑制的内需，促进供需两端平衡恢复，及时妥善化解风险，保持经济社会大局稳定，加快构建新发展格局，推动高质量发展取得新进展，以优异成绩迎接党的二十大胜利召开。

关键词： 稳增长　外部环境　供需

一　国际经济逐步正常化，我国率先恢复优势减弱

（一）边境"开放落差"给我国疫情防控带来新压力

当前全球疫情防控进入新阶段。截至2021年10月18日，全球累计接种疫苗超过67亿剂次，按照当前速度，2022年上半年全球平均接种率有

---

[*] 陈昌盛，国务院发展研究中心宏观部部长、研究员，主要研究方向为宏观经济、财税体制和货币金融政策。

望达到 70%。同时，部分国家不断放宽对已完成疫苗接种游客的旅行限制，如新加坡已放弃"清零"策略，转向"与新冠病毒共存"。2022 年更多国家在达到疫苗免疫屏障标准后，将减少入境限制甚至放开边境。我国可能面临"开放落差"带来的新压力。国际游客、商务人士等因我国防疫措施严格入境难度较大，可能加大我国与国际社会交往"脱钩"风险，同时带来订单回流、产业竞争力下降、国际舆论等多重压力。但是，如果我国选择放开边境，疫情的不确定性将显著加大我国防疫压力，冲击经济社会安全稳定。

（二）全球性短缺造成的国际供应链紧张还将延续

受疫情和劳动力短缺影响，多国港口作业效率持续低迷，国际上港口集装箱船拥堵现象严重，海运"一箱难求"，港口等物流节点仍有梗阻。芯片短缺问题全球蔓延，导致汽车、电子等多个行业生产明显受限，影响可能持续到 2022 年第二季度。全球能源生产滞后于世界经济恢复带动的能源需求，多个国家、多种类型能源普遍短缺，煤炭、石油、天然气价格大幅上涨，欧洲天然气价格一度超过年初的 10 倍，多个行业特别是高耗能行业面临用能受限和成本升高双重压力，加剧国际供应链失衡。考虑到今冬明春北半球气温可能比往年更低，能源需求可能继续增加，而能源生产供应短期恢复有限，能源短缺明年仍难缓解，全球供应链恢复面临更大阻力。

（三）美国等货币政策退出对我国的外溢效应将增加

随着经济加速恢复，失业率持续下降，通胀水平更加接近政策目标上限，主要央行政策转向时点更加临近。美联储大概率将于 2021 年 11 月或 12 月开始缩减债务规模，并在 2022 年下半年启动加息，英国央行可能在 2021 年底结束债券购买计划，欧央行大概率将于 2022 年 3 月结束紧急抗疫购债计划。主要经济体货币政策正常化可能导致全球金融资产价格出现调整，包括我国在内的新兴经济体将面临资本流出和汇率贬值压力。中低收入水平的重债国

家或将陷入危机，可能对我带来间接冲击，影响我国出口。美元升值也会导致我国企业海外债务偿付压力加大、违约风险上升。

（四）全球物价中枢抬升的负面影响还将持续一段时间

2021年以来，大宗商品价格持续高位运行，气荒、油荒、煤荒持续推动能源价格上涨，主要经济体PPI屡创新高，全球物价中枢持续抬升。上游产品较高价格向中下游持续传导，抬高中下游企业成本，挤压中下游企业利润，并推动消费品价格明显上涨。美国核心CPI连续多月处于4%以上，为1992年以来最高水平；欧元区核心调和CPI同比涨幅创金融危机以来最高纪录。同时，受劳动参与率持续降低等多重因素影响，发达经济体普遍面临的"缺工"问题短期难以缓解，工资水平已经开始快速上涨。从预期形成看，"通货膨胀—工资上涨"螺旋的风险仍然存在。预计全球物价水平将持续在高位运行一段时间，通胀率有望在2021年底到2022年上半年达到峰值，随后会有所回落。整体看，2022年通胀中枢将高于疫情前水平。

（五）支撑我国出口高速增长的因素有所减弱

随着发达国家生产能力快速恢复，产能利用率不断攀升，支撑我国出口高速增长的"订单转移效应"正在减弱。8月美国工业部门产能利用率已超过疫情前水平，工业生产指数上涨至2019年9月以来最高值，欧元区第三季度制造业产能利用率也达到过去10个季度以来最高水平。7月以来，欧洲的出口订单快速增长，而我国的新出口订单指数连续回落，考虑到实际交货时间一般滞后订单半年左右，预计2021年底到2022年上半年我国出口增速将明显下滑。同时，发达经济体服务消费恢复加速，如美国服务消费支出已连续7个月环比增长并超过疫情前水平，服务进口对商品进口的替代效应将更加明显，一定程度上削弱我国产品的外部需求。此外，国际大宗商品和能源价格持续高位运行，上游原材料较高价格向中下游持续传导，也可能削弱我国产品出口竞争力。

二 国内可能面临供需双压局面，经济下行压力加大

（一）内需释放制约因素较多

从消费看，受低基数效应减退、疫情散发、居民支出意愿不足等因素影响，消费仍难恢复至疫情前水平。其中食品、日用品消费保持稳定，餐饮业稳步恢复，但建筑装潢、家电等房地产相关消费和燃油车等耐用品消费低迷。疫情散发影响旅游、住宿、餐饮等服务业发展，家庭教育、体育健康等升级消费有效供给不足，服务消费恢复预计持续滞后于商品消费。从投资看，资金循环不畅、债务压力凸显，投资增长动力不足。企业产能利用率总体提升，产业转型升级步伐加快，制造业投资增长预计保持平稳，但当前新出口订单回落增加了制造业投资下行隐忧。房地产开发贷款已连续负增长，重点城市土地流拍数量增多，2021年已完成两批集中供地的15个热点城市共挂牌700宗地块，其中流拍及中止交易数量达206宗，房地产投资增速可能进一步下滑。基建投资在财政资金紧张和项目收益不足情况下反弹幅度有限。

（二）"缺电""缺芯""缺柜""缺工"等供给约束仍然较大

电力保供初见成效，一些地方"拉闸限电"得到纠正，但"缺电"问题短期难以全面缓解。调研发现，一些企业仍受到有序用电、错峰用电的影响，减产比例较大。芯片短缺可能持续至2022年第二季度，相关行业生产将持续受限。全球疫情对港口码头作业效率和集装箱流转的影响短期内难以消除，海运瓶颈2022年上半年仍较突出，外贸企业继续面临"运价高企、货出不去、款回不来"问题。结构性"缺工"压力较大，部分地区、部分行业特别是制造业集中地区的用工缺口持续扩大，同时部分群体就业仍不充分，青年群体失业率高企问题仍突出。

（三）部分领域债务压力持续加大可能冲击金融稳定

2021年以来，个别高负债房企出现债务问题，还款能力下降、违约风险

上升、信用评级调低。房企到期信用债规模较大，集中偿付规模较大，违约风险上升，不及时处置可能冲击股权关联或业务合作的企业与金融机构。到期中资美元债部分2022年也面临偿还困难。地方政府和融资平台债务压力较大，部分经济转型滞后、增速下行压力较大地区的弱资质城投公司融资条件趋紧，冲击地区金融稳定。

（四）企业经营仍将面临多重困难

2021年PPI和CPI剪刀差屡创新高，下游企业特别是中小企业利润受到明显挤压，普遍面临"不涨价损失利润，涨价损失客户"的困境，下游企业投资萎缩甚至退出市场的可能性上升。小微企业综合贷款成本仍然明显偏高。加之经济前景不佳，不同政策协调不够，加剧市场和企业的悲观情绪。多重困难导致企业信心明显回落，发展研究中心9月底的企业发展信心指数为69.0，较4月的年内高点下滑22.3个点。

三 政策取向和工作重点建议

做好2022年经济工作，要坚持稳中求进工作总基调，全面贯彻落实新发展理念，坚持以供给侧结构性改革为主线，将稳增长放在更加重要的位置，实施积极的财政政策和稳健的货币政策，把握好宏观政策时度效，政策发力节奏靠前，有效对冲内外部下行压力。加强政策协调，处理好稳增长与促改革的关系，多出有扩张效应的政策，少出有紧缩效应的政策。处理好"持久战"与"攻坚战"的关系，在多目标下寻求平衡，追求最佳政策组合效果。加大保供稳价力度，巩固率先恢复和供应链韧性优势，充分释放市场主体活力。立足扩大内需的战略基点，发力需求侧短板和新增长点，巩固拓展国内超大规模市场优势。妥善处理房地产、地方隐性债务和中小金融机构风险，守住不发生系统性区域性风险的底线，努力实现5.5%左右的增长，确保经济运行在合理区间，确保经济社会大局稳定。

(一) 积极的财政政策注重加力提效

充分发挥财政政策对稳增长促改革的重要作用,对冲经济下行压力,提高政策精准性、有效性、可持续性。用足用好2021年超收财政收入,保持赤字规模基本稳定,加大中央对地方转移支付力度,保障基层运转,适度增加中央预算内投资。新增地方政府专项债券规模与2021年基本持平,优化债券发行使用制度和跨周期计划,合理扩大专项债支持领域,研究建立市级专项债资金池,探索开展预付和项目间调配。优化财政支出结构,兜牢"三保"底线,加大对"十四五"规划重大项目支持力度,扩大政府采购我国自主研制产品的规模。适度降低制造业增值税税率和中小企业综合税负。对重点发电企业实施税收缓交政策,对住宿、旅游、航空运输等行业继续实施税收优惠政策。加大对减负稳岗扩就业政策的财政支持力度。

(二) 稳健的货币政策突出灵活适度

保持流动性总量供给与名义GDP增速基本匹配,稳定M2和社会融资总量增速。保持再贷款、再贴现政策连续性,实施好信贷增长较慢省份的再贷款政策,支持区域协调发展。做好针对中小微企业的各类支持工具到期衔接工作,稳企业保就业力度不减。加快中小银行资本金补充、股权结构和公司治理改革,提升中小银行服务中小微企业的能力。健全市场化利率形成和传导机制,优化利率走廊,引导LPR和实际贷款利率有序下降。加快推进存款利率市场化改革,维护存款市场公平竞争,持续推动金融机构让利于民。丰富碳减排支持工具箱,优化绿色金融政策实施机制,防止高碳行业信用过快收缩。

(三) 着力缓解短期供给约束

继续做好保障煤炭电力供应,加快理顺煤电价格,通盘统筹推进"双碳"行动,适当放宽"十四五"前两年的能耗考核标准,纠正对高耗能行业和企

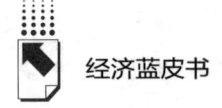

业划定的"一刀切"做法，加快推进由能耗双控转向碳排放总量控制。增加煤炭进口限额和原油进口量，适度扩大玉米常态化进口规模，择机扩大小麦、高粱、大麦等替代品进口规模。保障煤炭物流主干线运输稳定，精准投放多种运力资源，提高调度发运效率，统筹安排保运工作。

（四）破解制约扩大内需的堵点难点

以增强居民消费能力、优化提升消费环境为重点，促进消费稳步恢复。加大稳就业政策力度，确保居民收入持续较快增长，鼓励有条件的地方发放消费券。完善充电设施，推动新能源汽车下乡。优化小城市和乡村地区消费环境，完善贯通县乡村的三级电商服务和物流配送体系。发挥基础设施投资"压舱石"作用，增加跨区域交通、水利、能源等领域财政支持力度，大力支持算力中心、工业互联网等新型基础设施建设，抓紧实施一批教育、医疗、养老等公共服务项目和农村公路、水网等乡村振兴项目。推进城市因地制宜开展老旧小区改造和租赁住房建设。因城施策优化房地产市场调控方式，完善"两集中"出让政策，减少土地流拍。发挥龙头企业的投资引导带动作用，鼓励企业扩大技改投资，加大强链固链补链力度。有效缓解关键环节供给瓶颈，做好重要能源、资源保供稳价工作。

（五）优化疫情防控措施降低输入性风险

通过全面接种疫苗、严格外防输入、精准有效防控、加快阻断传染等综合措施，防范疫情散发、反复。加快疫苗接种和持续研发，针对当前疫苗对变异毒株的保护率下降和效用衰减问题，加快第三针接种和对变异毒株疫苗的研究攻关。继续合理开展对新研发疫苗的临床试验并设立上市审批绿色通道，加大对国内具有相关技术储备企业的支持力度。进一步优化调整疫情防控措施，根据疫情最新特征科学设定核酸检测和隔离要求，针对冬奥会和春运制定更加精准有效的防控策略，按照更小更精准的行政边界实施防控措施，改变当前对跨省流动的过度限制，在严格防控疫情的前提下，保障低风险地区人口安全合理流动和正常生产生活。

（六）加大改革开放培育经济新动能

深化体制机制改革，围绕重点领域集中力量推出"牵一发动全身"的改革，向改革要动力。打好关键核心技术攻坚战，培育一批"专精特新"企业。加快知识产权政策法规修订进度，提高执法专业化水平和深化国际合作。数字经济发展和规范并重，健全市场准入制度、公平竞争审查制度、公平竞争监管制度，营造有利于数字领域创新的政策和市场环境。实施"数据开放+数据服务商"的数据要素利用模式，加快数字贸易发展，提升数字经济国际竞争力。加强交易所平台建设，提高我国在海运价格、铁矿石等原材料价格方面的话语权。以高水平对外开放优化我国外部环境和倒逼国内发展。稳定外资外企信心，进一步缩减外资准入负面清单，在融资支持、原材料进口配额等政策上一视同仁，鼓励外企参与行业规划和标准制定研讨。研究打造更多国家级服务业扩大开放示范区。积极参与多双边区域经济合作，推进加入CPTPP谈判工作，加快中日韩自贸协定等谈判进程。

（七）通盘统筹推进"双碳"行动

处理好攻坚战和持久战、"立"和"破"的关系，完善顶层设计，明确重点领域、行业和地区碳达峰目标、路径和支撑保障。强化规划引领，加强双碳工作目标与"十四五"、各地区各领域中长期规划的衔接协调。建立与低碳转型相适应的价格、财税和投融资制度体系。全面推进电力市场化改革，全面放开竞争性环节电价，完善油气、煤炭等市场化价格形成机制。简并环境保护税、成品油消费税、煤资源税等，研究开征碳税。通过税收优惠、补助奖励、产业基金、政府和社会资本合作等方式，撬动更多社会资本助力绿色转型。建立碳排放信息披露和政府绿色采购采信机制。稳步构建绿色金融体系，设立碳减排货币政策工具，引导金融机构通过绿色信贷、绿色债券、碳交易市场等渠道提供长期限、低成本资金。有序推进存量产能置换，根据区域资源禀赋、经济发达程度、环境负荷以及企业达标情况、产能服役年限等因素分类施策，确保产能置换节奏与技术进步程度相适应，防止未立先破。

（八）防范化解重点领域债务隐患

提早摸清 2022 年突出风险隐患，精准拆弹、分类化解、减少影响。对于地方专项债券，提前储备财力确保兑付，条件时机合适的开展债务置换。对于地方融资平台和系统重要性国有企业债务按时足额兑付，维持地区信用和金融稳定。对于产业类国有企业债务，压实各方面责任，落实披露要求，及时充分协调，避免企业逃废债和金融机构"一刀切"。满足合理的住房信贷需求，畅通房地产行业资金运转，继续做好个别债务较高、体量较大的房企风险防范与化解工作。按照市场化、法治化原则，督促房企积极履行境内外债务法定偿债义务，稳定我国企业海外信用评级和中资美元债价格。针对高风险房企，相关地方政府和主管部门制定应急预案，阻隔系统性风险传导。

（九）切实增强政策协调和落地

确保完整、准确、全面贯彻中央决策部署，增强政策制定的科学性、系统性、整体性，畅通政策传达落地机制，实现创造性、高效率落实。加快完善重大战略任务的配套政策体系，有关地区和部门细化具体工作方案和路线图时间表，通过试点方式加强政策集成效果，推广有效经验和典型案例。加强部门间协调，非经济政策出台前要做好经济影响评估。调节政策执行的力度和节奏，增强协调性，杜绝简单粗暴执法，避免层层加码，对重大政策调整设置合理过渡期。加强对重大战略和政策的权威解读引导，稳定市场预期，增强企业信心。

参考文献

谢伏瞻主编《经济蓝皮书：2021年中国经济形势分析与预测》，社会科学文献出版社，2021。

谢伏瞻主编《迈上新征程的中国经济社会发展》，中国社会科学出版社，2020。

陈昌盛:《新时代宏观调控理论和实践创新》,《中国经济时报》2021年9月6日。

陈昌盛、许伟兰、宗敏、李承健:《我国消费倾向的基本特征、发展态势与提升策略》,《管理世界》2021年第8期。

陈昌盛、杨光普:《我国宏观政策跨周期调节的逻辑与重点》,《中国纪检监察报》2021年9月16日。

B.6
中国经济形势分析、展望及政策建议

孙学工[*]

摘 要： 2021年，我国经济发展呈现极强的韧性，保持自2020年下半年以来的持续恢复态势，主要经济指标处于合理区间，经济增长的质量和效益不断提高，经济高质量发展取得新进展。虽然2022年经济社会持续修复改善的趋势不会改变，但部分动能有所弱化、前期政策推力有所下降、全球疫后恢复格局有所变化、美联储货币政策退出外溢影响有所加大，且经济运行中风险因素逐步累积，短期冲击有所增多，或将加大短期经济下行压力。为此，2022年经济工作要坚持稳中求进总基调，统筹推进疫情防控和经济社会发展工作，保持政策的连续性、灵活性，并注重解决金融风险、保民生和市场主体、稳出口等问题。

关键词： 经济质量 经济效益 供给约束 金融风险 宏观经济

2021年以来，面对国内外风险挑战增多的复杂局面，我国经济发展呈现出极强的韧性，保持自2020年下半年以来的持续恢复态势，主要经济指标处于合理区间，经济增长的质量和效益不断提高，经济高质量发展取得新进展。

---

[*] 孙学工，中国宏观经济研究院经济研究所所长、研究员，主要研究方向为中国宏观经济、财政金融、国际经济。

一 2021年中国经济运行的总体特征

（一）经济运行保持在合理区间

经济保持较高增长。前三季度，我国GDP同比增长9.8%，高于6%以上的预期目标。三次产业均保持较高增速，第一、二、三产业增加值分别增长7.4%、10.6%、9.5%。国内外需求持续扩大，社会消费品零售总额同比增长16.4%，固定资产投资（不含农户）增长7.3%，货物进出口总额增长22.7%。

就业形势好于预期。前三季度，全国城镇调查失业率5.2%，低于5.5%左右的全年目标，较上年同期下降0.5个百分点，9月降至4.9%的年内较低水平。城镇新增就业1045万人，完成预期目标的95%。重点群体就业总体稳定，外来农业户籍人口就业状况不断改善，失业率自春节后连续回落，低于同期全国城镇调查失业率；第三季度末全国外出务工农村劳动力规模基本恢复至2019年同期水平；高校毕业生就业状况持续改善。

消费价格涨幅温和。得益于生猪产能持续修复、工业消费品和粮食蔬菜供给充裕，虽然工业生产者价格指数涨幅有所扩大，但消费价格保持温和涨幅。前三季度，消费者物价指数（CPI）上涨0.6%，低于3%左右的年度预期目标，核心CPI温和回升，上涨0.7%。

国际收支情况较好。前三季度，货物进出口顺差同比扩大23.7%。服务贸易出口较快增长，逆差大幅减少，1~8月，服务贸易逆差同比收窄66.7%。外汇储备总体稳定，9月末外汇储备余额32006亿美元，连续5个月保持在3.2万亿美元以上。

（二）经济发展的质量和效益不断提高

经济结构逐步优化。前三季度，制造业增加值占GDP比重同比提高1.1个百分点至27.4%，服务业对增长贡献率达54.2%。内需对增长贡献率达80.5%。消费升级持续推进，限额以上文化办公用品类、体育娱乐用品类、金银珠宝类等升级类商品零售额同比分别增长21.7%、28.6%、41.6%。投资结

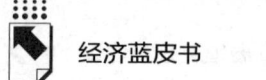

构趋于改善，高技术产业投资增长18.7%，快于全部投资11.4个百分点。城乡居民人均可支配收入比为2.62，同比缩小0.05个点。对外贸易量增质升，机电产品出口额同比增长23.0%，占比提升至58.8%，一般贸易和民营企业贸易比重继续上升。

创新发展态势向好。新产业新产品快速成长，前三季度，工业机器人、太阳能电池、智能手表产量同比分别增长57.8%、51.8%、51.5%。5G网络建设力度不断加大。新业态新模式持续活跃，前三季度，实物商品网上零售额同比增长15.2%，占社会消费品零售总额的比重达23.6%，跨境电商进出口同比增长20.1%，市场采购出口增长37.7%。创业创新势头强劲，9月末全国登记在册实有市场主体同比增长11.5%，中国创新指数排名比上年提升2个位次，列中等收入经济体首位。

绿色发展成效显著。前三季度，单位GDP能耗同比下降2.3%，降幅较上半年扩大0.3个百分点。能源结构继续优化，全国发电量同比增长10.7%，天然气产量同比增长10.4%，清洁能源消费比重同比提高0.6个百分点。在汽车销量总体下滑的情况下，新能源汽车销售216万辆，同比增长1.9倍。全国339个地级及以上城市PM2.5平均浓度同比下降6.7%，国家地表水考核断面中优良断面比例同比上升1.2个百分点。

居民收入较快增长。前三季度，全国居民人均可支配收入同比实际增长9.7%，两年平均增长5.1%，与经济增长基本同步。社会保障和公共服务水平提升，全国居民人均转移净收入两年平均名义增长8.4%，超过2019年同期增速。

二 经济运行中存在的问题和风险

（一）疫情频发多变推升经济运行的不确定性

一是病毒持续变异提高疫情防控难度。尽管疫苗相继上市并陆续接种，但新冠肺炎病毒持续变异，已有疫苗针对新型病毒的有效性尚待观察，导致国内外疫情防控难度有所上升。二是境外疫情形势依然严峻，不利于我国经济恢复。年初以来，全球疫情防控形势几经调整，印度、巴西等新兴经济体深陷疫情泥淖，生产生活秩序遭遇严重破坏，部分发达经济体新增确诊人数再度上升。三是国内散发疫情频现，干扰经济复苏进程。下半年以来，多地出现散发疫情或者区域性疫情，对我国经济运行尤其是需求领域造成明显干扰。伴随着秋冬季温度的不断下降，疫情防控压力恐将进一步加大。

（二）多重因素导致供给约束持续增强

一是部分原材料价格大幅攀升。年初以来，源于全球流动性泛滥、上游行业压减产能、国内外经济持续复苏等因素影响，铜、铝、钢材、塑料、纸浆、原油、煤炭、水泥等原材料产品价格轮番大幅攀升。原材料供给约束导致中下游制造企业遭遇明显冲击，增资扩产计划暂缓或取消，部分企业甚至出现停工停产现象。二是芯片、关键零部件等中间产品短缺问题加剧。近期作为全球半导体封测重镇的马来西亚疫情出现反弹，导致汽车芯片短缺局面雪上加霜，并从汽车行业蔓延到通信器材和家电等消费电子行业。三是国际贸易物流配送能力趋近极限。国内外需求共振复苏带来对干散货大宗商品的强劲需求，出口航线紧张，海运指数涨幅显著。各类船舶费率明显上涨，海运复苏造成集装箱价格飙升，截至10月29日，上海航运交易所公布的出口集装箱运价指数（CCFI）创出3277点的历史新高，与上年末相比基本翻番，其中，远海航线涨幅更大，基本为上年末的近3倍。

（三）多领域潜在金融风险有所加大

一是部分地方政府债务还本付息压力较大。2021年以来，地方政府迎来偿债高峰期，在财政支出压力不减背景下，税收、土地出让金等收入有所下滑，财政收支缺口进一步扩大，债务还本付息压力不断上升。二是部分房企债务爆雷事件明显增多。贝壳研究院的数据显示，2021年到期的房企债务高达12448亿元，同比增长36%。近期，头部房企恒大集团债务风险逐步暴露，且风险可能在企业间、行业间和区域间交叉传染。三是部分银行呆坏账情况有所恶化。疫情发生以来，银行在支持中小企业纾困等方面贡献较大，但伴

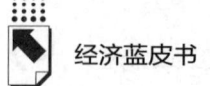

随着延期还本付息政策的退出，银行业正进入不良资产风险暴露的新一轮高峰期，部分银行贷款处理五级分类中的坏账类规模不断攀升，一些中小银行风险压力处在高位。

三 2022年经济增长趋势判断

从有利因素来看，一是消费增长将持续复苏。首先，基本生活用品和部分消费升级类产品，如食品饮料类、日用品、体育、娱乐用品类，文化办公用品类将继续保持平稳较快增长。其次，疫情防控形势向好，部分短期性冲击因素的影响将消失或者减弱，聚集类消费、场景类消费增长有望修复。最后，就业形势稳中向好，居民收入不断增长为消费持续修复打下坚实基础。2021年前三季度，全国居民人均可支配收入同比实际增长9.7%，两年平均增长5.1%，第三季度外出务工劳动力月均收入4454元，同比增长10.4%。就业形势好于预期，城镇调查失业率持续回落。二是经济增长的新动能快速增强。近年来，我国实施创新驱动发展战略，科技创新能力稳步提升，新产业、新产品快速增长。前三季度，规模以上高技术制造业增加值同比增长20.1%，快于全部规模以上工业8.3个百分点。新业态、新模式保持活跃，前三季度，实物商品网上零售额同比增长15.2%，占社会消费品零售总额的比重达23.6%。预计在2022年整体经济复苏的大背景下，经济增长的新动能将继续保持快速增长。三是外贸有望保持平稳增长。随着全球疫情形势逐步好转，虽然防疫物资出口增长或将逐步回落，但复工复产加速，外部需求增加，将会对我国出口形成拉动。且伴随一系列稳外贸举措陆续落地，外贸链条的景气度仍然较高。据有关部门监测，到2022年上半年，重点外贸企业订单依然充足，全年进出口有望保持平稳增长。四是价格水平总体保持温和。2021年在复苏需求增加、发达经济体与发展中经济体复苏分化造成供需失衡、寡头垄断控产提价、货币政策明显宽松等多重因素影响下，大宗商品价格上涨超出经济基本面支撑，预计2022年制约PPI指数持续上涨的因素有所增加，如全球货币政策转向、供需失衡问题有所缓解等，加之2021年基数较高，预计PPI指数上涨幅度将有所收窄。在原材料价格上涨向中下游产品持续传导、生猪价格触底回升叠加2021年低基数的影响下，预计2022年CPI指数涨幅有所提高，但总体仍将处于3%的温和区间内。五是一系列促内需政策持续落地。消费方面，如进一步稳定和提振大宗消费，加快推进国际消费中心城市培育建设，加大农村市场开拓力度，促进餐饮市场更快更好恢复，促进新型消费加快发展等。投资方面，"十四五"规划纲要中102项重大工程项目稳步推进，浙江、天津、湖南等多地重大项目陆续启动开工。这些政策效果的持续显现将对2022年的需求稳定扩大形成支撑。

从不利因素来看，一是供给约束的影响仍将存在。首先是能源短缺问题。目前全球范围内都出现能源短缺和价格上涨现象，欧美将迎来最贵采暖季。国内持续加大能源保供力度，但产量显著回升尚需时日，缺电问题仍将持续一段时间，加之普遍预期2021年冬季将为寒冬，保民生用能用电压力较大，势必挤压企业用能用电空间，预计2021年第四季度至2022年第一季度各产业生产将持续受困。同时，为缓解电价倒挂矛盾执行的市场交易电价浮动范围扩大政策，使得电价有所上升，这将使下游企业在承担高企的原材料价格外成本进一步上升。其次是"缺芯"问题已由汽车领域向消费电子等领域蔓延，且预计2022年年中之前难以有效缓解。当前芯片短缺对于全球汽车产量的冲击已逼近2020年疫情最严重时期，我国汽车产量自年中以来降幅也达到两位数。最后是供应链配套服务面临制约。当前，国际贸易运输能力趋近极限，集装箱"一箱难求"，海外码头拥堵状况处于历史最高水平，预计运输紧张形势将延续至2022年。二是房地产投资或将呈现持续减速。房地产业在疫情后恢复较快，是经济复苏的重要拉动力量，但在恒大债务风险、融资困难等因素的影响下，第三季度以来房地产投资减速明显。贝壳研究院的数据显示，2021年到期的房企债务高达12448亿元，同比增长36%。同时受恒大债务风波影响，10余家房企信用评级已遭穆迪、标普等国际评级机构下调，加之企业回款难度有所上升，尽管近期央行等部门针对房企融资释放积极信号，短期房地产业资金压力难获显著缓解。当前房企拿地热情下降，北京、杭州等多个热点城市供地遇冷，北京市第二批集中供地现场弃牌率近60%，且多宗地块底价出让。土地购置面积与全国房屋新开工面积连续负增长，预示未来房地产投资增速将继续下滑。三是前期一些政策的影响陆续显现。首先，"双减"政策出台后，全国范围共有近3.3万家教育相关企业吊注销，预计将影响从业人员近千万。其次，近期国家市场监管总局对互联网平台企业加强反垄断监管，工业和信息化部也启动为期半年的互联网行业专项整治行动，一些企业不能正确理解而产生了观望情绪，放慢了相关业务发展步伐。四是经济运行面临不确定性。首先，疫情发展仍然存在不确定性。秋冬季气温下降，利于病毒传播扩散，而第四季度和第一季度节假日密集，是服务行业的传统消费旺季。一旦再次出现多地散发病例或聚集性疫情，人员流动将再次受阻，旅游、住宿餐饮、交通运输等行业遭受的损失较其他季度将更为明显，对经济稳定均衡恢复形成更大拖累。其次，外部经济环境存在不确定性。美国在第四季度开启退出量化宽松，将使全球流动性迎来转向。欧央行已提及适度减缓疫情紧急购买计划资产购买速度，且欧央行实施的货币政策新策略也将进一步约束其在中期加大逆周期调节的力度。从历史来看，美欧等经济体宽松货币政策逐步退出，一般会引发新兴经济体和发展中国家的资本外流，影响全球金融市场稳定与进口需求。

总体来看，2022年我国经济运行中风险因素逐步累积，短期冲击有所增加，或将加大短期经济下行压力。但经济稳定增长具备充足的支撑力量，经济将呈现持续修复态势，经济增速总体保持在合理区间内。

四 相关政策建议

虽然2022年经济持续修复改善的趋势不会改变，但部分动能有所弱化、前期政策推力有所下降、全球疫后恢复格局有所变化、美联储货币政策退出外溢影响有所加大。为此，建议2022年经济工作要坚持稳中求进总基调，统筹推进疫情防控和经济社会发展工作，统筹国际环境和国内条件两个大局，保持政策的连续性、灵活性和针对性，推动经济持续全面恢复，实现经济发展量与质的同步提高。

（一）继续统筹做好疫情防控与经济社会发展

在未来一段时期，疫情仍是影响经济运行的重要因素。进一步加强外防输入工作，针对在机场、口岸、海港码头、交通场站、冷链等直接接触国外病毒的重点区域和关键环节工作的人员，进一步加强防护。密切关注病毒变异情况，相应升级疫苗。进一步完善内防扩散工作，提高防控工作的精准性，建议在冬奥会结束后，认真总结国内前期防疫工作经验教训，并根据病毒最新的传染率病死率数据更新防疫规范，既不留漏洞，也要防止地方操作过程中层层加码。

（二）宏观政策保持连续性稳定性并适时预调微调

针对国际经贸形势调整和国内多重因素叠加造成的较大经济下行压力，未来一段时期我国宏观政策应在保持当前财政政策积极、货币政策稳健取向的基础上，根据形势适时预调微调。

财政政策需更加积极有效。2022年财政赤字率和专项债发行规模继续保持2021年的水平，暂不缩减，并提前下达2022年专项债部分新增额度并扩大使用范围，确保2022年初即可使用见效。专项债发行进度方面，建议恢复往年时序进度，尽早发行，尽早形成实物工作量。同时，针对"先确定支持领域后确定发行额度"做法存在的问题，探索专项债券发行机制改革，合理化专项债使用范围，加强专项债项目储备、筛选和管理，明确专项债所筹资金用于项目资本金的操作细则。疫情期间扶助小微企业的特殊财税支持政策，需分梯度、分批次退出支持政策，在降低财政压力的同时为企业愈后恢复创造条件，确保税费优惠直达市场主体、直接惠企利民。推进针对制造业、中小企业、科技创新、绿色低碳转型的结构性减税降费。大力优化支出结构，加大财力下沉力度，增强基层统筹做好疫情防控和经济社会发展工作的能力。关注地方土地出让市场。近期，地方土地市场出让形势出现趋冷的迹象，房地产税试点扩围并落地开征也将进一步影响整个房地产投资、销售，需要关注对地方政府性基金收支的影响。

货币政策保持流动性合理充裕。保持货币信贷和社会融资规模合理增长，综合运用中期借贷便利、公开市场操作、再贷款、再贴现等多种货币政策工具，保持流动性合理充裕，引导市场利率围绕政策利率上下波动。加强对财政收支、政府债券发行、主要经济体货币政策调整等不确定性因素的监测分析，进一步提高操作的前瞻性、灵活性和有效性。继续落实和发挥好结构性货币政策工具的牵引带动作用，运用好碳减排支持工具推动绿色低碳发展。保持再贷款、再贴现政策稳定性，实施好两项直达实体经济货币政策工具的延期工作，继续对涉农企业、小微企业、民营企业提供普惠性、持续性的资金支持，保持对小微企业的金融支持力度不减，更好发挥它们在稳企业保就业中的重要作用。实施好信贷增长缓慢省份的再贷款政策，支持区域协调发展。有序推动碳减排支持工具落地生效，以再贷款方式投放 1 万亿元资金，向符合条件的金融机构提供低成本资金，支持金融机构为具有显著碳减排效应的重点领域提供优惠利率融资，引导金融机构按照市场化原则支持绿色低碳发展，向公众倡导绿色低碳生活、循环经济等理念，鼓励社会投融资向绿色低碳领域倾斜，推动实现碳达峰、碳中和目标。必要时启动降准、降息，平稳置换到期的中期借贷便利，释放较低成本的市场流动性，补充流动性缺口，维持银行体系流动性合理充裕。继续释放贷款市场报价利率改革潜力。采用压降银行结构性存款规模，通过 OMO 和 MLF 向银行提供短期和中期资金、政策预期引导或下调一年期 LPR 利率等方式进一步压降银行负债成本，提高企业议价能力。深化利率、汇率市场化改革，畅通货币政策传导渠道。健全市场化利率形成和传导机制，持续释放 LPR 改革潜力，完善中央银行政策利率体系，畅通利率传导渠道，推动实际贷款利率进一步降低。强化存款利率监管，维护存款市场竞争秩序，保持银行负债成本基本稳定，督促银行将政策红利传导至实体经济，增强小微企业贷款市场竞争性，切实做到小微企业融资更便利、综合融资成本稳中有降。稳步深化汇率市场化改革，完善以市场供求为基础、参考一篮子货币进行调节、有管理的浮动汇率制度，增强人民币汇率弹性，发挥汇率调节宏观经济和国际收支自动稳定器作用。稳定市场预期，保持人民币汇率在合理均衡水平上的基本稳定。健全可持续的资本补充体制机制，重点支持中小银行补充资本，稳定开展 CBS 操作，提升银行服务实体经济和防范化解金融风险的能力。提高中小银行利用永续债补充资本能力，同时运用支农、支小再贷款引导其对小微企业、民营企业、"三农"、扶贫等领域的信贷投放。

（三）着力防范和化解风险

完善逆周期、跨市场系统性金融风险的早期识别预警、事中监测控制和事后救助处置等机制。密切监测、重点排查重点领域风险点，抓紧补齐监管制度短板，加快完善现代金融监管体系，加强监管协调。有效发挥存款保险制度的作用，聚焦早期纠正，进一步完善存款保险专业化、市场化风险处置机制。全力做好存量风险化解工作，坚决遏制各类风险反弹回潮。加大银行体系不良资产核销力度，分类施策补充中小银行资本。落实重大金融风险问责、金融风险通报等制度，有效防范道德风险。提升金融风险防控的前瞻性、全局性和主动性，牢牢守住不发生系统性金融风险的底线。坚持防风险与促发展并重，持续推动债券市场高质量发展。加强债券市场法制建设，压实中介机构职责，落实公司信用类债券信息披露要求，完善信用评级制度。坚持市场化法治化原则，持续落实债券违约处置机制建设各项成果，坚决打击各类逃废债。继续加强资本市场基础制度建设，更好保护投资者利益，促进资本市场平稳健康发展。警惕多重风险交织下的区域财政金融风险的共振。需要重点防范区域内财政金融风险的共振，妥善解决融资平台到期债务问题，做好债务平滑接续，避免出现大规模债务集中违约。更好地发挥债权人委员会机制的作用，加强监管协调，确保存量地方政府债务实现有序平滑，稳妥化解债务风险。

（四）加大保民生、保市场主体力度

加强中小微企业政策减负。中小微企业纳税人承租国有全资、国有控股及实际控制企业的行政事业单位权属的土地房产，在有效合同期内，支持对中高风险地区的中小微企业给予租金减免。对旅游、餐饮企业中不裁员、少

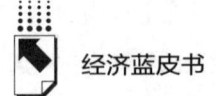

裁员的，继续实施普惠性失业保险稳岗返还政策。加强中小企业金融支持。继续落实好普惠小微企业贷款延期还本付息政策和信用贷款支持政策，建设大数据平台线上台账监测系统，颗粒化采集货币政策工具支持贷款明细数据，引导金融机构加大对普惠小微企业的精准支持力度。鼓励"双百企业"、专精特新"小巨人"企业等供应链核心企业按照《保障中小企业款项支付条例》要求，及时支付中小微企业款项。引导金融企业开发"专精特新"信用贷、大中小融通联合贷、隔离误工损失保险、商场餐厅不能正常营业租金损失保险等创新金融产品。有效解决民生领域的实际困难。一是加大对劳动密集型企业实施差异化税费及金融支持力度，加大对中小微企业吸纳就业补贴力度。二是继续开展重点群体增收计划，实施中等收入群体快速增长计划。针对专业技术人员，应切实落实体现绩效激励效应的收入形成机制，取消事业单位绩效工资总额限制。

（五）促进出口平稳增长

大力拓展贸易伙伴。以《全面与进步跨太平洋伙伴关系协定》和《区域全面经济伙伴关系协定》签署为契机，进一步密切与日韩、东盟的经贸往来。更加重视健康和卫生合作，建立健全共建"一带一路"国家的重大疫情预警、防治信息共享机制，增进医疗物资、设备生产和供应合作，扩大"一带一路"对我国外贸的带动和推进作用。推进中欧在经贸、绿色、数字等领域的合作，尽早恢复被欧方冻结的《中欧投资协定》。及时深化与法、意等发达国家建立的第三方市场合作机制，推动我国优质产能、发达国家先进技术与第三国需求相互匹配。稳定海运物流供应链。推进国外降低拥堵费、旺季附加费、综合滞箱费等附加费。组织多用途船队开辟专班运输服务等，增加对出口航线的运力供给，提高集装箱的海外周转效率。以西部陆海新通道为重点，推广海运、铁路集装箱互认，加快推进集装箱共享调拨体系建设，联动沿线设置集装箱还箱点，改善用箱循环。积极利用跨境电商平台在国际运输方面的议价能力，协助外贸企业获得优惠国际运价。

参考文献

孙学工、王蕴:《充分发挥我国超大规模市场优势和内需潜力》,《经济日报》2020年5月14日。

孙学工、郭春丽、李清彬:《科学把握经济高质量发展的内涵、特点和路径》,《经济日报》2019年9月17日。

孙学工:《多重约束下探寻经济高质量发展之路》,《经济日报》2019年1月29日。

孙学工、杜飞轮、刘雪燕:《坚持供给侧结构性改革 促进经济高质量发展》,《中国经贸导刊》2019年第3期。

财政运行与税收分析

Financial Operations and Tax Analysis

B.7
中国财政运行形势分析、展望及政策建议

杨志勇*

摘　要： 2021年财政运行情况好于2020年，同时，财政收支也承受较大压力。一般公共预算收入增速同比逐季下降，政府性基金收入压力也不小。财政支出在诸多领域的刚性决定了压缩财政支出存在种种困难。2022年经济增速放缓可能进一步加大财政收入压力。各领域改革的深入、各项新工作的开展都提出相应的财政支出需求，财政支出压力因此进一步增大。2022年中国应继续实施积极的财政政策，进一步完善宏观经济治理体制。财政政策应更加注意释放市场活力，财政支出结构优化应更好地发挥市场作用，财政应

---

* 杨志勇，中国社会科学院财经战略研究院研究员，主要研究方向为财政理论与比较税制。

加大基础研究投入,促进关键核心技术攻关,促进良好产业生态的形成。财政政策还应在以下方面发力:进一步健全社会保障体系,促进社会共同富裕;统筹对外开放与经济安全,促进经济开放水平的进一步提升;积极防范化解地方债风险,推进财税改革,促进财政健康运行。

关键词: 财政政策　财政风险　现代财政制度　宏观经济治理

一　2021年财政运行形势基本情况[①]

(一)一般公共预算

1. 收入规模

2021年前三季度一般公共预算收入164020亿元,同比增长16.32%,增速较上年同期提高22.75个百分点。前三季度各月财政收入的同比增速如图1所示,2021年1~8月一般公共预算收入均高于上年同期,其中3月增幅最大,同比上升42.39%,主要原因是上年同期受疫情影响一般公共预算收入大幅下降。4月之后一般公共预算收入增速逐步放缓,8月下降至2.73%。2021年9月,一般公共预算收入增幅由正转负,同比下降2.12%。

2. 税收收入与非税收入

一般公共预算收入包括税收收入和非税收入。2021年前三季度税收收入140702亿元,同比上升18.36%,增速较上年同期提高24.74个百分点。前三季度各月税收收入的同比增速如图2所示。2021年1~8月税收收入同比增速均快于上年同期,其中3月增幅最大,同比上升48.45%,而后增速逐渐放缓。9月税收收入增速为4.09%,较上年同期低4.08个百分点。

2021年前三季度非税收入23318亿元,同比上升5.39%,增速较上年同

[①] 本报告原始数据主要来自财政部官网(http://www.mof.gov.cn)和财政部建设的地方政府债券信息平台(http://www.celma.org.cn)。下文不一一注明。

经济蓝皮书

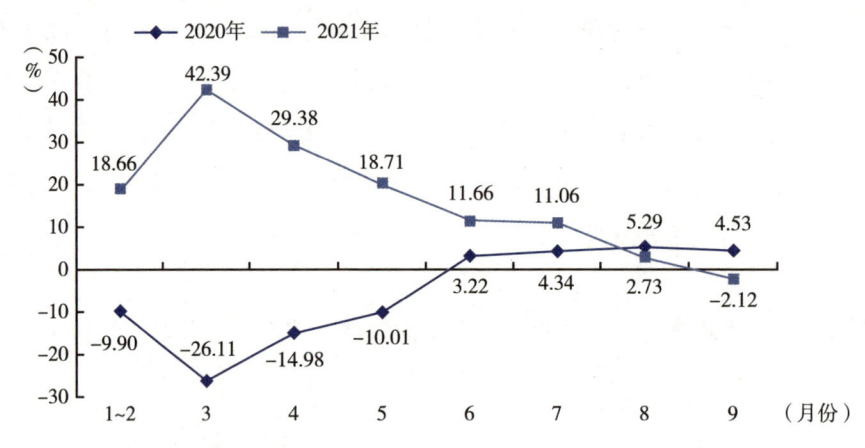

图1 2020年和2021年前三季度全国一般公共预算收入同比增长率

期提高12.06个百分点。前三季度各月非税收入的同比增速如图3所示。2021年1~6月非税收入同比增速为正,其中3月增幅最大,同比增长25.98%,而后增速逐渐放缓。7月非税收入增速开始由正转负,同比增长-3.99%。8月与9月增速进一步下降,分别为-19.82%和-20.51%。

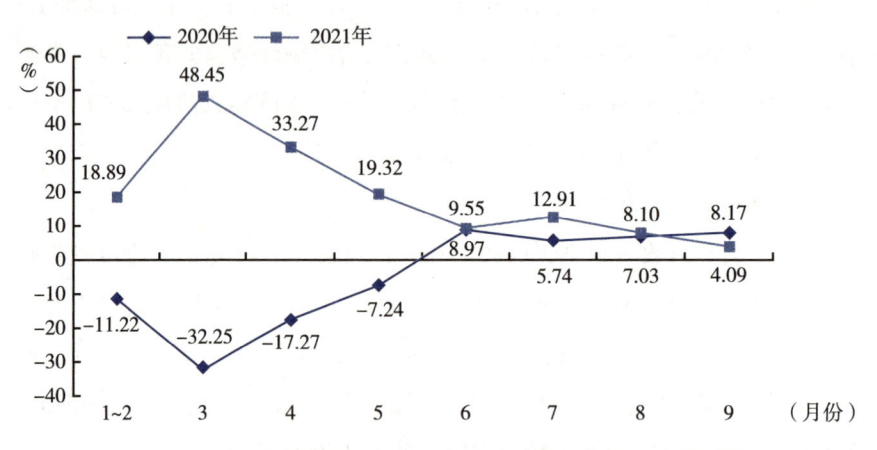

图2 2020年和2021年前三季度全国税收收入同比增长率

注:2021年前三季度增值税、企业所得税、个人所得税及消费税收入较上年同期分别增长17.36%、18.76%、21.62%及12.28%。

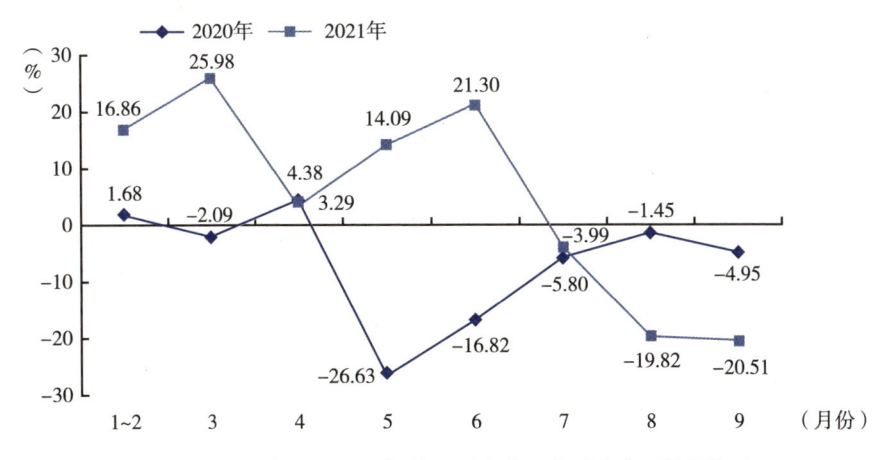

图3 2020年和2021年前三季度全国非税收入同比增长率

图4为2020年和2021年前三季度全国非税收入占比情况。除6月外，2021年前三季度各月非税收入占比均低于上年同期。其中，占比幅度差距最小的为1~2月，较2020年同期下降0.18个百分点；占比幅度差距最大的为9月，较2020年同期下降4.74个百分点。总体来看，2021年前三季度对非税收入的依赖度有所下降。

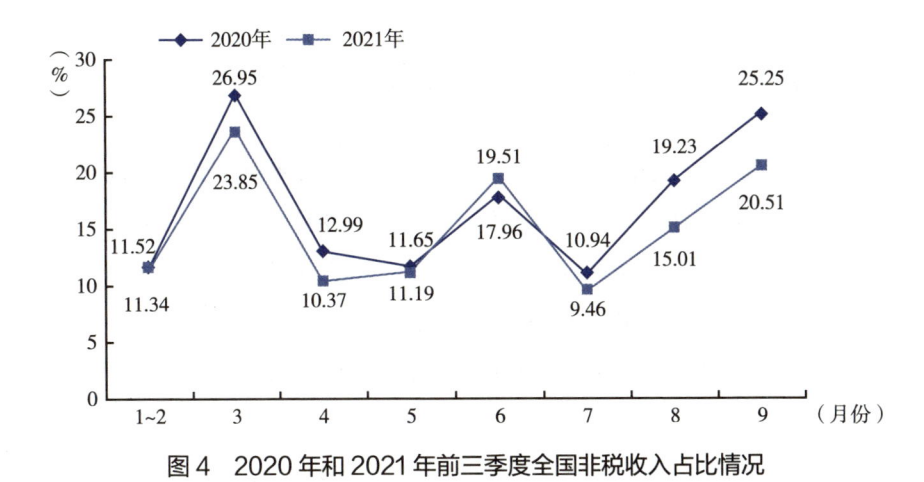

图4 2020年和2021年前三季度全国非税收入占比情况

3. 中央收入和地方收入

2021年前三季度中央本级一般公共预算收入76526亿元，同比上升17.13%，较上年同期提高26.44个百分点。前三季度各月中央本级一般公共预算收入同比增速如图5所示，除8月外，2021年前三季度各月中央本级一般公共预算收入增长率均高于上年同期，其中，差距幅度最大的为3月，较上年同期上升98.50个百分点。2021年1~8月，中央本级一般公共预算收入均高于上年同期，增幅最大的为3月，同比上升64.60%。而后增速逐渐放缓，9月由正转负，同比下降0.28%。

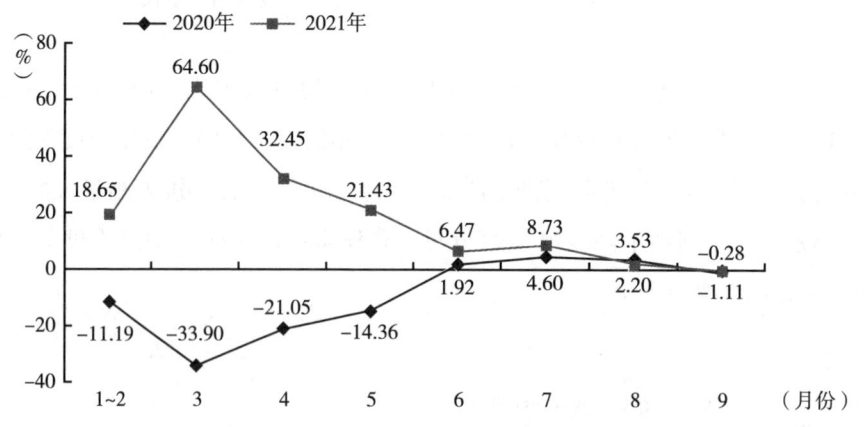

图5 2020年和2021年前三季度全国中央本级一般公共预算收入同比增长率

2021年前三季度地方本级一般公共预算收入87494亿元，同比上升15.63%，较上年同期提高19.40个百分点。前三季度各月地方本级一般公共预算收入同比增速如图6所示，2021年1~7月地方本级一般公共预算收入增速均高于上年同期，其中差距幅度最大的为3月，较上年同期提高50.45个百分点，8月与9月增速低于上年同期，分别下降3.70个、12.66个百分点。2021年1~7月，地方本级一般公共预算收入均高于上年同期，增幅最大的为3月，同比上升29.68%。而后增速逐渐放缓，9月由正转负，同比下降3.49%。

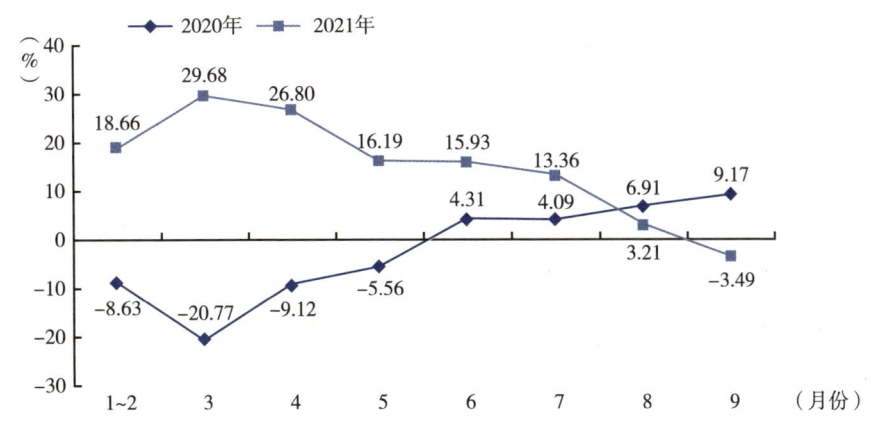

图6 2020年和2021年前三季度全国地方本级一般公共预算收入同比增长率

图7是2020年和2021年前三季度地方本级财政收入占比情况。2021年前三季度地方本级财政收入占比波动上升，且波动趋势与2020年同期基本一致，即占比均在3月达到最高，4~9月波动下降，但9月占比仍显著高于1~2月。对比2020年与2021年前三季度各月地方本级财政收入占比，两者呈现交错领先趋势，其中差距幅度最大的为3月，2021年占比较上年同期下降5.68个百分点。

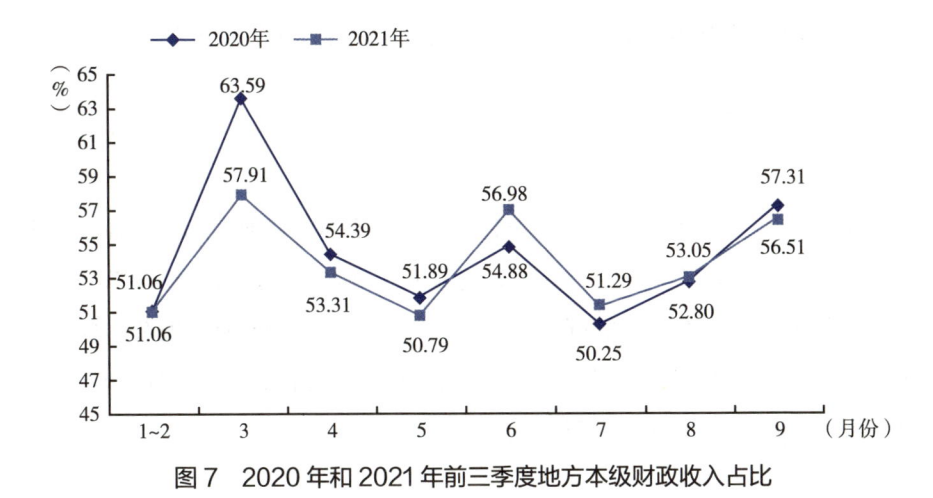

图7 2020年和2021年前三季度地方本级财政收入占比

（二）政府性基金预算

2021年前三季度政府性基金预算收入61018亿元，同比上升10.53%，较上年同期提高6.68个百分点。图8是2020年和2021年前三季度政府性基金预算收入同比增长情况。其中，1~4月与6~7月政府性基金预算收入高于上年同期，增幅最大的为1~2月，同比上升63.70%。5月及8~9月政府性基金预算收入低于上年同期，降幅最大的为8月，同比下降14.39%。

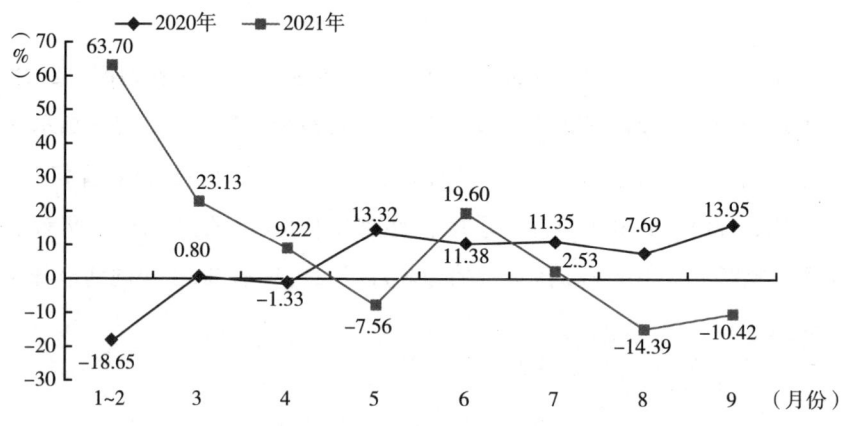

图8 2020年和2021年前三季度政府性基金预算收入同比增长率

（三）一般公共预算支出

2021年前三季度一般公共预算支出179293亿元，同比上升2.34%，同比增速较上年同期提高4.26个百分点，明显低于收入增幅。前三季度各月一般公共预算支出同比增速如图9所示，2021年4月、7月及9月一般公共预算支出增速为负，降幅分别为3.38%、4.89%及5.30%；3月、5月及6月增速为正，但支出规模仍低于2019年同期。

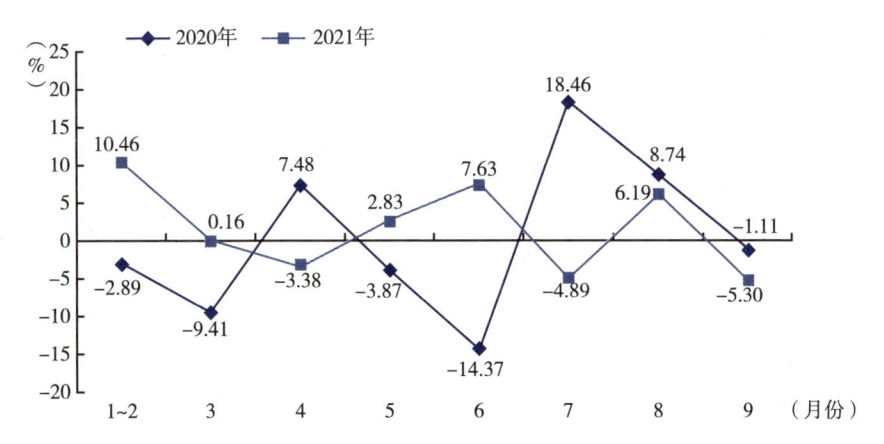

图 9　2020 年和 2021 年前三季度全国一般公共预算支出同比增长率

（四）政府债务

2021 年 9 月地方政府债务余额 289584 亿元，同比上升 13.20%，较上年同期下降 6.26 个百分点。1~9 月地方政府债务余额同比增速如图 10 所示，2021 年债务余额各月增速均为正，但大部分时间内低于上年同期，其中差距幅度最大的为 5 月，较 2020 年同期下降 9.34 个百分点。

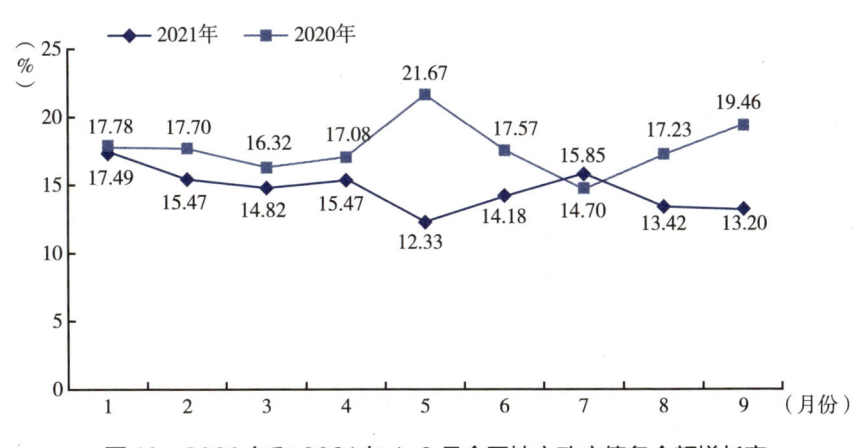

图 10　2020 年和 2021 年 1~9 月全国地方政府债务余额增长率

图11为2020年和2021年1~9月全国地方政府债券付息额增长情况。2021年各月债券付息额增速基本为正，其中增幅最大的为1月，同比增长80.60%。与2020年同期相比，2021年各月债券付息额增速大部分时间内较低，其中差距幅度最大的为7月，较上年同期下降32.32个百分点。

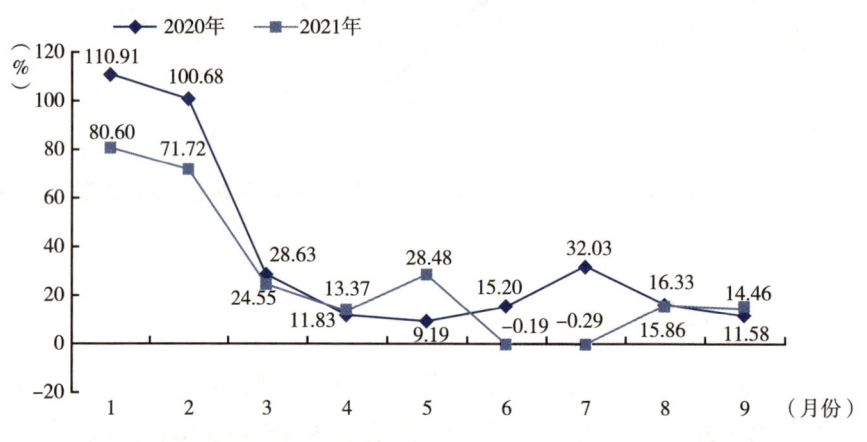

图11 2020年和2021年1~9月全国地方政府债券付息额增长率

二 2021年财政运行形势的主要特点

（一）收入增速超过支出增速，收支缺口明显缩小

受同期收入基数较低（主要源于新冠肺炎疫情的冲击与大规模减税政策）及经济稳定恢复的影响，2021年前三季度一般公共预算收入大幅增长，同比上升16.32%。压缩非急需非刚性支出取得显著成效，2021年前三季度一般公共预算支出增速仅为2.34%，部分月份支出规模小于2019年同期。在收入增速加快与支出规模压缩双重作用下，财政收支缺口大幅缩小，2021年前三季度收支缺口15273亿元，较2019年和2020年同期分别缩小12661亿元和18910亿元，财政运行更具可持续性。政府债务余额增速放缓，债券付息额增速下降。与2020年同期相比，2021年各月债券付息额增速大部分时间内较低，其中差距幅度最大的7月较2020年同期下降32.32个百分点。

（二）税收收入增速有所放缓，与经济增长趋势保持一致

2021年前三季度税收收入增速逐渐放缓，较上年同期分别增长24.84%、20.43%及9.10%。上半年增速较快既受上年同期税收收入大幅下降影响，也与上半年经济复苏密切相关。工业和服务业的稳步恢复及企业利润和居民收入的持续增长均有效带动税收收入增加，上半年国内增值税收入同比增长22.5%，消费税收入同比增长12.8%，企业所得税收入和个人所得税收入同比分别增长17.7%和24.90%。第三季度税收收入增速明显放缓，主要是全球疫情持续蔓延与经济恢复不稳固、不均衡，这在第三季度GDP增速中有所体现，较第一季度与第二季度明显放缓（第一季度和第二季度的同比增长率分别为18.3%和7.9%，第三季度为4.9%），税收收入增速与经济增长趋势保持一致。

（三）税收收入占比提高，非税收入依赖度降低

2021年前三季度各月非税收入占比除6月外，均低于上年同期，这主要是经济复苏带动税收收入快速增长，税收收入占比相应提高。2021年前三季度税收收入140702亿元，同比增长18.36%，同比增速较上年同期快24.74个百分点。同时，财政部门扎实执行各类降费政策进一步压缩了非税收入规模。2021年1~6月非税收入同比增速为正，而第一季度增速较快主要受上年末收入集中在年初入库影响。3月后非税收入增速逐渐放缓，7月增速由正转负，8月与9月进一步下滑，较上年同期分别下降19.82%和20.51%。总体来看，在经济稳定恢复与税收收入快速增长现实下，地方政府对非税收入的依赖度下降，一定程度上从侧面验证了非税收入是地方政府应对税收收入下行压力"调节阀"的观点。

（四）中央和地方收入格局变化较小，但地方财政收入稳定性较弱

2021年前三季度各月地方本级财政收入占比均高于50%，与2020年同期占比保持相当，且比重波动趋势与2019年、2020年同期基本一致，均在3月达到最高（2019~2021年分别为59.30%、63.59%和57.91%），4~9月波动

下降。尽管地方本级财政收入占比在各月间波幅较为明显，年度间的波幅也存在差异，但2019~2021年1月与2月地方本级财政收入占比基本相同（分别为50.35%、51.06%和51.06%），这意味着疫情和大规模减税降费政策引起的经济形势变化并未影响中央和地方收入格局，地方政府财政收入占比仍在原有因素影响下逐月波动，且稳定性较差。2021年1~8月，地方本级财政收入均高于上年同期，增幅最大的为3月，同比上升29.68%。而后增速逐渐放缓，9月由正转负，同比下降3.49%。

（五）直接税比重继续提高，间接税比重有所下降

2020年直接税比重大幅度提升之后，2021年直接税比重进一步提高。其中，企业所得税和个人所得税收入增速最快。2021年前三季度，企业所得税与个人所得税收入46058亿元，同比增长19.40%，较上年同期提高21.87个百分点。其中，增幅最大的是3月，同比增速为50.48%。前三季度，增值税与消费税实现收入62315亿元，同比增长16.33%，增幅最大的是3月，同比增速为40.31%。快速增长的企业所得税与个人所得税收入持续优化中国税制格局，2019年，间接税规模是直接税的1.537倍[①]，2021年这一数值下降至1.353倍。这改变既与大规模减税降费政策（大幅下调增值税税率）相关，也有企业利润与个人收入稳定增长的因素，减税降费政策效果开始显现。

（六）土地财政依赖度下降，但仍明显超过增值税收入

2021年前三季度，国有土地出让收入53634亿元，同比增长8.66%，较上年同期下降1.64个百分点，仍保持较快增长。其中，1~2月增幅最大，同比上升67.08%，主要原因是2020年同期土地出让收入大幅下降。3月后土地出让收入增速逐渐下滑，5月由正转负，同比下降9.75%。尽管6月同比增速有所上升，但仍未能改变整体增速下降趋势，7~9月同比增速再次由正转负。8月土地出让收入5703亿元，较上年同期下降17.54%；9月土地出让收

---

① 增值税、企业所得税、消费税和个人所得税是提供最多税收收入的四个税种，故以上分析基于这四种税收。

入6524亿元，较上年同期下降11.15%。土地出让收入的变动趋势既受税收收入快速增长影响，也受"房住不炒"等房地产调控政策导向影响。尽管如此，土地出让收入规模仍大于增值税这一主体税种收入规模。2021年前三季度，相较增值税收入规模，土地出让收入增幅达到7.05%，较2020年同期下降8.58个百分点，但高于2019年同期16.34个百分点，土地出让收入仍然是地方财源的重要组成部分。

（七）调节专项债券发行进度，适应跨周期调节的需要

2021年地方政府债务余额增速明显放缓，大部分时间低于上年同期，其中5月差距幅度最大，较上年同期下降9.34个百分点。债务余额增速下降主要与专项债券发行进度放缓相关。1~9月，地方政府专项债务余额增速均低于上年同期，其中5月差距幅度最大，较上年同期下降22.64个百分点，主要原因是2021年财政部门有意识调整发债节奏，进行跨周期调节。这在一定程度上也与进一步完善举债管理机制，加强对地方申报专项债券项目的把关与绩效管理有关。

三 未来财政形势的展望

（一）2022年财政收入压力仍然较大

2021年财政收入形势较好，是相对于2020年较低基数而言的。事实上，2021年财政收入增长在下半年承受较大压力。财政收入增速逐季递减，9月一般公共预算收入甚至负增长。在国内外经济形势依然复杂的背景下，在2021年财政收入恢复增长的基础上，2022年财政收入可能保持较低增速，收入压力较大。

改革开放40多年来，中国经济保持较快增长，经济总量已跃居世界第二，继续保持较快增长难度较大。疫情仍具有不确定性。新冠疫苗接种率和特效药的问世与否，直接构成疫情防控形势的基本面。疫情防控形势向好，经济进一步增长压力较小，反之，经济增长将承受较大压力。疫情防控策略

的选择，也直接影响经济增长趋势。改革尚未全面到位，也在一定程度上妨碍了经济的进一步增长。中国进一步扩大对外开放，推动人类命运共同体的构建，有利于国际经济往来的加深。同时，"逆全球化"插曲还不可避免地影响着中国开放型经济体制的建设。全球产业链供应链的完整性依旧面临较大挑战，进而影响全球市场效率的提升。经济增速放缓，必然在财政收入上得到体现。

政府性基金收入与房地产市场关系密切。房地产市场繁荣，土地出让收入就相应增加。2022年房地产市场很可能继续承压，土地出让收入增长相应面临较大挑战，这将直接影响地方政府的可支配财力，进而对地方债风险产生影响。

（二）2022年财政支出扩张态势未变

2022年，财政支出总体扩张态势未变。政府过紧日子，可以挤出一部分资金，用于改善公共服务，但所能压缩的支出是有限的。财政支出中有相当部分是压缩不了的。财政支出由人员经费支出、公用经费支出和项目经费支出构成。人员经费几无压缩空间，如果考虑到工资性支出随物价上涨而调整的需要，那么人员经费不仅不能压缩，而且需要增加。公用经费这些年一直在压缩，但由于公用经费标准本身偏低，压缩空间较小。现实中，一些预算单位的公用经费不足已经通过挤占项目经费的方式来弥补，这更说明公用经费压缩的困难。项目经费有一定的压缩空间。理论上，预算单位的项目结束，就不再有相应的项目支出，但现实中，往往是原有项目结束，新的项目就开始，结果是项目支出总量很难压缩。零基预算是很好的预算理念，但在实践中往往很难执行。即使有一些预算号称零基预算，实际上还是摆脱不了基数的影响。

2022年，随着人口老龄化的加速，财政补贴社会保险基金的支出将进一步增加。要实现"碳达峰、碳中和"目标，意味着财政要在较长一段时期内安排相应的资金。中国加大污染整治力度，打好治污攻坚战，在不少领域都需要财政资金支持。仅仅水污染的全面整治，就要巨额资金的投入。疫情防控仍需较多财政资金投入。2022年，一些改革措施的落实，也会要求相应的财政支出。例如，为顺利实现义务教育阶段民办学校转公办的目标，所需要的财政配套支出规模不会小，一些地方财政没有财力应对，这甚至包括部分经济基础相对较好的地方。关键核心技术的攻坚，不能仅仅依靠市场力量，财政对科技自立自强的支持、对基础研究的投入，在新发展阶段具有特别的意义。这些都说明财政支出扩张态势很难改变。

人民美好生活目标的实现，离不开公共服务的改善，而这意味着相应的财政支出。公共服务还存在不少短板，公共服务质量的提高，要求增加财政支出。社会共同富裕目标的实现，虽然不能一蹴而就，但是这也要求有阶段性的制度安排，从而要求相应的财政支出。安居房建设需要政府筹措相应的财力。支持生物多样性目标的实现，支持生态文明建设，往往也意味着相应的财政支出。

财政已经采取各种措施提高资金效率，如财政资金直达已经从应急之举变为常态之举，直达资金范围扩大、数量增多、效果显著，这充分体现财政部门向高质量的财政管理要效率的努力。预算管理一体化建设，从技术和制度的结合上，规范预算管理，推动财政现代化。毫无疑问，随着现代财税体制的逐步建立，财政资金效率必将大幅度提升，但这需要假以时日。当前最急迫的是如何防范化解财政运行中存在的风险，如何让财政在国家治理中的基础和支柱作用得到更充分的发挥。

此外，2022年，地方债问题需要引起高度重视。除了广受重视的隐性债风险外，专项债券项目收益不足以覆盖融资成本的问题需要关注，经济增速放缓和房地产市场格局变化可能引发的一般债风险也需要警惕。大型民营企业债务可能部分转化为地方债，也不能小觑。

四 政策建议

（一）处理好政府与市场关系应坚持的原则

财政的正常运行离不开政府职能的规范，这要求进一步处理好政府与市场的关系，充分发挥市场的作用，合理界定政府活动范围。财政问题不只是资金多与少的问题，而是政府如何有为的问题，政府与市场应有合理界限。市场经济既然是市场在资源配置中起决定性作用，那么从理论上看，市场能做的就应该让市场去做。在新发展阶段，处理好政府与市场的关系需要坚持的主要原则如下。

第一，市场优先原则。在市场有效活动领域，应尊重市场规律，让市场在资源配置中发挥决定性作用。第二，政府有为原则。政府有为不等于政府包揽一切，公共财政活动更是限定在一定范围内，在局部领域，政府可以实施市场增进行为，以进一步提高市场经济效率。政府财力有限，应集中办大事；促进社会总福利提高，应量力而行。第三，总体安全原则。统筹发展与安全，以总体安全原则处理好政府与市场的关系。[①]第四，立足国情原则。老龄化问题严重，关键核心技术"卡脖子"，高标准市场体系尚未完全形成，政府财力有限等国情需要充分考虑。第五，动态调整原则。面对百年未有之大变局，政府和市场关系应紧跟时代变化，动态调整。当下，影响政府和市场关系最重要的两大因素是经济的数字化和全球化。

立足新发展阶段，贯彻新发展理念，构建新发展格局，对处理政府与市场关系提出了更高的要求。在新发展阶段，政府的任务已经从全面建成小康社会上升到建设社会主义现代化强国。新发展理念包括创新、协调、绿色、开放、共享五方面内容，处理好政府与市场的关系必须紧密围绕新发展理念，才能建立起高标准的市场体系，才能适应开放型经济体制建设的需要，才能真正实现可持续发展。新发展格局要求实现国内国际循环。作为大国，国内大循环是基础，同时要统筹好国内和国际两个市场，为构建人类命运共同体作出中国的贡献。

[①] 处理好政府与市场的关系的重点是经济安全。经济安全既有宏观经济稳定这一传统内容，也有中观和微观意义上的经济安全。关系一国产业链供应链行业安全的是中观意义上的安全，要在创新中实现经济安全目标。财政政策调控体系和运作机制也有创新空间。其他安全也会对经济安全产生影响，如社会安全、生态安全等。社会冲突冲击经济安全环境。生态安全做不到，经济可持续发展就可能出问题，因此要坚持绿色发展理念。

（二）继续实施和完善积极的财政政策，进一步健全财政宏观调控体系

从国内外经济形势来看，2022年中国仍然有必要继续实施积极的财政政策。考虑到财政正常运行的需要，财政赤字率宜确定在3%左右。

本轮积极财政政策自2008年起已实施13年，虽然财政政策的具体内容在2017年前后有较大变化，但是本来作为短期经济政策的积极财政政策事实上已经长期化。同一政策长期实施难免会有政策效力递减问题，为此，一方面需要就政策的具体实施细节结合现实进行优化，另一方面要在中长期背景下考虑短期政策的选择问题。这样，完善宏观调控跨周期设计和调节就显得尤其重要。可以说，这既是积极财政政策可持续的要求，也是财政政策提质增效的内在要求。[①]

进一步健全财政宏观调控体系，要立足国情，为未来财政政策的决策与执行提供更为扎实的体制性支持。政府与市场关系日趋复杂化，市场主体所面对的不确定性日益增多，政府决策同样面临更多的新情况和更多的不确定性，财政政策的决策与执行难度更大。在这种背景下，进一步健全财政宏观调控体系就具有更重要的意义。需要重点关注以下问题。第一，财政间接宏观调控与直接宏观调控的关系。国有经济、国有土地、国有资源众多是中国式公共财政的特有国情，理应在宏观调控中发挥作用。在符合市场经济要求的条件下，部分宏观调控可以采取直接调控的方式。总体上看，宏观调控仍应以间接调控为主，并充分考虑市场主体的反应，减少因政策变化给市场主体带来的负面冲击。第二，年度调控与跨周期调节的关系。正常情况下，财政政策按财政年度进行安排。经济周期的跨年度，决定了周期性调控的必要性。年度平衡和周期性平衡有机衔接，要求做好跨周期调节工作，共同促进

[①] 积极财政政策需要财政管理的创新。2021年财政资金直达机制的常态化，进一步提高了财政政策的效率。预算管理一体化是让制度（财政管理规则）插上信息系统（现代数字化技术手段）的翅膀，从而增强预算的合规性，提高预算管理的效率。预算管理一体化意味着预算管理的每一个环节都纳入其中。数字财政建设更是实现财政活动的全覆盖。相应地，积极财政政策效果更容易得到体现。

宏观经济稳定。跨周期调节需要有前瞻性，要做好中期财政规划和长期财政预测工作，为跨周期调节提供必要的财力准备。第三，财政政策与货币政策的协调配合机制。除了现有的机制外，还需要重点关注财政宏观调控与人民币的国际化关系。这是一个新问题，而且是越来越重要的问题。人民币跨境结算、人民币国际债券的发行，对货币政策有直接影响，也构成了财政政策运作的新环境。在双循环的背景下，外汇储备波动影响更需要有相应的体制性安排。外汇储备管理体制改革也需要加快，财政部通过发行外债购买外汇储备，可以减少宏观经济稳定问题。第四，进一步加强财政政策的国际协调，设置前瞻性议题，与世界各国一起共同促进全球经济稳定。

（三）进一步优化财政支出结构，加大基础研究投入，加快关键核心技术攻关，加大数字经济基础设施的投入，支持良好产业生态的形成

在新发展阶段，资源配置优化遇到新难题，支持良好产业生态的形成，成为财政的一项重要任务。"六保""六稳"中的问题，有许多从根本上看要靠良好产业生态的形成，通过产业生态环境的重塑释放市场活力。为此，需要深入分析市场情况。供应链出问题，市场活力肯定受影响。2021年拉闸限电凸显基础领域的经济问题。当然，并不是所有供应链出问题，政府都需要出手。需要区分是市场失灵还是特定市场主体遇到的问题，属于市场竞争层面的问题，是企业竞争力问题。一个行业竞争力强的企业越多，整个行业的问题就越少。只有一个行业的企业普遍遇到的问题，才可能是政府需要解决的问题，才可能是财政应该加以干预的问题。需要注意的是，这不能一概而论，因为这也可能是结构优化给行业带来的问题。

科技自立自强对一个大国来说至关重要，对形成良好产业生态有基础性作用。科技自立自强，是要改变关键核心技术受制于人的状况，解决"卡脖子"问题。关键核心技术的贸易不仅仅是经济问题，而且背后往往有政治因素在起作用，这更凸显关键核心技术突破的重要性。这种问题不解决，就可能严重影响甚至危及整个产业发展。从财政的角度来看，这就是要支持科技

自立自强，支持关键核心技术的突破，从根本上改变技术上的"卡脖子"状态，促进良好产业生态的形成。关于产业发展所需要的技术，有适宜性技术与先进技术之分。并不是所有企业发展都需要先进技术，多数企业需要的是适宜性技术，即够用就好的技术。传统经济中的良好产业生态最需要的可能不是先进技术，而是适宜性技术和工匠精神。新经济的发展也不一定全部需要先进技术，但需要适宜性技术。但是，先进技术的突破对于一国良好产业生态的形成来说，最重要的是夯实良好产业生态的基础。

关键核心技术往往是对特定时期产业发展来说的，未来的关键核心技术是什么，具有不确定性。这需要未雨绸缪。预测未来是困难的，但通过加强基础研究，完全可能应对未来的挑战。对于一个国家来说，往往不是没有技术，而是担心市场需求有问题，担心市场风险，不能充分利用，这是市场层面要解决的问题。

科技自立自强需要原创性成果，而原创性成果离不开基础研究投入。1945年，范内瓦·布什（Vannevar Bush）等提供给罗斯福总统的一份报告强调财政支持基础科学研究的重要性，要大力支持科学教育，支持大学发展。[1] 美国就是靠这样的政策更快地摆脱了对欧洲的基础研究和科研人才的依赖。[2] 中国作为一个大国不能没有基础研究，必须更加重视基础研究，科学大国才可能真正成为科技强国。中国科研体制不同于美国，科研机构担负了众多重大科研任务，在基础研究的财政投入上要特别注意向科研机构倾斜。

在数字经济时代，平台经济发展是一个重要问题。关于平台经济垄断的问题，首先要判断平台垄断能否成立，这在很大程度上要看新的市场主体有无可能"进入"。竞争是开放的，而且竞争是有效的，那么财政就没有必要介入。如果新的市场主体在平台垄断之后，根本没有"进入"的可能，这就需要财政采取非对称性激励措施，促进平台经济的健康发展。解决平台垄断问题的根本办法是加强平台之间的竞争。希冀通过加大财政投入将平台国有

---

[1] ［美］范内瓦·布什、拉什·D.霍尔特：《科学：无尽的前沿》，崔传刚译，中信出版社，2021。

[2] 20世纪三四十年代，大批德国人才移民美国也是一个重要因素。

化，不见得是最佳选择。关键是加快数字经济基础设施建设，加大财政在数字经济基础设施领域的投入，让不同市场力量的平台可以更加平等地进行竞争，从而形成良好的产业生态。数字经济基础设施是动态变化的，只有紧盯市场，政府才可能真正有所作为。这是新发展阶段的新特点，财政投入要紧随技术变化而作出相应的安排。

传统上视为经济的问题，在全球格局下，并不见得仍然是纯粹的经济问题。政治与经济的关系密切，强势国家的政府强迫企业服从政治目标，导致多输的结局。从国家经济安全目标出发，财政支出还要用于关键核心技术的研发，支持区域技术中心建设。相关的财政支出项目需要加强公共政策评估，通过定性与定量评估相结合的方法，尽可能提高财政资金使用效率。

（四）进一步健全社会保障体系，促进社会共同富裕

收入分配是财政的重要职能之一。健全社会保障体系是改善收入分配的重要举措，有利于共同富裕目标的实现。从财政支出结构优化来看，逐步增加社会保障支出已是大势所趋。与发达国家相比，中国社会保障支出占比较低，还有较大的提升空间。2020年，中国65岁以上老人19064万人，老年抚养比为19.7%。[①] 未富先老的特殊国情，决定了中国社会保障负担远远超过发达国家。年度社会保险基金收不抵支已经连续多年出现。2020年全国社会保险基金收入75863.50亿元，其中来自财政补贴的收入21015.52亿元。2020年全国社会保险基金支出78372.17亿元。如果没有财政补贴，那么当年的全国社会保险基金就会收不抵支。对社会保险基金收入的财政补贴规模较大，且这类支出几乎没有压缩空间。

尽管人口政策已经调整，"三孩政策"已经落实，但是面对总和生育率只有1.3，远低于2.1的世代更替水平的现实，人口老龄化趋势难以逆转。随着城市化程度的进一步提高，城乡社会保障制度的统一，社会保险基金支出负担将进一步加重。全国社会保障基金所能发挥的作用也是有限的，调入全国

---

① 资料来源：国家统计局网站，http://www.stats.gov.cn。

社会保障基金的财政资金必须持续增加，国有股划拨等其他增强全国社会保障基金实力的做法也需要坚持。只有全国社会保障基金进一步做大做强，其战略保障作用才能得到更好的发挥。健全社会保障体系，关系社会安全，也关系到全国劳动力市场的统一，并且在一定程度上，还关系到共同富裕目标的实现。

共同富裕是社会主义的本质要求。促进共同富裕目标的提出，丰富了人类现代化的内涵[①]。促进共同富裕是收入分配的应有之义，财政无疑要服务于这一目标的实现。实现共同富裕，不可能一蹴而就，要在高质量发展中实现共同富裕。实现共同富裕就是要正确处理公平与效率的关系，通过效率的提高，做大蛋糕，为共同富裕打下基础。社会保障水平的提高有助于实现共同富裕。共同富裕就是要让人民共享经济发展的红利。财政主要在收入再分配环节发挥作用，通过累进所得税制、财富税制、社会保障和公共服务，促进社会性流动，促进公平，实现共同富裕。

（五）统筹对外开放与经济安全，促进经济开放水平的进一步提升

新发展阶段的目标是建立社会主义现代化强国。要让国内国际经济循环起来，市场扩大，分工程度提高，最大限度提高经济效率，提升经济现代化水平。这也是经济政策的根本目标。同时，我们也要看到，一方面，全球经济效率提高，另一方面，全球利益分配格局也在发生变化，这难免会引致某些国家反对经济全球化的做法。在坚持逆全球化只是插曲的同时，中国还需要统筹好对外开放与经济安全。经济安全是底线，财政应该为底线的安全提供充分的保障。

作为大经济体，中国自身有条件建立起相对独立的经济循环体系，但这么做是有代价的，意味着中国不能充分享受到全球分工和全球市场带来的好处。加入世界贸易组织（WTO）的20年来，中国快速发展，更是进一步说明对外开放的重大意义。中国所要做的是，在构建开放型经济体制的同时，采

---

① 谢伏瞻：《如何理解促进共同富裕的重大意义》，《人民日报》2021年10月8日。

取积极措施防范可能的经济风险。加入RCEP（《区域全面经济伙伴关系协定》），促进全球最大的自由贸易区发展，关税将进一步减让，同时换来更大更加开放的国际市场。中国已经提出加入CPTPP（《全面与进步跨太平洋伙伴关系协定》），以实际行动支持经济全球化。130多个国家和地区支持设立全球最低企业税率，也说明经济全球化趋势不可逆转。同时，这也意味着传统的避税地发展模式进入死胡同，新的全球自由贸易需要有新的国际税收秩序。

国际经贸往来中的供应链断裂既有疫情方面的原因，也有贸易争端方面的原因。在一定意义上，贸易争端的影响更大。经济要有足够的韧性，才能抵挡冲击。市场主体（企业）的力量越强大，对抗贸易争端的能力就越强。正常的市场竞争，政府不宜干预。只有在非对称性竞争且影响全局的情况下，政府才有干预的必要。政府干预应该是一整套公共政策工具起作用，既有财政手段，也有非财政手段。贸易争端的极端情形是不进行贸易，一些重要的材料和商品无法采购，从而导致产业链供应链的安全受到严重威胁。财政支出应该有助于国内相关材料和商品的生产，相应的税收优惠政策也应跟上。为此，需要梳理哪些产业面临生态危机，并罗列相关清单，财政才可能更有针对性地加以支持。动态调整清单目录，以适应不断变化的产业发展需要。

（六）积极防范化解地方债风险，促进财政健康运行[①]

第一，高度警惕地方经济增速放缓可能引发的一般债务风险。考虑到地方一般债务风险与地方一般公共预算收入和国有土地出让收入均有密切关系，地方政府需要加强统筹可支配财力，提防因地方经济增速放缓和房地产市场剧烈波动而引发的风险。为此，要强化政府资产负债表的应用，提高政府资产的变现能力；要保持地方经济平稳健康发展，除了地方政府的努力之外，中央各部门出台各类政策时应更充分地评估政策风险，特别是对行业经济的冲击，进而对地方经济所带来的风险；要保持房地产市场平稳健康发展，坚持房住不炒定位，高度关注房地产市场特别是住房市场形势的微妙变化，以

[①] 杨志勇、席鹏辉、曹婧：《当前我国地方政府债务基本情况、风险分析及对策建议》，工作论文，2021。

前瞻性思维看待房地产市场，区分不同地方房地产市场的政策承压能力，采取更有针对性的调控政策。

第二，加强专项债信用风险管理，剔除未来现金流不确定性较大的项目。严格评估专项债项目未来的收益和风险，剔除未来现金流不确定性较大的项目，确保未来收益能顺利实现和还本付息。将专项债配套的市场化融资纳入地方政府债务限额管理，明确禁止市场化融资加杠杆和嵌套金融产品，对资金来源穿透监管。引入专项债外部增信机制，避免专项债信用风险过度集中于省级财政。考虑到未来土地出让收入的波动，适当减少土地储备专项债券和棚户区改造专项债券的发行。

第三，坚决遏制隐性债务增量，拓宽政府融资渠道。杜绝融资平台以政府信用筹资，加快培育替代政府隐性担保的市场化增信体系。地方政府可通过资本金注入或资产整合等方式，设立或参股担保机构，提升融资平台的市场化融资能力。积极尝试创新金融工具，拓宽项目建设融资渠道，依托多层次资本市场体系，加强地方政府、金融机构、企业之间的投融资合作，鼓励信贷、证券、保险和基金等机构资金通过认购基金份额参与项目建设。

第四，推动融资平台转型，妥善化解存量隐性债务，减缓城投债集中偿付压力。采取市场转型一批、整合重组一批、清理注销一批的办法，分类推进融资平台市场化转型。妥善化解存量隐性债务，短期内可采取债务平滑策略（如债务展期和债务置换），以时间换空间，化解债务到期高峰。长期来看，应规范有序盘活存量资产。对于现金流稳定的优质存量资产，通过转让—运营—移交（TOT）等方式提升运营效率，回收资产价值偿还存量债务。对具有一定现金流但暂时不能市场化运作的存量资产，积极探索城市建设运营领域不动产投资信托基金模式，盘活部分现金流缓解偿债压力。对于无法产生稳定现金流和固定预期收益的存量资产，稳妥开展市场化债转股，设立或授权地方资产管理公司对融资平台不良资产进行市场化处置和交易。

第五，进一步完善分税制财政管理体制，形成更加规范的中央和地方财政关系，实现财权、财力和事权的匹配，以公共服务的有效提供为目标，在

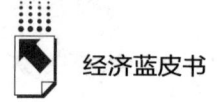

充分考虑地方政府可支配财力的基础上,促进地方财政特别是基层财政的正常运行。

立足新发展阶段,贯彻新发展理念,构建新发展格局,财税改革不停步。财税改革牵一发而动全身,要特别关注改革可能引发的风险。例如,税制改革社会关注度高,特别是房地产税改革试点,在方案实施中应有充分的预案,一方面稳步推进改革,另一方面最大限度降低风险。

参考文献

蔡昉:《中国老龄化挑战的供给侧和需求侧视角》,《经济学动态》2021年第1期。

高培勇:《构建新发展格局:在统筹发展和安全中前行》,《经济研究》2021年第3期。

何德旭:《财政分权、金融分权与宏观经济治理》,《中国社会科学》2021年第7期。

谢伏瞻:《如何理解促进共同富裕的重大意义》,《人民日报》2021年10月8日。

杨志勇、席鹏辉、曹婧:《当前我国地方政府债务基本情况、风险分析及对策建议》,工作论文,2021。

杨志勇:《新中国财政政策70年》,中国财政经济出版社,2020。

中国社会科学院宏观经济研究智库课题组:《加大需求端支持力度 促进经济均衡复苏》,《财经智库》2020年第2期。

中国社会科学院宏观经济研究智库课题组:《更加注重扩大内需 着力提升内生动力》,《财经智库》2021年第4期。

[美]范内瓦·布什、拉什·D.霍尔特:《科学:无尽的前沿》,崔传刚译,中信出版社,2021。

[美]维托·坦茨:《政府与市场——变革中的政府职能》,王宇等译,商务印书馆,2014。

B.8
中国税收形势分析与 2022 年展望

张 斌*

摘 要： 2021 年前三季度税收收入增速分别为 24.8%、20.4% 和 9.1%，累计增速达到 18.4%，均高于同期名义 GDP 增速，税收收入占 GDP 比重达到 17.1%，比 2020 年同期提高 0.6 个百分点，但仍低于 2019 年同期 17.9% 的水平。进入第三季度后，经济增速下行压力增加，大宗商品价格高位运行，第四季度开始实行制造业中小微企业阶段性税收缓缴政策，预计 2021 年第四季度及 2022 年税收收入将继续保持较低增速。

关键词： 税收收入 减税降费 税制改革

2021 年前三季度，我国 GDP 增长率达到 9.8%，但季度增幅逐步收窄，分别为 18.3%、7.9% 和 4.9%。前三季度累计一般公共预算收入和税收收入的增长率分别达到了 16.3% 和 18.4%，但季度增速也呈现了前高后低的态势，第一至第三季度一般公共预算收入的增速分别为 24.2%、19.5% 和 4.6%，税收收入的增速分别为 24.8%、20.4% 和 9.1%。①

进入第三季度后，全球疫情对国际供应链和物流的影响增加，国际大宗商品价格高位运行，国内部分地区受到了疫情、汛情和拉闸限电等多重冲击，

---

* 张斌，中国社会科学院大学研究员，主要研究方向为财政税收理论与政策。
① 本报告数据如不加特别说明，财政税收数据均来自财政部网站财政数据栏目公布的月度财政收支情况，经济运行数据均来自国家统计局网站国家数据。

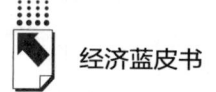

经济转型调整的压力进一步显现。10月27日，国务院常务会议决定对制造业中小微企业等实施阶段性税收缓缴政策，受经济增速放缓和新出台的税收缓缴政策等因素的影响，预计第四季度一般公共预算和税收收入的增速将继续处于低位。

2022年是实施"十四五"规划的第二年，面对错综复杂的国内外环境，宏观政策需要充分发挥跨周期调节的作用以保持经济运行在合理区间，针对制造业和中小微企业的税收政策有进一步加大力度的空间。而在构建新发展格局、扎实推进共同富裕的时代背景下，要加快推进以"健全地方税、直接税体系，优化税制结构，适当提高直接税比重"为目标的税制改革。

一 2021年前三季度全国税收形势分析

2021年前三季度，全国一般公共预算收入150678亿元，同比增长16.3%，完成全年预算的83.0%，比2019年、2020年同期的78.3%均高出近5个百分点；其中，中央一般公共预算收入76526亿元，同比增长17.1%；地方一般公共预算本级收入87494亿元，同比增长15.6%。全国税收收入140702亿元，比2020年同期增收21826亿元，同比增长18.4%；非税收入23318亿元，同比增长5.4%。

2021年前三季度全国一般公共预算支出179293亿元，同比增长2.3%，完成全年预算250120亿元的71.7%，比2020年同期的70.7%提高了1个百分点，比2019年同期的75.9%下降了4.2个百分点。

2021年初预算确定的一般公共预算收支的增长率分别为8.1%和1.8%。从前三季度实际执行情况看，一般公共预算收入的实际增幅远大于支出的实际增幅，也明显大于年初预算的增幅，由此导致前三季度收支差额为15273亿元，比2020年同期的34183亿元减少了18910亿元，比2019年同期的27934亿元减少了12661亿元。一般公共预算收支差额的大幅缩小为2021年第四季度至2022年的财政政策提供了一定的空间。

（一）2021年前三季度分季度税收收入走势分析

2020年新冠肺炎疫情突袭而至，对我国经济社会运行产生重大冲击，第一季度的GDP降幅高达6.8%。从第二季度开始，由于疫情得到了有效控制，复工复产步伐加快，经济迅速恢复，经济增长率由负转正并逐季回升，第二季度到第四季度分别达到了3.2%、4.9%和6.5%。2020年税收收入的增速也由第一季度的-16.4%逐渐回升，第二季度降幅缩小至-6.0%，第三季度开始由负转正，达到了6.8%，第四季度进一步升至14.2%。受2020年第一季度基数较低的影响，2021年第一季度经济增长率为18.3%，税收收入增长率高达24.8%；第二、第三季度经济增速下行，分别为7.9%和4.9%，税收收入的增长率也由第二季度的20.4%降至第三季度的9.1%（见图1）。

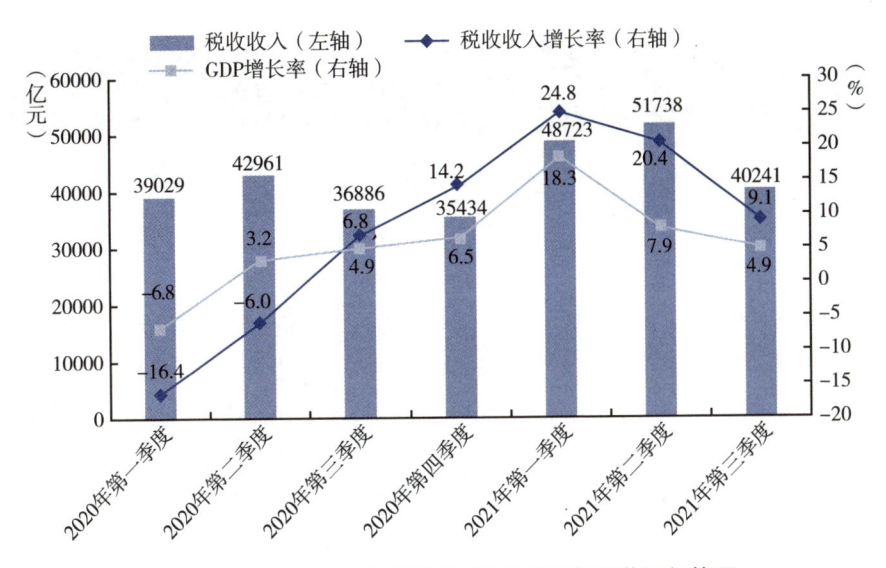

图1 2020~2021年分季度GDP增速与税收运行状况

从2019年以来分季度累计GDP与税收收入增长率变化情况来看，2019年在名义GDP增速保持7%以上的情况下，受规模高达2.36万亿元减税降费政策，尤其是2019年4月开始的增值税税率大幅下降的影响，税收收入增长率显著低于名义GDP增长率，全年税收收入增速仅为1.0%，由此导致税收收入占GDP的比重逐季大幅下降，由第一季度的21.5%降至全年累计的16.0%。

2020年，税收收入增幅受到疫情冲击导致的经济增速下行和2.5万亿元应对疫情的大规模减税降费政策的双重影响，2020年全年名义GDP增速为3.0%，税收收入增速为-2.3%，由于税收收入增速低于名义GDP增速，2020年全年税收收入占GDP的比重由2019年的16.0%降至15.2%。

2021年前三季度税收收入增长率均高于名义GDP增长率，其中第一季度名义GDP增长率为21.2%，税收收入增速达到了24.8%，税收收入占GDP的比重比2020年同期上升了0.5个百分点；2021年上半年和前三季度累计，税收收入的增速分别为22.5%和18.4%，分别高于同期的名义GDP增速17.0%和14.4%，税收收入占GDP的比重分别为18.9%和17.1%，与2020年同期相比上升了0.9个和0.6个百分点，但仍低于2019年同期20.2%和17.9%的水平（见表1）。

表1 2019~2021年分季度累计GDP与税收收入

单位：亿元，%

时间	GDP 数量	GDP增长率	名义GDP增长率	税收收入 数量	增长率	税收收入占GDP的比重
2019年第一季度	217168	6.3	7.5	46706	5.4	21.5
2019年上半年	458671	6.1	7.7	92424	0.9	20.2
2019年前三季度	709717	6.0	7.5	126970	-0.4	17.9
2019年全年	986515	6.0	7.3	157992	1.0	16.0
2020年第一季度	205727	-6.8	-5.3	39029	-16.4	19.0
2020年上半年	454712	-1.6	-0.9	81990	-11.3	18.0
2020年前三季度	719688	0.7	1.4	118876	-6.4	16.5
2020年全年	1015986	2.3	3.0	154310	-2.3	15.2
2021年第一季度	249310	18.3	21.2	48723	24.8	19.5
2021年上半年	532168	12.7	17.0	100461	22.5	18.9
2021年前三季度	823131	9.8	14.4	140702	18.4	17.1

资料来源：GDP数据来自国家统计局网站，税收数据来自财政部网站。

（二）2021年前三季度分月度税收收入走势分析

从月度数据看，2020年1~5月税收收入有较大幅度下降，受这一时期基数较低、2021年上半年经济增速较高和部分应对疫情的减税降费政策执行到期等综合因素的影响，2021年1~5月税收收入有显著增长，其中3月和4月的增幅分别高达48.4%和33.3%，增收额达到3805亿元和4675亿元。但从6月开始，由于2020年同期经济和税收收入的逐步恢复，月度税收收入的增幅差距大幅缩小，到8月和9月，增收额已分别下降至788亿元和435亿元，尤其是9月税收收入的增速仅为4.1%，比2020年9月8.2%的增速下降了4.1个百分点[①]（见表2、图2）。

表2　2020~2021年月度税收收入比较

单位：亿元，%

月份	2020年 税收收入	2020年 增长率	2021年 税收收入	2021年 比2020年增减	2021年 增长率	2021年 与2020年增速比较
1~2	31175	-11.2	37064	5889	18.9	30.1
3	7854	-32.2	11659	3805	48.4	80.6
4	14052	-17.3	18727	4675	33.3	50.6
5	13729	-7.2	16381	2652	19.3	26.5
6	15180	9.0	16630	1450	9.6	0.6
7	16519	5.7	18651	2132	12.9	7.2
8	9727	7.0	10515	788	8.1	1.1
9	10640	8.2	11075	435	4.1	-4.1

资料来源：根据财政部网站数据计算得到。

[①] 尽管2021年9月税收收入仍有4.1%的增长，但该月一般公共预算非税收入比2020年9月减少了737亿元，由此导致2021年9月全国一般公共预算收入下降了2.1%。

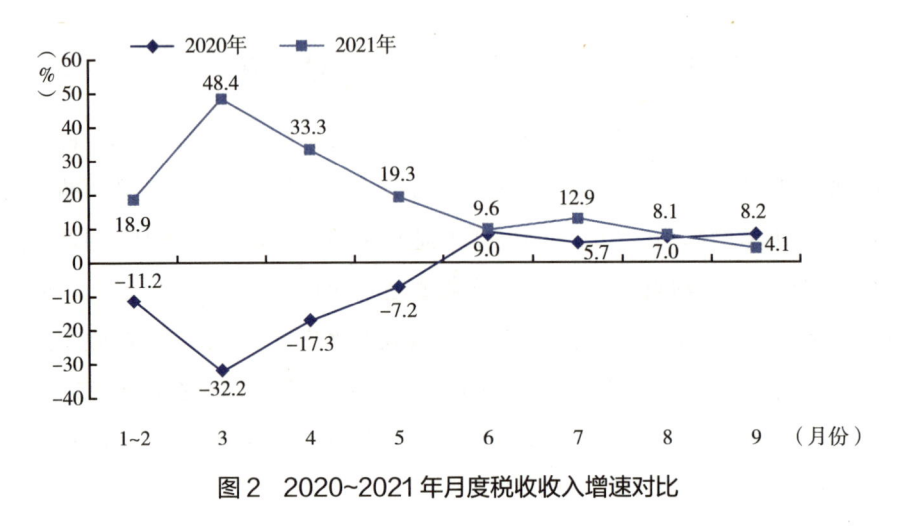

图2　2020~2021年月度税收收入增速对比

二　2021年前三季度分税种收入情况分析

从各税种收入情况看，前三季度国内增值税、企业所得税、个人所得税、房地产相关税收是对税收收入增长中贡献较大的税种。从分季度和分月度各税种收入变化趋势看，除企业所得税增速呈现逐季提高的态势外，大部分税种的增速在第三季度都出现了比较显著的下降。

（一）2021年前三季度税收增收的税种结构

2021年前三季度，税收收入比2020年同期增收21826亿元，增幅为18.4%。从各税种情况看，除耕地占用税外，其他税种均为正增长。其中，国内增值税收入达到了50103亿元，比2020年前三季度增收了7413亿元，增长率为17.4%，占全部增收额的34.0%；企业所得税收入为35645亿元，增收了5631亿元，占全部增收额的25.8%；个人所得税收入为10413亿元，增长率为21.6%，增收了1851亿元，占全部增收额的8.5%，在2018年综合与分类相结合的个人所得税改革后连续两年保持了显著增长态势；国内消费税收入为12212亿元，增收了1336亿元，占全部增收额的6.1%；国内增值税和消费税的附加税城市维护建设税增长了18.5%，增收了628亿元，占全部增收额的2.9%（见表3）。上述五个税种贡献了77.3%的增收，国内增值税和企业所得税合计贡献了近60%。

表3 2020~2021年前三季度分税种收入对比

税种	2020年前三季度 数额（亿元）	2020年前三季度 增长率（%）	2021年前三季度 数额（亿元）	2021年前三季度 增减额（亿元）	2021年前三季度 增长率（%）	增速比较（个百分点）
税收收入	118876	-6.4	140702	21826	18.4	24.8
国内增值税	42690	-13.5	50103	7413	17.4	30.9
国内消费税	10876	-5.0	12212	1336	12.3	17.3
城市维护建设税	3406	-7.9	4034	628	18.5	26.4
进口货物增值税、消费税	11007	-9.4	13701	2694	24.5	33.9
出口退税	-11314	-12.0	-12827	-1513	13.4	25.4
关税	1899	-11.6	2228	329	17.3	28.9
进出口相关税收合计	1592	10.8	3102	1510	94.8	84.0
主要流转税合计	58564	-11.2	69451	10887	18.6	29.8
企业所得税	30014	-4.9	35645	5631	18.8	23.7
个人所得税	8562	7.3	10413	1851	21.6	14.3
所得税合计	38576	-2.5	46058	7482	19.4	21.9
契税	5168	7.7	6028	860	16.7	9.0
土地增值税	4948	-2.5	5669	721	14.6	17.1
房产税	1817	-7.8	2143	326	18.0	25.8
耕地占用税	982	-10.6	836	-146	-14.9	-4.3
城镇土地使用税	1428	-6.6	1477	49	3.5	10.1
房地产相关税收合计	14343	-0.9	16153	1810	12.6	13.5
车辆购置税	2557	-4.4	2790	233	9.1	13.5
印花税	2592	30.3	3485	893	34.4	4.1
资源税	1280	-9.0	1732	452	35.3	44.3
环境保护税	154	-8.1	161	7	4.2	12.3
车船税、船舶吨税、烟叶税等	813	2.9	874	61	7.4	4.5
其他税收合计	7396	5.2	9042	1646	22.3	17.1

注："出口退税"增长的影响为减收；"其他税收合计"是车辆购置税、印花税、资源税、环境保护税、车船税、船舶吨税、烟叶税等的合计。本报告增长率数据以财政部公布的2020~2021年前三季度财政收支情况为准。

2020年前三季度，按人民币计算的进出口商品总值为283264亿元，增长率为22.7%；其中，出口额为155477亿元，增长率为22.7%；进口额为127787亿元，增长率为22.6%。[①]由于进口大幅增长，2021年前三季度进口货物增值税、消费税收入达到了13701亿元，比2020年同期增收了2694亿元，增长率为24.5%；关税收入达到了2228亿元，增收了329亿元，增长率为17.3%。2021年前三季度的出口退税为12827亿元，比2020年同期多退了1513亿元，增长率为13.4%。2021年前三季度，由于进口环节税收收入的增幅高于出口退税的增幅，按进口货物增值税、消费税加关税减出口退税计算的进出口相关税收收入达到了3102亿元，比2020年同期增加了1510亿元，增幅高达94.8%，占全部增收额的6.9%。

从房地产相关税种看，2021年前三季度契税、土地增值税、房产税、城镇土地使用税收入均为正增长，增幅分别为16.7%、14.6%、18.0%和3.5%，耕地占用税收入则连续两年负增长，继2020年前三季度下降10.6%后，2021年前三季度下降了14.9%。上述房地产五税合计收入为16153亿元，比2020年同期增收了1810亿元，增长率为12.6%，占全部增收额的8.3%。

2021年前三季度，车辆购置税收入增长了9.1%，增收了233亿元；印花税收入增长了34.4%，超过了2020年同期30.3%的增幅，增收了893亿元，占全部增收额的4.1%；资源税收入增长了35.3%，增收额为452亿元，占全部增收额的2.1%。上述三个税种与环境保护税、车船税、船舶吨税、烟叶税等合计的增长率为22.3%，增收了1646亿元，占全部增收额的7.5%（见图3）。

2021年前三季度，现行18个税种中，国内增值税、企业所得税、国内消费税、个人所得税收入是排前四位的税种，占税收收入的比重分别为35.6%、25.3%、8.7%和7.4%，合计为77.0%，比2020年同期的77.5%下降了0.5个百分点，比2019年同期的79.0%下降了2个百分点。

其中，国内增值税收入占税收收入的比重比2020年同期下降了0.3个百分点，比2019年同期的38.9%下降了3.3个百分点；企业所得税收入比2020

---

① 海关总署：《进出口商品总值表（人民币值）B：月度表》，http://www.customs.gov.cn/customs/302249/zfxxgk/2799825/302274/302277/302276/3954291/index.html。

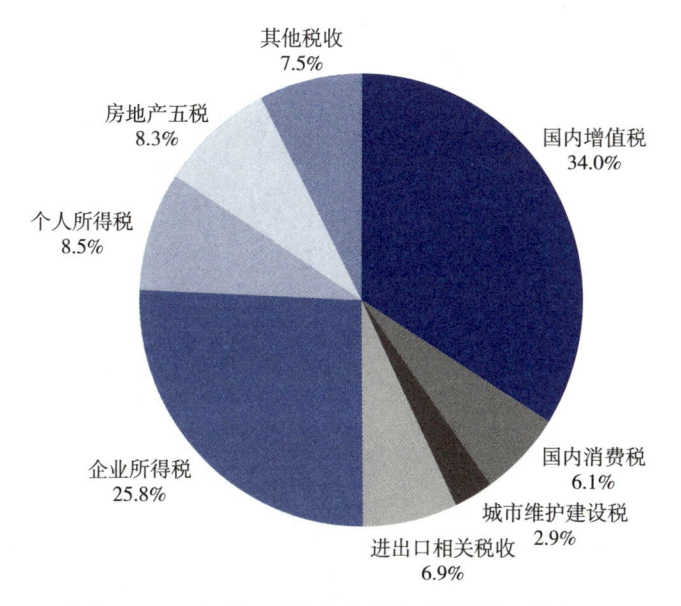

图3 2021年前三季度各类税收对增收的贡献情况

年同期提高了0.1个百分点，比2019年同期的24.9%提高了0.4个百分点；国内消费税收入比2020年同期下降了0.4个百分点，比2019年同期的9.0%降低了0.3个百分点；个人所得税收入比2020年同期提高了0.2个百分点，比2019年同期的6.3%提高了1.1个百分点（见图4）。

（二）2021年前三季度分税种收入情况分析

2021年前三季度，受经济增速变化和2020年同期基数等因素的影响，税收收入增速呈现逐季下降态势，第二季度税收收入增速由第一季度的24.8%降至20.4%，第三季度进一步大幅降至9.1%。

从主要流转税季度走势变化看，第一至第三季度的增速分别为27.1%、20.7%和7.8%。其中，国内增值税收入第三季度的增速由第二季度的20.9%降至6.8%，明显低于税收收入的平均增速。进出口相关税收收入出现了较大幅度的波动，出口退税的增速逐季提高，第一至第三季度分别为3.7%、16.7%和19.8%；进口货物增值税、消费税收入第三季度的增速为18.5%，比第二季

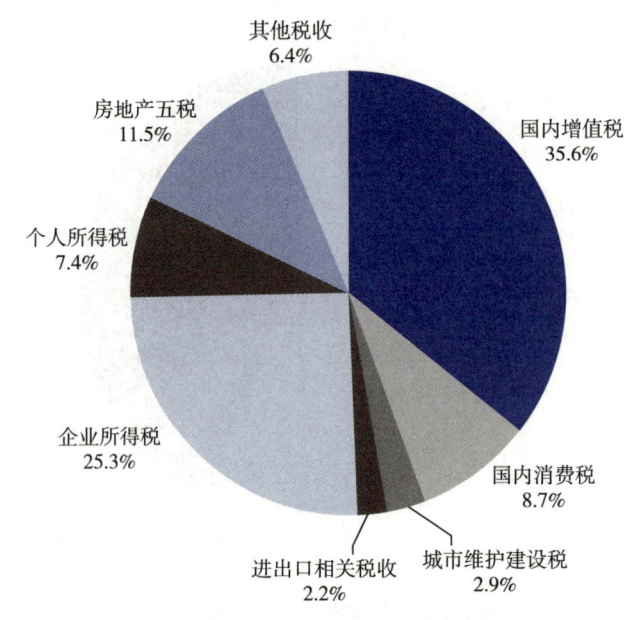

图4　2021年前三季度的税制结构

度的29.0%下降了10.5个百分点,关税收入则由第二季度的29.6%降至第三季度的3.4%。

从所得税季度走势变化看,在前三季度全国规模以上工业企业利润同比增长44.7%[①]、全国国有及国有控股企业利润同比增长55.4%[②]的背景下,企业所得税收入保持了持续增长态势,第一至第三季度的增速分别为12.7%、20.6%和22.5%。个人所得税收入第一季度的增速为19.0%,第二季度升至33.1%,但第三季度的增速降至14.8%。

房地产相关税收中,耕地占用税收入则是2021年前三季度唯一负增长的税种,累计下降了14.9%,第一至第三季度的降幅分别为0.5%、25.4%和12.4%。契税和土地增值税收入增速则出现了逐季下滑趋势,第一季度契税收

---

① 国家统计局:《三季度工业企业利润保持良好增势》,http://www.stats.gov.cn/tjsj/sjjd/202110/t20211027_1823832.html,2021年10月27日。
② 财政部:《2021年1~9月全国国有及国有控股企业经济运行情况》,http://zcgls.mof.gov.cn/qiyeyunxingdongtai/202110/t20211028_3761663.htm,2021年10月28日。

入的增速高达68.2%，但第二季度增速为-4.2%，第三季度降幅扩大至7.6%；土地增值税收入第一季度的增速高达40.5%，第二季度降至22.9%，第三季度则为-16.6%。契税和土地增值税收入增速的变化反映了房地产市场交易和投资的态势，也与同期国有土地使用权出让收入的变化趋势基本一致。2021年第一季度国有土地使用权出让收入的增速高达48.1%，第二季度降至5.6%，第三季度增速为-9.6%。

与契税的变化趋势类似，反映车辆销售的车辆购置税收入第一季度的增速高达55.7%，第二季度大幅降至4.0%，第三季度则出现了17.7%的负增长（见表4）。

表4 2021年前三季度分税种收入变化情况

单位：亿元，%

税种	第一季度 数额	第一季度 增长率	第二季度 数额	第二季度 增长率	第三季度 数额	第三季度 增长率
税收收入	48723	24.8	51738	20.4	40241	9.1
国内增值税	18561	23.9	16679	20.9	14863	6.8
国内消费税	5154	18.5	3541	5.3	3517	11.1
城市维护建设税	1507	30.0	1256	17.4	1271	8.0
进口货物增值税、消费税	4306	26.9	4580	29.0	4815	18.5
出口退税	-3787	3.7	-5253	16.7	-3787	19.8
关税	727	21.7	770	29.6	731	3.4
进出口相关税收合计	1246	266.5	97	-127.2	1759	9.4
主要流转税合计	26468	27.1	21573	20.7	21410	7.8
企业所得税	9719	12.7	17796	20.6	8130	22.5
个人所得税	3988	19.0	3234	33.1	3191	14.8
所得税合计	13707	14.4	21030	22.4	11321	20.2
契税	2308	68.2	1817	-4.2	1903	-7.6
土地增值税	2060	40.5	2197	22.9	1412	-16.6
房产税	551	-9.0	1048	32.3	544	29.8
耕地占用税	295	-0.5	344	-25.4	197	-12.4
城镇土地使用税	393	-16.9	691	20.0	393	4.0
房地产相关税收合计	5607	38.3	6097	10.6	4449	-6.8

续表

税种	第一季度 数额	第一季度 增长率	第二季度 数额	第二季度 增长率	第三季度 数额	第三季度 增长率
车辆购置税	1037	55.7	945	4.0	808	-17.7
印花税	1301	69.3	924	24.5	1260	16.6
资源税	531	22.2	558	33.2	643	50.9
环境保护税	55	0.3	54	17.4	52	-1.9
车船税、船舶吨税、烟叶税等	286	14.8	289	1.8	299	6.8
其他税收合计	3210	47.7	2770	15.4	3062	8.5

注："出口退税"增长的影响为减收，"其他税收合计"是车辆购置税、印花税、资源税、环境保护税、车船税、船舶吨税、烟叶税等的合计。

图5是2021年1~9月四大税种和房地产相关税收收入增速变化情况。可以看出，国内增值税、个人所得税收入增速从4月开始呈现逐月下降趋势，增速分别从3月的峰值38.4%和81.4%降至9月的3.1%和10.2%。房地产五税收入8月出现了5.4%的负增长，9月进一步大幅下降至-22.7%。

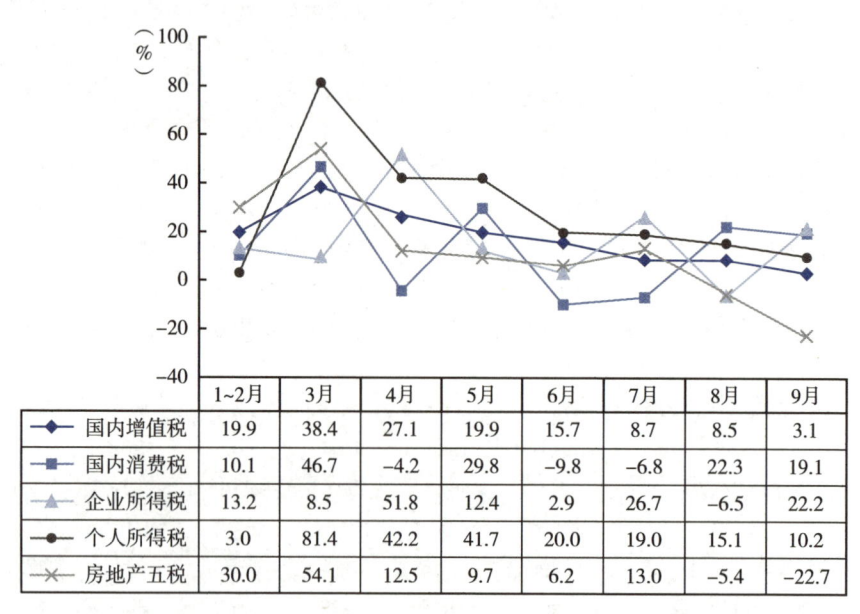

	1~2月	3月	4月	5月	6月	7月	8月	9月
国内增值税	19.9	38.4	27.1	19.9	15.7	8.7	8.5	3.1
国内消费税	10.1	46.7	-4.2	29.8	-9.8	-6.8	22.3	19.1
企业所得税	13.2	8.5	51.8	12.4	2.9	26.7	-6.5	22.2
个人所得税	3.0	81.4	42.2	41.7	20.0	19.0	15.1	10.2
房地产五税	30.0	54.1	12.5	9.7	6.2	13.0	-5.4	-22.7

图5 2021年1~9月主要税种收入增速变化情况

三 2021年减税降费政策

从减税降费政策来看,按照年初《政府工作报告》提出的优化和落实减税政策的部署,对2020年出台应对疫情的阶段性减税降费政策分类调整、有序退出,在对涉及疫情防控保供等临时性、应急性政策到期后停止执行的同时,继续保持了对市场主体,尤其是制造业和小微企业较大的税收扶持力度。

在支持中小微企业发展方面,延长了小规模纳税人增值税优惠等部分阶段性政策执行期限,继续实施小规模纳税人增值税征收率由3%降到1%的政策,起征点从月销售额10万元提高到15万元。对小型微利企业和个体工商户年应纳税所得额不到100万元的部分,在原先的优惠基础上,再减半征收企业所得税。在支持制造业和科技创新方面,延续执行企业研发费用加计扣除75%的政策,将制造业企业加计扣除的比例提高到100%;对先进制造业企业按月全额退还增值税增量留抵税额。[1] 在清理收费基金方面,主要包括取消港口建设费、降低航空公司民航发展基金征收标准等措施。

2021年前三季度全国新增减税降费9101亿元,其中新增减税7889亿元,新增降费1212亿元。[2] 相对2019年实施的以增值税率大幅下调为代表的大规模制度性减税降费,2020年针对疫情冲击的大力度临时性税收扶持政策,2021年前三季度减税降费的规模有所下降。[3]

进入第三季度,大宗商品价格上涨、生产成本上升,7~9月工业生产者出厂价格指数(PPI)分别为9.0%、9.5%和10.7%,其中生产资料工业生产者出厂价格指数分别为12.0%、12.7%和14.2%,而生活资料工业生产者出厂价格指数仅分别为0.3%、0.3%和0.4%,下游制造业中小微企业承受着巨大

---

[1] 先进制造业企业是指一定时间内"非金属矿物制品""通用设备""专用设备""计算机、通信和其他电子设备""医药""化学纤维""铁路、船舶、航空航天和其他运输设备""电气机械和器材""仪器仪表"销售额占全部销售额的比重超过50%的企业。

[2] 《国新办举行制造业中小微企业缓税政策国务院政策例行吹风会图文实录》,http://www.scio.gov.cn/32344/32345/44688/47374/tw47376/Document/1715935/1715935.htm,2021年11月5日。

[3] 2020年前三季度,全国新增减税降费累计为20924亿元,2019年同期为17834亿元。

的经营压力。

2021年10月27日国务院常务会议决定,对2021年第四季度制造业中小微企业实现的企业所得税和国内增值税、国内消费税及随其附征的城市建设维护税,以及个体工商户、个人独资和合伙企业缴纳的个人所得税(不含其代扣代缴的个人所得税)实行阶段性税收缓缴。

其中,对年销售收入2000万元以下的制造业小微企业(含个体工商户),其实现的税款全部缓税;对年销售收入2000万~4亿元的制造业中型企业,实现的税款按50%缓税,特殊困难企业可依法特别申请全部缓税。缓税自2021年11月1日起实施,至2022年1月申报期结束,预计可为制造业中小微企业缓税2000亿元左右。另外,为纾解煤电、供热企业经营困难,对其2021年第四季度实现的税款实施缓缴,预计缓税总额170亿元左右。上述缓税措施延期缴纳时间最长为3个月。[①] 考虑到上述税款缓缴政策和经济增速下行压力,预计2021年第四季度税收收入增速将继续保持下降趋势。

四 2022年税收形势展望

从近年来一般公共预算收支的运行态势看,"十三五"时期累计新增减税降费的规模高达7.6万亿元,其中2019年为2.36万亿元,2020年为2.5万亿元,一般公共预算收入占GDP的比重从2015年的峰值22.1%降至2020年的18.0%,下降了4.1个百分点;税收收入占GDP的比重从2012年开始就逐年下降,2020年降至15.2%,降低了3.5个百分点。而一般公共预算支出占GDP的比重2020年为24.2%,仅比2015年降低了1.3个百分点(见图6),一般公共预算收支差额占GDP的比重由2015年的3.4%升至2020年的6.2%。

---

① 资料来源:国务院网站,http://www.gov.cn/xinwen/2021-10/27/content_5647182.htm。

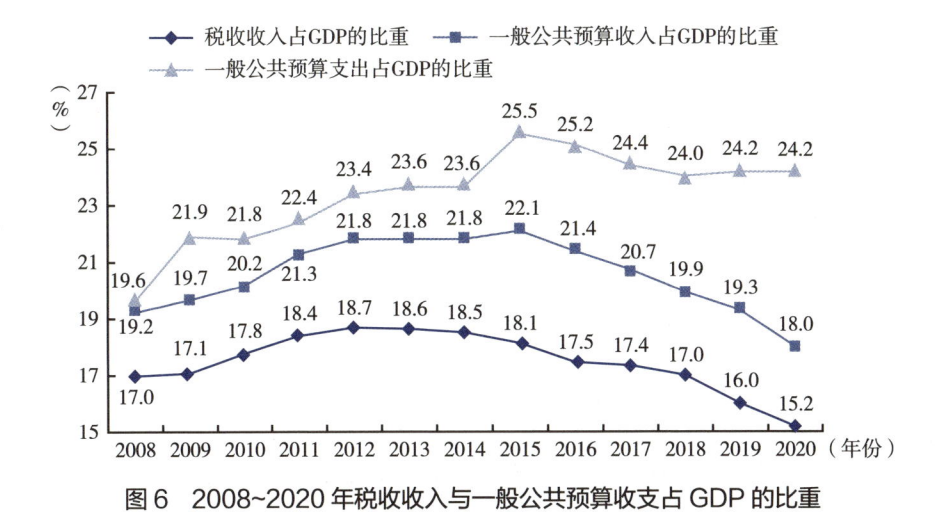

图6 2008~2020年税收收入与一般公共预算收支占GDP的比重

从全口径预算收支的角度来看，如果将社会保险基金收支、政府性基金收支（不含国有土地使用权出让收支）、国有资本经营预算收支均计入政府收支，根据财政部按照国际货币基金组织（IMF）数据公布特殊标准（SDDS）要求发布的年度广义政府财政数据，2020年广义政府收入占GDP的比重为24.8%，比2015年的29.1%下降了4.3个百分点；2020年广义政府支出占GDP的比重为34.2%，比2015年的31.4%提高了2.8个百分点（见图7）。受2020年疫情冲击，广义政府收支差额占GDP的比重高达9.4%，2019年为4.3%，2015~2018年则为2.3%~2.8%。

如前所述，2021年前三季度收支差额比2020年和2019年同期大幅缩小，为2021年第四季度和2022年的财政政策提供了一定的空间，预计2021年全年一般公共预算收支差额和广义政府收支差额占GDP的比重将有一定程度的下降。2022年，在全球疫情及其对世界经济的冲击仍将持续并不断演变的情况下，面对日趋复杂严峻的外部环境和国内经济转型调整的压力，财政政策仍需保持必要的力度。相应地，在经济下行压力增加和财政政策力度加大的情况下，税收收入预计也将继续保持2021年第三季度以来较低的增速。

从中长期来看，在加快构建新发展格局和扎实推进共同富裕的背景下，要通过加快推进税制改革和征管改革实现应对经济下行压力、促进高质量发

图7 2015~2020年广义政府收支占GDP的比重

展与财政可持续的动态平衡。我国现行税制结构的特征是间接税比重较高，由此导致税制整体累进性不足，不利于扩大居民消费，也难以充分发挥税收对收入和财富的调节作用。

"十四五"规划明确提出了优化税制结构、健全直接税体系、适当提高直接税比重的税制改革目标。2022年建议着重研究推进以扩大综合征收范围、优化税率结构为主要内容的个人所得税改革，适时将经常性资本所得，如股息红利利息所得、财产租赁所得等纳入综合计征范围，在更好地发挥个人所得税对收入分配调节作用的同时，也有利于较大幅度地增加税收收入。

"推进房地产税立法，健全地方税体系，逐步扩大地方税政管理权"是"十四五"规划提出的另一项税制改革任务。2021年10月23日，第十三届全国人民代表大会常务委员会第三十一次会议通过了《全国人民代表大会常务委员会关于授权国务院在部分地区开展房地产税改革试点工作的决定》，授权国务院在部分地区开展房地产税改革试点工作。这意味着房地产税改革将在2022年迈出重要的一步，在当前房地产市场发生了深刻变化的背景下，房地产税试点改革不仅对提高直接税比重、健全地方税体系具有重要意义，也将对加快形成促进房地产市场稳定发展的长效机制发挥重要作用。

受征管能力的制约，我国法定税负偏高而实际征收率较低，由此导致税负分布不均的问题比较突出。在通过减税降费较大幅度降低法定税负的同时，深化税收征管改革，提高对税收违法的发现和查处能力，提高税收征收率，这不仅可以增加税收收入，也有利于为市场主体营造公平竞争的税收环境。2021年3月，中共中央办公厅、国务院办公厅印发了《关于进一步深化税收征管改革的意见》（以下简称《意见》），提出了"十四五"时期建设智慧税务，推动税收征管现代化的具体目标和要求。2022年，税收征管改革要按照《意见》的要求扎实推进，在税务执法规范性、税费服务便捷性、税务监管精准性上取得重要进展。

参考文献

谢伏瞻主编《经济蓝皮书：2021年中国经济形势分析与预测》，社会科学文献出版社，2021。

张斌、杜爽：《2020年税制改革研究综述》，《税务研究》2021年第4期。

张斌：《新冠肺炎疫情对宏观经济政策、财税改革与全球化的影响》，《国际税收》2020年第4期。

张斌：《"十四五"时期税制改革的背景分析》，《财政科学》2020年第1期。

张斌：《数字技术助力中国税收管理现代化》，《中国税务》2020年第5期。

张斌：《新中国70年财政收入制度演变的基本线索》，《公共财政研究》2019年第6期。

B.9
2021年中国税收形势分析与2022年展望

付广军[*]

摘 要： 2021年第一季度税收收入累计增速为24.0%，高于经济增速5.7个百分点；第二季度累计增速为21.5%，较第一季度涨幅略有收窄，但仍呈较高增长态势，高于经济增速8.8个百分点；第三季度累计增速为18.1%，高于经济增速8.3个百分点。主要税种除耕地占用税外税收收入增速均高于上年，沿海重点税源大省税收收入均呈高增长态势，直接导致全国税收收入呈现高增长态势。2021年中国经济也同样呈现高增长态势，加上疫情得到有效防控后经济逐步恢复，第四季度税收收入会继续保持高增长态势，预计全年税收收入增速仍会高于经济增速，2022年税收收入增速与经济增速基本同步。

关键词： 税收形势 税收收入 税种

2021年前三季度，受经济增长向好、企业利润增加、国际贸易环境改善以及税务机构加强征管和优化纳税服务等因素的影响，税收收入及主要税种收入均不同程度较上年有所增长，并呈现前高后低态势，1月同比增速12.4%，2月同比增速35.0%，3月同比增速40.3%，均较上年出现较大幅度的增长，进入4月，特别是第三季度税收收入增速开始趋缓，9月同比增速为5.5%。预计第四季度

---

[*] 付广军，国家税务总局税科所学术委员会副主任、研究员，民建中央财政金融委员会副主任。

税收收入还会继续保持正增长，全年保持高增长态势是大概率事件。中国税收收入将于 2022 年进入正常增长阶段，保持与经济增长基本同步状态。

一 2021 年 1~9 月税收收入形势分析

2021 年前三季度，全国税收收入[①]实现 151639.06 亿元，比上年增加 23272.93 亿元，同比增长 18.1%，比上年同期提高 24.8 个百分点。

（一）2021年1~9月分季度累计税收收入走势分析

2021 年第一季度累计，税收收入实现 51838.80 亿元，同比增长 24.0%，比上年同期提高 42.1 个百分点，国内生产总值（GDP）实现 249310.1 亿元，按可比价同比增长 18.3%，税收收入增速高于 GDP 可比价增速 5.7 个百分点；上半年，税收收入实现 108154.82 亿元，同比增长 21.5%，比上年同期提高 33.2 个百分点，GDP 实现 532167.5 亿元，按可比价同比增长 12.7%，税收收入增速高于 GDP 可比价增速 8.8 个百分点；前三季度，税收收入实现 151639.06 亿元，同比增长 18.1%，比上年同期提高 24.8 个百分点，GDP 实现 823131.0 亿元，按可比价同比增长 9.8%，税收收入增速高于 GDP 可比价增速 8.3 个百分点（见表 1）。

表 1 2021 年税收收入分季度运行状况

单位：亿元，%

指标	第一季度累计 绝对数	第一季度累计 同比增长	第二季度累计 绝对数	第二季度累计 同比增长	第三季度累计 绝对数	第三季度累计 同比增长
税收收入	51838.80	24.0	108154.82	21.5	151639.06	18.1
GDP	249310.1	18.3	532167.5	12.7	823131.0	9.8
宏观税负	20.8		20.3		18.4	

资料来源：国家税务总局收入规划核算司：《税收月度快报》，2021 年 9 月。

[①] 本报告税收收入是指税务部门统计口径，不包括关税和船舶吨税，未扣减出口退税。

（二）2021年前三季度分月度税收收入运行分析

2021年1~9月中国税收收入月度运行特点如下。

一是增速与上年明显不同，总体趋势是先高后低，9月增速开始低于上年，出现明显回落迹象。2021年1~9月，税收收入具体情况：1月实现25147.99亿元，较上年同期增加2768.87亿元，同比增长12.4%；2月实现13710.32亿元，较上年同期增加3551.30亿元，同比增长35.0%；3月实现12980.48亿元，较上年同期增加3727.07亿元，同比增长40.3%；4月实现20282.73亿元，较上年同期增加4724.25亿元，同比增长30.4%；5月实现16969.93亿元，较上年同期增加2423.90亿元，同比增长16.7%；6月实现19063.36亿元，较上年同期增加1961.95亿元，同比增长11.5%；7月实现19516.84亿元，较上年同期增加2379.40亿元，同比增长13.9%；8月实现11680.15亿元，较上年同期增加1099.77亿元，同比增长10.4%；9月实现12287.24亿元，较上年同期增加636.42亿元，同比增长5.5%。前8个月较上年增速提高，9月增速较上年同期下降。

二是前三季度税收收入呈不规则的变化态势，所有月份收入均在万亿元以上，其中1月最高，税收收入为25147.99亿元，4月税收收入也超过2万亿元，8月最低，税收收入为11680.15亿元，此特点是与以前年份不同的（见表2、图1）。

表2 2020年和2021年1~9月税收收入分月度运行状况

月份	2021年 绝对数（亿元）	比同期增加（亿元）	同比增长（%）	2020年 绝对数（亿元）	同比增长（%）	增速比较（个百分点）
1	25147.99	2768.87	12.4	22379.12	-5.8	18.2
2	13710.32	3551.30	35.0	10159.02	-24.3	59.3
3	12980.48	3727.07	40.3	9253.41	-33.7	74.0
4	20282.73	4724.25	30.4	15558.48	-12.6	43.0
5	16969.93	2423.90	16.7	14546.03	-5.8	22.5
6	19063.36	1961.95	11.5	17101.41	3.6	7.9

续表

月份	2021年 绝对数（亿元）	比同期增加（亿元）	同比增长（%）	2020年 绝对数（亿元）	同比增长（%）	增速比较（个百分点）
7	19516.84	2379.40	13.9	17137.44	5.3	8.6
8	11680.15	1099.77	10.4	10580.38	7.8	2.6
9	12287.24	636.42	5.5	11650.82	8.4	-2.9

资料来源：国家税务总局收入规划核算司：《税收月度快报》，2021年9月。

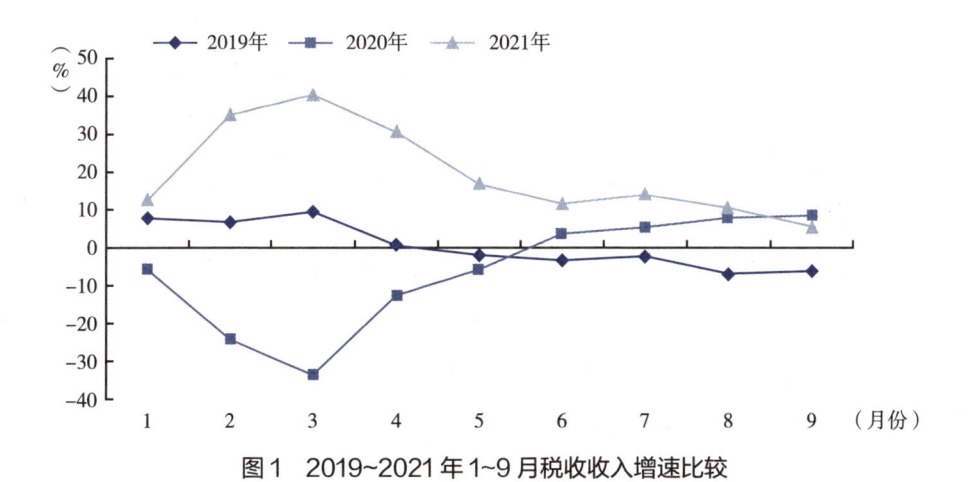

图1 2019~2021年1~9月税收收入增速比较

（三）2021年1~9月税收收入结构分析

2021年1~9月税收收入结构分析如下（见表3、图2、图3）。

表3 2021年1~9月税收收入运行状况

单位：亿元，%

指标		绝对数	同比增加	同比增长	占全部收入比重
税收收入		151639.06	23272.93	18.1	100.0
分产业	第一产业	146.76	16.07	12.3	0.1
	第二产业	64752.00	11089.72	20.7	42.7
	第三产业	86740.30	12167.14	16.3	57.2

续表

指标		绝对数	同比增加	同比增长	占全部收入比重
分地区	东部地区	98148.53	—	18.6	64.7
	中部地区	22262.44	—	18.1	14.7
	西部地区	24340.71	—	17.8	16.1
	东北地区	6887.39	—	13.6	4.5

资料来源：国家税务总局收入规划核算司：《税收月度快报》，2021年9月。

分产业看，第一产业税收收入146.76亿元，比上年同期增加16.07亿元，同比增长12.3%，仅占全部税收收入的0.1%，占比基本保持稳定，其即使是低增长对税收收入影响也不大；第二产业税收收入64752.00亿元，比上年同期增加11089.72亿元，同比增长20.7%，占全部税收收入的42.7%，较上年提高0.9个百分点；第三产业税收收入86740.30亿元，较上年同期增加12167.14亿元，同比增长16.3%，占全部税收收入的57.2%，较上年下降0.9个百分点。

分地区看，2021年新的分类为东、中、西部地区和东北地区，增加了东北地区。其中，东部地区税收收入98148.53亿元，同比增长18.6%，占全部税收收入的64.7%，由于占比较大，其税收收入和增速对整体税收收入运行影响较大；中部地区税收收入22262.44亿元，同比增长18.1%，占全部税收收入的14.7%；西部地区税收收入24340.71亿元，同比增长17.8%，占全部税收收入的16.1%；东北地区税收收入6887.39亿元，同比增长13.6%，占全部税收收入的4.5%。

中国2021年1~9月税收收入增长18.1%，其主要影响如下。

一是从产业看，第一产业、第三产业税收收入增速均低于税收收入平均增速，第二产业增速高于税收收入平均增速2.6个百分点，是税收收入高速增长的主要影响因素。

二是从地区看，东部地区税收收入增速高于税收收入平均增速0.5个百分点，中部地区税收收入增速与税收收入平均增速持平，西部地区税收收入增速低于税收收入平均增速 0.3 个百分点，东北地区税收收入增速低于税收收入平均增速 4.5 个百分点。四者互相作用，使税收收入增速为 18.1%，东部地区由于税收收入占比高，成为影响税收收入增长的主要因素。

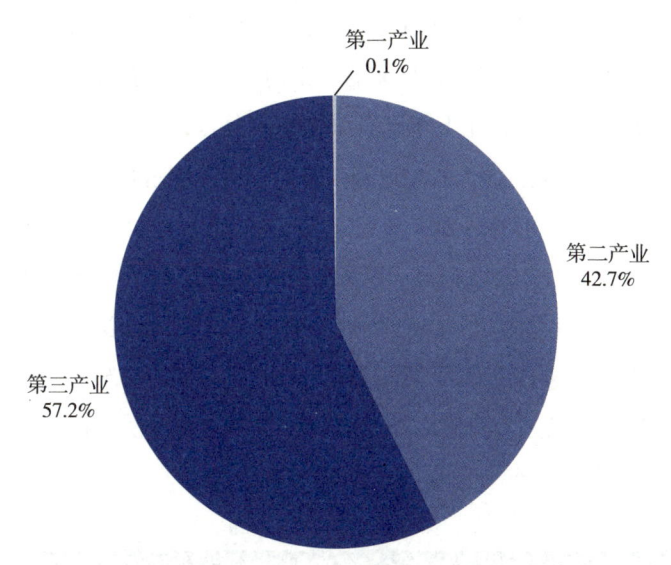

图 2　2021 年 1~9 月税收收入分产业结构

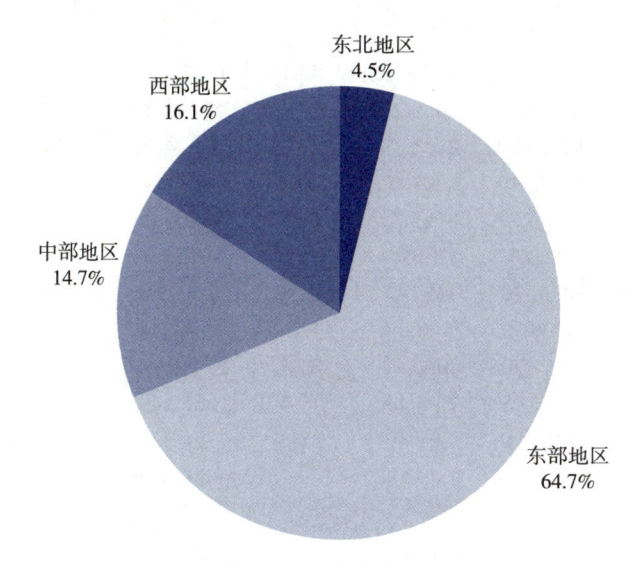

图 3　2021 年 1~9 月税收收入分地区结构

（四）2021年1~9月主要税源大省税收收入运行分析

中国税收收入排前10名的税源大省中，除第7名四川省、第8名湖北省外均为东部沿海经济发达省份。2021年1~9月受上年增速较低的影响，主要税源大省税收收入均呈现较高增速，广东省、上海市、江苏省税收收入依然居前三位，广东省增速为17.2%，比上年提高20.9个百分点，上海市增速为22.4%，较上年提高30.2个百分点，江苏省增速为15.3%，较上年提高17.9个百分点，浙江省增速为21.7%，较上年提高21.9个百分点，超过北京居第四位，北京市增速为11.7%，较上年提高17.1个百分点，从上年的第4位降到第5位。湖北省税收收入又重回前10位，居第8位。福建省排第10位，税收收入增速为24.3%。

2021年1~9月累计，10个主要税收省份合计102966.53亿元，比上年同口径增加16332.97亿元，同比增长18.9%，占全国税收收入的67.9%，比上年同口径提高0.4个百分点（见表4、图4）。

表4 2020年和2021年1~9月税收收入前10名省份运行状况

省份	2021年1~9月 绝对数（亿元）	同比增加（亿元）	同比增长（%）	2020年1~9月 绝对数（亿元）	同比增长（%）	增速比较（个百分点）
	151639.06	23272.93	18.1	128366.13	-6.7	24.8
1.广东省	20858.54	3060.25	17.2	17798.29	-3.7	20.9
2.上海市	15690.90	2866.74	22.4	12824.16	-7.8	30.2
3.江苏省	13573.15	1801.59	15.3	11771.56	-2.6	17.9
4.浙江省	12859.67	2294.31	21.7	10565.36	-0.2	21.9
5.北京市	12019.31	1255.40	11.7	10763.61	-5.4	17.1
6.山东省	9549.96	1857.45	24.1	7692.51	-11.5	35.6
7.四川省	5008.12	640.98	14.7	4367.14	-2.0	16.7
8.湖北省	4544.20	1099.90	31.9	3444.30	—	—
9.河北省	4458.98	596.59	15.4	3862.49	-10.5	25.9
10.福建省	4403.70	859.86	24.3	3543.84	—	—
前10名合计	102966.53	16332.97	—	86633.26	—	—
占全部税收比重	67.9			67.5		

注：表中广东、浙江、山东3省税收收入均包含所辖计划单列市。
资料来源：国家税务总局收入规划核算司：《税收月度快报》，2021年9月、2020年9月。

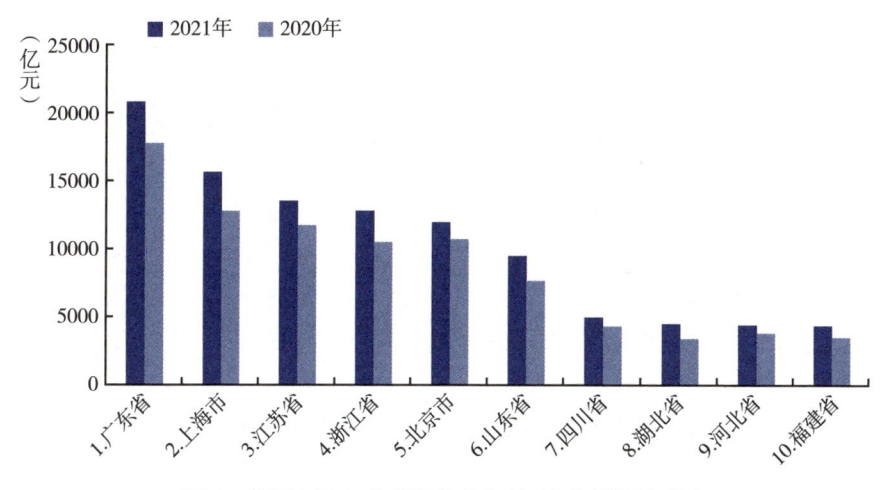

2021年中国税收形势分析与2022年展望

图4 2021年1~9月税收收入前10名税源大省市

二 2021年1~9月税收收入运行分析

（一）2021年1~9月税收运行分税种分析

2021年1~9月税收运行分税种分析如下（见表5、图5）。

表5 2020年和2021年1~9月税收收入及主要税种收入情况

项目	2021年1~9月 绝对数（亿元）	同比增加（亿元）	同比增长（%）	2020年1~9月 绝对数（亿元）	同比增长（%）	增速比较（个百分点）
税收收入合计	151639.06	23272.93	18.1	128366.13	-6.7	24.8
其中：国内增值税	50097.72	7444.75	17.5	42652.97	-13.5	31.0
国内消费税	12353.27	1385.88	12.6	10967.39	-4.8	17.4
企业所得税	35800.82	5720.87	19.0	30079.95	-4.9	23.9
个人所得税	10560.75	1858.09	21.4	8702.66	9.2	12.2
资源税	1726.40	448.88	35.1	1277.52	-9.0	44.1
城镇土地使用税	1474.15	50.01	3.5	1424.14	-6.6	10.1

143

续表

项目	2021年1~9月 绝对数（亿元）	2021年1~9月 同比增加（亿元）	2021年1~9月 同比增长（%）	2020年1~9月 绝对数（亿元）	2020年1~9月 同比增长（%）	增速比较（个百分点）
城市维护建设税	4031.88	626.77	18.4	3405.11	-7.8	26.2
证券交易印花税	2314.39	661.88	40.1	1652.51	54.1	-14.0
土地增值税	5661.42	775.81	15.9	4885.61	-3.0	18.9
房产税	2141.24	328.14	18.1	1813.10	-7.9	26.0
车辆购置税	2781.20	240.82	9.5	2540.38	-4.6	14.1
耕地占用税	826.73	-139.05	-14.4	965.78	-9.9	-4.5
契税	6010.11	879.74	17.1	5130.37	7.5	9.6

资料来源：国家税务总局收入规划核算司：《税收月度快报》，2021年9月、2020年9月。

与生产经营相关的主体税种收入增速较上年均有不同程度的上升。作为影响税收收入增长的第一大税种，2021年1~9月国内增值税收入实现50097.72亿元，比上年同期增加7444.75亿元，同比增长17.5%，比上年同期增速提高31.0个百分点，主要是受增值税收入上年增速为负的影响；2021年1~9月，国内消费税收入实现12353.27亿元，同比增加1385.88亿元，同比增长12.6%，比上年同期增速提高17.4个百分点，主要是上年增速较低；企业所得税收入是仅次于增值税收入的第二大税种，2021年1~9月企业所得税收入实现35800.82亿元，同比增加5720.87亿元，同比增长19.0%，比上年同期增速提高23.9个百分点。

因提高费用扣除标准减税的影响持续减弱，个人所得税开始进入恢复性高增长阶段。2021年1~9月，个人所得税收入10560.75亿元，比上年同期增加1858.09亿元，同比增长21.4%，较上年同期提高12.2个百分点；其中，工资薪金所得6474.20亿元，比上年同期增加1297.58亿元，同比增长25.1%；劳务报酬所得318.59亿元，较上年同期增加27.50亿元，同比增长9.4%；财产转让所得1557.93亿元，较上年同期增加228.51亿元，同比增长17.2%，其中，房屋转让所得同比增长13.0%，限售股转让所得同比增长8.8%。

房地产有关税收情况。2021年1~9月，土地增值税收入实现5661.42亿元，比上年同期增加775.81亿元，同比增长15.9%；契税收入实现6010.11亿元，比上年同期增加879.74亿元，同比增长17.1%。房产税收入实现2141.24亿元，比上年同期增加328.14亿元，同比增长18.1%。

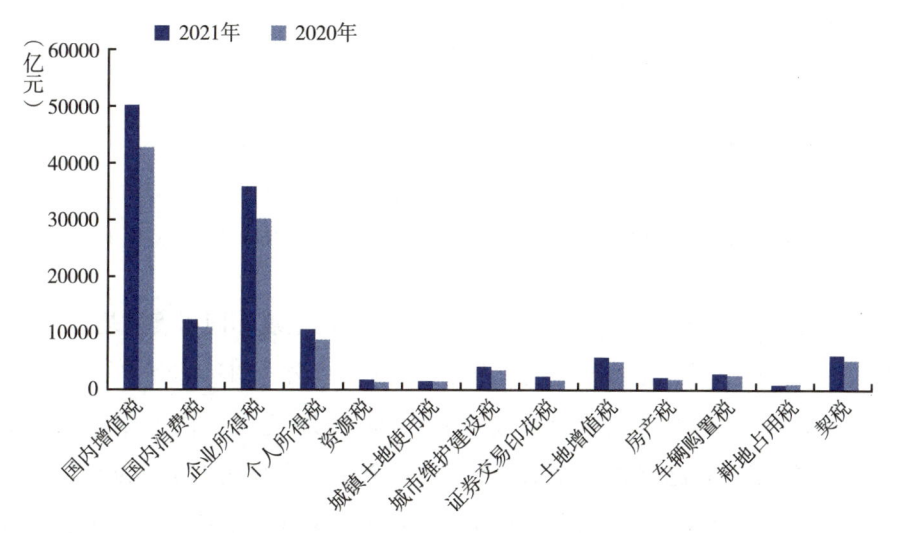

图5 2020年和2021年1~9月分税种税收收入

（二）2021年1~9月税收运行分经济类型分析

2021年1~9月税收运行分经济类型分析如下（见表6、图6）。

表6 2020年和2021年1~9月税收收入及主要经济类型收入情况

项目	2021年1~9月 绝对数（亿元）	同比增加（亿元）	同比增长（%）	2020年1~9月 绝对数（亿元）	同比增长（%）	增速比较（个百分点）
税收收入合计	151639.06	23272.93	18.1	128366.13	-6.7	24.8
其中：国有及国有控股企业	38402.20	5498.84	16.7	32903.36	-7.4	24.1
国有企业	11369.49	1375.05	13.8	9994.44	-11.0	24.8
有限责任公司	50972.23	7984.66	18.6	42987.57	-10.0	28.6

续表

项目	2021年1~9月 绝对数（亿元）	2021年1~9月 同比增加（亿元）	2021年1~9月 同比增长（%）	2020年1~9月 绝对数（亿元）	2020年1~9月 同比增长（%）	增速比较（个百分点）
股份有限公司	22566.25	2417.43	12.0	20148.82	-2.7	14.7
私营企业	27738.13	5885.96	26.9	21852.17	-1.1	28.0
港澳台商投资企业	9188.87	1703.72	22.8	7485.15	-11.8	34.6
外商投资企业	14790.13	1745.17	13.4	13044.96	-9.6	23.0
个体经营	584.68	—	—	6351.93	-6.1	—

资料来源：国家税务总局收入规划核算司：《税收月度快报》，2021年9月、2020年9月。

2021年1~9月，分经济类型企业税收收入均呈现不同程度的增速上升，其中，增幅较大的是港澳台商投资企业、有限责任公司和私营企业。

来自国有及国有控股企业税收收入38402.20亿元，比上年同期增加5498.84亿元，同比增长16.7%；来自国有企业税收收入11369.49亿元，比上年同期增加1375.05亿元，同比增长13.8%；来自有限责任公司税收收入

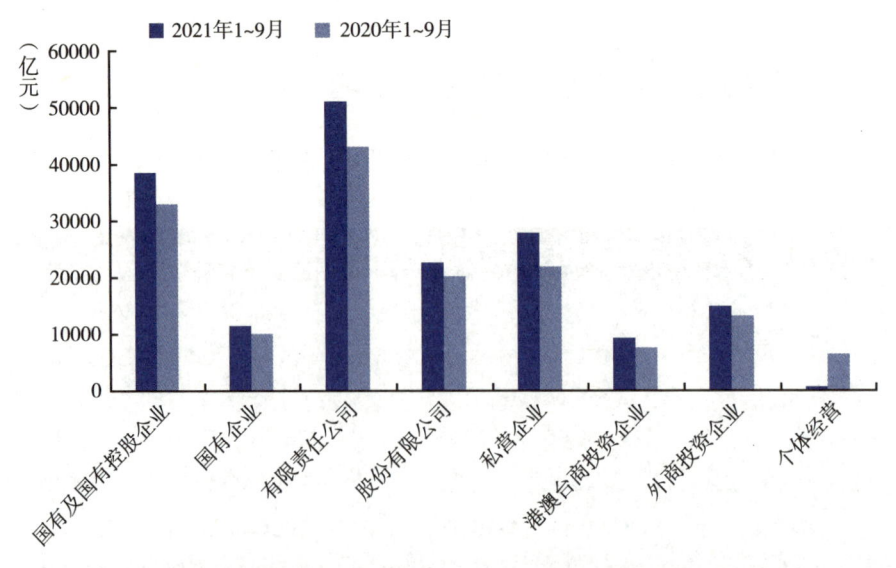

图6　2020年和2021年1~9月分经济类型税收收入

50972.23亿元，比上年同期增加7984.66亿元，同比增长18.6%；来自股份有限公司税收收入22566.25亿元，比上年同期增加2417.43亿元，同比增长12.0%；来自私营企业税收收入27738.13亿元，比上年同期增加5885.96亿元，同比增长26.9%；来自港澳台商投资企业税收收入9188.87亿元，比上年同期增加1703.72亿元，同比增长22.8%；来自外商投资企业税收收入14790.13亿元，比上年同期增加1745.17亿元，同比增长13.4%；来自个体经营税收收入584.68亿元，比上年同期出现大幅度减少。

（三）2021年1~9月税收运行分行业分析

2021年1~9月税收运行分行业分析如下（见表7、图7）。

表7 2020年和2021年1~9月税收收入及主要行业收入情况

项目	2021年1~9月 绝对数（亿元）	同比增加（亿元）	同比增长（%）	2020年1~9月 绝对数（亿元）	同比增长（%）	增速比较（个百分点）
税收收入合计	151639.06	23272.93	18.1	128366.13	-6.7	24.8
其中：工业	56848.28	10252.27	22.0	46596.01	-11.0	33.0
采矿业	5077.46	1375.76	37.2	3701.70	-20.0	57.2
制造业	48960.22	8742.56	21.7	40217.66	-10.2	31.9
汽车制造业	3300.15	447.03	15.7	2853.12	-12.5	28.2
建筑业	7903.72	837.46	11.9	7066.26	-0.5	12.4
零售业	5033.27	898.50	21.7	4134.77	-11.1	32.8
住宿业	132.49	25.56	23.9	106.93	-48.9	72.8
餐饮业	127.75	38.29	42.8	89.46	-57.6	100.4
金融业	19507.11	1649.11	9.2	17858.00	9.1	0.1
房地产业	21379.36	1872.42	9.6	19506.94	-7.1	16.7

资料来源：国家税务总局收入规划核算司：《税收月度快报》，2021年9月、2020年9月。

实体经济税收收入增速回升较大，是基于上年回落较大的恢复。2021年1~9月来自工业的税收收入为56848.28亿元，比上年同期增加10252.27亿元，同比增长22.0%；其中，来自采矿业的税收收入为5077.46亿元，比上年同期增加1375.76亿元，同比增长37.2%，采矿业中来自煤炭开采和洗选业的税收收入同比增长40.0%，来自石油和天然气开采业的税收收入同比增长29.3%；来自制造业的税收收入为48960.22亿元，比上年同期增加8742.56亿元，同比增长21.7%，来自汽车制造业的税收收入为3300.15亿元，比上年同期增加447.03亿元，同比增长15.7%。实体经济利润总额较上年回升，导致企业所得税税基应纳税所得的增幅较大，来自工业的企业所得税收入为9782.53亿元，较上年增加2615.50亿元，同比增长36.5%，其中，来自有色金属、成品油、化工产品的企业所得税收入分别同比增长140.1%、100.1%、76.2%，来自汽车的企业所得税收入同比增长29.4%，来自煤炭行业的企业所得税收入同比增长34.2%。

第三产业中部分行业税收收入上升幅度较大。2021年1~9月来自第三产业的税收收入为86740.30亿元，比上年同期增加12167.14亿元，同比增长16.3%。其中，增长幅度较大的行业是批发和零售业，同比增长25.3%，铁路运输业同比增长89.7%，住宿和餐饮业同比增长32.5%。

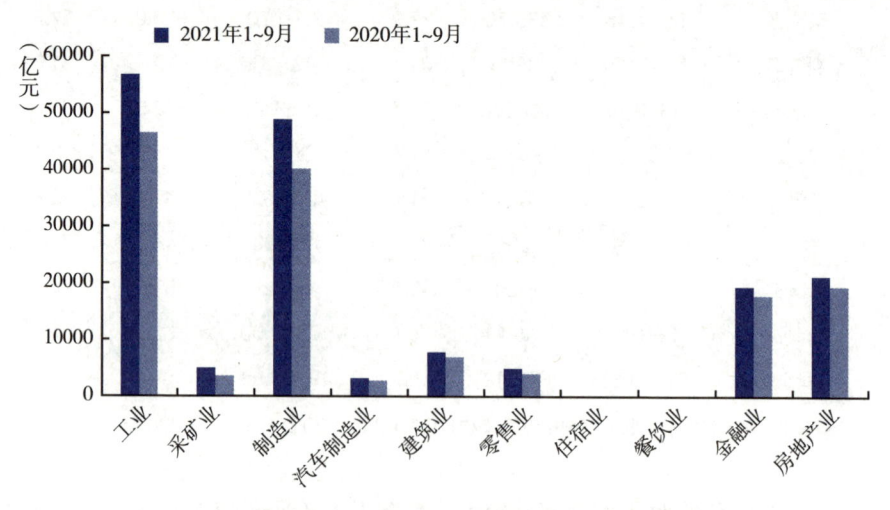

图7 2020年和2021年1~9月分行业税收收入

三 2021年全年税收收入预测及2022年初步展望

（一）2021年全年税收收入预测

从2021年1~9月全国税收运行情况看，税收收入排前十位的省份中有5个省份的税收增速高于20%，其中，排名第2的上海税收收入增长率为22.4%，排名第4的浙江增长21.7%，排名第6的山东增长24.1%，排名第8的湖北增长31.9%，排名第10的福建增长24.3%。其余5个省份的税收收入增速均有不同程度上升且高于10%，前十位税收收入大省的税收收入状况对全国税收收入影响巨大。全国绝大多数省份税收收入较上年均为正增长，加上2021年加强征管效果的凸显，2021年全国税收收入较上年同期增长已成定局。到年末的三个月内，这种增幅可能会有所收窄，预计多数省份税收收入正增长是大概率事件，部分省份可能会呈现较大幅度的正增长，并且受全国经济恢复增长的影响，2021年全年税收收入呈现正增长或较高速增长状态已成定局。

根据2021年税收收入分季度情况，对2021年税收收入进行简单类比预测：2020年前三季度税收收入累计128366.13亿元，占2020年全年税收收入165999.72亿元的77.3%。2021年前三季度税收收入累计151639.06亿元，假设2021年税收收入占比与2020年前三季度税收收入占全年税收收入的比重相同，2021年全年税收收入预计为196169.55亿元，同比增长18.2%。

如果考虑到2021年前三季度税收收入增速较高，后三个月税收收入增幅会有所收窄，估计2021年全年税收收入会低于上述预测值，假如保持2021年全年累计增速呈逐季下降的态势，比前三季度累计低4.3个百分点，2021年全年税收收入增长13.8%，则2021年全年税收收入为188907.68亿元。

采用平均法计算，则2021年税收收入为192538.62亿元，同比增长16.0%，这是较乐观的预测，如果2021年第四季度经济发展动力不足，该值可能是税收收入的上限，税收收入实际值会低于此预测值（见表8）。

表8 2011~2021年全年税收收入情况

单位：亿元，%

年份	第一季度 绝对数	第一季度 同比增长	上半年 绝对数	上半年 同比增长	前三季度 绝对数	前三季度 同比增长	全年 绝对数	全年 同比增长
2011	25087.54	33.2	52429.58	30.1	77788.22	27.4	99564.68	23.3
2012	28555.90	9.4	60005.07	10.0	84214.57	8.3	110740.04	11.2
2013	29419.16	3.0	63426.51	5.7	90273.08	7.2	119942.99	8.3
2014	32337.33	9.9	68662.91	8.2	97199.24	7.7	129541.07	8.0
2015	33345.59	3.1	71895.39	4.7	102536.22	5.5	136021.48	5.0
2016	35503.16	6.5	76805.90	6.8	107632.80	5.0	140499.04	3.3
2017	40390.09	13.8	85692.94	11.6	121360.88	12.8	155734.72	10.8
2018	47300.68	17.1	97852.29	14.2	136777.49	12.7	169956.57	9.1
2019	51019.62	7.9	100770.19	3.0	137615.83	0.6	172102.36	1.3
2020	41791.56	-18.1	88997.49	-11.7	128366.13	-6.7	165999.72	-3.5
2021	51838.80	24.0	108154.82	21.5	151639.06	18.1	192538.62	16.0

注：2021年为预测值。
资料来源：历年《税收快报》。

（二）2022年中国税收形势初步展望

从2021年1~9月主要税收指标来分析，2021年是中国"十四五"规划的开局之年。从1~9月的经济形势看，经济增长均大幅度高于上年同期水平，增速为9.8%，较上年提高9.1个百分点。另外固定资产投资、工业生产与销售、国内贸易及货币信贷增速均较上年有所提高。

从2021年1~9月税收收入的走势和全年预测来分析，2021年税收收入基本较上年呈现高增长趋势，并保持高于经济增速的态势。

根据有关方面对2022年经济增速的预测，如果经济增速保持在5.0%左右，预计2022年全年税收收入增速为5.0%~6.0%，税收收入初步估计为202165.55亿~204090.94亿元。

需要指出的是，自1994年税制改革以来，税收收入增速高于经济增速的现象从2013年起出现了转折，虽然2017年和2021年又短暂地出现税收收入增速高于经济增速的现象，但税收收入增速低于经济增速的态势已保持多年，并且这种现象仍将在2022年以后持续，2022年税收收入增速会在上年高速增长的基础上，出现较低的正增长，并与经济增长基本同步。

四 发挥税收促进经济发展的作用及建议

（一）税收对经济发展的促进作用

2021年是"十四五"开局之年，也是全面建设社会主义现代化国家的起始之年，从《中华人民共和国国民经济和社会发展第十四个五年规划和2035年远景目标纲要》（以下简称《纲要》）、《政府工作报告》（以下简称《报告》），以及李克强总理出席两会记者会并回答中外记者提问等一系列高层决策来看，税收在服务"六稳""六保"、贯彻新发展理念、构建新发展格局、促进高质量发展等宏观领域的作用比往年更加显著，彰显税收在国家治理现代化中的基础性、支柱性、保障性作用，主要体现在以下几个方面。

1. 完善现代税收制度

《纲要》指出，优化税制结构，健全直接税体系，适当提高直接税比重。完善个人所得税制度，推进扩大综合征收范围，优化税率结构。聚焦支持稳定制造业、巩固产业链供应链，进一步优化增值税制度。调整消费税征收范围和税率，推进征收环节后移并稳步下划地方。规范完善税收优惠政策。推进房地产税立法，健全地方税体系，逐步加强地方税政管理权。深化税收征管制度改革，建设智慧税务，推动税收征管现代化。《报告》提出，"建立现代财税金融体制，提升政府经济治理能力"，"深化财税金融体制改革……精简享受税费优惠政策的办理流程和手续"。

2. 减税降费政策效果明显

《报告》指出，实施阶段性大规模减税降费政策，并与制度性安排相结合，全年为市场主体减负超过2.6万亿元，其中减免社保费1.7万亿元，解市场主体之急、稳经济基本之盘。李克强总理出席两会记者会时指出，一些店

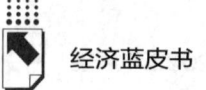

铺受益于政府减免税费，支持减免房租、水电费，稳岗补贴资金到位，没有裁员，挺过来了。

3. 继续优化和落实减税降费政策

《纲要》提出，强化要素保障和高效服务，巩固拓展减税降费成果，降低企业生产经营成本，提升制造业根植性和竞争力。保持合理的财政支出力度和赤字率水平，完善减税降费政策，构建有利于企业扩大投资、增加研发投入、调节收入分配、减轻消费者负担的税收制度。《报告》提出，继续执行制度性减税政策，延长小规模纳税人增值税优惠等部分阶段性政策执行期限，实施新的结构性减税举措，对冲部分政策调整带来的影响。将小规模纳税人增值税起征点从月销售额10万元提高到15万元。对小微企业和个体工商户年应纳税所得额不到100万元的部分，在现行优惠政策基础上，再减半征收所得税。各地要把减税政策及时落实到位，确保市场主体应享尽享。要严控非税收入不合理增长，严厉整治乱收费、乱罚款、乱摊派，不得扰民渔利，让市场主体安心经营、轻装前行。

4. 发挥税收政策促进经济发展的作用

第一，发挥税收"保就业"的作用。《报告》提出，着力稳定现有岗位，对不裁员少裁员的企业，继续给予必要的财税、金融等政策支持。继续降低失业和工伤保险费率，扩大失业保险返还等阶段性稳岗政策惠及范围。第二，税收政策促进创新发展。《纲要》提出，加大基础研究财政投入力度、优化支出结构，对企业投入基础研究实行税收优惠，鼓励社会以捐赠和建立基金等方式多渠道投入，形成持续稳定投入机制，基础研究经费投入占研发经费投入比重提高到8%以上。实施更大力度的研发费用加计扣除、高新技术企业税收优惠等普惠性政策。完善激励科技型中小企业创新的税收优惠政策。《报告》提出，延续执行企业研发费用加计扣除75%政策，将制造业企业加计扣除比例提高到100%，用税收优惠机制激励企业加大研发投入，着力推动企业以创新引领发展。对先进制造业企业按月全额退还增值税增量留抵税额。第三，税收政策支持绿色发展。《纲要》提出，实施有利于节能环保和资源综合利用的税收政策。《报告》提出，扩大环境保护、节能节水等企业所得税优惠目录范围，促进新型节能环保技术、装备和产品研发应用，培育壮大节能环保产业。第四，税收政策支持开放发展。《纲要》提出，创新发展国家级新区和开发区，促进综合保税区高水平开放，完善沿边重点开发开放试验区、边境经济合作区、跨境经济合作区功能，支持宁夏、贵州、江西建设内陆开放型经济试验区。完善出入境、海关、外汇、税收等环节管理服务。创新对接方式，推进已签文件落实见效，推动与更多国家商签投资保护协定、避免双重征税协定等，加强海关、税收、监管等合作，推动实施更高水平的通关一体化。健全薪酬福利、子女教育、社会保障、税收优惠等制度，为海外科学家在华工作提供具有国际竞争力和吸引力的环境。《报告》提出，优化调整进口税收政策，增加优质产品和服务进口。第五，税收政策支持共享发展。《纲要》提出，加大和提高税收、社会保障、转移支付等调节力度和精准性，发挥慈善等第三次分配作用，改善收入和财富分配格局。健全直接税体系，完善综合与分类相结合的个人所得税制度，加强对高收入者的税收调节和监管。促进慈善事业发展，完善财税等激励政策。

（二）建议

实践证明，税收在稳定经济增长、增加就业、服务市场主体、促进科技创新、支持生态建设、保障民生等领域发挥着越来越大的作用，凸显税收在国家治理中的作用和效能。"税收"成为社会关注的关键词即是明证。

《纲要》《报告》为2021年及今后一段时期的发展指明方向，税收改革发展应立足新发展阶段、贯彻新发展理念、促进构建新发展格局，助推高质量发展，发挥税收在国家治理中的基础性、支柱性、保障性作用。

1. 实施新的结构性减税以稳定宏观税负

经过近几年实施大规模减税降费政策，有效抵御了经济下行压力特别是新冠肺炎疫情带来的突发性冲击，成效显著。但与此同时，持续地大规模减税降费给财政带来巨大压力，宏观税负持续下降，财政赤字和债务水平大幅提升，财政面临潜在的可持续风险。目前新冠肺炎疫情在国内已得到有效控制，在国外伴随疫苗的推广使用也呈好转态势，虽然仍存在不确定性，但总

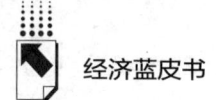

体上世界经济初显恢复性增长。在这种背景下，中央强调宏观政策的连续性、稳定性和可持续性，在继续执行制度性减税政策、延长部分阶段性政策执行期限的同时，明确提出要实施新的结构性减税举措，对冲部分政策调整带来的影响，颇具及时性和必要性。

目前社会上减税呼声依然很高，两会期间不少代表委员也提出诸多减税建议。从纳税人角度来说，税负当然越轻越好。但减税的同时要考虑财政承受能力。逻辑上年年都想大幅度出台减税降费措施是不现实、不可持续的。因此，我们认为"十四五"时期的税制改革，宜以优化和规范税制为目标，政策调整以结构性减税为主，强调施策的针对性和精准性，并不适宜再出台大规模的减税措施。同时有必要根据现实情况，适时研究一些增税措施，譬如基于"碳达峰""碳中和"愿景目标，研究开征碳税的可行性，既促进低碳转型，也能增加一定的税收收入，有利于在整体上稳定宏观税负水平。2019年我国宏观税负水平（不含社保费）已降至15.95%，2020年进一步降至15.19%。对于我国这样需要发挥重要宏观调控职能的政府，是需要一定财力保障的。目前的宏观税负水平已经比较低了，差不多已回到2005年前后的水平。[①] 有观点认为，我国纯宏观税负水平不高，但如果加上各种收费，大口径的宏观税负并不低，因此建议进一步减税降费。这其实有一个基本逻辑问题：税负重，需要减税；费负重，则需要降费，甚至取消收费。不能因为模糊的所谓"费重"而得出需要"减税"的结论。而且，从规范政府收入分配关系角度看，也需要清费立税，政府的收入更主要地要通过税收的方式实现。

2. 完善个人所得税制以促进公平正义

十九届四中全会提出"逐步提高直接税比重"，《纲要》提出"适当提高直接税比重"。"逐步"是一个分步走的系列，而"适当"是一个标准或刻度。虽然《纲要》没有对"适当"给出明确的方向，但从总体而言，个人所得税制的完善，要以"量能负担"为主要原则，应以促进社会公平正义为目标；发挥个人所得税调节收入分配作用，要让人们税收的负担和自身的收入能力、

---

① 根据2020年中国统计年鉴经修订后的GDP计算，宏观税负水平2004年、2005年分别为14.93%、15.34%。

财富拥有状况以及享受公共服务的状况能够彼此对接。目前，劳动报酬所得的税负相对于资本所得的税负更重一些。对劳动所得降税、对资本所得增税，有利于缩小分配差距。但对资本所得增税，会引起资本外流，可能导致经济与投资下滑。因此，要寻找劳动所得与资本所得课税的平衡点。要深入研究扣除标准、扣除项目、边际税率、税率级次等对不同收入能力、不同财富状况人群的影响，并相应调整税率和税率级距。

3. 优化增值税制度以促进市场发展

一是税收支持"保就业"，对不裁员少裁员、着力稳定现有岗位的企业，继续给予必要的财税等政策支持。二是支持"保市场主体"，聚焦支持稳定制造业、巩固产业链供应链，完善增值税链条。三是优化税率，研究如何简化税率，将三档税率归并为两档。四是扩大增值税的抵扣范围，试点贷款利息进项税额按固定比例进行抵扣，或参考"不动产进项税额分期抵扣"的政策进行分期抵扣。五是出台增值税跨地区、跨法人的集团汇总纳税制度。

4. 加强政策评估以规范完善各项优惠政策

从两会代表委员的建议可以看出，有不少都涉及税收优惠，说明税收优惠政策的关注度仍然较高。部分优惠政策涉及民生保障，也是人民群众最为关注的税收问题之一。十八届三中全会提出，"加强对税收优惠特别是区域税收优惠政策的规范管理……清理规范税收优惠政策"。《纲要》提出，"规范完善税收优惠政策"。当前，税收优惠政策存在种类繁多、存量较大等问题。因此，要积极开展税收优惠政策评估研究，主要包括：为什么要实施税收优惠政策？对谁实施税收优惠政策？税收优惠政策能否达到预期的政策目标？税收优惠政策带来的正面或负面效应是什么？怎么权衡税收优惠政策的成本与收益？等等，从而为规范完善税收优惠政策提供有说服力的支撑。

5. 深化税收征管制度改革以优化营商环境

国家税务总局王军局长在2021年全国税务工作会议上提出，要"以进一步优化税务执法方式为引擎干好税务开拓新局面"。优化税收执法方式，是2021年税务系统的重要工作，也必然会成为接下来完善税收营商环境的重要内容。构建优化税收营商环境的长效机制。认真贯彻落实《优化营商环境条

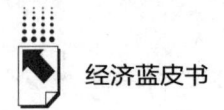

例》，细化落实涉税任务。深入开展税收营商环境试点，配合做好国内营商环境评价，落实好优化税收营商环境五年行动方案。全面建成政务服务"好差评"制度体系，提高纳税人权益保护质效。

6. 围绕协同发展战略以推进税收服务区域一体化

伴随近年京津冀协同发展、长江经济带发展、粤港澳大湾区建设、长三角一体化发展、黄河流域生态保护和高质量发展等上升为国家战略，税收应突破传统的行政区划限制，以期在更高水平上服务和推动区域一体化，要求形成新思路和新举措。一方面，借鉴世界一流湾区做法，探索跨区域税收治理模式，包括推动不同区域涉税信息共通共享、办税缴费跨区域同步同标准、税费政策一体化法治化等。另一方面，对标国际一流营商环境，以"放管服"改革为契机，制定时间表和路线图，率先推进国家重大区域内的税收营商环境改善，尤其是在办税时间、退税流程等领域力争跻身全球主要经济体前列。

参考文献

刘昆：《积极的财政政策要大力提质增效》，《求是》2020年第4期。

《国家统计局发布2021年前三季度国民经济运行数据》，国家统计局网站，2021年10月19日。

《2021年前三季度中国经济怎么看？国家统计局10位司长权威解读》，国家统计局网站，2021年10月19日。

高云龙主编《中国民营经济发展报告No.17（2019~2020）》，中华工商联合出版社，2021。

货币金融与风险防范

Monetary & Financial Situation and Risk Prevention

B.10
中国货币金融形势分析与风险防范

张晓晶　费兆奇　曹婧[*]

摘　要： 基于对疫情的有效控制、逆周期调控政策的有效对冲和跨周期调节的有序衔接，2021年的中国货币金融形势从极度宽松逐步回归至相对中性的水平，具体表现为：在政策趋严叠加实体融资需求减弱的背景下，信贷、社融增速以及宏观杠杆率均有所下行；货币市场流动性总体平稳，短期利率低位震荡；国内股票市场增幅较小，内部结构分化且波动性加剧；债券市场陷入结构性"资产荒"，信用债融资恢复但

---

[*] 张晓晶，中国社会科学院金融研究所研究员，主要研究方向为宏观经济学、宏观金融理论与发展经济学；费兆奇，中国社会科学院金融研究所研究员，主要研究方向为宏观金融、货币政策；曹婧，中国社会科学院金融研究所助理研究员，主要研究方向为地方政府债务、财税理论与政策。

分化明显；房地产市场显著降温；国内大宗商品价格的飙升趋势得到有效控制；人民币汇率持续上行。展望2022年，我国金融风险防范的重点在于四个方面：外部冲击风险、房地产风险、地方债务风险及中小银行风险。相应地，货币金融政策需要聚焦稳增长与防风险的动态平衡，突出跨周期调节：坚持结构性调控的同时，适度放松货币总量政策，努力实现潜在经济增长；注重防范外部冲击特别是美联储政策变化导致的外溢性风险；做好防范包括房地产风险在内的国内重点风险应对预案；继续推进利率市场化改革，降低实体经济融资成本。

关键词： 宏观金融　货币政策　跨周期调节

新冠肺炎疫情以来，基于对疫情的有效防控和逆周期调节政策的对冲，我国经济快速反弹，并在2021年上半年持续改善。在此背景下，宏观经济政策逐步退出"逆周期"调控，并着力于"跨周期"调节：从2020年上半年的"松货币、宽信用"，到2020年下半年的"紧货币、宽信用"，再到2021年上半年的"紧货币、紧信用"。宏观经济政策的有序衔接，为我国经济的持续复苏营造了适宜的货币金融环境。但是，进入2021年下半年，在国内经济下行压力加大、叠加美联储加息预期提前等因素的影响下，宏观经济需要通过结构性政策与总量政策之间的协调配合，实现稳增长与防风险的动态平衡。

一　货币金融运行的经济背景

2021年，全球经济在经历了疫情冲击下的深"V"反弹后，逐步回归低速增长期，但经济复苏仍面临诸多挑战，主要体现在：其一，全球经济增长疲软。受新冠肺炎疫情反弹和大规模经济刺激政策逐步退出等因素影响，全球GDP环比增长率自2020年第三季度达到峰值后持续下行。由于发达经济体和低收入发展中国家的预测增速放缓，IMF下调2021年全球经济增长预期至5.9%。与2008年国际金融危机相比，疫情导致的全球 GDP 降幅扩大数倍，但两次危机之后的经济反弹幅度持平，在低基数作用下 2021 年全球经济复苏难言强劲。其二，全球经济复苏分化加剧。由于各国疫情防控效果和宏观刺激力度不同，主要经济体的短期经济走势呈现分化。以中国为代表的亚太新兴经济体疫情防控形势持续向好，延续了 2020 年第二季度以来的回暖势头；受益于疫苗接种提速和政策强力支持，欧美等发达国家经济复苏态势较为明显；日本受制于疫苗接种率偏低和宏观政策空间不足，经济增长相对乏力。其三，大宗商品价格上涨加大通胀压力。境外疫情反弹导致供给恢复滞后于需求恢复，加上宽松货币政策影响，2021 年上半年以能源、有色金属和农业为代表的大宗商品价格持续走高。主要经济体通胀指标亦呈上行态势，2021 年 9 月美国 CPI、欧元区 HICP 分别同比上涨 5.4% 和 3.4%，远高于疫情发生前水平。其四，债务高企增大潜在风险。规模空前的财政刺激政策是经济重启的重要动力，但也造成财政赤字和债务水平飙升。据 IMF 最新预测，全球财政赤字占 GDP 的比重下降约 2 个百分点至 7.9%，仍远高于疫情前水平；全球平均公共债务占 GDP 的 97.8%，继续维持历史高位。随着货币政策回归常态化，低利率的偿债压力缓释作用减弱，债务风险为全球经济复苏埋下隐患。

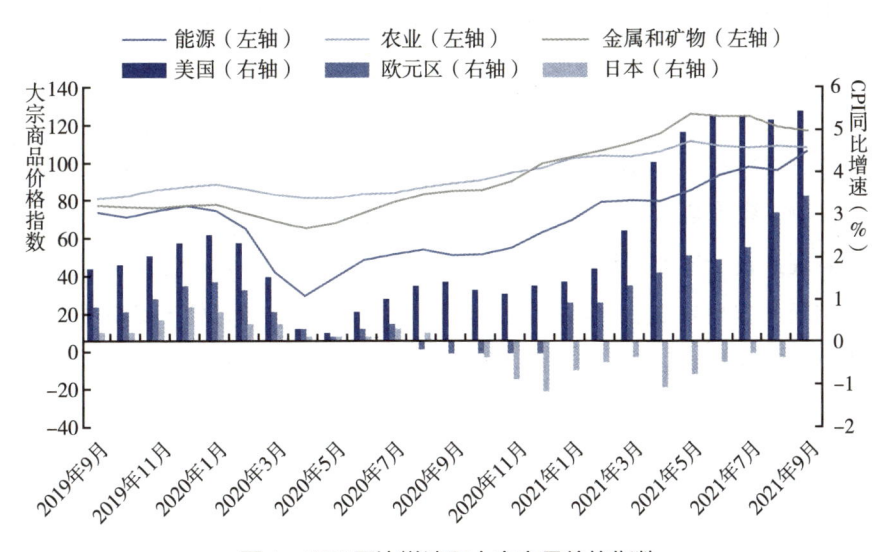

图 1　CPI 同比增速和大宗商品价格指数

资料来源：世界银行，Wind 资讯。

我国是2020年全球唯一实现经济正增长的主要经济体；并在2021年继续保持较高的增速。但是，疫情发生以来支撑我国经济反弹的基础并不稳固。与2008年次贷危机时期依靠"基建扩张"填补"出口萎缩"和"消费低迷"的经济运行特征有所不同，我国本轮经济企稳的需求端因素主要依靠出口和房地产投资。一方面，疫情导致的全球"供需错位"支撑了我国出口的快速反弹，特别是主要经济体大规模的财政刺激政策支撑了当地消费的快速回升，进一步推动了中国的出口增长；但是，随着2021年主要经济体宏观经济刺激政策的陆续退出，叠加供给能力的逐渐恢复，外需减弱将对我国出口带来双重压力。另一方面，疫情期间我国货币政策的逆周期调控和房地产较低的库存等因素，推动了房地产投资的快速反弹，并成为拉动全社会固定资产投资的中坚力量；但是，出于防控金融风险和转变发展方式的目标，各级政府在2020年下半年以来逐步加强对房地产市场的监管力度，房地产投资增速在2021年以来面临着持续下行的压力。

以缺口值估算的高频宏观经济先行指数（以下简称"先行指数"）描述了我国宏观经济运行的总体形势。图2显示，疫情发生以来先行指数反弹的顶点出现在2020年8月上旬，此后震荡下行且速率较快，说明经济在疫情后的反弹基础相对薄弱，在新旧增长动能转换的过渡时期缺少引领增长的主线。此外，先行指数在2021年6月中旬落入负值区间；并在7月末陷入"-1"以下经济下行压力较大的区域，直至样本末期9月17日。这说明当前经济运行已经偏冷，政策含义是需求端较弱。从具体的宏观数据来看，需求偏弱的第一个表现是投资增速持续走弱，从2020年和2021年的平均增速来看，全社会固定资产投资在2021年以来持续走弱（从2021年2月的5.25%下降至9月的4.05%）。其中，房地产投资增速（从2月的9.35%下降至9月的6.30%）和基建投资增速（从2月的4.05%下降至9月的1.97%）均呈现趋势性下降特征。制造业投资自4月以来有所上行（从4月的2.50%上升至9月的4.15%），但存在如下问题：工业企业内部上、下游行业的利润增长出现分化，将限制制造业投资的进一步增长；较多制造业企业从事出口贸易，下半年出口回落可能会为制造业投资带来较大的不确定性；消费需求不足，社会消费品零售总额（社零）的两年平均增速自2021年3月以来快速下行，从3月的7.45%下降至9月的4.60%，在三大需求中降幅最大。从影响因素看，一是在消费倾向不变的假设下，可支配收入是影响居民消费的主要因素，但是从2021年前三季度数据看，全国居民人均可支配收入增速持续低于GDP名义增速，且收入的中位数增速更低，这说明消费在短期内难以"独撑"拉动经济增长的目标。二是房地产调控导致房屋销售增速放缓（全国商品房销售面积两年平均同比增速从2021年2月的32.50%快速下降至9月的4.75%），从而导致与房屋相关的消费项目受到影响。三是汽车消费支出快速下行（根据中汽协数据，汽车销量两年同比增速从2021年2月的17.10%下降至9月的0.90%），主要原因除了需求端因素外，也包括车辆的生产供给端因素，如由于芯片短缺问题，汽车产量受到影响，全国汽车产量两年同比增速从2021年2月的22.05%下降至9月的1.65%，汽车产能下降间接影响汽车消费。

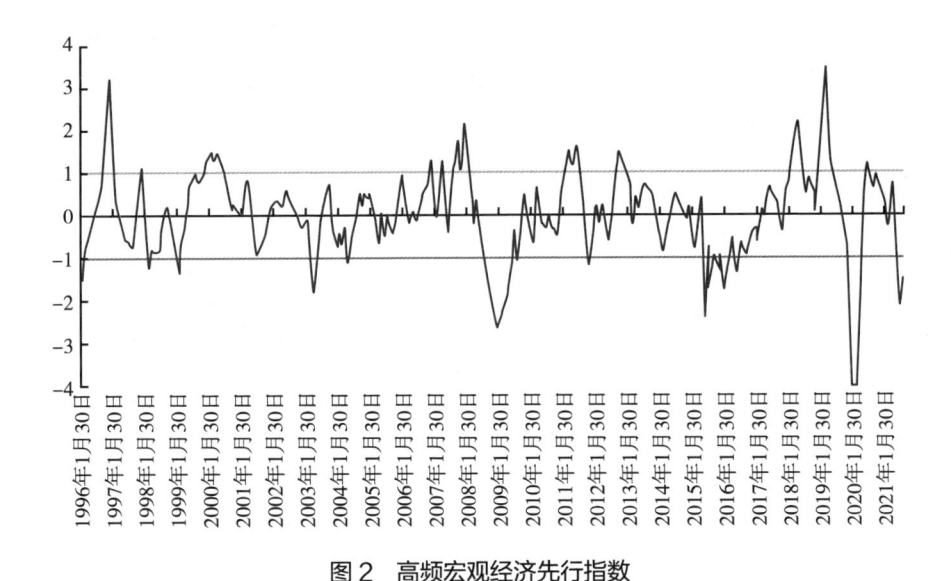

图2 高频宏观经济先行指数

注：①估算高频经济先行指数的指标包括国债期限利差、股票指数、广义货币供应量、消费者预期指数、工业产品产销率、物流指数、房地产开发投资先行指数、中游产业工业品价格指数和重要部门开工率。②高频经济先行指数是围绕0值波动的曲线，其中的0值代表经济运行的长期趋势；当指数正向偏离0值时，意味着经济运行转暖，反之意味着经济运行转冷。"+1"和"-1"代表经济运行的监测走廊，当指数正向偏离"+1"时，意味着经济过热；当指数负向偏离"-1"时，意味着经济下行压力较大。

二 货币金融形势分析

（一）高频金融指数视角下的货币金融运行态势

为了从整体视角分析国内的货币金融形势，本部分通过估算高频宏观金融形势指数（以下简称"金融指数"）[1]，描述货币金融的整体演进特征。金融指数是围绕0值波动的曲线，当指数围绕0值小幅波动，意味着金融形势在总体上保持相对中性。当指数正向偏离0值时，意味着金融形势转向宽松；反之意味着逐步偏紧。金融指数并非越大越好，当指数正向偏离"+1"时，意味着金融形势过度宽松，极易催生资产泡沫；但当指数负向偏离"-1"时，通常伴随着流动性危机或金融危机。

与西方主要经济体极度宽松的货币金融环境不同，我国的金融指数在经历了2020年的剧烈波动之后，从2021年初的最高值2.52逐步回落至第三季度的0附近，意味着金融形势从极度宽松逐步回归至相对中性的水平。

从影响金融形势的主要因素来看。

其一，稳定金融形势的因素主要包括：在国际大宗商品价格大幅飙升

---

[1] Duguay（1994）认为开放经济中国内外资产具有较强的替代性，国内外利差导致利率与汇率的联系增强，因此货币政策当局应通过影响短期利率和汇率的行为，从而最终影响总需求和通货膨胀率。基于此，Freedman（1994）提出货币条件指数，认为如果货币政策当局同时根据利率和汇率来衡量其货币政策状态能比单独使用其中一种提供更大的信息量。然而，在近20年，以非货币性资产价格大幅波动所引起的经济、金融体系的不稳定问题日渐突出。从20世纪日本的房地产泡沫，到1997年的亚洲金融危机，再到始于2008年的美国次贷危机，均对全球的实体经济造成了深远的影响。为此，资产价格波动对通货膨胀和实体经济的影响，成为理论界和业界关注的焦点问题；更有研究认为货币政策应对资产价格的异常波动做出相应调整。在这样的背景下，Goodhart和Hofmann（2000）提出了金融形势指数。这个指数考虑到非货币性资产价格对产出和通胀的影响，在利率和汇率构成的货币条件指数的基础上，加入了资产价格变量（例如房地产价格和股票价格等），旨在更全面地反映未来通货膨胀的压力和宏观金融形势的松紧程度。Duguay, P., "Empirical Evidence on the Strength of the Monetary Transmission Mechanism in Canada," *Journal of Monetary Economics*, 1994（33）; Freedman, C., "The Use of Indicators and the Money Conditions Index in Canada," Frameworks for Monetary Stability-Policy Issues and Country Experiences, *IMF Working Paper*, 1994(3); Goodhart. C., Hofmann, B. "Do Asset Prices Help to Predict Consumer Price Inflation?" The Manchester School, 68, Supplement, 2000。

的情形下，我国推动大宗商品保供稳价和双碳环保等政策，使内大宗商品价格快速上行的趋势自2021年3月以来得到了有效控制，从而起到了稳定金融形势的作用；在主要经济体股票市场指数屡创新高的情形下，我国通过资本市场的相关改革和监管措施稳定了股票市场的走势，以上证综合指数为例，指数从2021年初的3503点升至9月末的3568点，上涨幅度仅为1.86%；在主要经济体大搞量化宽松和超低利率的情形下，我国货币政策保持了正常的货币政策空间，市场短期利率运行相对平稳，2021年前三季度的7天回购利率均值为2.31，略高于2020年全年均值的2.23。

其二，导致金融形势逐步收紧的因素主要包括：为转换经济的增长动能和防范系统性金融风险，我国政府（含地方政府）仅在2021年就出台了数百条房地产调控政策，全国商品房价格呈现趋势性下行的态势，如国房景气指数自2021年1月的101.11下行至9月的100.74；在我国经济快速复苏和金融开放加速推进的背景下，人民币汇率在2021年继续呈现单边升值的趋势，如人民币名义有效汇率从年初的119.04（2020年12月末数值）上升至2021年9月的123.70，作为反向指标，人民币汇率的单边快速升值对金融形势具有显著的紧缩效应。

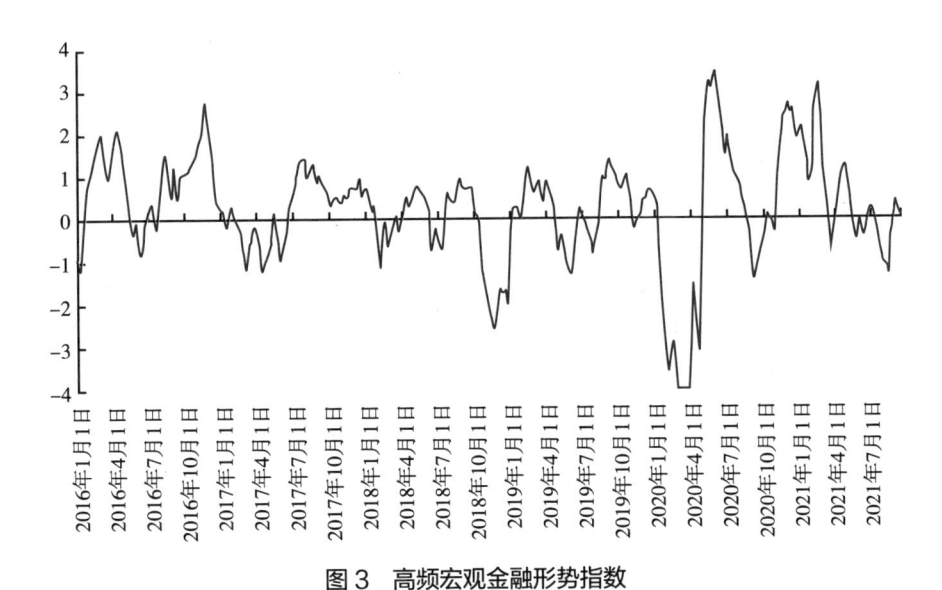

图3 高频宏观金融形势指数

注：估算高频宏观金融形势指数的指标包括短期利率、人民币有效汇率、股票价格、房地产价格和大宗商品价格。

（二）政策趋严叠加实体融资需求减弱，信贷和社融不及预期

2021年前三季度新增人民币贷款略弱于上年同期，贷款存量增速持续放缓至11.9%，信贷投放水平不及预期。分部门来看，消费复苏偏缓叠加房地产"降杠杆"等因素导致居民贷款震荡下行。其中，居民短期贷款增长在季末均呈超季节性表现，受疫情反弹影响，暑期消费旺季对居民短期贷款的提振作用有限。在房地产金融严监管态势下，个人住房贷款额度收紧且放款周期拉长，新增居民中长期贷款下行压力加大。

实体经济融资需求不足导致企业贷款走弱，短期融资（短期贷款和表内票据）表现明显好于中长期融资。由于原材料价格上涨降低了企业补库存意愿，企业短期贷款与上年差距显著拉大。9月短期贷款同比增幅首次由负转正，可能与银行季末冲量有关。票据融资对信贷规模阶段性企稳回升的贡献较大，4月以来企业票据贴现激增且持续处于高位。票据加速贴现的潜在原因在于：一是票据贴现利率走低增加企业贴现需求，以票据贴现代替短期贷款可降低企业融资成本；二是在流动性充裕但信贷需求不足时，银行会借助票据进行流动性管理。企业中长期贷款增长虽不及上年同期，但略高于疫情前水平，影响长期信贷的积极与消极因素共存：一方面，原材料价格上涨削弱制造业盈利能力和融资需求，政府多次强调加强对制造业、小微企业、民营企业等重点领域的信贷支持，企业中长期贷款在政策强力支持下有望回暖；另一方面，房地产、城投等领域面临监管高压且受恒大事件冲击，融资需求大幅收缩对信贷扩张形成一定的拖累。

2021年前三季度新增社融明显低于上年同期，与2019年基本持平，社融存量增速由2月的13.3%持续下滑至9月的10%，创历史新低。社融增长不及预期除了信贷增速回落的原因外，还受到非标融资持续压降、直接融资增长放缓的影响。

表内融资方面，新增人民币贷款和上年同期大致持平，自第三季度起逐渐缩量。非标融资方面，受资管新规制约，2~9月非标融资维持负增长，累计拖累社融少增1.63万亿元。其中，新增委托贷款小幅高于上年同期，呈现回

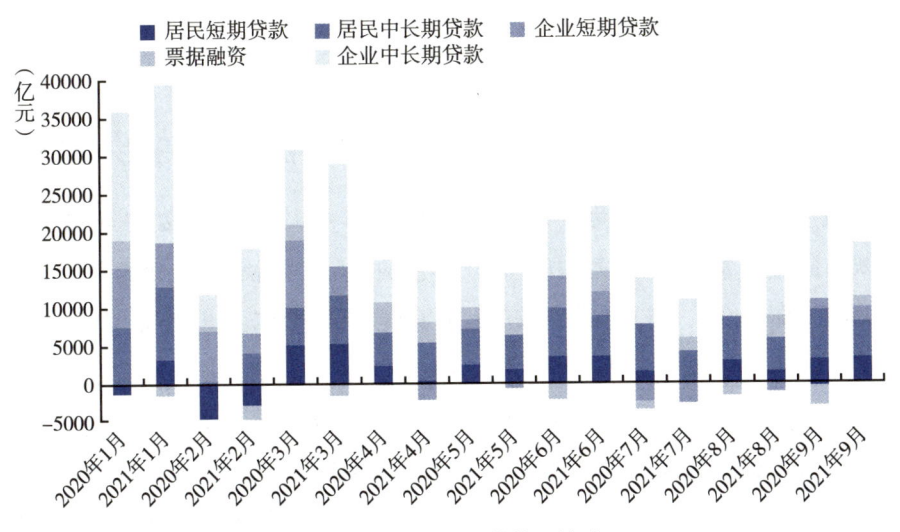

图4 新增人民币贷款及构成

资料来源：Wind资讯。

暖特征。在信托"两压一降"要求下，3月以来信托贷款保持每月1000亿元以上的压降规模，下半年压降节奏逐步加快。未贴现银行承兑汇票同比明显多减，表内和表外票据融资总量自6月起显著高于上年同期，表明实体经济融资需求偏弱且银行"以票充贷"特征明显。随着资管新规过渡期临近结束，非标资产大额清理仍将拖累社融增长。

直接融资方面，2021年第一季度直接融资占同期新增社融的比重仅为18.27%，4月以来回升至上年水平，约为41.96%。企业债券融资变化受监管政策和市场情绪影响较大，3~4月债券融资同比少增近1.17万亿元，由于2020年新《证券法》降低发债门槛造成基数抬高，同时受永煤债券违约影响，公司债发行审核趋严，叠加信用债集中到期，导致债券净融资下降。受季节性因素影响，5月债券融资首次出现负值，因为5月发债需要补充披露年报，债券发行处于低谷。随着恒大事件不断发酵和城投债融资收紧，9月地产债发行遇冷，城投债净融资由正转负，拖累企业债券融资。上半年资本市场加速回暖，股票融资增幅明显高于上年同期，8月在中国电信IPO拉动下创单月最高增速，资本市场直接融资能力持续提升。2021年专项债发行在提前下达时间和额度使用上明显滞后,导致政府债券发行节奏错位,8月专项债发行有所提速。

(三)宏观杠杆率下降,降幅受分母因素(名义GDP)影响较大

截至2021年第三季度,宏观杠杆率为264.8%,已经从2020年第三季度末的最高点271.2%连续经历了四个季度的下降,降幅达6.4个百分点。杠杆率的下降速度在2021年第三季度有所减弱,分母因素(即名义GDP增长)驱动的快速去杠杆时期已过,未来宏观杠杆率将以稳定为主。从债务增速来看,第三季度实体经济债务环比增速为2.1%,略低于第二季度,也低于过去几年第三季度的环比增长水平;债务同比增速为9.7%,也是21世纪以来的最低点。近几个季度,货币政策已回归常态,且政策环境偏紧,这是宏观杠杆率稳中有降的主要原因。经济增速方面,第三季度则表现欠佳。单季看,实际GDP同比增长4.9%,名义GDP同比增长9.8%,均处于较低的水平。如果考虑到上半年经济增长较快,去掉这个基数效应,第三季度的环比增速更低。季调后的实际GDP环比仅增长0.2%,未季调的名义GDP环比也仅增长2.9%,

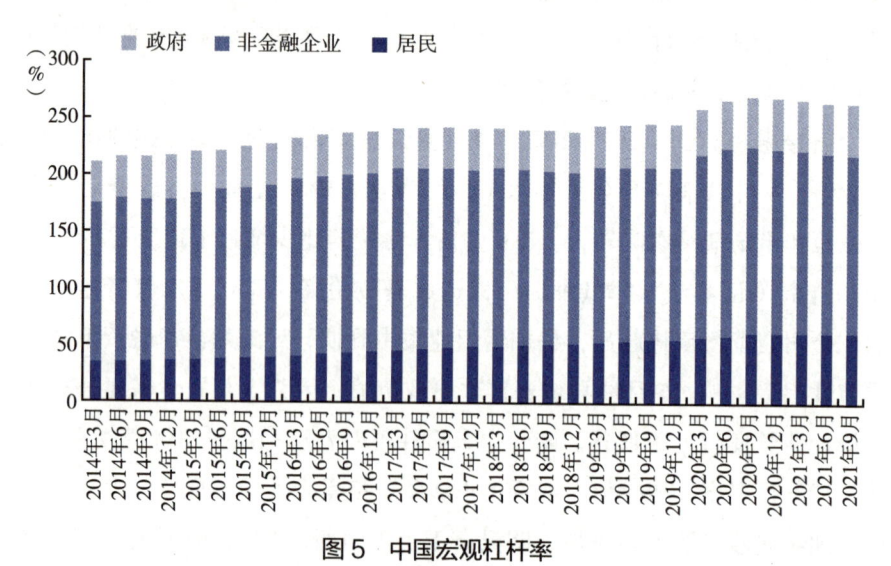

图5 中国宏观杠杆率

资料来源:国家资产负债表研究中心(CNBS)。

均低于普遍预期。经济增速下行，拖累了第三季度去杠杆的效果。债务增速降幅超出了我们之前的预期，但经济增速更是滑出潜在增长区间，大幅低于预期，使得杠杆率仅出现了微弱下降，去杠杆效果有所减弱。

（四）货币市场流动性总体平稳，资金利率低位震荡

2021年以来，我国稳健的货币政策保持灵活精准、合理适度、稳字当头，中国人民银行综合运用多种货币政策工具，保持流动性合理充裕，货币市场利率运行平稳。以Shibor隔夜拆借利率和存款类机构质押式7天期回购加权利率（DR007）为代表的货币市场短期利率围绕公开市场7天期逆回购操作利率（2.20%）在合理区间内低位平稳运行：除1月底出现跳涨外，Shibor隔夜拆借利率和DR007基本处于1.46%~2.58%的区间内，1~10月平均值分别为1.97%和2.17%。

货币市场资金利率的主要影响因素包括宏观经济基本面和货币市场流动性两个方面。从宏观经济形势来看，全球经济复苏和疫情发展形势仍具有不确定性，国内经济恢复依然不稳固、不均衡，需要较低的利率环境为复苏夯实基础。考虑到1月是商业银行传统的信贷集中投放期，加之春节前现金需求增多，助推资金利率走高。从物价走势来看，2021年以来全球大宗商品价格上涨引起PPI持续上行，9月PPI同比增速扩大至10.7%，创历史新高，生产端通胀压力凸显。而疫情后我国经济供给端复苏快于需求端，企业难以将高涨的生产成本转嫁给终端消费者，因此PPI上涨向CPI传导效果有限，自6月起CPI同比涨幅持续回落。我国经济基本面企稳向好，通胀总体温和，对货币市场利率不构成上行压力。

就货币市场流动性而言，2021年3月以来，中国人民银行持续开展百亿元7天期逆回购操作，9月中下旬扩大逆回购规模至千亿元，并采用"7+14"天期的逆回购组合，有效满足市场流动性。MLF在满足地方法人金融机构流动性的同时，发挥了利率走廊上限作用。在中长期流动性管理方面，2021年7月15日中国人民银行全面下调金融机构存款准备金率0.5%，约释放长期资金1万亿元，精准对冲当日和8月17日分别到期的4000亿元和7000亿元

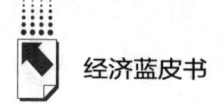

MLF，有效维护货币市场平稳运行。考虑到2.45万亿元MLF将于第四季度到期，流动性缺口或有增大。

其他流动性扰动因素的影响相对有限。外汇占款方面，由于全球经济和贸易需求呈恢复性增长态势，前三季度我国出口持续走强，贸易顺差不断扩大；同时受益于国内稳定的经济环境，资本项目中的直接投资和证券投资也出现顺差，贸易和资本双顺差使得外汇占款呈增长趋势，为货币市场资金投放创造了条件。政府债券发行方面，受专项债额度下达较晚、项目审核趋严等因素影响，2021年上半年地方债发行节奏偏慢，下半年专项债发行提速将增大债券供给压力，流动性缺口有所扩大。

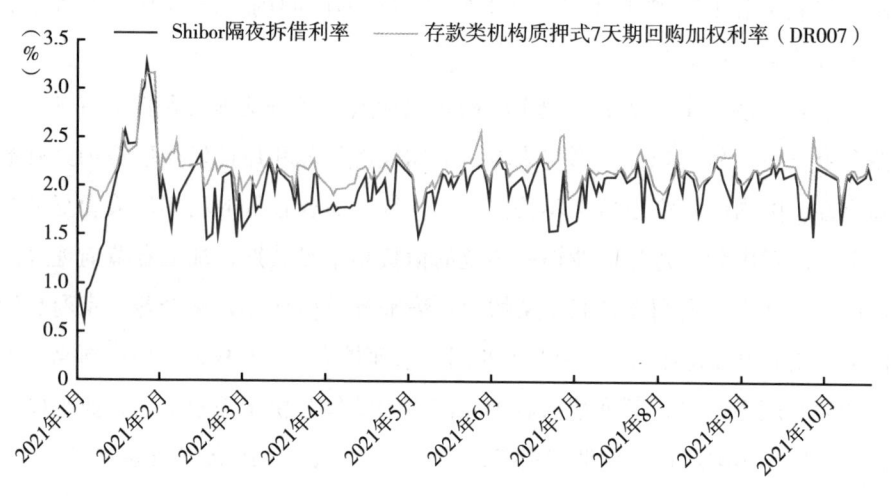

图6 Shibor隔夜拆借利率和DR007

资料来源：Wind资讯。

（五）国内股票市场增幅较小，内部结构分化且波动性加剧

2021年全球主要股票市场出现大幅飙升，前三季度美国标普500指数、日经255指数、德国法兰克福DAX指数、法国巴黎CAC40指数和英国伦敦金融时报100指数分别上涨15.19%、7.74%、10.59%、15.41%和7.54%，主要股市上涨的主要原因是各国政府为应对疫情普遍采取了扩张性财政和货币政策，股票市场飙升与实体经济复苏动能减弱出现了背离。相较而言，中国股市在常态化货币政策和审慎监管政策的综合作用下，上证综指运行相对平稳，前三季度涨幅仅为1.84%。

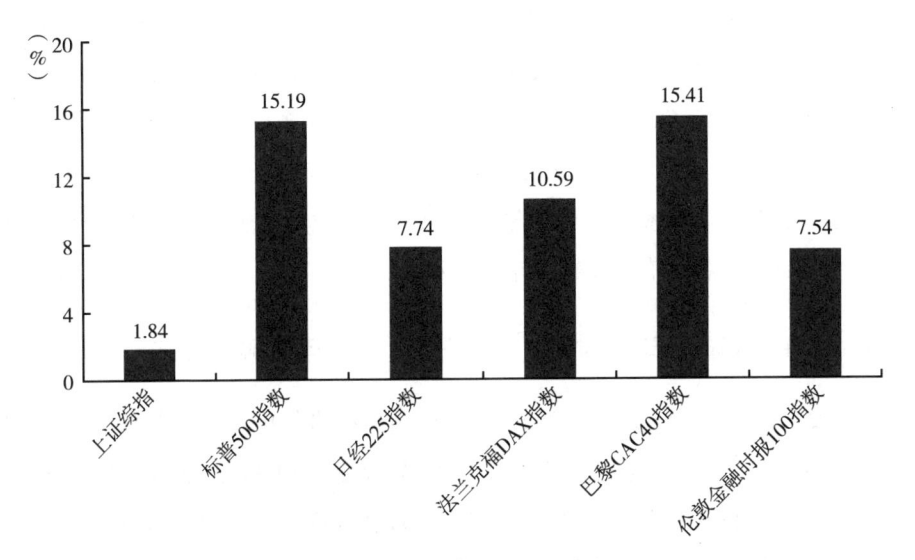

图7　2021年1~9月主要国家股指增长率

注：柱状图上方数字为股指的对数增长率（%）。
资料来源：Wind资讯。

中国股票市场的内部结构表现出分化和高波动性的特点。2021年1月，蓝筹股出现快速上涨，而中小市值股票却快速下跌，导致这一现象的原因是：市场普遍认为蓝筹上市公司有望崛起并形成持续牛市，标志性信号是1月公募基金发行井喷，股票型基金和混合型基金募集了5000多亿元资金；与此同时，随着注册制的推行，上市行政干预的减少意味着"壳价值"的贬值甚至消亡，因而中小市值呈快速下跌现象。随后市场行情发生转变：一方面，多数基金重仓股估值严重偏高，尤其是白酒行业股票，机构抱团出现松动，上证综指出现下跌；另一方面，注册制改革使得市场承压，中小市值股票持续下跌可能引发局部金融风险，新股发行速度很快得到控制，这意味着

"壳价值"贬值预期放缓，自5月起代表中小市值的中证1000指数开始持续走强。

中国资本市场波动性较高是经济金融周期性因素、结构性因素及体制性因素叠加共振的结果，防范金融风险关键在于深化金融改革。一是加快多层次资本市场建设。2021年9月2日，中国宣布设立北京证券交易所（以下简称"北交所"）。北交所的定位是服务"专精特新"中小企业，它将与上交所、深交所形成行业与企业发展阶段上的差异互补，在多层次资本市场建设中发挥纽带作用。二是进一步完善信息披露制度。当前市场扰动的一个重要因素来自量化交易，大量私募基金的量化交易恰恰是利用了市场有效性低的特点，进一步加强信息披露有利于减少市场波动。

（六）债券市场陷入结构性"资产荒"，信用债融资恢复但分化明显

2021年信用债融资已从2020年底永煤违约事件中得到明显修复，净融资大幅回正。① 2021年前三季度信用债发行总量约9.6万亿元，同比增长2166.6亿元。信用债到期压力集中在3~4月和8~9月，到期规模接近1万亿元，偿债高峰叠加融资收紧可能加剧信用风险。5月净融资额大幅转负，主要原因有：一是债券发行因"补年报"效应而收缩。二是4月出台的公司债审核新规导致城投债发行降温。随着季节性因素和政策变动效应不断消减，自6月起净融资额回暖并维持高位。在严控地方隐性债务风险和房地产融资规模的背景下，城投和地产融资收紧；同时，政策层面上鼓励银行加大制造业中长期贷款支持力度，一定程度上弱化了企业债券融资需求，预计第四季度信用债净融资难有大幅放量。

前三季度信用债发行区域和行业分化显著。分区域看，信用债发行主体集中于长三角和珠三角，发行规模居前五位的省份分别是北京、江苏、广东、浙江和上海，合计占比60.3%。13个省份信用债净融资整体为负，其中受永煤违约事件影响较大的河南、河北、山西等省份信用债净融资仍存在较大缺口。

---

① 本报告所指信用债包括超短期融资券、短期融资券、中期票据、定向工具、企业债、公司债、私募债、可转债和可交换债。

分行业看，建筑与工程、公用事业和金融业的信用债发行和净融资状况较好。近半数行业净融资为负，受前期大型地方国企违约事件和行业融资政策收紧等影响，能源、房地产、汽车等行业净融资缺口较大，再融资风险值得关注。

前三季度信用债收益率呈现"V"形走势，城投债收益率中低等级分化明显。1月下旬因资金面收紧和美债收益率走高，信用债收益率短暂上行。此后在"宽货币、紧信用"的格局下，高收益资产供给不足，叠加专项债发行进度偏缓，导致信用债收益率自3月起持续下行。8月以来货币政策宽松预期尚未兑现，流动性边际收敛和宽信用预期升温带动信用债收益率有所上行。永煤违约事件后机构更加偏好中高等级城投债，AA-级各期限城投债收益率逆势上行，显示市场对于低评级城投债更加谨慎。

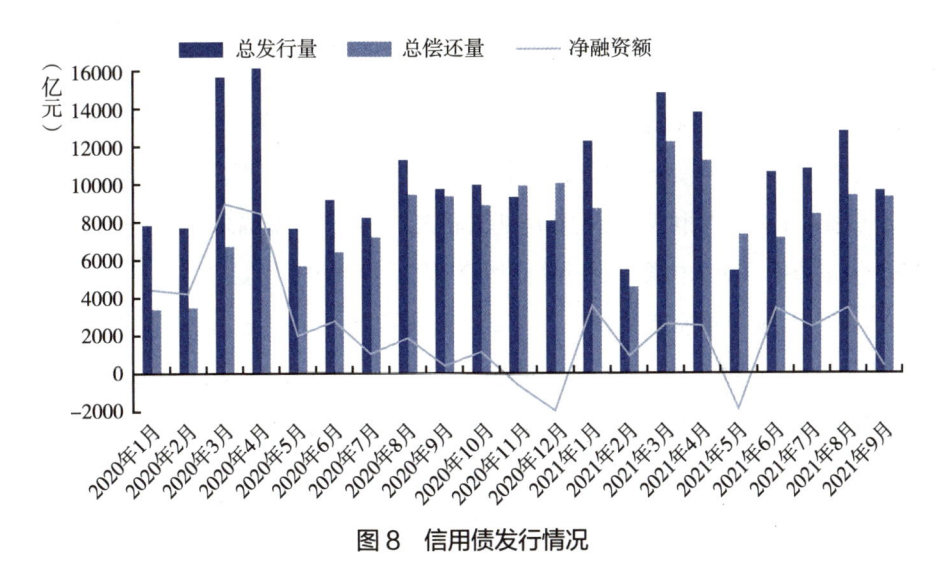

图8 信用债发行情况

资料来源：Wind 资讯。

（七）房地产市场显著降温，由此引发的风险值得关注

2021年以来在"房住不炒"定位下，我国房地产调控政策持续收紧，"三道红线"约束房企融资额度，房地产贷款集中度管理"两个上限"约束居民和房企贷款，多地开始实行住宅用地供应"两集中"制度，房地产市场逐渐

降温。前三季度商品房销售总体呈现增速放缓趋势，商品房销售面积和销售额增速逐月回落。房屋竣工面积呈现持续正增长，房屋新开工面积呈现持续负增长，且二者差距逐渐拉大。这表明在外部融资收紧下，房企通过加速存量房屋的竣工、延缓增量房屋的施工、加快销售回款来减轻短期偿债压力。在金融机构收缩房企贷款、房企折价卖房促进资金回笼的情况下，8月房地产到位资金增速继连续两个月下滑后出现拐点，到位资金出现分化，销售回款及个人按揭贷款回暖，国内贷款继续下滑。房企销售回款和银行贷款增速下降，导致5月以来房地产投资增速持续回落。

从70个大中城市房价走势来看，新建商品住宅价格环比涨幅仍在增大，其中一、二线城市环比涨幅较大；二手住宅价格涨幅有所趋稳，但一线城市二手住宅价格涨幅仍保持相对高位。从30个大中城市商品房成交面积来看，一线城市成交面积同比增速显著高于二、三线城市。2021年以来22个重点城市开始实施住宅用地"两集中"政策，使得第一季度土地市场供给规模下降，自4月起土地供应有所增加，主要是由二线城市供地增加带动的。成交土地楼面均价和溢价率总体较高，100个大中城市住宅类用地楼面成交均价同比涨幅高于上年同期水平，三线城市土地供应总体降低，其楼面均价同比涨幅和溢价率最高。

随着房地产调控持续收紧，房企优胜劣汰提高了市场集中度，抗风险能力较弱的中小房企受房地产市场低迷冲击较大。截至9月30日，2021年已有284家房地产企业发布破产文书，平均每天有1家房企破产。上市房企的短期债务占比较高，但债务风险总体可控，主要集中在"三道红线"标准中的红档和部分橙档房企，如华夏幸福、恒大等高杠杆大型房企的债务风险已暴露，其余高风险房企的经营状况仍在恶化。虽然少数房企违约为个案，但若处置不当，将造成重大负面影响：一是信用风险扩散加剧地产行业流动性紧张；二是房企贷款违约导致金融机构不良资产率上升、信贷紧缩；三是土地市场降温加大地方政府财政压力；四是房地产上下游产业链受到连带冲击。

（八）国内大宗商品价格的"飙升"趋势得到有效控制

2021年以来，大宗商品价格出现明显上涨，品种之间出现分化。钢铁板块方面，螺纹钢和铁矿石期货 5 月大幅跳水后 6 月触底反弹，铁矿石期货自 7 月中旬进入下行区间。煤炭板块方面，4 月以来焦煤和焦炭期货双双走高。有色金属板块方面，沪伦铝期货强势上涨，沪伦锌期货震荡走高，沪伦铜期货 5 月冲高回落。能源板块方面，WTI 原油、IPE 布油和 INE 原油期货价格自年初起快速上行，7~8 月小幅回调，8 月下旬以来动力煤期货价格持续暴涨。

本轮大宗商品价格走高是供给收缩、需求恢复、流动性宽裕和金融市场投机炒作等多种因素作用的结果。从供给端看，一是疫情反弹和防疫措施冲击全球供应链，大宗商品供给和交通航运受阻；二是国内减碳、环保限产力度加强导致钢铁、煤炭、有色金属等大宗商品产量进一步下降；三是全球性贸易摩擦和大宗商品短缺引发各国限制原材料出口，干扰大宗商品供应。从需求端看，随着新冠肺炎疫苗接种推广和欧美相继推出大规模财政纾困政策，全球经济加速复苏带动大宗商品需求回暖。从市场投机角度看，由于大宗商品具有金融属性，在低利率、流动性泛滥和资产荒的环境下，市场风险偏好提振助长商品投机炒作。此外，新能源发展遇冷、煤矿突发事故、极端天气等短期突发事件对相关商品供给造成扰动。

7 月下旬以来，国内保供稳价政策调控初见成效，加上全球货币宽松预期减弱，大宗商品开始降温。近期，我国大力纠正"一刀切"限电限产和运动式"减碳"，释放国内煤炭产能。同时加强需求侧管理，以铁矿石为例，一方面，我国自 5 月起分两批取消部分钢铁产品的出口退税，自 8 月起提高铬铁、高纯生铁的出口关税，对不合理外需进行调控；另一方面，下半年压减粗钢产量工作进一步落实，对铁矿石需求明显减弱。此外，在约谈重点企业、调整部分期货保证金标准和涨跌停板幅度、规范大宗商品流通秩序之后，投机炒作行为得到有效抑制。

（九）人民币汇率持续上行，未来或现贬值压力

人民币汇率在 2021 年表现较为强势，前三季度美元指数累计升值 4.8%，人民币兑美元汇率中间价上涨 0.6%，CFETS 人民币汇率指数累计

上涨5.1%。尽管近期美元指数强势反弹，人民币兑美元汇率回调压力加大，但对外经济部门强劲仍从基本面支持了人民币对外币值的强势。从经常账户来看，我国凭借制造业的供应链优势实现贸易顺差高位攀升，在外需总量、市场占有率、价格因素等方面保持向好态势，较强的出口竞争力支撑人民币汇率的长期中枢。从资本账户来看，我国资本项目（尤其是证券投资项下）的资金流入规模平稳增加，原因在于：一是我国制造业产业链的安全性和稳定性吸引外资流入；二是2018年以来我国金融领域深化对外开放，为跨境资本流入提供制度便利。人民币汇率保持稳健还与中国人民银行在离岸市场的央票发行操作有关，2021年5月以来，中国人民银行开始超量续作离岸人民币票据，发行利率也有所提高，票据余额与发行利率双升表明中国人民银行正在离岸市场主动回收人民币流动性，对人民币汇率有一定支撑作用。

展望第四季度，较强的出口增长和偏紧的短端流动性仍将支撑人民币汇率区间震荡，但这些短期支撑因素大概率会发生边际变化。一是国内在限产等制约下，基本面的下行压力在短期有所加剧。二是中美财政货币政策分化加剧，我国继续采取积极的财政政策和稳健的货币政策，流动性合理充裕，但市场对国内宽松货币预期降温；美国将在年底实施Taper，财政部TGA账户进一步压降空间有限，美元流动性边际拐点或已来临，同时美国基建法案大概率会被通过，这将进一步对美元形成利好。三是中美经贸协议存在变数，由于中美之间在科技方面的竞争白热化，直接取消关税仍是小概率事件，中美经贸关系难以出现本质性好转。

美国启动Taper是影响人民币汇率变动的关键的不确定性因素，预计本轮Taper影响跨境资金流出，进而使人民币汇率承压的影响有限。其一，受到全球金融严监管政策限制，跨境资金规模占我国GDP的比重较2013年明显减少。其二，随着境内企业的外汇风险管理能力不断提升，境内企业并不一定需要在美元升值时降低美元负债，这意味着2014~2015年人民币贬值周期内形成的"人民币贬值—美元债务提前偿还—美元需求增加"的负反馈机制有望被打破。其三，疫情以来我国经济率先复苏，国内出口表现强劲，央行外汇占款变动不大意味着银行体系内美元流动性充沛，银行间市场人民币流动性边际收紧。

三 金融风险防范的重点

经济增长失速是金融体系平稳运行的主要挑战。2021年以来，国内各项宏观政策对新能源产业、中高端制造业的支持力度持续加大，相关产业呈现出较好的增长态势和前景，为新发展格局下我国经济高质量、可持续发展奠定了坚实的基础。但是，在新旧增长动能转换的当下，以房地产投资、高耗能产业投资和低附加值产品出口为代表的传统增长动能仍在经济增长中占据较大比重；由此，相关产业在供给端的快速压降和需求端的持续走弱，使2021年下半年和2022年的经济面临较大的下行压力。高频经济先行指数显示，我国经济运行在2021年下半年以来的下行压力陡增，未来可能面临着增长失速的风险。经济平稳运行是金融体系保持稳定、健康发展的根基；经济增长失速会为整个金融体系带来诸多挑战。例如，将被动推高国内各部门的宏观杠杆率；财政收入下降将加剧地方政府的债务风险；将对银行业（特别是中小银行业）的资产质量、盈利能力、流动性等方面造成多维度冲击；从企业基本面的角度对以股市为代表的权益性市场造成冲击；从宏观基本面的角度对人民币汇率带来下行压力，以及资本外流的压力；等等。

展望2022年，我国金融风险防范的重点在以下几个方面。

（一）外部冲击风险

第一，受各经济体疫情防控和疫苗接种水平差异较大等因素的制约，输入性疫情风险犹存。10月以来，全球单日新增确诊病例小幅上升，欧洲新冠肺炎疫情边际恶化，其中英国和德国疫情出现明显反弹。疫苗接种是经济重启的重要保障，欧美发达经济体的疫苗接种比例明显高于亚非发展中国家。自11月起，疫苗接种进度领先的多国宣布重新开放边境计划，选择"与疫情共存"的防疫策略。全球防疫政策差别化和疫苗接种不均衡加大了国内防疫

难度，可能延缓经济的全面重启。

第二，美联储正式启动Taper，加息预期升温。美联储11月议息会议如期启动Taper，计划从11月中旬起每月减少150亿美元购债规模，Taper节奏根据经济前景变化随时调整，预计2022年7月前后结束资产购买。Taper如期落地标志着美国货币政策正式步入紧缩周期，美国十年期国债收益率由1.56%上行至1.61%，短期需警惕国内利率随之回升的风险。美联储维持联邦基金利率0%~0.25%不变，但市场预期2022年美联储加息节奏加快。一方面，美联储加速Taper节奏为提前加息留有余地，大概率在Taper完成后启动加息。根据联邦基金利率期货，市场主流预期首次加息或在2022年7月，到12月前将加息两次。另一方面，部分发达经济体和新兴市场国家进入加息周期，韩国、挪威、巴西、俄罗斯均已启动加息，英国、加拿大、澳大利亚等近期释放加息信号，全球加息浪潮蔓延或将刺激美联储加快加息步伐。预计美联储货币收紧产生的负面溢出效应整体可控，随着2022年国内经济下行压力增大，我国货币政策将坚持以我为主、稳字当头、内外均衡，央行跟随加息的可能性较小。

第三，Taper尘埃落定后，全球经济复苏风险点或转向美国债务上限问题。本轮美国债务上限延长至12月3日虽然暂缓了债务危机，但债务上限问题悬而未决导致美国政府新增发债受到约束，掣肘拜登基建计划等财政刺激政策发力，阻碍美国经济复苏。债务上限危机持续发酵可能引发国债违约、政府停摆等风险事件，严重削弱美国借债信誉，抬升美国短期国债利率，避险情绪升温或冲击股市，加剧全球金融市场动荡，拖累全球经济复苏。

（二）房地产风险[①]

中国第二大房地产公司恒大集团因未能按期支付债务利息而陷入了实质性违约困境。由此引发市场面与决策层、国内与国际的广泛关注。恒大违约使得原本就是中国最大"灰犀牛"的房地产业风险进一步凸显和加剧。

---

① 张明、蔡真、王喆、张冲对本部分亦有贡献。

第一，恒大问题不仅是流动性危机，还可能面临偿付能力危机。恒大面临的流动性危机主要表现在，一方面，恒大债务中的短期债务占比极高。恒大的短期负债占比高达80%，规模大约为1.57万亿元。未来一年内，恒大还本付息压力极大。靠出售土地储备是远水不解近渴，更何况，短期内大量售地，将会极大压低土地储备的售价。另一方面，恒大有着规模可观的隐性债务。恒大的隐性负债主要包括与上下游供应商的应付和预收款项、与控股金融机构的关联交易、明股实债、未兑付金融理财产品等。据摩根大通的评估，在考虑表外负债情况下，恒大集团的净负债率达到177%，远超100%。据我们的估算，在考虑应付账款后恒大的现金短债比仅为0.11，短期流动性缺口巨大，约为7000亿元。恒大还可能面临偿付能力危机。根据中国恒大（HK3333）发布的2021年年中财务报告，恒大集团的负债总额为1.97万亿元，其中包括应付和预收款项约1.2万亿元、金融机构贷款约3900亿元、境内外债券未偿付余额约1800亿元（美元债余额约140亿美元）等。从资产侧来看，2020年底恒大集团的土地储备为2.31亿平方米。有研究认为，恒大的土地储备市值约为3万亿元，显著超过其负债总额，因此恒大危机本质上是流动性危机而非偿付能力危机。然而，据团队的测算，恒大的土地储备估值约为1.5万亿元。这意味着恒大可能面临资不抵债的偿付能力危机。若恒大发生偿付能力危机，很可能引发金融市场的传染效应，导致房地产企业和银行部门发生危机。

第二，非金融债务违约更易引发上下游连锁反应甚至社会问题。尽管恒大总债务中金融负债不到1/3，其风险对金融行业的外溢性可控，但事实上，非金融债务违约更易引发上下游企业连锁违约，甚至可能引发社会问题。一方面，恒大在全国的200多个城市中的700多个项目已有500多个处于停工状态，已售未交楼的商品房达到60多万套，对应合同负债约为2000亿元。如果这些已售未交楼的商品房最终不能交付，那么已交房款的购房者可能损失惨重。另一方面，恒大上下游的供应商合作企业接近8500家，若发生非金融债务违约，将对上下游企业的稳定经营造成冲击。在恒大约1万亿元的短期应付款项中，很大一部分是欠上下游供应商的款项，其中包括大量的农民工工资。交了钱拿不到房,以及农民工工资发不出,都可能引发社会问题。

第三,恒大问题可能不仅是个案。恒大如果处置不当,将引发房地产行业连锁性、集体性违约。首先,许多头部房企的基本面状况不佳。恒大过度多元化、大举加杠杆的无序资本扩张问题同样存在于其他开发商。例如,当前除恒大的负债接近2万亿元之外,碧桂园、万科、绿地控股、保利发展等开发商的负债也都超过了1万亿元。此外,目前市场普遍认为融创未来也存在爆发类似危机的风险。其次,恒大、花样年等房地产公司的违约可能会引发其他房地产企业的模仿效应,也即通过违约保证流动性以实现保交楼。最近一段时期内,房地产企业债券违约现象频发,商业银行开发贷的不良率也出现较快上升。最后,投资者的集体性恐慌情绪也可能导致羊群效应,引发整个房地产业股票和债券普遍下跌。在市场信心非常脆弱、动荡不安的环境下,债权人或者投资者很难准确区分房地产开发商的个体特征,而是倾向于将它们同等对待。因此,需要警惕房地产行业出现连锁性、集体性违约而发生危机的可能。

(三)地方债务风险

地方债务风险主要体现在:专项债提速潜藏风险,城投债和地产债风险互溢。随着专项债发行提速和存量规模不断扩大,需警惕专项债在"借、用、管、还"全生命周期的潜在风险。其一,专项债额度错配加剧偿债风险。一些省级政府在专项债额度分配时未遵循反向挂钩原则,将新增债务限额更多分配给债务率高、财政状况差、偿债能力弱的市县,高负债地区的债务负担不断加重。其二,部分项目由于前期规划不合理、开工条件不充分,专项债资金到位后出现闲置和挪用,降低了专项债资金使用效率。一些资产质量存在瑕疵的项目通过夸大现金流和做高收益包装发债项目,导致专项债还款来源缺少保障,政府债务风险不断累积。其三,放大专项债的杠杆作用或引致新的风险。2019年起中央允许专项债作为符合条件的重大项目资本金,且偿还专项债券本息后仍有剩余专项收入的重大项目可向金融机构市场化融资,即"专项债+市场化融资"模式。目前我国专项债项目管理机制并不健全,专项债加杠杆的组合融资模式可能增加新的隐性债务风险。其四，土地市场降温加大偿债压力。专项债本金可通过发行再融资债券来借新还旧，而利息偿还对土地出让收入的依赖度较高。受房地产融资收紧、调控趋严等影响，土地市场降温明显，部分地区土地出让收入大幅下降且波动较大，项目收益偏低的专项债偿债风险加大。

城投债方面，2021年以来，城投政策边际收紧，应警惕债务负担重、主业不清晰、金融资源匮乏的弱区域、弱资质平台的再融资风险。北京、东北三省和西部地区部分省份的城投利息支出占综合财力比重较大，融资平台存量债务的付息压力较大。地产债方面，10月以来美元债市场发生多起房企信用风险事件，房地产销售和土地市场热度明显回落。在融资收紧和销售乏力的背景下，地产业供需两端走弱增大房企经营压力，红橙两档高杠杆房企的信用风险或加快释放。此外，还需关注地产行业下行、信用风险事件频发向城投债风险蔓延的连锁效应。以土地财政为主体的政府性基金收入是地方政府应对突发债务风险的重要保障，头部地产拖欠土地款将恶化地方政府的综合财力和现金流状况，增加城投债信用风险。

（四）中小银行风险

中小银行风险暴露存在一定的滞后性。作为我国金融系统的重要组成部分，中小银行公司治理问题突出且风险暴露外溢效应强，防范化解中小银行风险关乎整体金融系统安全稳定。其一，在资产质量方面，多数中小银行保持资产质量的稳定，不良贷款率稳中有降，拨备覆盖率止跌回升。但局部地区中小银行资产质量压力依然较大，非信贷类资产出现风险的概率可能较大。除存量风险外，新增不良资产主要来自延期还本付息资产，以及在资管新规过渡期内表外业务回表产生不良资产。其二，在盈利能力方面，中小银行2021年前三季度营业收入和净利润增速平稳，经营业绩延续"稳中有进、进中提质"的良好态势，但业绩分化趋势明显。受LPR引导贷款利率下行、投资资产收益率水平下降等因素影响，中小银行资产端收益率下行压力凸显，而负债端成本水平压降空间有限，叠加资产端信用风险提高拨备计提压力，

中小银行盈利能力后劲不足。其三，在资本充足率方面，中小银行仍然面临较大的资本补充压力：一是在经济下行压力加大、利差收窄的背景下，中小银行盈利空间收窄，制约内源资本积累能力；二是金融监管趋严加大中小银行资本补充压力，原有不合格股东的违规股权面临清退；三是中小银行市场化融资渠道不通畅，中小银行上市数量有限，难以引入外部投资者来增资扩股，永续债和优先股发行门槛较高，信用风险暴露导致中小银行二级资本债发行遇冷。其四，在流动性风险方面，中小银行公司治理能力较薄弱，受制于经营规模小、区域性经营等劣势，吸收存款能力有限，资产规模扩张主要依赖资产管理计划和金融同业业务，加上流动性风险管理不到位，易产生流动性隐患。

四 2022年政策展望

面对疫情反弹、大国博弈等外部不确定性的冲击，应加强宏观政策跨周期调节，实现稳增长与防风险的动态平衡。总体上，应保持宏观政策连续性、稳定性、可持续性，不急转弯。鉴于未来稳增长压力加大，特别是防止2022年增长跌破5%，需要在货币总量政策上适度放松，努力实现潜在经济增长。

第一，坚持结构性调控的同时，适度放松货币总量政策，实现潜在经济增长。一方面，国内经济处于新旧动能转换期，结构性问题十分突出，坚持结构性调控非常有必要。定向支持引领我国经济新增长动能的相关行业，如中高端制造业、新型基建、清洁能源系统的相关基建等；根据疫情发展形势和经济下行压力的程度，针对中小微企业落实好两项直达实体经济货币政策工具的延期工作；加强对信贷增长缓慢地区的信贷支持力度，促进区域的协调发展；根据经济发展的需要和风险特征，对部分行业或一些扭曲的经济形态采取以"定向紧缩"或"宏观审慎"政策为主要特征的限制性措施，如高耗能高排放行业等。另一方面，在经济增速低于潜在增长水平、增长压力进一步加大的情况下，需要适度放松货币总量政策。高频宏观经济先行指数显示，当前经济运行的负向缺口有所扩大，意味着需求端偏弱。考虑到2021年第四季度以及2022年的稳增长压力，以及房地产市场下行带来的流动性风险，货币总量政策的宽松将有利于实现稳增长与防风险的双重目标。

第二，注重防范外部冲击特别是美联储政策变化导致的外溢性风险。国际上，美联储Taper进程加速和加息预期持续升温，将为全球金融市场和我国的宏观金融稳定带来不确定性冲击。为防范外部风险冲击，一是加快我国系统性金融风险防范化解机制建设，对外重点加强对以美元为代表的主要发达经济体政策的外溢性、短期资本流动性、资产估值重构、汇率大幅波动等的监测、防范和处置，对内强化对汇率、房地产、股票、债券等主要资产市场的风险跟踪，有效降低各类市场因受到外部冲击而引发的跨市场风险传染。二是加强资本流动管理，一方面要密切监测短期资本流动，加强我国进出口贸易中经常项目交易的真实性审验；另一方面，将临时性资本管制作为最后一道防线，有效隔离外部风险对国内金融市场的冲击，重点防控内外因素共振引发的系统性风险。

第三，做好防范包括房地产风险在内的国内重点风险应对预案。首先，稳妥审慎处理房地产风险。一方面，房地产将金融与实体经济紧密"连接"在一起，起到枢纽的作用。在这个意义上，房地产风险是中国金融发展中面临的"灰犀牛"。房地产业出现危机后不易阻断，日本经济"失去的30年"以及美国次贷危机均因房地产业危机而引发。因此，一是对于个别头部房企的处理要坚持法治化、市场化原则有序推进；同时在房地产市场下行阶段保持总体流动性的相对充裕。二是对房地产行业进行合理定位。在构建双循环新发展格局大背景下，房地产行业仍将是中国经济的重要部门，仍是金融与实体经济关联交织的枢纽。经济增长、改善民生、共同富裕都需要房地产业的健康发展。对个别头部房企的处置不应改变对房地产业的合理定位；事实上，在发展了几百年的成熟市场经济体中，房地产业的重要性依然未变。其次，完善地方政府债的风险防范机制。从中长期视角看，要加快推进我国财税体制改革，特别是中央与地方财政事权和支出责任划分。从短期视角看，一是加快完善地方政府债务的信息披露制度；二是建立以土地为有价资产的担保机制，并引入独立第三方机构对地方政府债券进行担保；三是对于增量地方

政府债务分区域采用不同的融资机制，对于财政收入稳定的地区，其债务发行可采用备案制，对于财政收入不稳定或存在违约风险的地区，应采取审批制。最后，加大对中小银行的支持力度。一是做实资产质量分类；二是为中小银行多渠道补充各级资本金；三是加快中小银行兼并收购；四是鼓励银行采取多种措施化解银行存量风险，包括核销处置、不良资产证券化、债转股、批量零售和单户对公贷款的转让等，加快存量风险出表。

第四，继续推进利率市场化改革，降低实体经济融资成本。首先，持续、稳步降低法定存款准备金率。一方面，降准有助于缓解金融机构负债端压力，进而增强其为实体经济提供信贷支持的能力。另一方面，逐步降准是我国利率市场化改革的重要环节：在外汇占款趋势性下降的情形下，通过提升准备金率对冲过剩流动性的需要已经大为下降。其次，完善存款利率自律机制。中国人民银行在2021年6月将存款利率上限由倍数确定修改为加点确定，该方法与贷款利率的LPR加点生成方法在形式上进行了靠拢。此外，加点确定上限的方法有利于拉低长期存款利率上限的相对水平，从而有助于降低商业银行的负债端成本。再次，推动LPR形成机制、传导机制的相关改革。加快完善银行内部资金转移定价机制（FTP），在此基础上将LPR纳入FTP体系，使LPR的波动可以通过FTP有效传导至最终的贷款端。最后，解决金融市场的分割问题。当前我国金融市场的分割现象依然明显，应充分发挥债券市场对于一般企业的融资功能，加强商业银行资产负债与债券市场、货币市场的连接，破除各市场内部相关子市场的割裂，提高资金流通效率。

参考文献

张晓晶:《宏观杠杆率与跨周期调节》,《中国金融》2021年第5期。

张晓晶、张明、董昀:《新发展格局下的金融变革》,《金融评论》2021年第1期。

张晓晶、曾一巳、邵兴宇:《构建中国特色的预期管理》,《中共中央党校（国家行政学院）学报》2021年第3期。

张晓晶、刘磊、邵兴宇:《国家大账本：21世纪中国经济的"存量赶超"》,《中国经济报告》2021年第2期。

张晓晶、刘磊:《宏观分析新范式下的金融风险与经济增长——兼论新型冠状病毒肺炎疫情冲击与风险增长》,《经济研究》2020年第6期。

B.11
中国国际收支的变化、影响与展望

张 明 刘 瑶*

摘 要： 2021年中国国际收支总体上维持"一顺一逆"格局，国际收支基本平衡，国际投资头寸稳步增加，但也表现出经常账户盈余积累动力有所疲软、非储备性质金融账户波动性上升、储备资产存流量呈现背离、净误差与遗漏项流出规模显著的结构性特征。中国国际收支的变化将对国内宏观经济构成一定的潜在影响。展望2022年，中国国际收支大概率将呈现出经常账户顺差小幅缩减、非储备性质金融账户季度余额变动不居、储备资产小幅缩减、净误差与遗漏项流出的结构性特征，年度数据有望继续维持"一顺一逆"的格局。为进一步改善国际收支状况，未来应加强人民币汇率形成机制改革、稳慎推进资本账户开放、将宏观审慎政策与资本流动管理有机结合起来、完善金融风险监测预警系统。

关键词： 国际收支 经常账户 非储备性质金融账户 储备资产 净误差与遗漏

自2012年起，中国国际收支双顺差格局已逐渐消失。近五年来，中国国际收支保持着年度经常账户顺差与非储备性质金融账户逆差的"一顺一逆"

---

* 张明，中国社会科学院金融研究所副所长、研究员，研究方向为国际金融、中国宏观经济；刘瑶，中国社会科学院财经战略研究院助理研究员，研究方向为国际金融、中国宏观经济。

局面。国际收支总体维持着基本平衡状态,但子项目的波动性显著上升。中国国际收支的结构性变化值得有关各方高度关注。一方面,这反映了中国经济与全球经济的互动特征,展示了中国经济参与全球化的广度与深度的变化。另一方面,这也是内部均衡在外部的"镜像"表现,揭示了中国经济的结构性变迁、转型升级进程与潜在风险。

国际收支平衡表(Balance of Payments,BOP)系统反映了一国经济往来状况。分析一国国际收支状况不仅需要依据国际收支平衡的总量定义、关注宽口径的收支状况,还需重点分析子项目的窄口径变动。[1]对于金融市场较为发达的国家,国际投资头寸表(International Investment Position,IIP)同样值得重视。国际收支平衡表反映了一国国际收支的流量变化,而国际投资头寸表则反映了一国海外资产与负债的存量变动。

本报告将回顾2021年中国国际收支的变化,探讨国际收支变动的原因,分析国际收支变动的潜在影响,并对2022年国际收支的演变进行展望。本报告剩余部分的结构安排如下:第一部分回顾2021年中国国际收支的变化,第二部分探讨中国国际收支变动的原因,第三部分分析中国国际收支变动的潜在影响,第四部分展望中国国际收支的未来走向,第五部分为结论与政策建议。

一 中国国际收支的结构性变化

2021年,中国国际收支总体上保持着基本平衡格局。2020年新冠肺炎疫情突袭而至,中国年度经常账户与非储备性质金融账户大致维持着"一顺一逆"的状态,外汇储备规模变动不大,中国对外资产与负债头寸小幅递增,但部分子项目的结构性变化值得高度关注。

(一)经常账户呈现持续顺差,盈余积累动力有所疲软

2020年新冠肺炎疫情突袭而至,中国经常账户余额在2020年第一季度出

---

[1] 姜波克编著《国际金融新编》(第四版),复旦大学出版社,2001。

现逆差，之后迅速由负转正，从2020年第二季度起，中国经常账户顺差显著增加，2020年全年经常账户盈余达到2740亿美元，经常账户盈余积累速度超出预期。进入2021年，中国经常账户继续呈现持续顺差的走势，第一季度经常账户盈余为694亿美元，经常账户余额占GDP的比重达到1.8%，但是，第二季度经常账户盈余缩减至533亿美元，与2020年同比已下降近五成，盈余积累速度有所放缓。同时，中国海关总署公布的进出口月度数据显示，2021年7月与8月，中国货物贸易差额分别为564亿美元与583亿美元，两月加总值与2020年同期基本持平，这与人民币实际有效汇率与年初相比明显下降有关。① 由于货物贸易顺差是中国经常账户余额的主要来源，分析中国经常账户的走向主要依赖于探讨货物贸易的结构性变化。

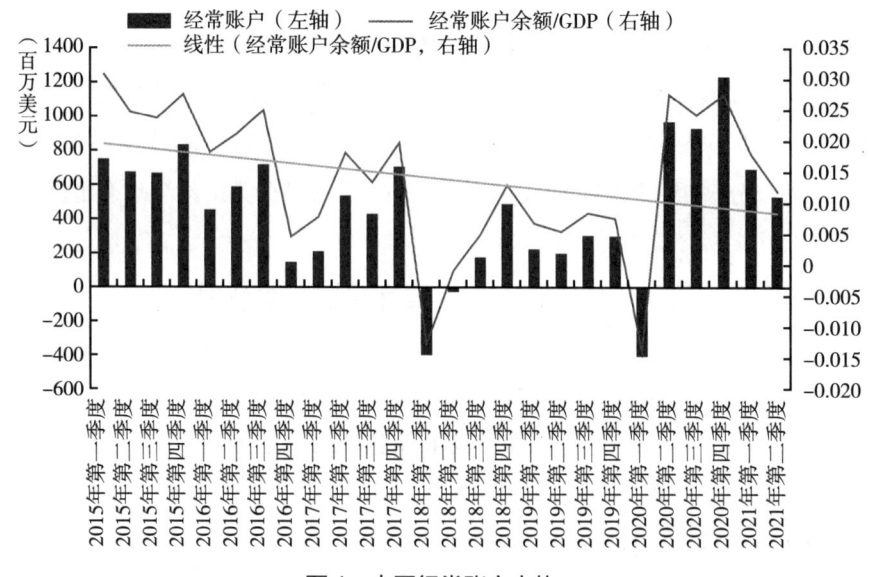

图1 中国经常账户走势

资料来源：国家外汇管理局、CEIC。

① 资料来源于中国海关总署网站，http://www.customs.gov.cn/customs/302249/zfxxgk/2799825/302274/302277/3512606/index.html。

（二）非储备性质金融账户第二季度由负转正，短期资本流动波动性显著上升

非储备性质金融账户主要由直接投资、证券投资与其他投资三大项构成。近五年来，中国非储备性质金融账户季度数据一直呈现顺逆交替、变动不居的特征（见图2）。新冠肺炎疫情突袭而至，中国非储备性质金融账户出现多个季度净流出，但在2021年第二季度由负转正，并再次呈现了季度国际收支"双顺差"的局面。结合近年来中国非储备性质金融账户的变动，不难发现，直接投资项在大多数季度呈现净流入，波动性不大；证券投资项呈现围绕零值上下波动、顺逆交替的走势；其他投资项大多数季度呈现大规模显著的净流出，波动性较大，且并无明显的规律性。这意味着，以证券投资项与其他投资项为代表的短期资本流动是中国非储备性质金融账户变动的直接原因，而疫情后短期资本流动波动性上升决定了中国非储备性质金融账户的走向。

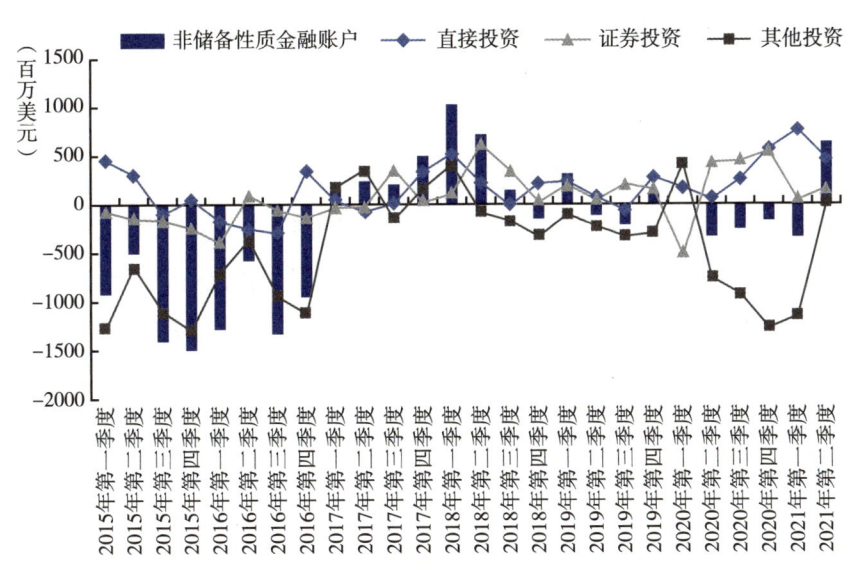

图2 中国非储备性质金融账户走势

资料来源：国家外汇管理局。

进入2021年以来，第一季度中国非储备性质金融账户逆差达到345亿美元，上年同期为顺差154亿美元；但是，第二季度中国非储备性质金融账户则由负转正，顺差增至633亿美元，上年同期为-339亿美元。在直接投资并没有明显增长的情况下，其他投资的迅速转正是中国非储备性质金融账户第二季度出现净流入的直接原因。由于其他投资项主要刻画了跨境信贷资金的流动，变动较为剧烈、频繁。2021年第三季度，从高频数据来看，北向资金依然维持着较大的波动性，且呈现着波动中流出规模上升的趋势。①因此，一方面需警惕其他投资项波动性加剧对短期资本流动构成的潜在风险，另一方面需关注其他投资项负债端是否可能出现货币与存款、贷款及贸易信贷的净回撤。

（三）储备资产余额稳步增加，存流量背离现象依然存在

近年来，以流量衡量的中国储备资产余额呈现稳步增加走势，第一季度中国储备资产净增加350亿美元，第二季度储备资产净增加更是达到了500亿美元，接近同期中国经常账户盈余。但是，包含估值效应②的储备资产增加额与以流量表示的储备资产余额呈现出一定的背离，尤其是在2021年第一季度，国际投资头寸表反映的储备资产净减少594亿美元，与国际收支平衡表衡量的储备资产余额呈现出高达944亿美元的缺口。

事实上，近年来，中国一直面临庞大的经常账户盈余无法转化为等量的净国外资产存量的难题。如图3所示，自2015年以来，大多数季度的储备资产存流量发生显著背离，这与中国净国外资产存量受估值效应影响较大有关。当前中国对外资产端以债券为主，负债端以股权为主，债券的收益率显著低于股票，由于全球范围内主要发达经济体长期实施量化宽松的货币政策，全球债券收益率长期处于低位，而主要股指震荡明显，这就意味着全球主要资产震荡将对中国海外净资产保值造成不利影响。

---

① 资料来源于Wind。
② 估值效应是指在对外净资产规模不变的情况下，由汇率变动或资产价格波动引起的对外净资产现值发生重估的现象。

图3 中国储备资产走势

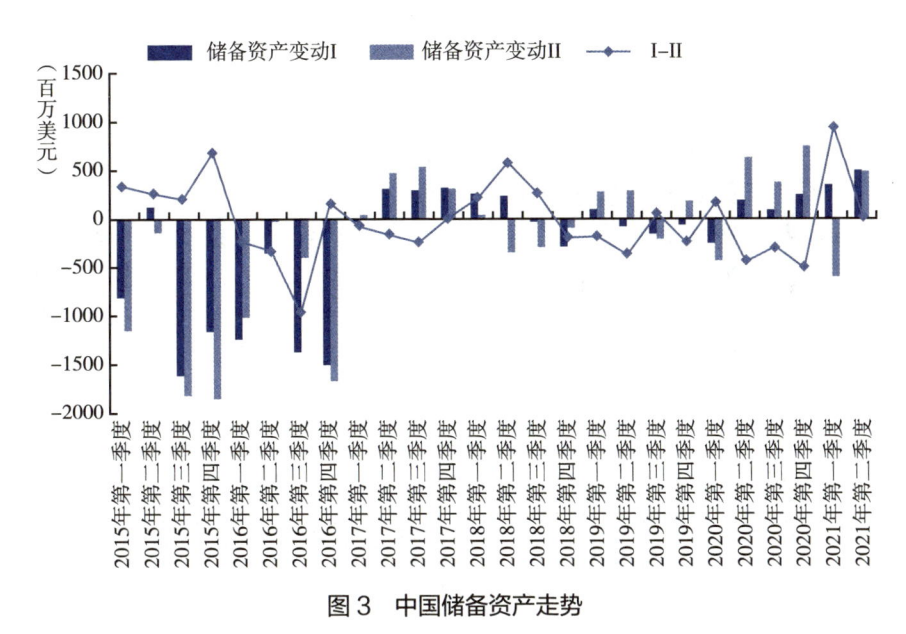

注：储备资产变动Ⅰ数值上为国际收支平衡表（流量）储备资产项的相反数；储备资产变动Ⅱ为国际投资头寸表（存量）相邻两期内储备资产的变动。
资料来源：国家外汇管理局及笔者计算。

（四）净误差与遗漏项第一季度由负转正，之后依然延续大规模净流出

2021年第一季度，中国净误差与遗漏项曾一度由负转正，净额为0.6亿美元，一度创下近年来新低，但在第二季度又再现大规模净流出，净额为-666亿美元。实际上，2015年第一季度至今，仅有两个季度中国净误差与遗漏项为正，多个季度中净误差与遗漏项规模甚至一度超过了贸易账户与经常账户、非储备性质金融账户规模的总和（见图4）。疫情后，净误差与遗漏项流出规模再次创下新高，这种长期大规模持续的净流出现象仍然值得警惕。

二 中国国际收支变动的成因

总体而言，2021年中国国际收支变动依然延续了新冠肺炎疫情暴发以来

图4 中国净误差与遗漏项走势

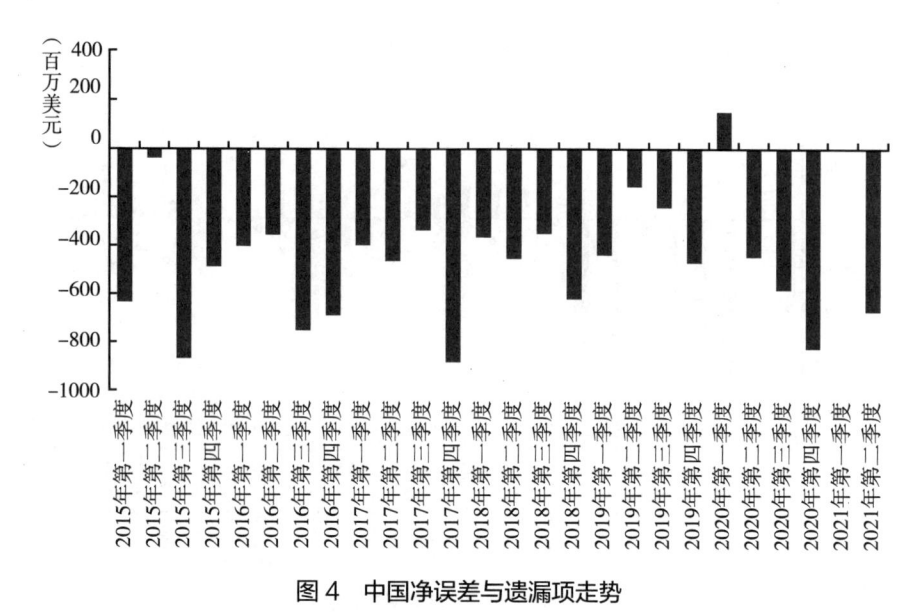

资料来源：国家外汇管理局。

的走势。要分析此轮中国国际收支变动的成因，就要分析各大项背后的子项目变动，剖析驱动此轮国际收支变动的具体因素。

（一）货物贸易顺差扩大与服务贸易逆差收窄决定了此轮经常账户变动

货物贸易出口的快速增长与服务贸易逆差的收窄是疫情后中国经常账户强劲反弹的主要原因，也决定了2021年中国经常账户的走向，而这又与疫情下全球贸易的低基数效应、外需的报复性增长及国际间旅行交往受阻密切相关。

首先，中国货物贸易出口走强是疫情后中国经常账户盈余扩增的主要原因，出口端复苏显著强于进口端。例如，2021年第一季度，中国货物贸易顺差达到1187亿美元，占整个经常账户变动的92%；第二季度，尽管货物贸易在经常账户的占比有所下降，但货物贸易顺差依然高达1119亿美元（见图5）。

图5 中国货物贸易走势

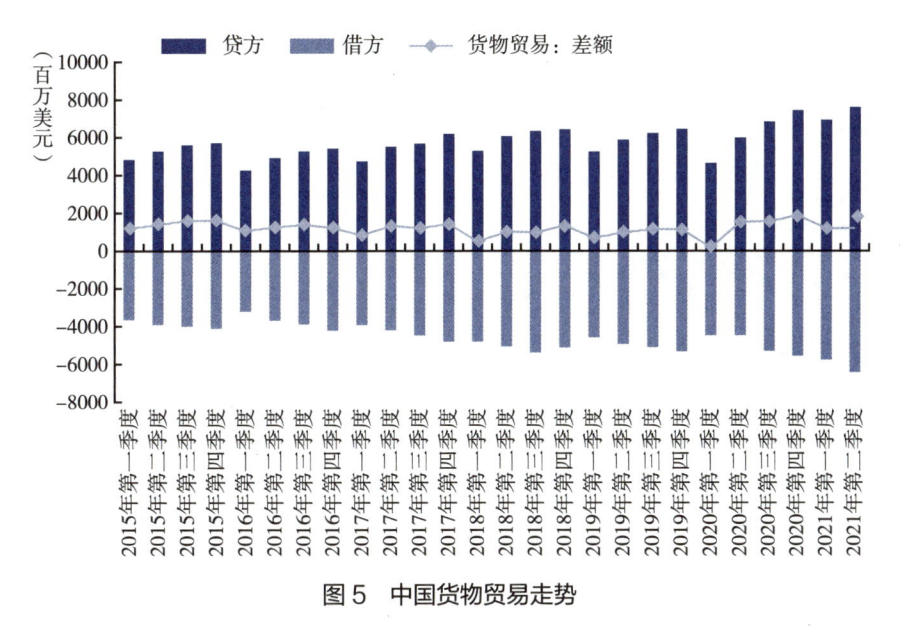

资料来源：国家外汇管理局。

其次，服务贸易逆差收窄也是中国经常账户顺差扩增的另一主要原因。如果将疫情前后的服务贸易状况进行对比不难发现，服务贸易逆差收窄了近六成。在疫情暴发伊始的2020年第一季度，中国服务贸易逆差为470亿美元，但2021年第一季度，服务贸易逆差已缩减至222亿美元。其中，运输项目与旅行项目逆差的削减几乎决定了中国服务贸易的整体走向（见表1）。

表1 2020年与2021年第一季度中国服务贸易状况对比

单位：百万美元

项目	2020年第一季度	2021年第二季度	差额
服务	−470	−222	249
加工服务	33	32	−1
维护和维修服务	13	11	−2
运输	−117	−35	82
旅行	−415	−242	174
建设	3	5	2

续表

项目	2020年第一季度	2021年第二季度	差额
保险和养老金服务	-12	-15	-3
金融服务	4	5	1
知识产权使用费	-51	-70	-19
电信、计算机和信息服务	4	13	9
其他商业服务	78	86	8
个人、文化和娱乐服务	-5	-3	2

资料来源：国家外汇管理局。

此外，值得注意的是，中国经常账户盈余积累动力似乎有所疲软，原因大致有：其一，中国出口占全球出口市场的份额已经有所下滑，依据世界贸易组织（WTO）数据，2021年第一季度中国出口占全球出口市场的份额为14.2%，环比回落1.6%，[1]这可能暗示着疫情冲击错位对中国出口企业形成的临时性优势开始消逝。其二，近五年来，中国经常账户规模不断缩小的趋势难以被改变，这是因为经济结构改革、人口结构更迭与私人部门储蓄率变动是中国经常账户调整的根本性驱动因素，疫情等冲击难以撼动经常账户走向的结构性趋势。其三，随着新冠肺炎疫苗的普及，一旦疫情在全球主要区域得到有效控制，服务贸易的逆差可能将继续扩大，这将对中国经常账户盈余的递增构成较大阻力。其四，疫情后，经常账户的初次收入项逆差持续扩大，2021年以来更是迅速增长，投资收益逆差是初次收入项变动的主要贡献者。这是由于外商投资收益增加额大于对外投资收益增加额，而前者与同期外商投资期余利润大规模汇回有关。例如，2021年第一季度数据显示，外商及港澳台商工业企业利润总额汇回较2020年同比增长1.6倍。[2]

---

[1] 资料来源于世界贸易组织（WTO）网站，https://www.wto.org/english/res_e/statis_e/statis_e.htm。
[2] 资料来源于国家统计局。

（二）其他投资项的波动决定了非储备性质金融账户变动不居的走势

在中国非储备性质金融账户的子项目中，直接投资项的走势最为稳定。然而，从2020年第三季度起，直接投资项创下了连续三个季度的激增，2021年第一季度，直接投资顺差高达757亿美元（见图6）。尽管近期中国政府并未出台较大的外商直接投资利好政策，但是疫情后中国率先复工复产，展示出需求链与供应链强大的韧性，再加上中国一度与其他主要经济体增速差迅速拉大，增强了外国投资者对中国经济发展的信心，导致直接投资额递增。然而，2021年第二季度直接投资额已出现回落，在疫情中后期阶段，直接投资项的变动可能将趋于平稳甚至下降。

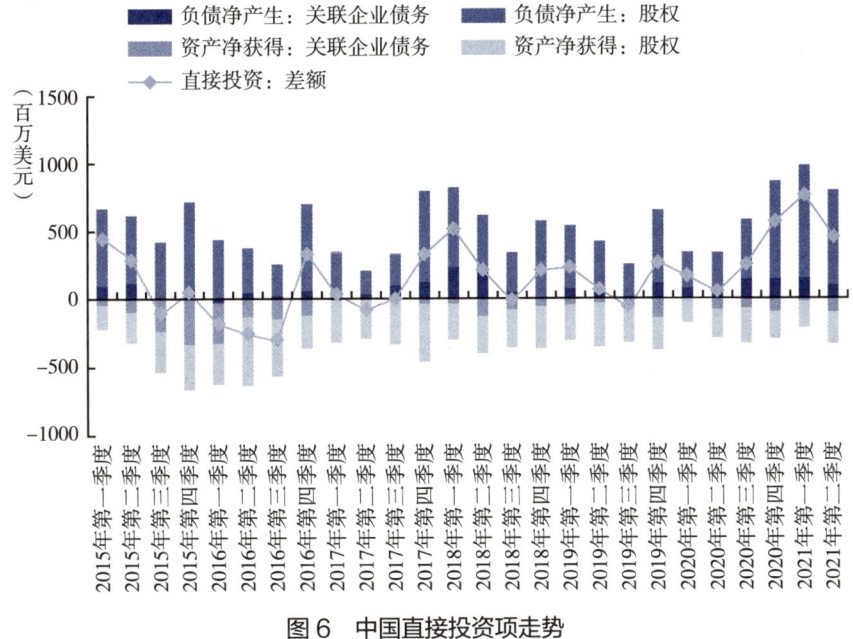

图6 中国直接投资项走势

资料来源：国家外汇管理局。

决定疫情后乃至2021年中国非储备性质金融账户走向的是短期资本流动。除去净误差与遗漏项，短期资本流动中最重要的两个科目是证券投资项与其他投资项。近年来，中国政府推动金融开放的速度明显加快，2019年9

月，中国政府取消了QFII与RQFII的投资额度，流入端的管制放松程度明显提升，直接导致了2020年第二季度以来证券投资项的逐季净流入，也导致了2020年第三、第四季度人民币兑美元汇率的显著升值。事实上，与北上资金在A股市场频繁进出不同，截至2021年4月，境外机构已经连续28个月增持中国债券。2021年以来，证券投资项的净流入状况基本稳定。

相比之下，最不稳定的项目是其他投资项，也是中国短期资本波动的最大贡献项。疫情后，在大多数季度中，其他投资项甚至成为中国非储备性质金融账户的唯一流出项。其他投资项的逆差表明了中国对外贷款规模超过了外国对中国的贷款规模，也囊括了短期投机资本的进出。Forbes和Warnock的研究表明，异常资本流动，如急停（sudden stop）、涌入（surge）、收缩（retrenchment）与外逃（flight），将引发更严重的金融市场动荡，其背后的风险值得高度关注。[1] 不过，从2021年第二季度起，中国其他投资项转负为正，可能暗示了近期中国政府对跨境资本流动管理的加强，其他投资项的波动性将驱动整体非储备性质金融账户走向。

（三）估值效应的大小与方向驱动了储备资产规模的变动

在理论上，储备资产项在国际收支平衡表中是一个平衡项目，数值上应等于经常账户余额、非储备性质金融账户余额和误差与遗漏项之和。其中，外汇储备是储备资产中最重要的部分。疫情暴发以后，中国外汇储备2020年第二季度起呈现稳步上涨趋势，外汇储备存量也一直稳定在3.1万亿~3.2万亿美元，这间接说明了人民币汇率弹性的增强，中国央行已不再将出售外汇储备作为维持人民币汇率稳定的主要政策工具。

现阶段，中国储备资产出现存流量程度的背离的主要原因是汇率变动与资产价格变动引发的估值效应等非交易因素。以2021年第一季度为例，全球主要货币走势与主要资产价格出现了较大程度的分化（见表2）。就主要货币汇率而言，美元指数在第一季度实现了升值，季度汇率平均上升3.6%；欧元兑

---

[1] Forbes, K. J., Warnock, F. E., "Debt and Equity-led Capital Flow Episodes," *NBER Working Papers*, 2012, No. W17832.

美元、日元兑美元贬值，季度汇率分别平均下降 4.0%、6.9%；英镑兑美元在第一季度小幅升值，季度汇率平均上升 0.9%。从汇率波动来看，美元显著升值将会导致中国储备资产的价值缩水（因为中国储备资产以美元计价，但投资于不同币种的资产）。就主要资产走势而言，全球主要股指，如标普 500 指数、富时 100 指数、法国 CAC40 指数、德国 DAX 指数、日经 225 指数等均表现出不同程度的上涨；10 年期美债收益率在一季度上涨 81bp，美债价格呈现逐月下跌走势。鉴于中国储备资产的资产端以债券为主，负债端以股权为主，全球主要资产的变动将同时导致资产端财富缩水与负债端债务增加，资产波动引起的负估值效应决定了中国储备资产存流量在第一季度出现显著背离。

表 2　2021 年第一季度全球主要货币及资产走势

项目		2021 年 1 月	2021 年 2 月	2021 年 3 月	2021 年第一季度
货币	美元指数	0.6	0.4	2.5	3.6
	日元兑美元	−1.4	−1.7	−3.8	−6.9
	欧元兑美元	−0.6	−0.5	−2.8	−4.0
	英镑兑美元	0.2	1.7	−1	0.9
股市	标普 500 指数	−1.1	2.6	4.2	5.8
	富时 100 指数	−0.8	1.2	3.6	3.9
	法国 CAC40 指数	−2.7	5.6	6.4	9.3
	德国 DAX 指数	−2.1	2.6	8.9	9.4
	日经 225 指数	0.8	4.7	0.7	6.3
美债收益率	10 年期美债（bp）	18	33	30	81

资料来源：Wind。

（四）净误差与遗漏项持续流出可能暗示着隐蔽的资本流出

近年来，中国国际收支表中的净误差与遗漏项在多个季度出现显著、大规模的流出，这也是中国国际收支表的重要结构性特征。通常而言，净误差与遗漏项反映了统计误差等非交易因素的调整，理应呈现围绕零值上下波动的白噪声序列。然而，多数年份与季度中，中国净误差与遗漏项总体走势呈现出系性（非随机性），尤其是疫情暴发以后，中国净误差与遗漏项流出规模又创下了近五年来的新高。余永定和肖立晟的研究表明，中国净误差与遗漏项的走势与人民币汇率预期具有较高的相关性；[①]同时，在多个季度中，净误差与遗漏项持续流出导致短期资本流动波动性上升（见图7）。因此，需要警惕净误差与遗漏项背后可能潜在的资本流出及其引发的系统性金融风险。

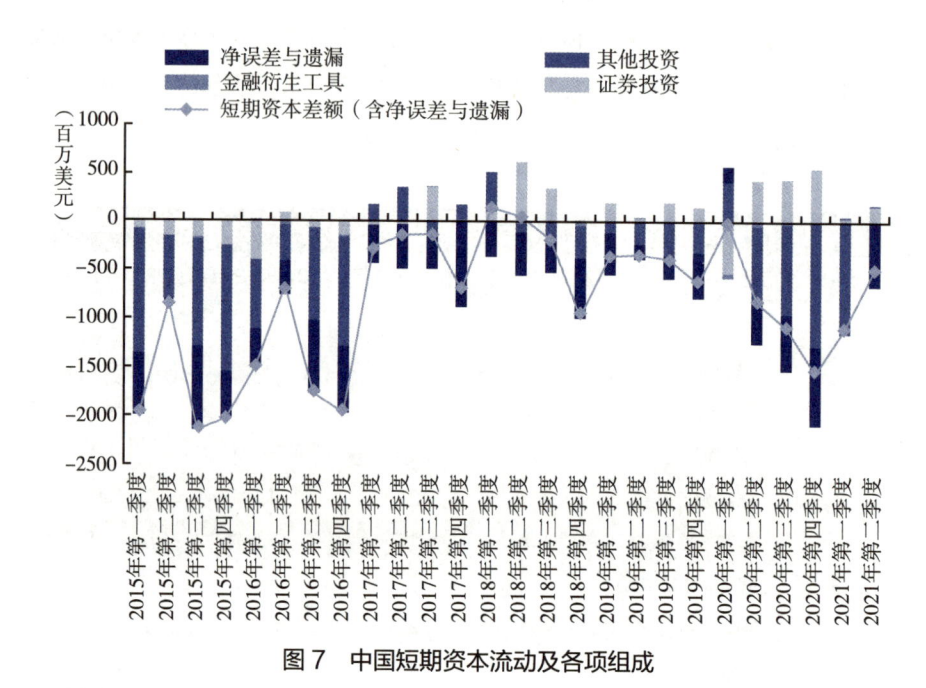

图7　中国短期资本流动及各项组成

资料来源：国家外汇管理局及笔者计算。

三　中国国际收支变动的潜在影响

迄今为止，中国经常账户绝对规模与相对规模位于合理区间，尽管受到新冠肺炎疫情冲击，但是跨境双向投融资依然较为活跃，国际收支实现基本

---

① 余永定、肖立晟：《解读中国的资本外逃》，《国际经济评论》2017年第5期。

平衡，国际投资头寸状况基本稳健，对外金融资产与负债稳步增加，但是中国国际收支的部分子项目显著的结构性变化依然需要引起重视，这可能对宏观经济构成一定的潜在影响。

第一，如果中国经常账户盈余扩增的动力减弱、顺差缩小甚至出现经常账户逆差，将导致人民币汇率呈现一定程度的贬值、风险资产价格的波动性显著增强，还将对中国央行货币政策操作构成一定冲击。这是因为，随着中国经常账户盈余下降，甚至由顺差转为逆差，未来中国需要依靠更多的外部资金来维持国际收支平衡，即需要抛售国外资产偿还债务，这将导致人民币供应增加而汇率相对贬值；同时，外部资金的波动性显著高于国内资金，这意味着未来某一段时间里风险资产价格的波动性将显著上升。此外，随着中国国际收支双顺差消失，经常账户盈余削减，中国央行失去了风险缓冲器，而货币政策目标也面临着更多的权衡取舍。

第二，如果中国非储备性质金融账户延续变动不居的走势，短期资本流动波动性显著上升，将加剧对中国金融市场与金融体系造成的负面冲击。随着中国央行继续推进金融开放进程，对资本管制进一步放松，异常资本流动以及各种内外部冲击都可能反过来对中国跨境资本流动管理构成挑战，中国央行不得不在"稳增长"与"防风险"之间做出更艰难的权衡，也不得不保留更多防范系统性风险的宏观审慎监管手段。

第三，如果中国储备资产继续稳步增加，海外资产与负债结构得以进一步合理化完善，将有利于国民财富的积累及"藏汇于民"。在中长期内，如果中国经常账户盈余缩减导致外汇储备逐步下降，中国投资者对美国国债的投资需求也将发生趋势性下降，未来美国国债市场的外部需求将发生显著下降，与美国现阶段类似"财政赤字货币化"的政策相结合，将引发中长期内美国国债市场发生调整的风险，也将对中国产生较大的货币政策外溢影响。

第四，如果中国净误差与遗漏项继续延续显著的单向流出，将意味着更多资金以地下渠道流出，对于中国这样的转型经济体将构成一定的负面影响：其一，资本流出将导致国家净资产和国民财富的削减，意味着国民财富被少数人侵占从而造成贫富差距拉大，不利于实现共同富裕与社会稳定；其

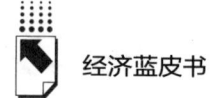

二，资本流出将导致政府税基受到侵蚀，加剧要素错配，破坏国民经济的稳定性与宏观经济政策的有效性；其三，长期的资本流出将导致一国国际信用评级下降，吸引外资能力下降，增加国际间融资成本；其四，资本流出将破坏一国金融体系的稳定性与监管政策的有效性。而有效抑制资本流出现象的频繁发生，则需要进一步深化经济体制、金融体制及汇率与利率市场化改革。

四 中国国际收支走向的展望

目前，新冠肺炎疫情冲击的余波似乎影响着2021年中国国际收支的整体走向，要判断中国未来国际收支何去何从，就需要判断此轮国际收支变动由何种因素驱动。如果2021年以来中国国际收支的变动由结构性因素驱动，那么疫情暴发以来中国国际收支的走向一定程度上反映了未来的变动趋势；反之，如果此轮中国国际收支的变动由周期性或外生冲击等因素驱动，那么一旦经济周期回暖或疫情得以控制，中国国际收支的走向将发生调整。笔者将结合以上分析框架，对2022年中国国际收支各项走势进行展望。

（一）中国经常账户盈余增长动力有所疲软，经常账户余额将小幅缩减

尽管2021年初，经常账户延续了盈余增加的状况，但在第二季度经常账户顺差已出现下滑，增长动力呈现疲软态势。疫情等外生冲击因素不是驱动中国经常账户变动的结构性因素，未来中国经常账户盈余恐怕难以持续增加，原因如下：其一，疫情暴发以来，中国呈现持续的经常账户盈余主要源于中国经济率先复苏，而其他主要国家普遍长时间陷入疫情的泥潭，未来随着中国经济增速逐渐放缓，美欧等发达经济体经济恢复，中国经常账户顺差将有所缩减。其二，疫情暴发以来，中国消费需求恢复较为缓慢，导致总储蓄与总投资缺口逐渐拉大，随着未来消费需求的强劲复苏，经常账户持续盈余恐难维持。其三，随着疫情防控常态化下全球旅行交往的恢复，中国的服务贸易逆差将会重

新扩大,将驱动整体经常账户盈余收缩。因此,展望2022年,预计中国经常账户顺差将小幅缩减,全年经常账户余额/GDP为0.8%~1.2%。

(二)非储备性质金融账户季度余额变动不居,年度余额大概率呈现逆差

自从2019年中美贸易摩擦以来,中国金融市场的开放速度显著加快,具体表现在:其一,境外机构投资者可以通过深港通、沪港通与债券通投资境内A股、债券,在中国境内管理基金,为中国投资者提供投资管理及咨询服务,并且在2019年9月取消了QFII与RQFII的额度限制。其二,允许境外金融机构对境内金融机构(银行、保险、证券、资管与融资租赁公司)持股甚至控股。在此对跨境资金"宽进严出"的管理背景下,虽然非储备性质金融账户的证券投资项呈现持续资金流入,但其他投资项波动性日益加剧。随着2021年下半年乃至2022年中国经济增速放缓、与主要经济体经济增长差距缩小,特别是目前中美处于不同的经济周期与金融周期阶段,中国总体上位于经济周期与金融周期的下行阶段,美国总体上位于金融周期的上行阶段,经济周期上行且并未见顶,[①]中美利差的缩小可能导致未来中国面临跨境资本的较大规模流出。如果中国政府推动资本账户开放进程加快,跨境资本流动管理的"宽进严出"模式有所松动,非储备性质金融账户流出规模将进一步扩大。考虑到在历史上,中国资本管制的进程多是非线性的,呈现"收紧—放松"的循环,预计2022年中国非储备性质金融账户将呈现季度余额变动不居、年度余额大概率逆差的局面,连同经常账户,总体上依然维持着国际收支的"一顺一逆"格局。

(三)储备资产存量小幅缩减,存流量背离依然呈现

随着人民币汇率弹性的增加,中国央行已很少动用储备资产(外汇储备)在外汇市场进行干预,这决定了未来中国储备资产存量较为稳定的总体趋势。

---

① 笔者采用带通滤波法与转折点法得出的测算结果。

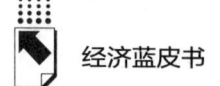

中国储备资产存量的走势主要取决于经常账户与非储备性质金融账户的走势及估值效应的影响。未来，一方面，由于疫情持续时间的不确定性、美联储极度量化宽松政策（The Taper Tantrum）何时终止、中美贸易摩擦是否将会反复等因素的存在，美元指数可能表现出更显著的波动性，估值效应引起的外汇储备存流量将产生一定程度的背离；另一方面，考虑到2022年中国可能出现小幅资本外流、人民币汇率呈现一定的贬值压力，非储备性质金融账户大概率将呈现年度逆差，这将导致中国的外汇储备量小幅缩水，最终导致储备资产存量的小幅缩减。预计2022年中国外汇储备量为3.0万亿~3.1万亿美元。

（四）净误差与遗漏项继续呈现持续流出态势

自2015年起，绝大多数季度中，中国国际收支的净误差与遗漏项均呈现显著的流出态势，个别季度误差与遗漏项余额已经超过当季度GDP的8%，远远超过经常账户的规模，这已经很难单一用统计误差来解释。考虑到疫情的持续与反复，在未来依然存在较大的不确定性，经济增长严重承压，如果中国政府多次采取收紧流入端的资本管制措施，这将进一步加强短期投机资本外流的动机，而通过净误差与遗漏项流出可能是资本外流最显著的渠道。值得一提的是，如果国际间旅行与交往有望在2022年得以显著恢复，净误差与遗漏项流出规模可能将有所下降。预计2022年中国净误差与遗漏项将出现年度逆差，绝大多数季度呈现显著的流出态势。

五 结论与政策建议

（一）结论

2021年，中国经常账户规模位于合理区间，经常账户与非储备性质金融账户呈现"一顺一逆"格局，双向跨境投融资较为活跃，总体上国际收支基本平衡，国际投资头寸稳健增长。结构层面上，中国国际收支呈现经常账户盈余持续增加动能疲软、非储备性质金融账户波动性上升、储备资产存流量背离严重、净误差与遗漏项显著流出的特征。中国国际收支的结构性变化将对人民币汇率、国内风险资产价格、央行货币政策操作、金融稳定、经济增长与国民福利增加造成一定的负面冲击。展望2022年，中国国际收支将呈现经常账户顺差小幅缩减、非储备性质金融账户季度余额变动不居、储备资产小幅缩减、净误差与遗漏项流出依然显著的结构性特征，大体上维持着"一顺一逆"的国际收支格局。预计2022年，中国经常账户余额/GDP将为0.8%~1.2%，外汇储备存量为3.0亿~3.1亿美元。

（二）政策建议

由于短期内中国难以做出针对海外资产配置的结构性调整，未来可以通过以下途径进一步改善国际收支调整模式：第一，加强人民币汇率形成机制改革，增加人民币汇率弹性，让人民币汇率在更大程度上由市场供求来决定；第二，中国资本账户开放的速度不宜过快，尤其是应该审慎放开对流出端的管制；第三，任何资本管制均不能替代改善国际收支的经济结构调整，可以将宏观审慎政策作为实现金融稳定、防止不规则资本显著流出的长效手段，同时将跨境资本流动管理工具（CFM）作为改善国际收支的暂时性工具；第四，应建立金融风险预警体系，对潜在的资本流出与异常交易进行有效监测与防范。

参考文献

姜波克编著《国际金融新编》（第四版），复旦大学出版社，2001。

刘瑶、张明：《全球经常账户失衡的调整：周期性驱动还是结构性驱动？》，《国际金融研究》2018年第8期。

余永定、肖立晟：《解读中国的资本外逃》，《国际经济评论》2017年第5期。

张明：《改革开放四十年来中国国际收支的演变历程、发展趋势与政策涵义》，《国际经济评论》2018年第6期。

Alberola, E., Ángel Estrada, and Viani, F., "Global Imbalances from a Stock

Perspective: The Asymmetry between Creditors and Debtors," *Journal of International Money and Finance*, 2020, 107(6).

Caballero, R. J., Farhi, E., and Gourinchas, P. O., "An Equilibrium Model of 'Global Imbalances' and Low Interest Rates," *American Economic Review*, 2008, 98(1).

Forbes, K. J., and Warnock, F. E., "Debt and Equity-led Capital Flow Episodes," NBER Working Papers, 2012, No. W17832.

Gourinchas, P. and Rey, H., "International Financial Adjustment," *Journal of Political Economy*, 2007,115(4).

Korinek, A., "Managing Capital Flows: Theoretical Advances and IMF Policy Framework," IEO Background Paper, 2020, BP20-02/01.

Zhang, M. and Liu, Y., "Global Imbalance Adjustment: Stylized Facts, Driving Factors and China's Prospects," *China & World Economy*, 2019, 27(6).

B.12
中国股票市场回顾与2022年展望

李世奇 朱平芳[*]

摘 要： 2021年中国股票市场保持稳健运行态势，市场活跃度大幅提升，金融体系助力绿色低碳发展，金融监管持续强化，资本市场深化改革取得重大进展，高水平双向开放稳步推进，上游行业表现普遍好于下游行业，周期股尤为强势，新能源赛道较为出色。全球发达经济体维持超常规量化宽松政策，中央坚持深化供给侧结构性改革，货币政策灵活适度，融资成本稳中有降。2022年A股市场具备向上的内在动力，结构性机会显著增多，需要重视双循环格局下科技创新的核心作用、"双碳"目标下可持续发展的长期使命以及共同富裕下美好生活的强烈追求。

关键词： 中国股市 宏观经济 资本市场 科技创新

一 2021年中国股票市场回顾

2021年，新冠肺炎疫情在全世界持续蔓延反复，全球新增确诊病例在1月、4月和8月分别迎来三个暴发高峰，在疫苗接种率超过理论上群体免疫的临界值后，欧美主要经济体相继解除严格的疫情防控措施，继续维持2020年

---

[*] 李世奇，上海社会科学院数量经济研究中心助理研究员，主要研究方向为城市创新发展、企业研发效率与政府科技政策评估；朱平芳，上海社会科学院数量经济研究中心主任，主要研究方向为计量经济学、宏观经济预测分析与政策评价、科技进步评价与分析。

初启动的超常规量化宽松政策以刺激经济复苏，全球主要股指在流动性泛滥的背景下维持震荡上行或高位横盘的态势，美国已经出现证券资产泡沫化迹象，纳斯达克指数、道琼斯工业指数和标普500等股指屡创历史新高，但振幅较2020年明显收窄，英国富时100、德国DAX、澳洲标普200、日经225、韩国综合指数振幅均不足20%。截至2021年9月30日，上证综指报收于3568.17点，前三季度上涨2.74%，振幅12.06%；深证成指报收于14309.01点，前三季度下跌1.12%，振幅21.01%。

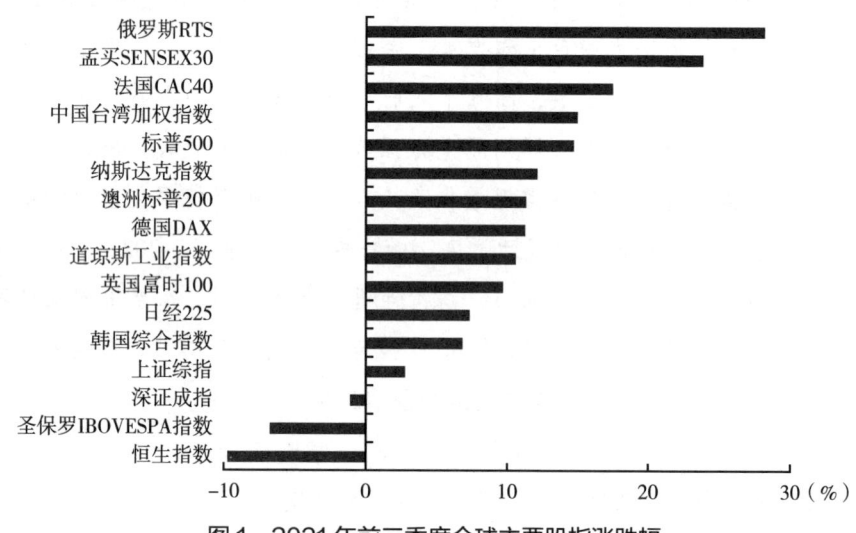

图1 2021年前三季度全球主要股指涨跌幅

注：截至2021年9月30日
资料来源：Wind资讯。

（一）金融助力绿色低碳发展，稳健运行市场活力尽显

2020年9月22日习近平总书记在第75届联合国大会一般性辩论上正式宣布，中国二氧化碳排放力争于2030年前达到峰值，努力争取2060年前实现碳中和。国家生态环境部、发改委、人民银行、银保监会、证监会等五部门发布的《关于促进应对气候变化投融资的指导意见》首次从国家政策层面为气候变化领域的建设投资、资金筹措和风险管控进行了全面部署。"碳达

峰、碳中和"已经正式被纳入生态文明建设整体布局，《2030 年前碳排放达峰行动方案》正式出炉。以习近平生态文明思想为指导，2021 年中国金融市场有力支撑了实体经济的高质量发展，中国绿色金融体系建设持续向纵深迈进。央行统计报告显示，2021 年第二季度末，本外币绿色贷款余额 13.92 万亿元，同比增长 26.5%，高于各项贷款增速 14.6 个百分点。其中，基础设施绿色升级产业和清洁能源产业贷款余额分别为 6.68 万亿元和 3.58 万亿元，同比分别增长 26.5% 和 19.9%。2021 年 4 月 19 日定位于支持环境改善、应对气候变化和资源节约高效利用的绿色发展类期货品种的广州期货交易所正式成立。7 月 16 日全国碳排放权交易在上海环境能源交易所正式启动，首笔碳交易成交价格为 52.78 元 / 吨。

表1 2021 年金融助力绿色低碳发展政策措施

部门	时间	事件
中共中央、国务院	2021 年 9 月 22 日	《关于完整准确全面贯彻新发展理念做好碳达峰碳中和工作的意见》
国务院	2021 年 2 月 22 日	《关于加快建立健全绿色低碳循环发展经济体系的指导意见》
	2021 年 10 月 24 日	《2030 年前碳排放达峰行动方案》
中办、国办	2021 年 9 月 13 日	《关于深化生态保护补偿制度改革的意见》
央行、国家发改委、中国证监会	2021 年 6 月 9 日	《银行业金融机构绿色金融评价方案》
国家发改委	2021 年 3 月 12 日	《关于引导加大金融支持力度 促进风电和光伏发电等行业健康有序发展的通知》
	2021 年 9 月 17 日	《完善能源消费强度和总量双控制度方案》
央行	2021 年 4 月 21 日	《绿色债券支持项目目录（2021 年版）》
	2021 年 4 月 29 日	召开绿色金融改革创新试验区第四次联席会议
	2021 年 6 月 9 日	《银行业金融机构绿色金融评价方案》
中国银保监会	2021 年 3 月 24 日	研究完善绿色金融相关政策措施，规范创新绿色金融产品和服务
	2021 年 6 月 11 日	召开"聚焦碳达峰碳中和目标 加快发展绿色金融"推进会
	2021 年 10 月 20 日	充分发挥价格机制在绿色金融资源配置中的枢纽作用，将绿色定价作为调节金融资源流动配置的标尺

续表

部门	时间	事件
中国证监会	2021年1月22日	批准设立服务绿色发展的广州期货交易所
	2021年10月20日	稳步扩大绿色债发行规模
国家开发银行	2021年7月16日	发行首单100亿元"黄河流域生态保护和高质量发展"专题"债券通"绿色金融债券
中央结算公司	2021年4月12日	《中债－绿色债券环境效益信息披露指标体系（征求意见稿）》
全国银行间同业拆借中心	2021年2月9日	首批6只碳中和债（绿色中期票据）成功发行
上交所	2021年7月13日	《上海证券交易所公司债券发行上市审核规则适用指引第2号——特定品种公司债券（2021年修订）》
深交所	2021年7月13日	《深圳证券交易所公司债券创新品种业务指引第1号——绿色公司债券（2021年修订）》
上海环境能源交易所	2021年6月22日	《关于全国碳排放权交易相关事项的公告》
中国银行间市场交易商协会	2021年3月18日	《关于明确碳中和债相关机制的通知》

资料来源：公开政策文件。

在一系列金融服务实体经济发展的政策支持下，中国资本市场保持稳健运行，市场活跃度大幅提升。2021年前三季度上证指数年内振幅创历史新低，A股每日平均成交额达到10453亿元，在2020年8478亿元和2019年5200亿元的基础上连续第三年实现大幅增加，超过2015年的10381亿元，创A股历史年日均成交额纪录。特别是从2021年7月21日开始，A股日均成交额连续49个交易日破万亿元，打破了2015年连续43个交易日的纪录，沪深两市总市值在4月首次突破80万亿元，流通市值在8月首次突破70万亿元。2021年A股新股发行进一步提速，截至2021年9月A股发行新股373只，超过上年同期295只发行数量，上市公司总数达到4509家，新股募集资金总额升至3768亿元，占A股流通市值的比重从2020年的0.73%下降至0.53%。除科创板和创业板注册制以外的新股平均"一字板"涨停天数从2020年的6.63天降低至5.23天，科创板出现注册制以来第二只首日即破发的新股，"打新"的制度套利空间进一步降低。

表2 股票市场融资统计

单位：家，亿元

年份	IPO 首发家数	IPO 首发募集资金	增发家数	增发募集资金	配股家数	配股募集资金
2021年前三季度	373	3768.41	379	5377.80	5	293.39
2020年	396	4699.63	362	8341.37	18	512.97
2019年	203	2532.48	251	6887.70	9	133.88
2018年	92	1252.94	234	6669.79	14	182.43
2017年	438	2301.09	540	12705.31	7	162.96
2016年	227	1496.08	814	16918.07	11	298.51

注：截至2021年9月30日
资料来源：Wind资讯。

（二）加强金融监管防范重大风险，深化金融改革持续扩大开放

2020年底中央经济工作会议明确指出，"强化反垄断和防止资本无序扩张，坚决反对垄断和不正当竞争行为，金融创新必须在审慎监管的前提下进行。健全金融机构治理，促进资本市场健康发展，提高上市公司质量，打击各种逃废债行为"。金融监管部门针对产业资本在金融领域无序扩张、打着"互联网+金融"旗号违法违规开展金融活动以及部分大型互联网平台涉足多种金融业务开展不正当竞争等问题出台了多项意见规定，对商业银行互联网贷款划定了关于出资比例、集中度指标和限额指标的"三条红线"。以比特币为主的加密货币在年内的暴涨暴跌也引起了监管层的密切关注，国务院金融委明确提出打击比特币挖矿和交易行为，国家发改委将虚拟货币"挖矿"活动明确为落后产能，列入产业结构调整淘汰类目录，各地纷纷关停清理"挖矿"项目，央行等十部门联合发文，要求进一步防范和处置虚拟货币交易炒作风险，禁止金融机构开展和参与虚拟货币相关业务，清理取缔境内虚拟货币交易和代币发行融资平台。

表3 2021年金融领域强监管、防风险政策措施

部门	时间	事件
中办、国办	2021年7月7日	《关于依法从严打击证券违法活动的意见》
国务院金融稳定发展委员会	2021年5月21日	强化平台企业金融活动监管,打击比特币挖矿和交易行为,坚决防范个体风险向社会领域传递
国家发改委	2021年9月3日	《关于整治虚拟货币"挖矿"活动的通知》
央行	2021年4月12日	约谈蚂蚁集团
央行	2021年4月29日	约谈部分从事金融业务的网络平台企业
央行	2021年6月21日	就虚拟货币交易炒作问题约谈部分银行和支付机构
央行	2021年8月19日	约谈恒大集团
央行	2021年9月24日	《关于进一步防范和处置虚拟货币交易炒作风险的通知》
央行	2021年10月15日	《系统重要性银行附加监管规定(试行)》
中国银保监会	2021年1月15日	《关于规范商业银行通过互联网开展个人存款业务有关事项的通知》
中国银保监会	2021年2月20日	《关于进一步规范商业银行互联网贷款业务的通知》
中国银保监会	2021年7月30日	《关于清理规范信托公司非金融子公司业务的通知》
中国银保监会	2021年8月13日	《银行保险机构进一步做好地方政府隐性债务风险防范化解工作的指导意见》
中国银保监会	2021年9月22日	《商业银行监管评级办法》
中国银保监会	2021年10月14日	《银行保险机构大股东行为监管办法(试行)》
中国银保监会	2021年10月22日	《关于进一步规范保险机构互联网人身保险业务有关事项的通知》
中国证监会	2021年1月8日	《关于加强私募投资基金监管的若干规定》
中国证监会	2021年3月19日	《上市公司信息披露管理办法》《关于修改〈证券公司股权管理规定〉的决定》
中国证监会	2021年6月18日	《证券市场禁入规定》
中国证监会	2021年7月9日	严厉打击操纵市场、内幕交易等证券违法活动
中国证监会	2021年7月15日	《证券期货违法行为行政处罚办法》
中国证监会	2021年7月16日	集中部署专项执法行动依法严厉打击证券违法活动
中国证监会	2021年7月23日	通报首批适用新《证券法》财务造假案件处罚情况
中国证监会	2021年9月30日	《首次公开发行股票并上市辅导监管规定》
中国互联网金融协会	2021年5月18日	《关于防范虚拟货币交易炒作风险的联合公告》

资料来源:公开政策文件。

2021年中国资本市场深化改革取得重大进展。坚守科创板"硬科技"定位，修改科创属性评价指标体系，规范创业板服务成长型创新创业企业定位，合并深交所主板与中小板。为了落实国家创新驱动发展战略的要求，全力支持专精特新中小企业高质量发展，中国证监会进一步深化新三板改革，以现有的新三板精选层为基础，设立北京证券交易所，打造服务创新型中小企业主阵地。北交所坚持与沪深交易所、区域性股权市场错位发展的原则，维持新三板基础层、创新层与北交所"层层递进"的市场结构，同步试点证券发行注册制。北交所的设立对构建多层次资本市场体系，提高直接融资特别是股权融资比重具有重要意义。

表4　2021年金融领域深化改革、扩大开放政策措施

部门	时间	事件
央行	2021年1月5日	调整境内企业境外放款宏观审慎调节系数
	2021年4月9日	《关于金融支持海南全面深化改革开放的意见》
	2021年6月21日	优化存款利率自律上限确定方式
	2021年8月18日	《关于推动公司信用类债券市场改革开放高质量发展的指导意见》
	2021年9月10日	《粤港澳大湾区"跨境理财通"业务试点实施细则》
	2021年9月15日	《关于开展内地与香港债券市场互联互通南向合作的通知》
	2021年9月30日	《征信业务管理办法》
国资委	2021年4月30日	《关于进一步加强金融衍生业务管理有关事项的通知》
中国银保监会	2021年3月26日	《商业银行负债质量管理办法》
	2021年4月25日	《关于2021年进一步推动小微企业金融服务高质量发展的通知》
	2021年5月27日	《理财公司理财产品销售管理暂行办法》
	2021年6月21日	《银行保险机构关联交易管理办法》（征求意见稿）
	2021年9月8日	《理财公司理财产品流动性风险管理办法（征求意见稿）》
	2021年9月10日	《关于开展养老理财产品试点的通知》
	2021年9月27日	《关于境内保险公司在香港市场发行巨灾债券有关事项的通知》
	2021年9月28日	《关于资产支持计划和保险私募基金登记有关事项的通知》
中国证监会	2021年1月29日	《关于完善全国中小企业股份转让系统终止挂牌制度的指导意见》
	2021年2月5日	批准深圳证券交易所合并主板与中小板

续表

部门	时间	事件
中国证监会	2021年2月26日	《公司债券发行与交易管理办法》
	2021年4月16日	《科创属性评价指引》
	2021年5月15日	《非上市公众公司监管指引第X号——精选层挂牌公司股票发行特别规定（试行）》
	2021年5月28日	《关于完善全国中小企业股份转让系统终止挂牌制度的指导意见》
	2021年7月9日	《期货公司子公司管理暂行办法（征求意见稿）》
	2021年9月2日	深化新三板改革，设立北京证券交易所
	2021年9月18日	《关于修改〈创业板首次公开发行证券发行与承销特别规定〉的决定》
	2021年9月25日	《合格境外机构投资者和人民币合格境外机构投资者境内证券期货投资管理办法》
上交所	2021年4月16日	《科创板企业发行上市申报及推荐暂行规定》
	2021年4月22日	《上海证券交易所公司债券发行上市审核规则适用指引第3号——审核重点关注事项》
	2021年6月22日	《上海证券交易所科创板上市公司重大资产重组审核规则》
深交所	2021年4月6日	《关于合并主板与中小板相关安排的通知》《深圳证券交易所融资融券交易实施细则（2020年修订）》
	2021年6月22日	《深圳证券交易所创业板上市公司重大资产重组审核规则》

资料来源：公开政策文件。

中国金融业对外开放步伐不断加快，中国首家外商独资公募基金公司、首家外商独资货币经纪公司、首家外商独资证券公司相继开业。以海南自贸港为试点，提升人民币可兑换水平，支持跨境贸易投资自由化便利化，探索放宽个人跨境交易政策，支持海南探索开展本外币合一银行账户体系试点，支持在海南自由贸易港内就业的境外个人开展包括证券投资在内的各类境内投资，支持境外投资者投资海南自由贸易港内金融机构发行的理财产品和资管产品，支持保险资产管理公司在账户独立、风险隔离的前提下向境外发行人民币计价的资产管理产品，凸显了海南自贸港金融开放试验田的地位。

中国资本市场高水平双向开放稳步推进，内地与香港债券市场互联互通南向合作正式启动，在债券"北向通"开通的四年后债券"南向通"也宣告落地,"南向通"为境内投资者构建了一个有序配置全球债券的便捷可控通道,完善了债券市场双向开放的制度安排,巩固和提升了香港国际金融中心地位。粤港澳大湾区"跨境理财通"业务开始试点,该业务支持大湾区内地及港澳居民个人跨境投资对方银行销售的合资格投资产品。MSCI 中国 A50 互联互通指数期货在港交所上市交易,首批"MSCI 中国 A50 互联互通指数 ETF"也已获批。2021 年首个交易日"北上"资金的净买入额突破 1.2 万亿元,深股通累计净买入规模从 2021 年 6 月 17 日开始持续超过沪股通,9 月底沪股通和深股通累计净买入额为 14943 亿元,相比上年同期的 10872 亿元增长 37.4%。"南下"资金规模在 2020 年第四季度和 2021 年前两个月迅速增长,港股通累计净买入额从 2020 年 9 月底的 14657 亿港元增长至 2021 年 2 月底的 21160 亿港元,5 个月增长 44.4%,此后则一直维持在 2.1 万亿港元左右的水平。

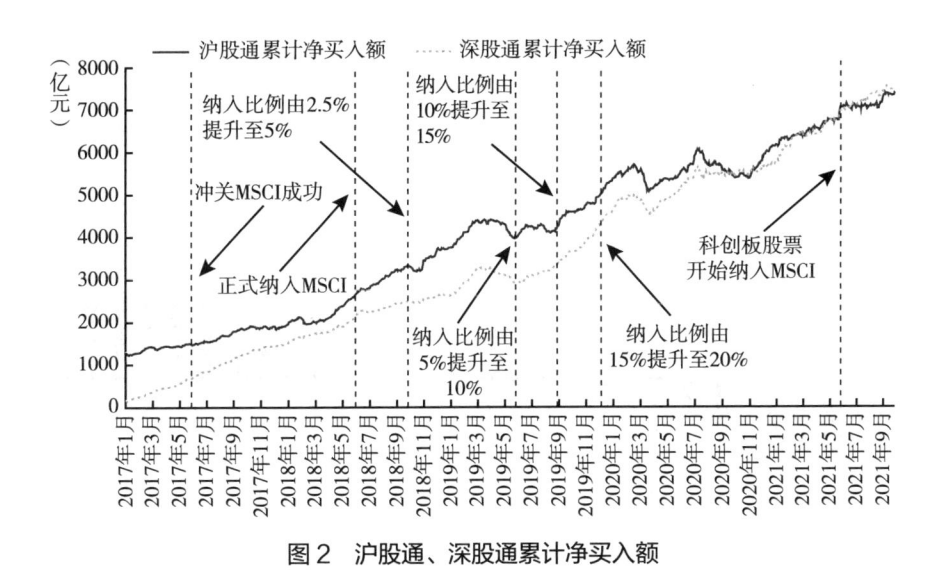

图 2 沪股通、深股通累计净买入额

资料来源:Wind 资讯。

(三)周期股强势新能源出色,中小盘股获得超额收益

2021 年前三季度,沪深 300 年内下跌 6.62%,创业板指年内上涨 9.39%。

分行业看，28个行业指数中有11个上涨，其中"采掘"行业指数涨幅超过60%，"黑色金属""电气设备"等行业指数涨幅超过40%，"有色金属""化工""公用事业"等行业指数涨幅超过30%，而"家用电器"行业指数跌幅超过20%，"非银金融""传媒""农林牧渔""食品饮料""房地产"等行业指数跌幅超过10%，其余行业指数涨跌幅均在10%以内。总体来看，上游资源行业表现普遍好于下游消费行业，煤炭、钢铁、有色等周期股表现尤为强势，新能源、光伏等"双碳"赛道较为出色，半导体、军工、医美等领域在年内也出现过较大机会，龙头白马在年初冲高后震荡下杀，医疗、教育板块受"集采""双减"等政策影响回撤幅度较大，"宁组合"取代"茅指数"成为机构基金追捧的对象。从估值来看，A股整体的市盈率（TTM整体法，下同）从2020年末的23.40倍降至19.13倍，而剔除金融板块的A股市盈率则从38.94倍降至29.51倍，沪深300的估值从16.10倍降至13.10倍，创业板的估值从102.94倍降至77.85倍。

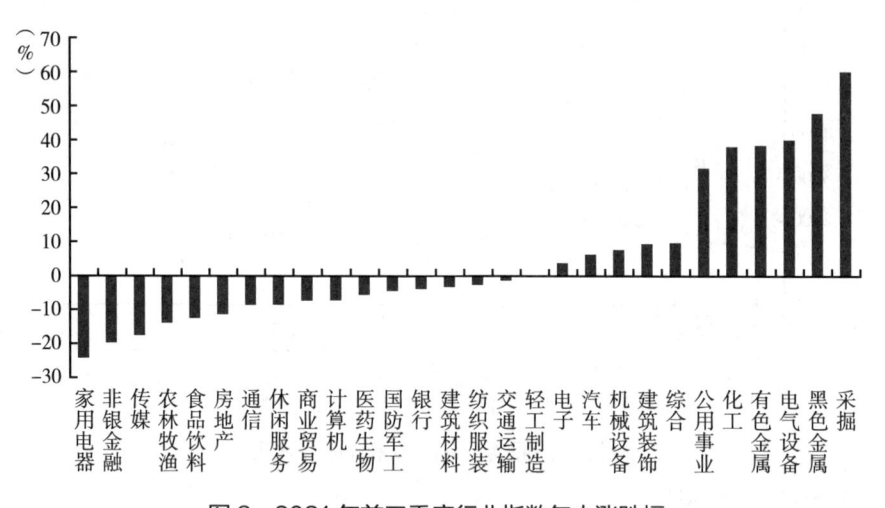

图3 2021年前三季度行业指数年内涨跌幅

资料来源：Wind资讯。

尽管2021年以来上证指数以3500点为中枢窄幅震荡，但以上证50为代表的大盘股和以中证500为代表的中小盘股表现出明显分化，中小盘股的表现明显好于大盘股。偏股型基金发行份额 2020 年 5 月至 2021 年 8 月连续 16 个月维持在 1000 亿份以上，2021 年 1 月更是超过 5000 亿份，但随后增速逐渐放缓，9 月发行份额 910 亿份，10 月进一步萎缩至 498 亿份。在市场热点较为分散、指数维持上下震荡的背景下，量化基金表现较为出色，在连续四年跑输主动权益基金后，2021 年前三季度主动量化基金收益率首次超过主动权益基金。

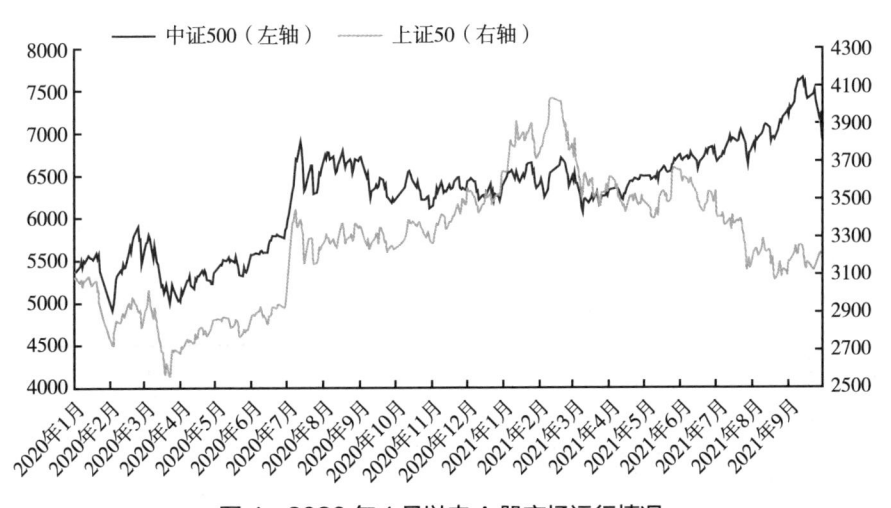

图 4 2020 年 1 月以来 A 股市场运行情况

资料来源：Wind 资讯。

二　中国股票市场运行的宏观经济逻辑

（一）坚持深化供给侧结构性改革

中国统筹推进疫情防控和经济社会发展，精准实施宏观政策，2021 年经济运行开局良好，呈现稳定恢复的态势。2021 年第一季度 GDP 同比增长 18.3%（两年平均增速 5.0%，括号内为两年平均增速，下同），其中二产增长 24.4%（6.0%），三产增长 15.6%（4.7%）。随着生产需求继续回升，新动能快速成长，第二季度 GDP 同比增长 7.9%（5.5%），其中二产增长 7.5%（6.1%），三产增长 8.3%（5.1%）。但是国内经济恢复仍然不稳固、不均衡，第三季度

GDP同比增长4.9%（4.9%），其中二产增长3.6%（4.8%），三产增长5.4%（4.8%）。疫情在个别地区的反复，仍然是阻碍中国经济恢复至疫情前水平的主要原因之一，而三产增速超过二产，一方面说明疫情影响的边际效应在减退，另一方面也反映出部分制造业发展遇到了一定困难。站在建党100周年和全面建成小康社会的新起点上，中央坚持深化供给侧结构性改革，完整、准确、全面贯彻新发展理念，加快构建新发展格局。

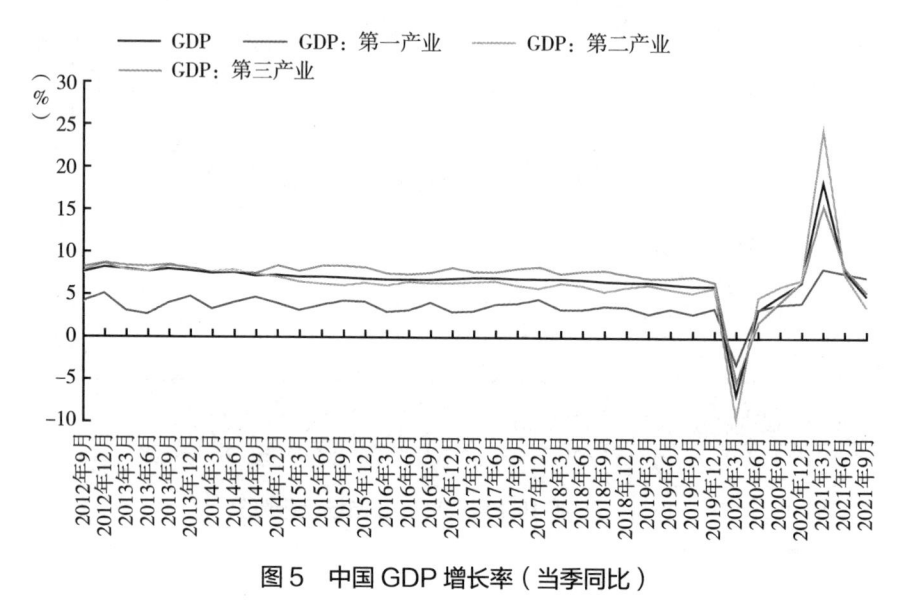

图5　中国GDP增长率（当季同比）

资料来源：Wind资讯。

工业企业在2020年11月结束了持续8个月的被动去库存阶段，进入主动补库存阶段，主营业务收入和利润总额同比增速开始转正，PPI持续上涨。但是从2021年3月开始，工业企业进入被动补库存阶段，说明制造业复苏受到阻碍，投资消费不振，企业库存无法被有效化解，9月已经出现主动去库存迹象，说明制造业企业的生产意愿在需求不足的影响开始减弱。尽管民营企业利润增速在2020年下半年早于国有企业转正，但2021年以来国有企业利润增速大幅高于民营企业，在国际大宗商品价格上涨以及国内运动式"减碳"的双重影响下，上游原材料的涨价显著侵蚀了中下游制造业企业的利润。

数据显示，9月PPI同比增长10.7%，较上年同期增长12.8个百分点，工业企业1~9月利润总额累计同比增长44.7%（18.8%），其中采矿业利润总额累计同比增速从上年同期的-37.2%大幅增长至161.8%，制造业从1.1%回升至42.9%，国有及国有控股工业企业从-14.3%回升至77.9%，私营工业企业从-0.5%回升至30.7%。如果以利润总额累计值计算同比增速，1~9月国有及国有控股工业企业同比增长75.6%，私营工业企业同比增长46.0%。与累计同比增速相比，国有工业企业增速变低2.3个百分点，私营工业企业增速变高15.3个百分点，私营工业企业两者的增速差距相比上年同期1.4个百分点大幅增加，且显著大于国有工业企业的差距，说明大中型民营工业企业的经营环境有所改善。

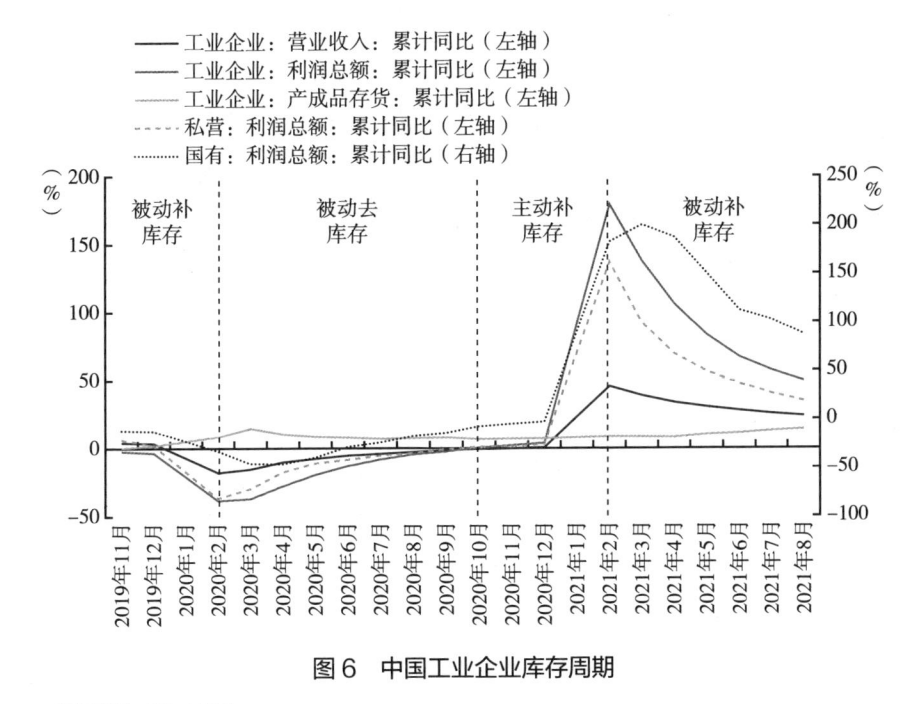

图6 中国工业企业库存周期

资料来源：Wind资讯。

工业企业的杠杆率稳中有降，私营工业企业杠杆率自2020年2月以来持续超过国有工业企业。私营工业企业资产负债率在2021年前三季度保持在58.3%左右的水平，而国有工业企业则降至57%，制造业企业整体的资产负债率保持在

55.3%的水平上。居民部门的杠杆率进一步提升，2021年前三季度，居民部门新增短期贷款1.63万亿元，新增中长期贷款4.72万亿元，新增个人购房贷款3.78万亿元，个人购房贷款余额增至37.37万亿元。居民部门杠杆率的提升对消费产生较大影响，社会消费品零售总额当月同比自2月以来持续走低，8月同比增速仅为2.5%，9月回升至4.4%，显著落后于其他经济指标，前三季度同比增长16.4%（3.9%），城镇居民人均消费性支出实际累计同比增长13.4%（1.9%），乘用车销量累计同比增长11.0%（-1.4%）。猪肉价格大幅回落，9月猪肉CPI同比下降46.9%，大幅低于1月-1.3%的年内高点，为一年半以来的新低，物价水平保持稳定，9月CPI同比增长0.7%，核心CPI同比增长1.2%，非食品CPI同比增长2.0%，CPI和PPI出现明显分化，但与上年情况完全相反，9月PPI与CPI的剪刀差达到10个百分点，创有数据记录以来的最大差值。

降成本、补短板是2021年供给侧结构性改革的工作重点，特别是通过优化和落实减税政策，恢复市场主体元气，增强市场主体活力，用改革办法推动降低企业生产经营成本，以创新链补齐产业链短板。2021年中央政府提出将小规模纳税人增值税起征点从月销售额10万元提高到15万元，对小微企业和个体工商户年应纳税所得额不到100万元的部分，在现行优惠政策基础上，再减半征收所得税，该部分所得的税负仅为2.5%，延续执行企业研发费用加计扣除75%的政策，并将制造业企业加计扣除比例提高到100%，中小企业宽带和专线平均资费再降10%，持续降低企业用网用云成本。国家发改委、工信部、财政部和人民银行联合发布《关于做好2021年降成本重点工作的通知》，持续合理降低税费负担，深化金融让利有效支持实体经济，着力降低制度性交易成本，合理降低企业人工成本，降低企业用能用地成本，推进物流降本增效，提高企业资金周转率，激励企业内部挖潜。2020年全国享受研发费用加计扣除政策的33万户企业购进高技术设备和高技术服务金额同比增长15.8%，全国重点税源企业研发支出同比增长13.1%，2021年上半年累计新增减税降费3659亿元。《5G应用"扬帆"行动计划》《物联网新型基础设施建设三年行动计划》和《新型数据中心发展三年行动计划》相继发布，为关键领域补短板明确了发展路径与行动指南。《关于支持"专精特新"中小企业高质量发展的通知》指出，中央财政中小企业发展专项资金将安排

100亿元以上奖补资金，分三批支持1000余家国家级专精特新"小巨人"企业加大创新投入，推进工业"四基"领域或制造强国战略明确的十大重点产业领域"补短板"，与产业链上下游协作配套，促进数字化网络化智能化改造，通过工业设计促进提品质和创品牌等。

（二）全球发达经济体维持超常规量化宽松政策

在超常规量化宽松货币政策的刺激下，美国经济复苏超预期，第一季度、第二季度和第三季度GDP环比（折年）增长分别为0.55%、12.23%和4.87%，失业率持续走低，从1月的6.3%降低至9月的4.8%，CPI则不断走高，从1月的1.4%上升至9月的5.4%。景气指数保持高位震荡，前三季度美国供应商协会（ISM）制造业PMI有6个月保持在60以上，服务业PMI更是连续7个月保持在60以上，制造业PMI和服务业PMI在3月和7月分别达到64.7和64.1，为2008年以来的新高。欧洲经济复苏也好于预期，欧元区第一季度和第二季度的GDP同比增速分别为-1.2%和14.5%，9月调和CPI同比增长4.1%，为1997年以来的最高增速，失业率8月降低至7.5%，为一年以来的新低，制造业经济景气度好于服务业，6月制造业PMI升至63.4，7月服务业PMI升至59.8，均创2008年以来最高纪录。

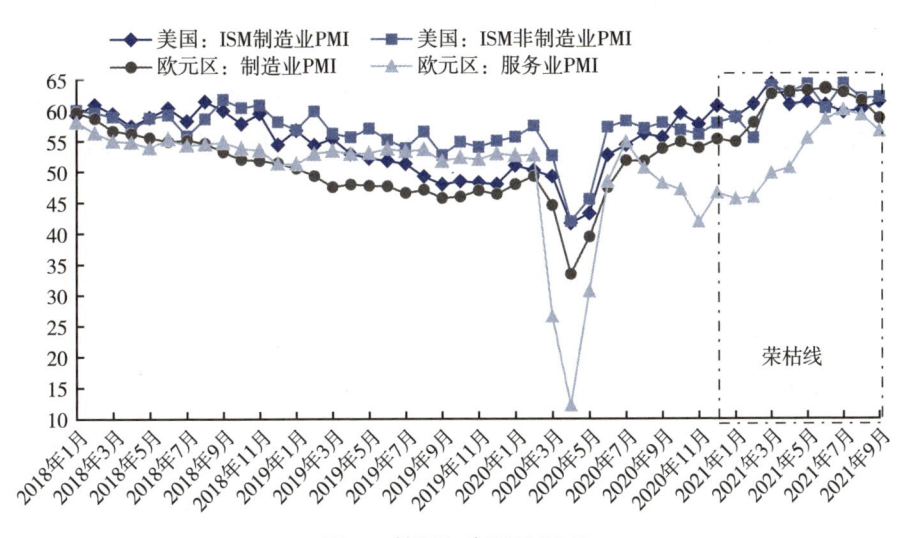

图7 美国和欧元区PMI

资料来源：Wind资讯。

尽管美国通胀已经连续6个月高于2%，市场对于加息和退出量化宽松已有充足预期，但截至10月底，美联储仍然没有采取任何行动，维持零利率和1200亿美元/月的购债规模不变，认为通胀部分是由供应瓶颈、疫情反复和需求强劲所导致，而就业数据仍然逊于预期，劳动力市场尚未全面恢复。欧洲央行10月底同样宣布维持主要再融资利率0%、边际借贷利率0.25%和存款机制利率-0.5%不变，维持紧急抗疫购债计划（PEPP）1.85万亿欧元规模不变，资产购买计划（APP）的购债速度维持200亿欧元/月不变，认为超过2%的通胀仍然只是暂时现象。但2021年10月，加拿大央行宣布结束量化宽松政策，并将加息预期提前至2022年第二季度，新西兰央行则进行了七年来的首次加息，基准利率由0.25%上调至0.5%。新兴经济体由于通胀问题更为严重，已经相继迈出加息步伐，巴西央行年内6次加息，基准利率由2%上调至7.75%，俄罗斯央行年内同样6次加息，基准利率由4.25%上调至7.5%，墨西哥、土耳其、波兰、哥伦比亚等国央行也在年内宣布了加息的决定。在部分资源国受疫情影响生产受阻，而主要生产国和消费国需求回升的背景下，全球商品市场表现活跃，前三季度CMX黄金下跌7.28%，白银下跌15.82%，LME铜上涨15.22%，LME铝上涨44.43%，布伦特油上涨51.56%。波罗的海干散货指数震荡上行，从1月初的1374点猛增至10月初的5650点，创2008年9月以来的新高。美国、欧盟和日本的出口增速大幅增长，前八个月美国出口同比增长24.08%，欧盟出口同比增长13.82%，日本出口同比增长25.28%。

（三）货币政策灵活适度，融资成本稳中有降

2021年中国金融市场整体流动性水平保持了合理充裕，央行坚持稳字当头，稳健的货币政策灵活精准、合理适度，搞好跨周期政策设计，保持了政策连续性、稳定性和可持续性，综合运用存款准备金率、中期借贷便利（MLF）、公开市场操作等多种货币政策工具，维护市场预期稳定，货币供应量和社融规模增速与名义GDP增速基本匹配。中国货币供应量自2020年5月起就领先于其他大型经济体逐步回归正常，M2同比增速自3月起回归个位数，

9月同比增长8.3%,社会融资规模存量同比增速自2月起逐月降低,9月同比增长10.0%。央行在7月全面下调金融机构人民币存款准备金率0.5个百分点,释放约1万亿元的长期流动性。央行适时适度开展MLF,避免多投放流动性导致资金淤积,保持银行体系流动性不松不紧,前十个月一年期MLF在1月、4月、7月和8月等4个月缩量续作,而其余6个月则等量续作,中标利率维持在2.95%不变,全年来看MLF和TMLF净回笼4466亿元流动性。央行2021年第二季度货币政策执行报告指出,"根据国内经济形势和物价走势把握好政策力度和节奏,处理好经济发展和防范风险的关系,维护经济大局总体平稳,增强经济发展韧性。发挥再贷款、再贴现和直达实体经济货币政策工具的牵引带动作用,有序推动碳减排支持工具落地生效,引导金融机构加大对科技创新、小微企业、绿色发展、制造业等领域的支持力度"。

央行积极引导市场综合融资成本稳步下降,持续释放LPR改革潜力,推动金融系统向实体经济让利。贷款市场报价利率(LPR)保持稳定,1年期和5年期LPR分别维持在3.85%和4.65%不变,6月贷款加权平均利率为4.93%,同比下降0.13个百分点,创有统计数据以来的新低,其中企业贷款加权平均利率为4.58%,同比下降0.06个百分点,处于历史较低水平,有力支撑了实体经济发展。央行9月新增3000亿元支小再贷款额度,支持符合条件的地方法人银行增加对小微企业和个体工商户的贷款,要求贷款平均利率在5.5%左右,引导降低小微企业融资成本。短期资金成本稳中有降,货币市场利率与公开市场操作利率的偏离较往年明显收窄,3个月Shibor从2月的2.8%降至10月的2.4%,银行间市场7天期回购利率(DR007)基本保持在2.2%的水平,与央行7天逆回购操作利率接近,产业债信用利差在上半年略有走阔,而后则持续收窄。2021年以来,流动性和货币市场利率运行平稳,月末、季末均未出现大的波动,央行货币政策预期管理取得明显成效,货币政策框架更为公开、直观,货币政策操作更具规则性和透明度,货币政策沟通更趋定期化、机制化,央行与公众的沟通效率大幅提升,货币政策传导的有效性得到提高。

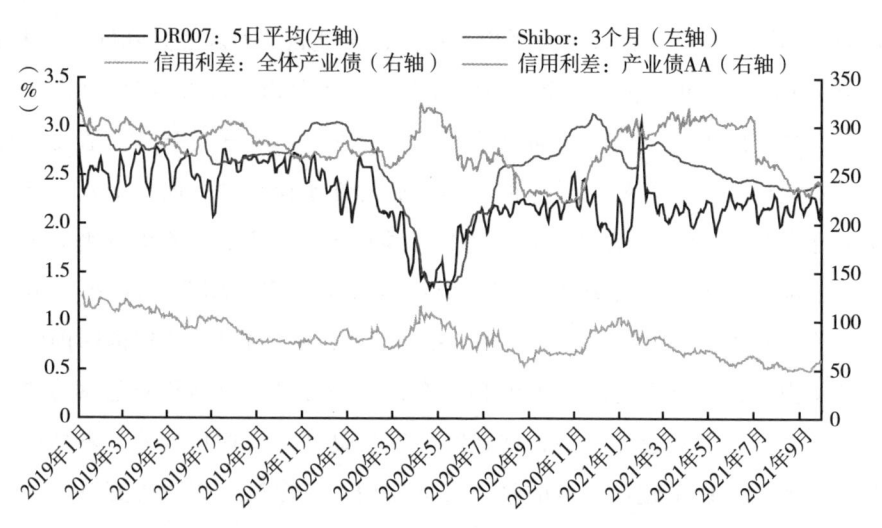

图8　2019年以来短期资金利率水平和产业债信用利差

资料来源：Wind资讯。

三　2022年中国股票市场展望

2022年，中国股票市场将继续坚持以服务实体经济高质量发展为方向，更好发挥资本市场的枢纽作用，大力提高直接融资比例，不断完善支持科技创新的金融政策，有力推动科技、资本和实体经济高水平循环，为有效应对经济增速下行压力、保持宏观杠杆率基本稳定等挑战贡献积极力量。金融监管机构将始终坚持"建制度、不干预、零容忍"，坚持市场化、法治化方向，发挥监管合力，保持改革定力，加快构建功能互补、有机联系的多层次股权市场体系，满足不同类型、不同发展阶段企业的融资需求，进一步提升A股市场的交易便利性、市场流动性和市场活跃度，努力建设一个规范、透明、开放、有活力、有韧性的资本市场。

从估值来看，2021年9月底上证A股的市盈率（TTM，下同）为14.70倍，居历史月份第278位，处在历史数据76.37%的分位数位置；深证A股的市盈率为35.02倍，居历史月份第226位，处在历史数据62.09%的分位数位置；

沪深300的市盈率为13.10倍，居历史月份第110位，处在历史数据55.56%的分位数位置；创业板的市盈率为77.85倍，居历史月份第43位，处在历史数据29.86%的分位数位置；科创板的市盈率为62.12倍，居历史月份第24位，处在历史数据88.89%的分位数位置。主板、创业板和科创板估值较2020年同期已有明显下降，处于相对历史低位。总体来看，2022年中国股票市场结构性机会显著增多。

第一，重视双循环格局下科技创新的核心作用。从国内国际双循环相互促进的角度来看，科学技术具有世界性和时代性，是人类共同的财富，构建人类命运共同体，深度参与全球科技治理，需要科学技术的有力支撑，只有不断提高自身的科技创新水平，才能推动科技创新内外交流迈上更高台阶，从而形成科技创新内外互补的良性循环。从以国内大循环为主体的角度来看，面对复杂严峻的外部环境，需要坚持底线思维，科技创新居于国家发展全局的核心位置，提高科技创新水平是解决"卡脖子"问题的关键，尽管经贸"脱钩"尚无可能，但科技创新领域的"脱钩"正在发生且范围日渐扩大，"缺芯"已经成为中国高技术产业发展的软肋，涉及与国家经济、国防、通信、数据安全等密切相关的高精尖技术，必须通过自主创新进行攻关。只有实现高水平科技自立自强，才能实现以国内大循环为主体的高质量发展。资本市场服务实体经济，归根到底是要服务、驱动和引领高水平科技自立自强。利用多层次股权市场融资体系增强企业在基础研究和应用研究领域的科技硬实力，将成为中国资本市场建设的重要方向。专精特新中小企业有望迎来跨越式发展机遇，在半导体、航空、新材料等关键核心技术领域具有研发攻关能力的企业，有望获得耐心资本的长期投资，特别是亟须大幅提高设备材料自给率、摆脱对外依赖的集成电路产业，具有长期向好的政策面、资金面和基本面等多重优势，超大规模的国内市场是支撑自主创新企业业绩和估值水平双重提升的重要保障。

第二，重视"双碳"目标下可持续发展的长期使命。碳达峰、碳中和目标正在全面融入中国经济社会发展中长期规划，可持续发展的重点是生态环境、经济社会以及金融财务的可持续，全面绿色转型发展的关键是能源的绿色低碳发展，持续降低煤炭、石油等化石能源消费占比，降低单位产值能耗，降低单位产值二氧化碳排放量，提升风电、太阳能发电等清洁能源消费占比，均已正式成为可量化执行的政策目标，新能源、光伏等产业具有广阔的中长期发展前景。中国资本市场在新能源、光伏产业及其细分赛道已经培育出具有全球影响力和行业影响力的龙头企业和隐形冠军，未来将带动更多产业链条的相关企业高速成长。特别是新能源汽车产业具有上、中、下游全产业链的牵引带动作用，能够从消费、投资和进出口三个方面共同拉动经济增长。中国是全球光伏产业发展的领跑者，在光伏发电领域具有极其雄厚的技术研发积累与产业化应用经验，在资本市场的助推下，中国光伏产业上市公司的市场优势、技术优势和资金优势将进一步增强。同时，发展新型储能对于提升清洁能源消费占比至关重要，新型储能能够有效熨平供给端风、光发电的波动，降低弃风、弃光率，有效应对需求端服务业占比提升导致难以准确预测用电规律的问题，特别是极端气候条件下，用电需求的短时集中增加将对电网造成极大的瞬时冲击导致电力系统瘫痪，无论是电源侧储能、电网侧储能，还是用户侧储能，都具有巨大的成长空间，储能产业有望得到境内外机构投资者的长期重点关注。

  第三，重视共同富裕下美好生活的强烈追求。共同富裕是全体人民物质生活和精神生活都富裕，满足人民美好生活需要是一切工作的出发点和落脚点，而人口发展则是经济社会发展的基础。中国人口发展呈现老龄化程度加深、综合生育率下降的趋势，为了促进人口长期均衡发展，中央决定优化生育政策，实施"三孩"政策，而要提高生育意愿，必须有效降低生育、养育和教育成本。"双减"政策的适时出台、药品集中采购的有序开展以及房地产调控政策的不断加码，都是政府为了解决人民群众上学难、看病难、住房难等重点民生问题而采取的有力措施。对于资本市场的产业政策风险需要从高质量发展和高品质生活的角度去认识，只有真正满足人民美好生活的产业才会最终跑赢市场，而利润的快速提升是以全社会公共成本大幅增加为代价的产业，短期内可能有不错表现，但长期来看仍将被市场所淘汰。共同富裕对于收入分配制度改革提出了新的要求，"扩大中等收入人群比重，增加低收入群体收入"的背后是资本要素和劳动力要素的相对稀缺性正在悄然发生变化，收入在各要素之间的分配处于再平衡的过程，居民人均可支配收入增速在政策支撑下有超过经济增速的潜力。大消费行业作为与美好生活直接相关的代表性产业，未来将持续享受共同富裕政策红利，在经历了估值向合理区间回归后具备较为明显的中长期投资价值。

总体来看，中国宏观经济韧性的增强将提高股票市场的内在稳定性，尽管外部货币政策环境的变化可能会对市场造成短时冲击，但决定A股市场价值中枢向上移动的力量主要来自实体经济高质量、可持续发展能力的增强，2022年科创板和创业板相对主板获得超额收益的可能性更大，中国股票市场具备向上冲击4000点的动力。

参考文献

国家发展和改革委员会、工业和信息化部、财政部、中国人民银行：《关于做好2021年降成本重点工作的通知》，https://www.ndrc.gov.cn/xwdt/tzgg/202105/t20210510_1279501.html，2021年5月10日。

财政部、工业和信息化部：《关于支持"专精特新"中小企业高质量发展的通知》，http://jjs.mof.gov.cn/zhengcefagui/202102/t20210202_3653069.htm，2021年1月23日。

《中共中央 国务院关于完整准确全面贯彻新发展理念做好碳达峰碳中和工作的意见》，http://www.gov.cn/zhengce/2021-10/24/content_5644613.htm，2021年9月22日。

中国人民银行货币政策分析小组：《2021年第二季度中国货币政策执行报告》，2021年8月9日。

产业发展与低碳转型

Industrial Development and Low-Carbon Transformation

B.13
中国农业经济形势分析、展望与政策建议

李国祥*

摘　要： 2021年，中国农业生产能力进一步提高，第一产业增长较快；粮食再次连续增产，粮食总产量估计超过6.7亿吨；生猪生产迅猛恢复，猪肉产量估计突破5500万吨；粮食和肉类进口规模进一步扩大，国内农产品市场供给充裕；农产品生产者价格和食品消费价格总体稳定，不同农产品和食品价格走势分化明显。除生猪和猪肉价格较大幅度下跌外，其他多数农产品价格和食品价格受国际市场和预期等因素影响而呈现上涨态势。农民收入实现较快增长，城乡居民收入差距进一步缩小。展望2022年，中国粮食有望达到

---

* 李国祥，中国社会科学院农村发展研究所研究员，研究方向为农村经济发展。

7亿吨新台阶，猪肉产量调减到5000万吨，粮食进口可能减少，农产品价格和食品价格可能面临上涨压力，农民人均可支配收入有望突破2万元。积极扩大粮食生产，稳定生猪产能，增强农产品市场调控能力，是有效应对国际农产品市场剧烈波动和极端灾害天气等风险挑战的根本保障，是保障主要农产品有效供给和价格总体稳定的基本途径。

关键词： 农业　粮食生产　生猪生产　农产品进口　食品价格

一　2021年农业经济形势分析

2021年，中国农业投资加快增长，粮食生产等克服洪涝暴雨等灾害等多重不利影响，再获丰收，生猪产能明显地释放为产量，农产品进口规模明显扩大，国内农产品市场供给充裕，食品消费价格稳中有降；农民收入较快增长，农民消费较大幅度增加，城乡居民收入和消费差距进一步缩小。农业经济运行和发展的积极方面，为应对国际农产品市场剧烈变动，实现脱贫攻坚历史性转移到乡村振兴和开启国家现代化新征程以及稳定经济社会发展大局作出了重要贡献。

（一）农业高质量发展步伐加快

在强农惠农政策作用下，农业投资力度持续加大，主要农产品生产能力进一步提高，第一产业增加值较快增长。2021年前三季度，第一产业固定资产投资（不含农户）达到10395亿元[1]，同比名义增长14.0%；第一产业增加值达到51430亿元，同比名义增长6.9%，实际增长7.4%。其中，农业（种植业）增加值同比增长3.4%，保持基本稳定增长态势。第一产业增加值较高速

---

[1] 本报告数据没有说明来源的均来自国家统计局。

度增长,主要来源于生猪生产的超常规增长。

农业投资快速增长,既体现国家强农政策取得成效,也反映社会民间资本在政策引导下对农产品市场前景的信心和期待。2021年,国家持续支持现代农业产业园区建设,新创建50个国家现代农业产业园、50个优势特色产业集群、298个农业强镇[1];加大投资力度支持1亿亩高标准农田建设,力争2022年底全国高标准农田总规模达到10亿亩,农业抵御自然灾害能力进一步增强,新阶段农业现代化迈出更加坚实的步伐。据资料[2],前三季度,农、林、牧、渔业民间投资增长14.4%;受前几年猪、牛、羊等养殖动物产品价格高位运行和经济效益高等影响,前三季度畜牧业投资同比增长36.8%。农业投资增长较快,必然带来农业生产能力的明显提高。

2021年,农村一二三产业融合带来加工业和休闲农业等的快速发展,农产品质量安全状况进一步改善。实施绿色高质高效行动,主要农产品优质化、专用化、品牌化和标准化水平持续提升。

值得注意的是,在国家投资引导下,民间资本在农产品价格高时也会大力投资相关行业,快速形成生产能力,其可持续性经受考验,生产和市场呈现出的周期性波动一直没有得到缓和。农牧业的民间投资积极性高涨,在形成生产能力后,一旦出现阶段性过剩和市场行情恶化,投资者可能遭受较大经济损失。典型的是,本轮生猪生产方面,民间资本非常规增长,形成新一轮阶段性过剩的生猪产能,生猪价格跌入谷底,投资者遭受严重亏损,投资回收无法指望,甚至日常运营都难以维持,对于投资形成的资产的处置等迫切需要通过构建机制加以解决。

(二)粮食生产再获丰收

粮食生产再获丰收,为全年农业稳定增长奠定了基础。2021年,为了避免非粮化,中国各级对粮食生产实行党政同责,确保各地抓紧抓实粮食生产。在强农惠农政策和玉米小麦市场行情较好等共同作用下,有效地消除了新冠

---

[1]《财政部、农业农村部发布2021年重点强农惠农政策》,财政部网站,2021年7月2日。
[2] 翟善清:《投资稳定增长 结构持续优化》,中国经济网,2021年10月19日。

肺炎疫情和暴雨洪涝等自然灾害带来的不利影响，夏粮和早稻实现双增产。前三季度，夏粮和早稻产量达17388万吨，比上年增长2.2%。全年粮食总产量估计会突破6.7亿吨，明显地高于2021年《政府工作报告》中确立的全年粮食总产量1.3万亿斤（6.5亿吨）的目标。

粮食生产有效克服了局部地区自然灾害偏重带来的不利影响。2021年上半年，全国自然灾害灾情总体偏轻。进入7月，河南、四川、河北、山西和陕西等地相继发生严重的暴雨、洪涝和"烟花"台风等灾害。前三季度，部分地区因遭受极端天气等而造成近1.6亿亩的粮食作物受灾。河南是全国重要的粮食主产省。7月中下旬河南特大暴雨洪涝灾害影响范围广，波及郑州、新乡、鹤壁等16个市150个县（市、区），对受灾地区粮食生产造成显著不利影响。8月湖北随州、陕西西安局部地区发生极端强降雨，引发洪涝灾害。入秋后，河南、四川、山西、陕西等地发生秋汛，与前期重合叠加，灾害损失进一步加重。灾害发生后，受灾地区及时开展救助和农业生产恢复，将损失降到最低。

粮食再获丰收，是国家及时出台惠农政策的结果。2021年6月，针对化肥等农业生产资料价格上涨影响农民种粮收益的突发情况，国家及时向农民发放一次性补贴。根据中国统计信息服务中心和卓创资讯的联合监测，2021年尿素（小颗粒）每吨价格由年初的不到2000元上涨到6月中旬的2700多元，到10月上旬进一步上涨到3000多元；农药（草甘膦，95%原药）每吨价格由年初的不足3万元上涨到6月中旬的近5万元，到10月上旬进一步突破7万元。化肥和农药是现代农业的重要生产要素。2021年化肥和农药价格出现暴涨，一方面是由生产成本上升所致，另一方面是因农民扩大粮食生产而使化肥和农药需求增加。针对化肥和农药等农业生产资料价格过快上涨，2021年6月18日召开的国务院常务会议决定由中央财政安排200亿元左右资金向实际种粮农民发放一次性补贴。

为了降低农民种粮风险，在全国粮食主产县加快实行新型农业政策性保险。在前期试点基础上，2021年在全国13个粮食主产省份，对500个产粮大县实施稻谷、小麦种植完全成本保险以及玉米种植收入保险。相比传统的粮

食生产政策性保障，新型农业政策性保险赔付标准大幅度提高。完全成本保险赔付标准达到弥补因自然灾害和病虫害等导致的农民种粮大部分经济损失，包括种子、化肥和农药等直接物化成本以及土地和人工成本。收入保险可基本弥补因粮食产量和价格波动而带来的经济损失。较大幅度提高新型粮食保险赔付标准，进一步增强粮食生产预期收益的稳定性，保护和调动农民种粮积极性。

值得注意的是，气候变化，局部极端天气增多，绿色发展要求化肥农药减量和粮食作物秸秆资源化利用，给粮食生产等带来新的挑战。新发展阶段，要求粮食生产能力跨上新台阶，居民食物消费升级带来的粮食供求结构性矛盾，对粮食增产与结构改善提出了更高要求。粮食支持政策要么偏重于增产，要么偏重于绿色发展效应，综合施策显得不足。解决粮食生产面临的挑战和矛盾，需要更好地统筹粮食安全和农业高质量发展。

（三）生猪产能快速释放

近年来，生猪养殖利润高、政策支持力度大，生猪产能不断扩大。2019年至2021年初，受非洲猪瘟和环保部门划定禁养区影响，生猪产能严重下滑，猪肉价格大幅上涨并较长时间高位运行，为此，中国相关部门和地区出台了一系列恢复生猪产能的政策措施，到2021年第二季度末，中国生猪存栏量恢复到常年水平，猪肉产量和市场供给明显增加。

进入2021年下半年，生猪产能大量释放，出栏生猪和猪肉产量接近于非洲猪瘟暴发前的历史最高点。2021年前三季度，全国出栏生猪49193万头，略低于2018年前三季度的水平，比2020年前三季度增长35.9%；猪肉产量3917万吨，超过2018年前三季度的水平，比2020年前三季度增长38.0%。

第四季度往往是中国猪肉消费旺季，在需求拉动下生猪产能转化为猪肉产量将更加明显。2021年第三季度末生猪存栏43764万头，接近历史最大存栏量。在强有力的产能保障下，估计全年出栏生猪接近甚至超过7亿头，猪肉产量有望突破5500万吨，将创造历史最高水平，猪肉市场供给充裕。

在猪肉产量急剧增长的同时，牛、羊、禽肉等产量保持适度增长。2021年前三季度猪、牛、羊、禽肉产量达到6428万吨，同比增长22.4%。全年猪、牛、羊、禽肉产量有望接近甚至突破9000万吨，为全国年度猪、牛、羊、禽肉总供给量超过1亿吨奠定了基础。

值得注意的是，生猪产能快速恢复并转化为猪肉产量，短时间内生猪产能阶段性过剩明显，猪肉市场出清困难，2021年生猪和猪肉市场供求关系急剧变化，表明多年来探索通过超大规模企业化养猪来解决市场周期性波动问题的成效尚未显现，下半年为促进生猪生产稳定而采取的生猪和猪肉市场调控政策还需要进一步创新。

2021年8月5日，农业农村部和国家发展改革委等6部门发布《关于促进生猪产业持续健康发展的意见》，提出建立预警及时、措施精准、响应高效的生猪生产逆周期调控机制，确保猪肉供应安全保障能力长期稳定，明确要求不得对暂时经营困难的生猪养殖场等随意限贷、抽贷、断贷，完善生猪政策性保险政策；持续优化环境管理，不得随意扩大禁养区范围；保持能繁母猪合理存栏水平，建立生猪产能分级调控责任制；对连续严重亏损3个月以上的规模养殖场，实施临时救助补贴等保障措施。

2021年9月23日，农业农村部印发《生猪产能调控实施方案（暂行）》，旨在促使能繁母猪存栏变动量保持在合理区间，划定产能保障底线，确定能繁母猪正常保有量稳定在4100万头左右，最低保有量不低于3700万头。据此通过给予优惠政策将能繁母猪存栏量具体到养殖大县和规模养殖场，并强化责任考核，确保落实。

为了解决生猪价格过度下跌导致养殖户连续多月出现严重亏损的问题，2021年10月10日商务部会同国家发展改革委等部门决定启动第四批中央储备猪肉收储计划，布局在12个省份的猪肉储备量达3万吨，旨在发挥政府的宏观调控作用，促使猪肉市场进入合理运行区间。

2021年8月和9月出台的调控生猪生产和保护生猪产能等举措，有些仅仅显现出短期效应，有些可能经历较长时间才能检验是否具有持续效应。促进生猪稳定发展的政策体系是中国农业现代化必须要构建的。

（四）农产品进口较快增长

为了增加国内农产品市场供给，积极履行中美第一阶段经贸协议，农产品进口较大幅度增加，农产品国际贸易逆差明显扩大。2021年前三季度，农产品进口突破万亿元人民币，为10731亿元（1657亿美元），农产品出口3853亿元（595亿美元），农产品国际贸易逆差超过1000亿美元，为1062亿美元（6878亿元）。前三季度，中国农产品出口、进口和逆差，按人民币计算，与2020年前9月相比分别增长0.9%、23.0%和40.2%；按美元计算，与2020年前9月相比分别增长9.3%、33.1%和51.7%。农产品进口增速显著超过出口增速，以人民币计算的农产品进出口增速明显低于以美元计算的农产品进出口增速。

中国农产品进口大幅增加，主要来源于粮、油、糖等大宗土地密集型农产品的进口。2021年前三季度，中国粮、油、糖和果类进口占总体农产品进口的近一半。受国际市场粮油价格明显上涨，以及相关农产品进口数量大幅度增加等影响，2021年粮、油、糖和果类进口金额高速增长。前三季度，粮食进口567亿美元，同比增长59.9%；食用油进口97亿美元，同比增长53.3%；食糖进口14亿美元，同比增长48.3%；干鲜瓜果及坚果进口123亿美元，同比增长35.7%。

在进口粮食中，与饲料粮有关的玉米等进口规模增幅更加明显。2021年前三季度，粮食进口量达到12827万吨，比上年同期增长29.3%，粮食进口保持较快增长态势，全年粮食进口总量估计会超过1.5亿吨。在谷物中，玉米进口规模大，增长速度快。2021年前三季度，玉米进口超过2000万吨，比上年同期增长近3倍，玉米进口量大约是全年进口关税配额数量的3倍。受大豆国际市场价格上涨幅度大且保持高位运行等因素影响，大豆进口量增长速度放缓。2021年前三季度，大豆进口6710万吨，比上年同期增长3.6%（见表1）。

粮食进口较快增长的主要原因是国内需求增加等。国内粮食产需缺口较大的仍然是饲料粮。玉米、大麦和高粱等谷物进口量成倍增长，主要用于缓解国内饲料粮源供应偏紧矛盾。尽管国际市场除大米外多数大宗农产品价格普遍上涨，但国际市场价格仍然明显低于国内市场价格，国内需求增加促使进口较快增长。

表1 2021年前三季中国粮食进口情况

项目	进口量 数量（万吨）	进口量 同比增长（％）	海关价格（人民币）价格（元/吨）	海关价格（人民币）同比上涨（％）	海关价格（美元）价格（美元/吨）	海关价格（美元）同比上涨（％）
粮食	12827	29.3	2864	14.1	442	23.7
小麦	696	39.7	2005	1.1	309	9.5
大麦	711	115.4	1810	11.1	279	19.9
玉米	2140	283.7	1802	19.9	278	30.1
稻谷及大米	320	111.0	2950	-19.7	455	-13.1
高粱	671	128.7	2049	23.7	317	34.4
大豆	6710	3.6	3510	29.4	542	40.3

资料来源：中国海关网站，www.customs.gov.cn。

2021年，粮食进口价格普遍上涨，受人民币升值影响，以美元计算的进口价格涨幅明显高于以人民币计算的进口价格涨幅。2021年前三季度，以人民币和美元计算的每吨玉米进口海关价格分别为1802元和278美元，比上年同期分别上涨19.9%和30.1%，以美元计算的海关价格涨幅高出以人民币计算的约10个百分点。

2021年，肉类进口量受国内猪肉市场供求关系急剧变化而变化。上半年，肉类进口量基本保持2020年态势。5月后国内猪肉市场阶段性过剩呈现加剧态势，价格过度低迷，第三季度猪肉进口量大幅度减少，从而带来肉类进口总量减少。根据中国海关数据，2021年上半年进口猪肉及猪杂碎295万吨，同比增长4.5%；前三季度进口猪肉及猪杂碎412万吨，同比下降4.6%。仅第三季度，进口猪肉及猪杂碎比2020年同期减少33万吨。估计全年猪肉进口量较上年明显减少，从而带来肉类（包括杂碎）进口总量减少。2021年全年肉类（包括杂碎）进口量大约900万吨，比上年减少约100万吨。

值得注意的是，2021年上半年，国际农产品市场价格总体低位运行，进

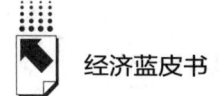

口农产品对国内食品消费价格上涨几乎不会带来影响，反而有助于增加国内农产品供给和促进国内食品消费平稳运行。进入下半年，国际农产品市场波动明显加剧，部分农产品供求关系发生改变，国际农产品贸易价格涨幅较大，加上受原油价格上涨和新冠肺炎疫情等影响海运价格上涨较快。国际农产品市场和国际物流急剧变化，给中国农产品市场带来的冲击，需要加以防范和应对。

（五）农产品价格和食品价格总体呈现稳定态势

2021年尽管不同农产品生产者价格波动方向和涨跌幅度差异较大，生猪生产者价格大幅下跌，玉米和禽蛋等生产者价格大幅上涨，但是农产品生产者价格总体保持平稳。2021年前三季度，农产品生产者价格总体同比下跌1.1%。考虑到进入冬季后，生猪生产者价格可能触底反弹，全年农产品生产者价格总体可能略有上涨。

2021年，除生猪外，其他多数农产品生产者价格出现不同幅度上涨。前三季度，生猪生产者价格同比下跌31.4%，而玉米生产者价格同比上涨达31.2%，禽蛋生产者价格同比上涨14.6%。

常态下中国生猪产量在畜牧业产量中占比高。进入2021年5月，中国生猪产能急剧释放，育肥猪压栏不断累积，猪肉市场出清问题越来越突出。尽管不断出台调控政策，实施多批中央储备猪肉收储，但是生猪市场价格连续多月极端低迷。根据中国统计信息服务中心和卓创资讯联合监测，全国生猪（外三元）每公斤由2021年初的约37元下跌到9月的不足14元，最大下跌幅度超过60%。

猪肉价格之所以急剧下跌，主要原因在于绝大部分居民的人均猪肉消费量接近或者达到饱和，猪肉消费越来越缺乏价格弹性。猪肉价格虽然大幅度下跌，但是人均猪肉消费量变化较小。要解决生猪和猪肉市场出清问题，仅靠降低价格，最终只能导致市场恶性竞争，反而进一步导致猪肉价格过度下跌。

生猪价格过度下跌，势必使养殖者受损。自2021年5月开始，全国生猪养殖者普遍出现连续多月亏损。根据农业农村部等监测,生猪严重亏损发生在6月,散养养殖者生猪每头亏损平均达665元,规模养殖者生猪每头亏损平均达638元。到9月,严重亏损状况仍然没有改变,甚至规模养殖者亏损加剧。9月,散养养殖者生猪每头亏损平均达603元,规模养殖者生猪每头亏损平均达668元。这势必影响生猪养殖者的积极性。

2021年,猪肉消费价格下跌幅度大,基本主导着食品消费价格的走势。前三季度,食品消费价格比上年同期下跌1.6%,其中猪肉消费价格比上年同期下跌28.0%,影响食品消费价格下跌约3.5个百分点。扣除猪肉消费价格下跌因素外,其他食品消费价格比2020年前三季度上涨约1.9个百分点。

食品消费价格上涨的主要有食用油、水产品和蛋类。2021年前三季度,食用油消费价格比上年同期上涨7.0%,水产品消费价格比上年同期上涨9.8%,蛋类消费价格比上年同期上涨9.6%。

值得注意的是,2021年第二季度生猪产能恢复后,生猪市场价格再度陷入低迷。针对生猪养殖严重亏损问题,2021年相关部门已经连续出台政策并采取措施有效调控生猪产能,但猪肉价格剧烈波动及其可能带来的生猪产能大幅度波动问题尚未根本破解。一些地方政策出现反复,养猪场因持续较长时间严重亏损而难以支撑,反映生猪稳产保供和价格保持在合理区间运行的基础仍不牢固,猪肉价格剧烈波动对食品价格显著影响的风险没有消除,需要进一步积极探索生猪和猪肉市场稳定运行长效机制。

(六)农村居民经营净收入恢复较快增长

农村居民收入继续保持较快增长。尽管受到新冠肺炎疫情、局部地区严重暴雨和洪涝灾害等不利影响,2021年前三季度,农村居民人均可支配收入13726元,比上年同期名义增长11.6%,实际增长11.2%(见表2)。由于农村居民人均可支配收入增长较快,城乡居民人均可支配收入比率缩小到2.62,比上年同期下降0.05个点。全年农村居民人均可支配收入有望达到1.9万元左右。由于农村居民人均可支配收入基数相对较小,全年人均可支配收入估计会保持较快增长态势,城乡居民人均可支配收入比率可能进一步降至2.55以下。

表2　农村居民收入水平及其增长情况

单位：元，%

时间	农村居民人均可支配收入		经营净收入		工资性收入		转移净收入	
	绝对值	同比增长	绝对值	同比增长	绝对值	同比增长	绝对值	同比增长
2018年前三季度	10645	8.9	3384	5.9	4791	9.4	2203	11.9
2019年前三季度	11622	9.2	3626	7.2	5240	9.4	2463	11.8
2020年前三季度	12297	5.8	3788	4.5	5484	4.7	2703	9.8
2021年前三季度	13726	11.6	4042	6.7	6325	15.3	3002	11.0

注：同比增长为较上年同期名义增长。
资料来源：国家统计局网站。

进入第二季度，生猪销售价格尽管出现大幅度下跌，但由于分散养猪户较少，其对农村居民收入的不利影响有限。2021年前三季度，农村居民经营净收入4042元，比上年同期名义增长6.7%，高于2020年同期增速，农村居民经营净收入对农村居民增收的贡献率为17.8%。相比农村居民经营净收入来说，农村居民工资性收入和转移净收入仍然保持较快增长，对农村居民增收贡献大。2021年前三季度，农村居民工资性收入6325元，比上年同期增长15.3%，对农村居民增收贡献率高达58.9%；农村居民转移净收入3002元，比上年同期增长11.0%，对农村居民增收贡献率为20.1%。农村居民工资性收入和转移净收入对增收贡献率都比经营净收入高。

农村居民工资性收入对增收贡献大，得益于外出务工规模恢复性扩大和工资水平提高。2021年第三季度末外出务工农村劳动力规模超过1.8亿人，基本恢复到2019年同期水平；在转移劳动力规模恢复的同时，外出务工农村劳动力月均收入增加到4454元，比上年同期增长10.4%。

农村居民收入较快增长有力地促进了消费。2021年前三季度，农村居民人均消费支出11179元，较上年同期名义增长18.6%、实际增长18.1%，比城镇居民分别快了4.4个百分点和4.7个百分点。

值得注意的是，在农业（种植业）产品销售价格趋于上涨和农民种粮积极性提高的情况下，化肥、农药等生产资料价格涨幅更大，这对农民扩大生产实现增收会产生明显的负向影响。同时，新冠肺炎疫情可能对农村居民工资性收入的冲击，以及脱贫攻坚全面完成后面临的成果巩固和乡村振兴衔接可能脱节对农村居民转移净收入带来的不利影响等，这些风险都需要应对和化解。

二 2022年农业经济展望

展望2022年，国际农产品市场波动可能加剧，利用农产品进口调控国内市场的空间缩小。农业生产面临着自然灾害等不确定性因素，农产品供求结构性矛盾继续存在，国内粮食和肉类等主要农产品波动风险上升，中国将采取更强有力措施促进粮食生产和稳生猪生产，估计2022年粮食生产能力将迈上新台阶，总产量有可能突破7亿吨，猪肉产量稳定在5000万吨以上。

（一）全球农产品价格波动性上涨态势更加明显

受新冠肺炎疫情对粮食生产、销售和运输等的影响，一些国家和地区也扩大了进口，2022年，全球农产品价格波动上涨的态势可能更加明显。根据联合国粮农组织（FAO）监测，2015~2020年，全球食品价格持续低迷。自2020年9月以来，全球食品价格总体趋于上涨，2021年9月食品价格总体同比上涨32.8%。其中，肉类价格同比上涨26.2%，奶类价格同比上涨15.2%，谷物价格同比上涨27.4%，食用植物油价格同比上涨61.2%，食糖价格同比上涨53.4%。全球食品价格普遍上涨，与多种因素影响有关，如极端天气影响产量、新冠肺炎疫情影响供应链和物流。估计2022年国际农产品市场价格上涨态势将延续，这无疑会对中国利用国际市场平衡国内农产品及食品供求关系带来影响。

展望2022年，全球谷物总体供求基本平衡，但结构性差异较大。小麦供求关系趋紧，大米供求关系持续宽松，玉米等粗粮供求偏紧关系趋于缓和。

2022年，全球小麦产不足需，期末库存持续减少，可能带动相关农产品

价格进一步波动上涨。据美国农业部2021年10月的预测，2020~2021年度和2021~2022年度，全球小麦年度产需缺口量分别为643万吨和1118万吨。由于连续两个年度出现产需缺口，2021~2022年度全球库存量比2019~2020年度累计减少1761万吨，下降6%。全球小麦期末库存减少，除了因小麦用作饲料而总用量增长较快外，也与世界主要小麦出口国家因干旱等灾害天气而减产有关。相比2019~2020年度，2021~2022年度美国和加拿大小麦产量分别下降14.8%和35.7%。

一些国家小麦减产，出口下降，导致全球小麦价格大幅上涨。据美国农业部2021年10月的预测，相比2019~2020年度，2021~2022年度美国和加拿大小麦出口量分别下降9.7%和39.1%。据FAO监测，美国2号硬红麦2021年8月每吨价格达324美元，比年初上涨了约10%，比2020年6月上涨了约50%。

全球玉米明显增产。据美国农业部预测，2021~2022年度全球玉米产量将达到12亿吨，比上年度增长7.4%。玉米增产幅度明显大于饲料和工业等用量增长幅度，改变了连续几年产不足需的格局，促使期末玉米库存小幅度增加。2021~2022年度期末全球玉米库存超过3亿吨，比上年度增长2.4%，全球玉米供求关系总体改善。

尽管全球不同粮食作物供求关系变化存在明显差异，但是考虑到新冠肺炎疫情影响不会消除，国际能源价格上涨，美元贬值，主要粮食出口国的食品价格普遍明显上涨，估计2022年国际农产品市场价格将波动上涨。这对中国农产品进口和国内农产品市场运行等的影响不容忽视。

（二）国内粮食丰收仍然有保障

2022年，针对国内外粮食供求形势，中国将继续实行粮食安全党政同责，完善粮食安全省长责任制，完善粮食主产区利益补偿机制和产粮大县支持政策体系，加大产粮大县奖励力度，层层压实粮食安全责任，调动地方"重农抓粮"积极性。估计粮食种植面积有望继续扩大。

随着新型农业经营主体的培育和农业社会化服务的发展，粮食生产的组织化程度不断提高。粮食生产支持力度大，有助于充分调动农民的种粮积极性。通过多年的现代农业建设，农田水利在抵御自然灾害方面发挥的作用越来越大。如果不发生全国性不可抗的重大灾情，随着良种和农业机械化等的广泛应用，粮食单产水平有望进一步提高。

尽管受新冠肺炎疫情和极端灾害天气等影响，但是国内粮食市场运行和供给好转的态势估计不会改变。依据中国现有粮食生产能力，考虑到各级粮食安全责任制的有效性，以及粮食市场价格高位运行，粮食播种面积将进一步扩大，结合粮食单产增长的一般趋势和玉米等高产粮食作物种植比重上升等情况，估计2022年中国粮食生产仍然会增加，总产量将达到7亿吨左右。

（三）猪肉产量可能略有下降

经过几年摸索，各地主管部门和养殖者针对非洲猪瘟防治已积累了有效经验。展望2022年，疫情估计不会冲击生猪生产。但是，考虑到2021年生猪产能相对过剩，养殖者连续多月出现较大幅度亏损，同时相关部门预警并引导养殖者适度调减生猪产能，估计2022年猪肉产量将下降到略高于5000万吨左右，比2021年减少大约500万吨。

自2021年下半年开始能繁母猪存栏量不断减少。估计2022年生猪存栏量将下降，猪肉产量合理地减少，这有助于猪肉市场改善供求关系，促进生猪价格进入合理区间。但是，经验表明，当生猪生产能力进入调整阶段，极容易出现生猪生产能力过度下降从而下一轮猪肉价格急剧上涨的情形，需要采取措施稳定生猪生产能力。

（四）农产品价格和食品价格可能上涨

展望2022年，估计生猪生产者价格会走出2021年的谷底，甚至出现较大幅度的反弹，粮食等价格保持高位波动运行态势，农产品生产者价格运行再现较大幅度上涨态势。2022年，猪肉消费价格估计没有下跌空间。考虑到生猪阶段性过剩的调节，猪肉市场供求关系改善，猪肉消费价格将进入合理区间，2022年猪肉消费价格较2021年可能上涨10%以上。

2022年,农业生产经营成本推动的农产品及食品价格上涨压力加大。农业生产经营成本是影响农产品及食品价格上涨的重要因素。在粮食等大宗农产品价格预期上涨和农民种粮积极性提高的条件下,化肥、农药等农业生产资料需求将进一步扩大。前些年,化肥、农药等的生产能力有不同程度的下降。2022年,估计化肥、农药等农业生产资料价格上涨诱发新一轮粮食等农产品价格上涨的可能性将上升。

虽然农产品价格上涨的可能性上升,但因饲料粮消费减少而玉米和大豆价格基本稳定的可能性也是客观存在的。2021年5月到10月上旬,中国生猪供给阶段性过剩不断显现,生猪价格大幅下跌。9月,能繁母猪存栏量开始减少。估计2022年生猪养殖数量有所减少,饲料粮需求下降,这将有效地缓解玉米和小麦供求偏紧关系。同时,2022年农产品市场调控力度可能加大,这也有助于农产品价格的稳定。如果农产品价格总体稳定,食品消费价格涨幅也就可控。

(五)农民收入继续保持较快增长

2022年,农产品价格总体可能出现一定幅度的上涨,对农村居民经营净收入影响较大的粮食价格可能高位运行;就业市场上用工需求强劲,农村居民工资水平有望继续提高;随着农村公共服务促进共同富裕政策的推行,农民社会保障体制将进一步完善;农村改革不断深化,有助于农民资产形成更大收入流。这些积极因素将推动农村居民经营净收入、工资性收入、转移性收入和财产性收入实现较快增长。

如果农业生产资料价格上涨能够得到有效调控,新冠肺炎疫情等不确定性因素得到有效应对,根据农村居民收入增长趋势,估计2022年农村居民人均可支配收入将突破2万元。

三 促进农业经济稳步发展对策建议

面对极端灾害天气等不确定性因素,为应对国际粮食价格高位波动对国内市场造成的冲击，缓解国内粮食产需缺口和粮食供给结构性矛盾，经受住新发展阶段国家调控粮食市场新考验，迫切需要采取措施提高粮食等的综合生产能力，扩大小麦和玉米等粮食播种面积，稳定生猪产能，积极促进牛羊养殖和蔬菜水果种植。

（一）积极扩大小麦和玉米等粮食生产

进一步压实地方抓粮责任。进一步完善粮食安全省长责任制和"菜篮子"市长负责制，将粮食安全党政同责落到实处。完善粮食主产区利益补偿机制和产粮大县支持政策体系，加大产粮大县奖励力度，调动地方"重农抓粮"积极性，稳定扩大粮食播种面积，提高单产水平。

深入实施藏粮于地战略。加快高标准农田和农田水利设施建设，发挥粮食生产功能区和重要农产品生产保护区的作用。严守耕地红线和永久基本农田控制线，深入实施东北黑土地保护性耕作行动计划，全面推行田长制。

深入实施藏粮于技战略。开展种源"卡脖子"技术攻关，提高良种自主可控能力。做好种质资源调查收集工作。以国家种质资源长期库、畜禽水产资源保护场（区）为重点，打造具有国际先进水平的种质资源保护利用体系。以创新性企业为重点，形成具有国际先进水平的商业化育种选育体系。有序推进生物育种产业化应用，促进优良品种供给和生物安全。

调动农民种粮积极性。稳定种粮农民补贴。完善玉米、大豆生产者补贴政策。坚持并完善稻谷、小麦最低收购价政策，全面实施稻谷、小麦、玉米三大粮食作物成本保险和收入保险。

（二）增强农产品市场调控能力

扩大国家粮食储备规模。库中有粮，心中不慌。近年来，国家粮库储备规模不断大幅度缩减，每年粮食出库少则几千万吨，多则上亿吨。玉米临时收储政策取消，最低收购价水平过低，导致每年政策性收储的粮食数量越来越少。适应WTO农业规则要求，探索建立最低收购价及其附加机制，将玉米等饲料粮纳入政策性收储范围，扩大国家小麦、稻谷、玉米和大豆等粮食储备规模。

发挥财政支持生猪等的生产的作用，稳定生猪产能。实施生猪良种补贴、完善种猪场和规模猪场临时贷款贴息制度、加大生猪调出大县奖励力度、提高生猪保险保额、强化省级财政统筹力度，切实保护好生猪产能。

（三）加快构建农产品稳定供给体系和引导合理价格形成机制

2022年粮食和猪肉等居民日常基础性食物价格剧烈波动风险上升，这不仅将影响农业经济健康运行，而且将影响居民日常生活。中国经济发展进入新阶段，全面小康社会必须确保零饥饿的实现。为此，除了从生产端不断提高农业综合生产能力和扩大进口规模确保主要农产品充足供给外，还可以从消费端更多的提供粮食和肉类等食物，使所有居民，特别是低收入群体以及特殊群体日常生活的基本营养得到保障。

从消费环节保障居民对基础性农产品及食物的日常需求，关键是构建新型农业产业链和农产品及食物供给链，既可以是政府加大市场采购力度，也可以鼓励集团与新型农业生产经营主体开展订单生产，按照合理价格，设定享受条件，供给特定群体。这样，可以有效避免盲目投资造成农业生产能力过度扩张和不必要的浪费，如本轮周期性生猪生产波动，促进农产品稳定供给和资源优化配置。

对于政府和相关集团采购农产品，可通过竞拍市场推行。相关主管部门或者行业组织制订参考价格或者参考价格区间，由不低于成本的底价起拍，确保农业生产经营者不亏损；控制利润空间，防止过度炒作。政府和相关集团采购的农产品价格合理，且达到一定份额，必然对所有农产品市场价格产生积极作用。一旦农产品合理价格机制构建起来，长期以来存在的农产品价格过度波动的难题就会迎刃而解。

从消费环节促进农产品供给稳定和合理价格形成，需要改变惠农政策过度向农业生产经营环节发放的做法。减少生产领域的财政支持，将预算转化为增加政府和相关集团对农产品的直接采购，以提高公共投入的有效性与公平性，更好地实施新阶段全面粮食安全，为加入CPTPP创造更加有利的条件，多重积极意义明显。

参考文献

《财政部、农业农村部发布2021年重点强农惠农政策》，财政部网站，2021年7月2日。

方晓丹：《居民收入保持恢复性增长 居民消费支出继续改善》，中国经济网，2021年10月19日。

《李克强主持召开国务院常务会议》，中国政府网，2021年6月18日。

《农业农村部 国家发展改革委 财政部 生态环境部 商务部 银保监会关于促进生猪产业持续健康发展的意见》，农业农村部网站，2021年8月6日。

《前三季度国民经济总体保持恢复态势》，国家统计局网站，2021年10月18日。

《商务部会同有关部门开展本年度第四批中央储备猪肉收储》，商务部网站，2021年10月10日。

《应急管理部发布2021年前三季度全国自然灾害情况》，应急管理部网站，2021年10月10日。

FAO, "Crop Prospects and Food Situation – Quarterly Global Report No.3," September 2021.

USDA, "World Agricultural Supply and Demand Estimates," http://www.usda.gov, October 12, 2021.

B.14
中国工业经济形势分析、展望与政策建议

史丹 张航燕[*]

摘 要: 2021年前三季度,受疫情、汛情及能耗双控政策等影响,工业生产增速有所回落,但是装备和高技术制造业引领作用突出,工业升级态势明显。当前工业经济恢复仍然不稳固、不均衡,行业、区域和企业之间的结构性分化态势仍在延续,原材料价格大幅上涨对下游行业特别是中小企业的成本冲击持续显现,出口面临高位回调。2021年第四季度及2022年,中国工业经济将承压前行,仍需在求"稳"的同时,适时适度的以求"进"解决中国工业的结构性问题,实现工业经济高质量发展。

关键词: 工业经济 结构性分化 中小企业

一 2021年前三季度工业运行特征

(一)受疫情、汛情及能耗双控政策等影响,工业生产增速回落

2021年1~9月,全国规模以上工业增加值同比增长11.8%,两年平均增长6.4%(以2019年相应同期数为基数,采用几何平均的方法计算),增速与疫情前水平相当。分门类来看,1~9月,采矿业,电力、热力、燃气及水

---

[*] 史丹,中国社会科学院工业经济研究所研究员,主要研究方向为能源经济、低碳经济、产业发展与产业政策;张航燕,中国社会科学院工业经济研究所副研究员,主要研究方向为工业运行分析。

生产和供应业工业增加值同比分别增长 4.7%、12.0%，两年平均增速分别为 2.0%、6.3%；制造业增加值同比增长 12.5%，两年平均增速为 7.0%，制造业对工业生产恢复形成有力支撑。但是 1~9 月工业生产平均增速较 2021 年第一季度和上半年分别回落 0.4 个和 0.6 个百分点。分月来看，工业生产增速由 3 月的 14.1% 回落至 9 月的 3.1%。从出口交货值来看，1~9 月，规模以上工业出口交货值同比增长 19.4%，增速较 2021 年第一季度和上半年分别回落 11 个和 3.5 个百分点。

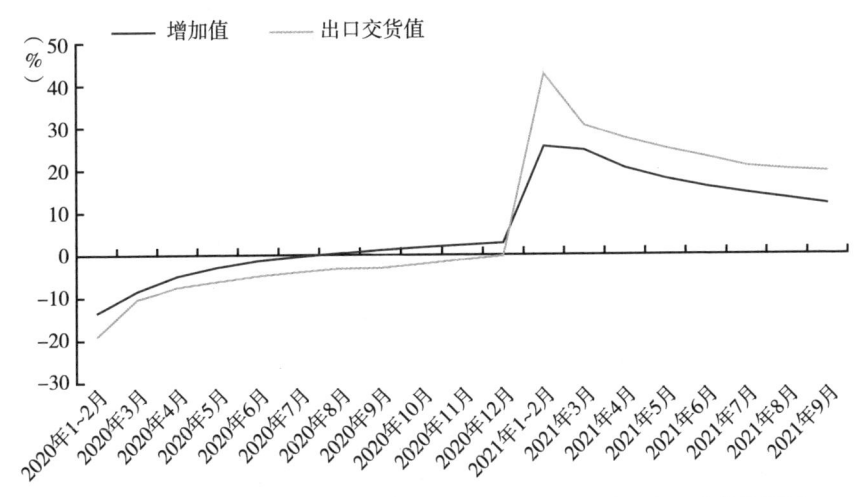

图 1　2020 年 1 月至 2021 年 9 月规模以上工业增加值和出口交货值增速

资料来源：国家统计局网站。

（二）装备和高技术制造业引领作用突出，工业升级态势明显

2021 年 1~9 月，装备和高技术制造业增加值同比分别增长 16.2%、20.1%，明显高于其他行业，增速分别快于全部规上工业 4.4 个、8.3 个百分点，对全部规上工业增长贡献率分别达 44.9%、25.2%；两年平均增速分别为 10.3%、12.8%，均高于疫情前同期水平 4 个百分点以上。从具体行业看，电气机械、金属制品、通用设备、电子行业、专用设备快速增长，1~9 月增速

分别为21.4%、21.2%、17.1%、16.8%、15.5%，两年平均增速均在10%左右。从产品看，新能源汽车同比大幅增长172.5%，工业机器人、太阳能电池、智能手表等体现新动能的产品同比增速均在50%以上，集成电路、微机设备等重要电子产品分别增长43.1%、30.7%。

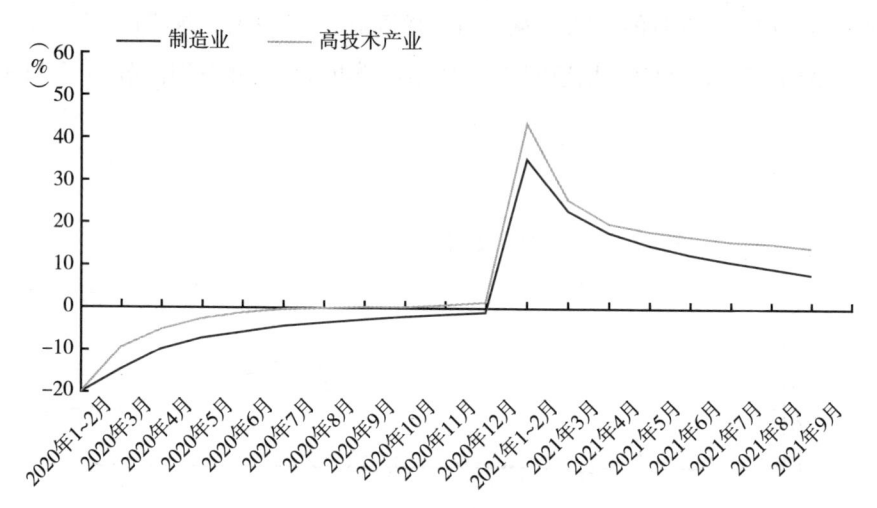

图2　2020年1月至2021年9月制造业和高技术产业增加值增速

资料来源：国家统计局网站。

（三）东、中部地区工业领跑，区域之间恢复不均衡

2021年1~9月，有11个省份规模以上工业增加值增速高于全国平均水平，分别是北京、湖北、浙江、江苏、上海、江西、重庆、山西、西藏、安徽和广东（见图3）。这11个省份中，东部、中部和西部地区的省份数量分别为5个、4个和2个。其中，北京、浙江、江苏和广东的高端产业发挥引领作用。1~9月，北京市高技术制造业、战略性新兴产业增加值同比分别增长1.4倍和1.1倍，两年平均增速分别达到59.1%和48.8%。浙江数字经济核心产业、装备制造业、战略性新兴产业、人工智能和高技术产业增加值同比分别增长24.2%、22.4%、20.3%、20.2%和18.9%，增速均远高于规模以上工业平均水平。江苏高技术制造业增加值同比增长19.4%，高于规上工业平均水平；新能源汽车同比增长

2.17倍，服务器、工业机器人、3D打印设备分别增长95.9%、72%和57.9%。广东新能源装备、生物药品制造、电子元件及电子专用材料制造同比分别增长27.3%、43.1%、24.6%；工业机器人、服务机器人均同比增长67.1%，新能源汽车同比增长176.8%，智能手环和智能手表分别同比增长40.0%和56.7%。河北、吉林和陕西规模以上工业增加值同比分别增长5.1%、6.1%和7.2%，分别低于全国平均水平6.7个、5.7个和4.6个百分点。

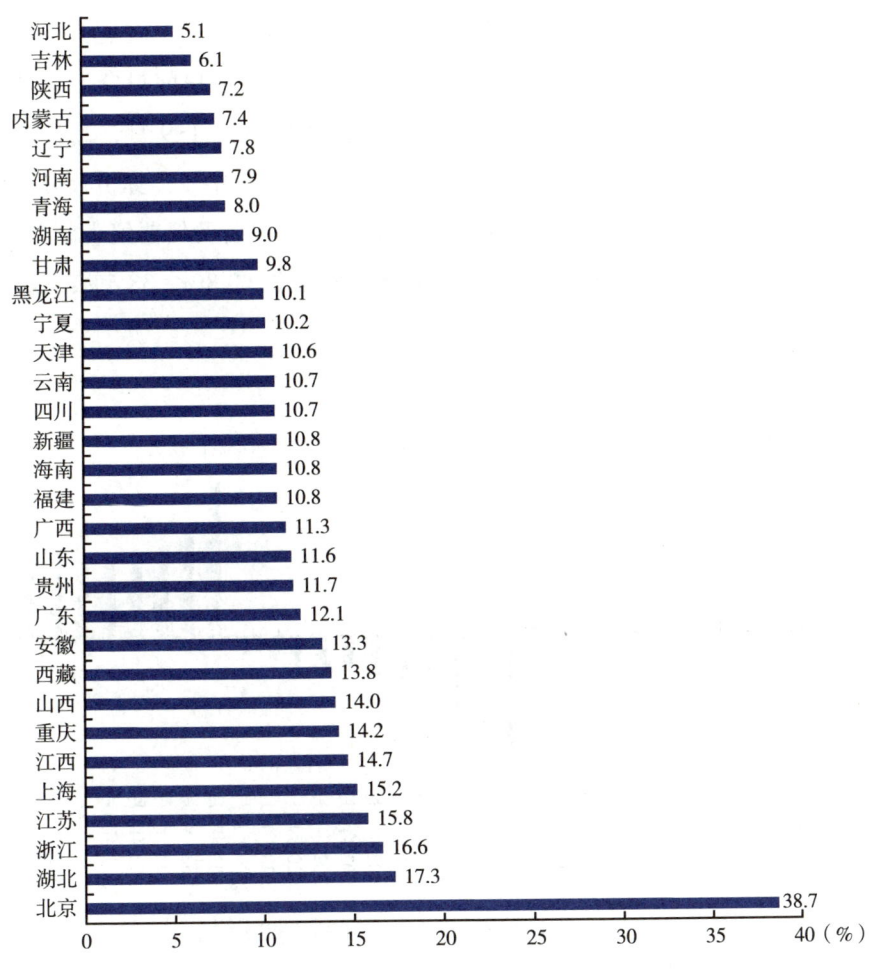

省份	增速(%)
河北	5.1
吉林	6.1
陕西	7.2
内蒙古	7.4
辽宁	7.8
河南	7.9
青海	8.0
湖南	9.0
甘肃	9.8
黑龙江	10.1
宁夏	10.2
天津	10.6
云南	10.7
四川	10.7
新疆	10.8
海南	10.8
福建	10.8
广西	11.3
山东	11.6
贵州	11.7
广东	12.1
安徽	13.3
西藏	13.8
山西	14.0
重庆	14.2
江西	14.7
上海	15.2
江苏	15.8
浙江	16.6
湖北	17.3
北京	38.7

图3 2021年1~9月全国分省份规模以上工业增加值增速

资料来源：国家统计局网站。

（四）投资信心增强，制造业民间投资改善

2021年以来随着一揽子改革举措的加快推进以及惠企政策的落地见效，民营企业投资空间加快扩容，为稳投资稳增长注入更多动力和活力。1~9月，制造业固定资产投资和制造业民间投资同比分别增长14.8%和16.5%，分别高于全部固定资产投资增速7.5个和9.2个百分点。2021年以来，制造业固定资产投资增速改变了2019年和2020年两年增速低于全部固定资产投资增速的态势。特别是制造业民间投资自2021年5月开始，增速高于制造业固定资产投资增速，而此前有两年多的时间，制造业民间投资增速低于制造业固定资产投资增速。此外，投资结构持续优化。1~9月，高技术制造业投资同比增长25.4%，两年平均增速为17.1%。其中，计算机及办公设备制造业，航空、航天器及设备制造业，医疗仪器设备及仪器仪表制造业，电子及通信设备制造业固定资产投资同比分别增长40.8%、38.5%、32.4%和26.5%。

图4 2019年2月至2021年9月制造业投资增速

资料来源：国家统计局网站。

（五）工业企业利润增速回落，行业效益加速分化

2021年1~9月，全国规模以上工业企业利润同比增长44.7%，两年平均增长18.8%，同比增速较2021年第一季度和上半年分别减少92.6个和22.2个百分点。从统计局发布的数据来看，前三季度工业企业利润呈现行业加速分化态势。采矿业、原材料制造业和与疫情相关、受国家政策支持行业盈利水平明显提升。1~9月，石油、煤炭及其他燃料加工业，化学原料和化学制品制造业，化学纤维制造业，黑色金属冶炼和压延加工业，有色金属冶炼和压延加工业，煤炭开采和洗选业利润同比分别增长9.3倍、1.3倍、3.2倍、1.4倍、1.6倍和1.7倍。医药制造业受国内外疫苗需求量较大、企业产销两旺等因素拉动，1~9月利润同比增长80.6%，延续年初以来的高速增长态势。部分传统消费品行业利润增长缓慢。1~9月，农副食品加工业、食品制造业、印刷和记录媒介复制业利润分别同比下降7.1%、0.6%和0.6%。

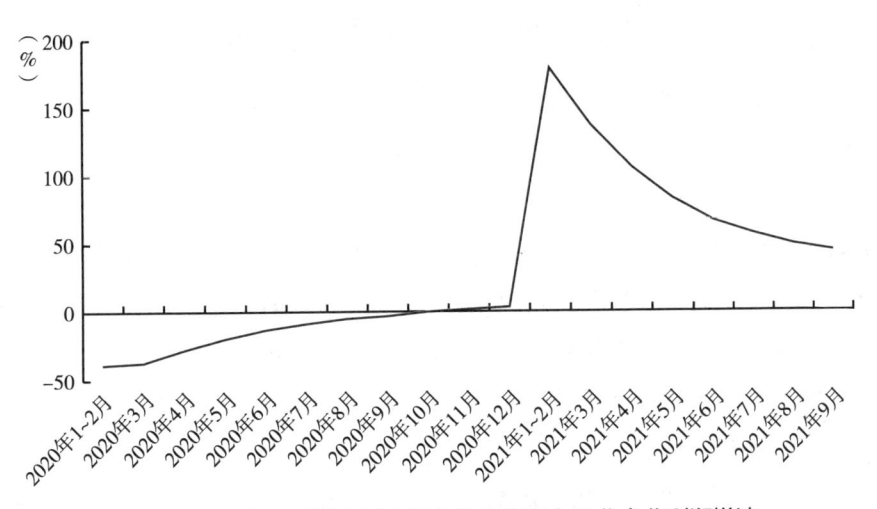

图5　2020年1月至2021年9月规模以上工业企业利润增速

资料来源：国家统计局网站。

当前，支撑工业利润增长的主要原因是大宗商品价格大幅上涨。数据显示，上半年，上游采矿业和原材料制造业对规模以上工业利润增长的贡献率

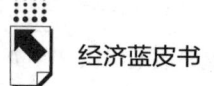

合计为58.9%，接近六成。而2021年以来，大宗商品价格持续上涨，对上游采矿业和原材料制造业企业利润增长起到了强有力的支撑作用。受煤炭和部分高耗能行业产品价格上涨等因素影响，工业品价格涨幅继续扩大。9月，PPI上涨10.7%，涨幅比上月扩大1.2个百分点。其中，生产资料价格上涨14.2%，涨幅扩大1.5个百分点；生活资料价格上涨0.4%，涨幅扩大0.1个百分点。其中煤炭开采和洗选业，石油和天然气开采业，石油、煤炭及其他燃料加工业，黑色金属冶炼和压延加工业，化学原料和化学制品制造业，有色金属冶炼和压延加工业价格分别上涨74.9%、43.6%、40.5%、34.9%、25.5%和24.6%，涨幅比上月分别扩大17.8个、2.3个、5.2个、0.8个、1.5个和2.8个百分点。上述6个行业合计影响PPI上涨约8.42个百分点，约占总涨幅的八成。

二 当前工业经济运行中的突出问题及可能风险点

（一）原材料价格持续高位，经营成本压力增加

大宗商品价格持续高位运行挤压企业特别是私营、小微企业的盈利空间。2021年1~9月，工业生产者出厂价格比上年同期上涨6.7%，而工业生产者购进价格上涨9.3%，二者相差2.6个百分点。9月，工业生产者出厂价格同比上涨10.7%，工业生产者购进价格同比上涨14.3%，二者相差3.6个百分点。2021年以来，企业经营成本持续增加。1~9月，规模以上工业企业每百元营业收入中的成本为83.73元，较年初增加了0.81元。小微企业原材料端议价无力，产品端又不敢同步涨价，成为"夹心饼干"。1~9月，国有控股工业企业利润同比增长77.9%，显著高于私营工业企业（利润同比增长30.7%）。受大宗商品价格持续高位、海运费用攀高、用工成本上升、前期汇率升值幅度较大等因素影响，部分以人民币计价的出口企业利润受到侵蚀，部分企业出现出口"增收不增利"的现象。回款难、库存高企、资金沉淀大加重了企业流动资金短缺的压力。2021年9月末，工业企业应收账款同比增长11.5%，自2020年4月以来增长维持在两位数；产成品存货同比

增长13.7%，较2019年同期增加了12.7个百分点。此外，从中央到地方均出台了很多支持中小企业发展的政策，但部分政策可获得性和申请的便利性影响其落地效果。

（二）限产停工、拉闸限电等做法扰乱工业生产秩序

国内有序防控疫情、较早实现复工复产，为承接境内外生产需求打下了必要的基础。自疫情暴发以来，大宗商品价格屡创新高，相关企业存在扩张产能冲动。同时，部分地区在2030年碳达峰预期下，将"碳达峰"前的近10年理解为"攀高峰"的时间窗口，抢上"两高"项目，一些地方屡现未批先建项目。2021年上半年，多地能耗不降反升，9个省份的能耗强度、消费总量被国家发改委予以一级预警。在考核压力下，一些地方采取强力手段，定指标、压任务，对产业园区和行业强制性限产停工、拉闸限电，部分地区工业生产处于"失序"状态。广东、浙江和江苏等地由于承接了大量的外贸订单，用电需求持续增加，2021年上半年能耗"双控"目标未达要求，因而对"双高"企业采取限产限电措施。而云南、广西和青海等西部省份，近年由于承接了电解铝、工业硅等高耗能项目，用电需求增加，能耗"双控"目标亦未达标，加之传统水电资源供应不足，也对"双高"企业限产限电。9月，受高耗能行业景气水平较低等因素影响，制造业PMI为49.6，降至临界点以下，为2020年3月以来首次低于荣枯线。这一轮拉闸限电的背后，凸显我国能源供应方面的隐忧，加之我国能源供应地区分布不均，且优先保障居民用电，工业产能仍面临着较大的收缩压力。

（三）海外疫情形势缓解出口或将面临较大的冲击

新冠疫苗和防疫用品需求旺盛带动相关产业和产品出口大幅增长。2021年1~9月，我国医药制造业出口交货值增长70.2%，延续2020年下半年以来的高速增长趋势；受海外市场高需求持续拉动，汽车制造业出口交货值同比增长48.0%，其中新能源车整车制造业出口增长8.1倍；因金属集装箱需求增加，金属制品业出口交货值同比增长45.5%。受益于新冠

特效药研发进展的积极推进和海外疫情形势的逐步缓解，欧美地区商品消费逐步转向服务消费，将对我国出口增长产生不利影响。随着东南亚疫情管控解封及生产恢复，我国对东南亚出口的替代效应将减弱。此外，广东、江苏等出口大省均为本轮能耗"双控"一级预警省份，限产措施或将影响出口企业的生产和接单能力。自2021年5月以来，我国PMI中的新出口订单指数连续下降且位于荣枯线下，9月新出口订单指数降至46.2，预示出口增长态势减弱。

此外，部分产业链供应链"断链"增加了生产的不确定性。一些企业部分原材料、关键零部件进口依赖度较高，受海外疫情、国际物流运力等因素的影响，面临"断供"风险。以汽车产业为例，2020年12月以来，汽车行业芯片短缺问题逐渐凸显，目前已经在全球范围内导致多家国际车工厂减产、缩短工作时间或者停产，受影响的车型逾20款。

三 2022年工业经济发展的国内外环境分析

（一）全球经济恢复性增长，仍面临诸多不确定性

全球经济复苏力度有望回升，但疫情演变的不确定性和各国政策复杂性将影响复苏进程。国际货币基金组织（IMF）2021年10月发布的新一期《世界经济展望报告》将2021年全球经济增速预期值从7月的6.0%下调0.1个百分点至5.9%，2022年经济增速预计为4.9%。疫苗获取能力和早期政策支持力度不同使得各国之间出现了"疫苗鸿沟"和"免疫鸿沟"，世界经济复苏步伐加剧分化。德尔塔病毒迅速传播，新变种病毒也可能出现，疫情持续时间的不确定性增加了。若疫情反复将导致产业链、供应链及国际贸易投资格局发生调整，进而对全球劳动生产率、通货膨胀等产生深远影响。IMF预计发达国家总体经济产出水平将在2022年恢复到疫情前水平，并在2024年超过疫情前水平的0.9%；而除了中国以外的发展中国家和新兴市场的总产出在2024年将会低于疫情前的5.5%。伴随经济复苏产生的一些问题值得关注。一是需求恢复力度弱于生产，经济复苏的结构性矛盾

依然存在。二是全球大宗商品价格上涨过快,全球通胀压力逐步显现。三是全球债务上升风险不断积聚。从全球制造业来看,9月全球制造业 PMI 较上月回落 0.1 个百分点至 55.6%,连续 4 个月环比下降。全球制造业增速放缓主要受以下因素影响,一是疫情反复在一定程度上扰乱了全球市场需求复苏进程;二是原材料价格过快上涨推升了各国经济运行成本,给各国生产侧的复苏带来影响。

发达经济体经济恢复受阻。IMF 预计,发达经济体 2021 年经济增长有望达到 5.2%,较 7 月的预测值下降 0.4 个百分点,这反映出近期经济复苏的前景更加艰难。全球供应链危机是拖累发达经济体经济复苏的主要因素。物流瓶颈导致了供应链中断,再加上财政刺激措施推动了消费者对商品需求的增加,这使得包括美国和德国在内的许多国家物价迅速上涨。美国 7 月消费者价格同比上涨 5.4%,是自 2008 年 8 月以来的最大涨幅。与此同时,欧元区 9 月通胀率达到 13 年以来的新高。IMF 预计,2021 年美国经济增速为 6%,较前期预测值大幅下调 1 个百分点;预计 2022 年美国经济增速有望达到 5.2%,较前期预测值上调 0.3 个百分点。除了美国,IMF 下调了德国、日本、西班牙等发达经济体的经济增速预测值。国际货币基金组织预测日本 2021 年实际增长率为 2.4%,较 7 月的预测值下调 0.4 个百分点。这是继 7 月以来,连续两次下调日本 2021 年经济增速预测值,原因在于新冠病毒流行的"第五波"疫情令感染者骤增,特别是传染性较强的德尔塔毒株蔓延导致许多地区成为紧急事态宣言的对象,经济活动受到限制。新兴经济体经济复苏面临较多困难。近期大宗商品价格持续上涨,使得一些出口大宗商品的新兴市场和发展中经济体的经济前景短期有所改善。IMF 预计,2021 年新兴市场和发展中经济体 GDP 将增长 6.4%,比 7 月的预测值上调 0.1 个百分点。但是,发达经济体超常宽松政策及其退出将对新兴市场和发展中经济体产生显著的外溢效应。为了应对通胀、本币贬值和资金外流,巴西、匈牙利、墨西哥、俄罗斯等国家开启了加息进程。随着通胀持续高企,特别是美联储货币政策转向,更多新兴市场和发展中经济体将不得不在经济尚未恢复之际被动加息,收紧的融资环境将对其复苏进程形成新的阻碍。

（二）我国经济复苏态势向好，但面临着复杂内外部环境压力

从供给端看，工业生产总体已恢复至疫情前水平，服务业修复速度加快。但是，疫情、汛情、能耗双控政策等对部分地区工业生产造成一定影响，部分产业链供应链存在"断链"风险，工业品价格持续在高位运行，企业成本压力加大，工业生产仍面临缩减压力。前三季度，PPI上涨6.7%，涨幅比上半年扩大1.6个百分点。2021年以来，受国际大宗商品价格上涨冲击，叠加2020年同期对比基数较低影响，PPI同比快速上涨，涨幅由1月的0.3%逐月扩大至5月的9.0%。6月同比涨幅略有回落，上涨8.8%。7月以后，多重因素导致煤炭、钢铁、化工等相关产品价格上涨，推动PPI同比涨幅再次走高，9月PPI涨至10.7%。随着国内疫情防控形势总体向好和疫苗大规模接种，高频次城市周边休闲游、自然文化深度体验游等需求持续释放。9月，全国服务业生产指数同比增长5.2%，两年平均增长5.3%，分别较8月加快0.4个和0.9个百分点。9月，服务业商务活动指数为52.4%，较8月上升7.2个百分点，重返景气区间。从市场预期看，服务业业务活动预期指数为58.9%，较8月上升1.6个百分点，企业对市场前景保持乐观。

从需求端看，"三驾马车"动力有所分化，仍然存在较大不确定性。从投资来看，2021年1~9月，全国固定资产投资（不含农户）同比增长7.3%。制造业投资持续发力，同比增长14.8%，高于全部投资增速7.5个百分点。但是房企融资难度加大，土地流拍率升至高位，房地产投资或将呈负增长。1~9月，房地产开发投资比上年增长8.8%，增速比2021年第一季度和上半年分别减少16.8个和6.2个百分点。2021年以来，房地产开发景气指数持续走低，已由2月高点101.44逐月减少至9月的100.74。从消费来看，受疫情多源多点发生、居民出行和消费减少等因素影响，9月社会消费品零售总额同比增长4.4%，增速比上半年的两位数增长显著下降。从出口来看，前三季度，我国外贸出口额达到15.55万亿元，同比增长22.7%，为10年来最高水平。从份额看，上半年我出口国际市场份额同比提升0.9个百分点至14.6%。随着欧美地区商品消费逐步转向服务消费，东南亚疫情管控解封及生产恢复，我国对东南亚出口的替代效应将减弱，未来出口增速或将回落。

2021年9月22日召开的国务院常务会议要求将保持宏观政策连续性稳定性、增强有效性，做好预调微调和跨周期调节，稳定市场合理预期。更多运用市场化办法稳定大宗商品价格，保障冬季电力、天然气等供给。研究出台进一步促进消费的措施，更好发挥社会投资作用，扩大有效投资，保持外贸外资稳定增长，确保经济运行在合理区间。IMF预计2021年我国经济有望增长8.1%。一系列跨周期调节宏观政策加力显效，将对2021年第四季度和2022年工业经济平稳运行提供有力支撑。

总体来看，我国经济长期向好的基本面没有改变，但也要看到，全球经济复苏和疫情发展仍然存在较多的不确定因素，国内经济恢复的基础仍需进一步巩固，预计2021年第四季度及2022年我国工业生产将承压前行。

四 推动工业稳中求进的政策建议

新冠肺炎疫情叠加内外部环境不确定性，2022年中国工业经济仍面临着较大下行压力。因此，今后一段时间，中国工业经济发展需要平衡短期应对与中长期发展：一方面要短期应对散点多发疫情对工业经济的冲击，通过扩大需求特别是扩大内需，努力实现工业经济平稳增长；另一方面要继续深化供给侧结构性改革，推动工业经济高质量发展。

（一）细化落实各项政策，保持工业经济稳步增长

坚持扩大内需战略基点，加快培育完整内需体系，推动经济平稳运行。扩大内需不仅是应对新冠肺炎疫情冲击、恢复工业经济增长的有效举措，而且是保持我国经济长期平稳健康发展的战略部署。一是稳定有效投资。进一步加大5G网络、数据中心等新型基础设施投资，加强新型城镇化建设，加强交通、水利等重大工程建设，提高投资的精准性和有效性。进一步调动社会资本的配资热情，提高基建投资使用效率。增强投资增长后劲。加强重点项

目资金保障，推进重大基础设施建设项目落地进度。加大制造业设备更新和技术改造投资，推动产业转型升级，增强未来实体经济增长潜力。二是全力推动消费提升。稳定和扩大居民消费，促进消费回补和潜力释放，推进线上线下深度融合，促进消费新业态、新模式、新场景的普及应用，增强消费对经济发展的基础性作用。三是紧抓国际疫后恢复机遇，鼓励企业拓展国际市场，支持适销对路出口产品开拓国内市场，打通国内国际两个市场两种资源，实现国内国际双循环相互促进。四是坚持系统观念，进一步贯通生产、分配、流通、消费各环节，形成需求牵引供给、供给创造需求的更高水平动态平衡，提升国民经济体系整体效能。

加大金融对实体经济支持力度。全面支持实体经济特别是制造业融资，不仅可以达到"稳投资"短期目的，更有助于"提升产业竞争力"长期目标的实现。一是提高结构性政策精准性和直达性。继续落实好对制造业、中小微企业等实体经济的支持政策，对实体经济恢复发展中的薄弱环节进行精准扶持。聚焦重点领域，引导金融机构加大对制造业尤其是高新技术产业等重点领域的支持力度，强化资金直达机制和监控机制，提升资金使用效率。二是提高金融服务实体经济的可持续性。加强普惠金融服务，成立中小微企业信保基金，加大对中小微企业的支持力度。完善信用体系，进一步压低银行风险溢价，努力拓展民营企业多元化融资渠道，引导和鼓励金融机构创新金融产品，降低实体经济金融服务成本。

分类指导，精准帮扶企业纾困。一是进一步完善中小企业社会化服务体系。科学规划，多层次、多渠道完善中小企业服务体系，实现服务职能由上至下、由点至面的覆盖，为政策落地提供必要保障和有力支撑。二是落地落实各项惠企政策措施，提高政策和资金的指向性、精准性、有效性，切实减轻企业负担，激发市场主体特别是中小微企业活力。三是培育中小企业生存和发展的内生活力和动力。引导中小企业专注于细分领域，走专精特新的发展道路。依托"中国制造2025""互联网+"，提高企业研发、生产、管理和服务的智能化水平，推动中小企业转型升级。

（二）深化供给侧结构性改革，推动工业经济高质量发展

2022年中国工业经济则在求"稳"的同时，需要适时适度的以求"进"解决中国工业的结构性问题，实现工业经济高质量发展。一是依托"中国制造2025""互联网+"推动传统产业转型升级。引导传统产业智能化发展，提高企业研发、生产、管理和服务的智能化水平。推动传统产业由生产型制造向服务型制造转变，促进制造业服务化转型。支持和鼓励传统产业企业利用互联网技术实现商业模式和管理方式创新，提高企业盈利能力。激励企业加大技术改造投资和研发投入，推动企业劳动生产率持续增长，提高竞争力，实现产业转型升级。二是集中突破"卡脖子"关键技术，有序推进新兴产业发展。发挥举国体制优势，集中攻克、全面突破一批短期内受制于人的关键技术。加快构建以企业为主体的产、学、研、用机制，强化基础研究，提前布局，抢占科技制高点，破除制约产业进一步发展壮大的关键基础材料、核心基础零部件（元器件）以及先进基础工艺瓶颈。加强科技研发与市场需求的紧密结合，优化战略性新兴产业空间布局，推动高水平战略性新兴产业集群发展，促进战略性新兴产业技术和产品的推广应用。三是建立防范机制，规避低水平重复建设。进一步加强规划布局，完善配套措施，同时建立防范机制，引导地方深化对重大项目建设的风险认识，按照"谁支持、谁负责"原则，对造成重大损失或引起重大风险的予以通报问责。

（三）完善工业发展环境，助力工业经济速度与质量并进

面对当前外部环境不确定、不稳定因素不断增加的挑战，优化营商环境已经成为激发市场主体活力以及实现经济稳定增长的重要抓手。一是营造公平、公正、透明、稳定的法治环境。保障契约执行，严格保护投资者等各类市场主体的合法权益，严格保护知识产权，严格保护消费者权益，积极推进破产体系建设。坚持依法行政，进一步规范执法行为，完善执法体系。确保各类企业（不同所有制、不同规模、不同区域）平等享有法律保护，公平参与市场竞争，依法平等使用生产要素，平等承担社会责任。二是推进建设

更高水平开放型经济新体制，实施更大范围、更宽领域、更深层次的全面开放。借鉴上海自贸区经验、参考世界贸易组织《贸易便利化协定》，设定与全球贸易投资接轨的高标准规则。加快引入国际通行的行业规范、管理标准和营商规则。深入推进"放管服"改革，进一步放开市场准入，推动实施市场准入负面清单制度，推动落实"非禁即入"，有效扩大民间投资。三是加快建立各类市场主体和各级政府官员"激励与约束相容"的体制机制，充分调动民营企业、国有企业、外资企业的投资积极性。四是整合共享政务信息系统，加快国家数据共享交换平台建设，扩大数据共享范围，提升审批服务效率，营造更加便利的政务环境。四是保持宏观政策连续性稳定性、增强有效性，稳定市场预期。防止对环保、低碳等领域的调控采取运动式、"一刀切"的做法。统筹有序做好碳达峰碳中和工作，坚持全国一盘棋，既要纠正运动式"减碳"，先立后破，也要坚决遏制"两高"项目盲目发展。持续推进电价市场化改革，用市场化手段来缓解煤电之间的矛盾。

参考文献

史丹等：《"十四五"时期我国工业的重要作用、战略任务与重点领域》，《经济日报》2020年7月13日。

刘勇：《新时代传统产业转型升级：动力、路径与政策》，《学习与探索》2018年第11期。

江飞涛：《高度重视传统制造业高质量发展》，《中国经贸导刊》2020年第14期。

B.15
工业信息化经济运行分析与2022年发展趋势研判

哈悦 解三明*

摘 要： 2021年，我国工业经济保持稳定恢复态势。其运行特点表现在：一是工业生产持续恢复，出口带动作用增强，产能利用率提高。二是行业运行分化，原材料行业增长较快，实现利润翻倍；电子行业生产保持较快增长，机械行业利润增幅远小于全部工业；消费品行业仍处于恢复阶段，效益有所改善。三是通信业运行稳定，互联网和相关服务业呈平稳发展态势，软件业务收入保持快速增长。存在的问题：原材料价格高企，中下游企业、中小企业盈利能力较弱；"缺芯"持续影响汽车、电子等行业；受限电限产政策影响，工业企业生产承压加重。综合国内外经济形势和环境分析，可以得出：我国工业经济稳定恢复的趋势没有改变，预计2021年规模以上工业增加值同比增长9.2%左右；展望2022年，预计规模以上工业增加值同比增长5%左右。

关键词： 工业经济 信息产业 工业信息化

2021年以来，在以习近平同志为核心的党中央坚强领导下，工业管理部

---

* 哈悦，国家工业信息安全发展研究中心工程师；解三明，工业和信息化部运行监测协调局研究员。

门认真贯彻落实党中央、国务院决策部署，科学统筹疫情防控和经济社会发展，强化宏观政策跨周期调节，工业经济保持稳定恢复态势，工业生产快速增长，产能利用率较高，高技术产业支撑力度强劲，企业利润增长较快。进入第三季度，国内外风险挑战增多，世界经济恢复势头有所放缓，国际大宗商品价格高位运行，国内部分地区受到疫情、汛情的多重冲击，叠加2020年高基数影响，我国工业生产增速有所回落。

一 工业经济呈稳定恢复态势

（一）工业生产保持增长，第三季度回落幅度较大

工业生产持续恢复，制造业快速增长。2021年前三季度，全国规模以上工业增加值同比增长11.8%，两年平均增长6.4%。分三大门类看，采矿业、电力热力燃气及水生产和供应业分别增长4.7%和12.0%，两年平均增速分别为2.0%和6.3%；制造业增长12.5%，高于规上工业0.7个百分点，两年平均增速为7.0%，高于规上工业0.6个百分点，对工业生产恢复形成有力支撑。因2020年低基数效益递减，月度增速逐月回落。4~6月规模以上工业增加值同比增速分别为9.8%、8.8%和8.3%，两年平均分别增长6.8%、6.6%和6.5%。进入7月，因疫情散点多发、部分省份遭遇洪灾，叠加2020年下半年基数普遍较高影响，7~9月增速回落至7%以下，分别同比增长6.4%、5.3%和3.1%，两年平均分别增长5.6%、5.4%和5.0%。

产能利用率提高。前三季度，工业产能利用率为77.6%，较上年同期提高4.5个百分点，较2019年同期提高1.4个百分点，为近年来同期较高水平，其中制造业产能利用率为77.9%，高于上年同期4.4个百分点。

（二）行业运行分化明显，原材料行业增长较快

原材料行业增长较快，但下半年后受限电限产影响较大。2021年前三季度，原材料工业规模以上增加值同比增长7.7%，较上年同期提高6.4个百分点；因2021年以来原材料价格高企，原材料工业增加值占规模以上工业比重

为28.9%，较上年全年提高1.5个百分点。其中，钢铁、有色、石化、建材行业增加值分别增长4.3%、4.4%、8.5%、12.6%，较上年同期分别提高0.3个、2.8个、8.2个和11.9个百分点。粗钢、十种有色、水泥、平板玻璃产量分别增长2.0%、7.9%、5.3%和9.9%。原材料工业多是高载能行业，受限电限产影响最为严重，9月规模以上工业增加值同比下降2.2%，其中钢铁、石化、建材行业同比分别下降8.7%、0.2%和1.2%，有色行业仅增长1.1%；粗钢、钢材、水泥产量同比分别下降21.2%、14.8%和13.0%。

装备和高技术制造业引领作用显著。2021年前三季度，装备和高技术制造业增加值同比分别增长16.2%和20.1%，增速分别快于规上工业4.4个和8.3个百分点，对全部规上工业增长的贡献率分别达44.9%和25.2%。其中机械行业、电子行业分别增长14.1%和16.8%，较上年同期提高10.3个和9.6个百分点。1~9月，汽车产销量分别同比增长7.5%和8.7%，新能源汽车产量同比增长1.85倍。电气机械、金属制品、通用设备、专用设备快速增长，1~9月增速分别为21.4%、21.2%、17.1%和15.5%，两年平均增速均在10%左右。工业机器人、集成电路、电子元件产量分别同比增长57.8%、43.1%和34.4%。受全球缺"芯"影响，尤其是马来西亚疫情造成ESP芯片生产线停产，对我国汽车行业在第三季度的影响最大，汽车行业增速明显放缓，7~9月产量分别下降15.5%、18.7%和17.9%。

消费品行业延续恢复态势。2021年前三季度，消费品工业增加值同比增长12.8%（上年同期增速为下降1.3%）。其中，轻工、烟草、医药和纺织分别增长13.1%、5.0%、26.9%和6.3%，两年平均分别增长4.7%、5.1%、15.6%和0.7%。9月轻工、烟草行业分别增长3.6%和1.4%，增速较上年同期回落1.1个和2.5个百分点，纺织行业同比下降1.5%。

（三）工业出口增速加快，带动作用持续增强

出口保持高速增长。海关总署数据显示，2021年前9个月，我国进出口总额28.33万亿元，同比增长22.7%，其中出口同比增长22.7%，保持两位数增长。工业出口交货值增速加快。前9个月，规模以上工业出口交货值同比

增长19.4%，两年平均增速为7.6%。受新冠疫苗和防疫用品需求旺盛带动，医药制造业出口交货值增长70.2%；受海外市场高需求持续拉动，汽车制造业出口交货值同比增长48.0%，其中新能源车整车制造业出口大幅增长8.1倍；因集装箱需求增加，金属制品业出口交货值同比增长45.5%；化工、电气机械、通用设备行业分别增长32.7%、24.4%和22.6%，保持快速增长态势；专用设备、文教体育用品、电子行业均保持10%以上的较快增长。

（四）制造业投资有所恢复，高技术制造业投资大幅增长

2021年前三季度，工业投资同比增长12.2%；制造业投资同比增长14.8%，高于全部投资增速7.5个百分点，两年平均增速为3.3%。原材料制造业、消费品制造业、装备制造业投资同比分别增长15.1%、12.4%和16.5%。在装备制造业中，金属制品、机械和设备修理业投资增长35.6%，专用设备制造业投资增长25.2%，电气机械和器材制造业投资增长22.0%。高技术产业投资保持两位数增长。前三季度，高技术制造业投资同比增长25.4%，两年平均增速为17.1%。其中，计算机及办公设备制造业投资同比增长40.8%，航空、航天器及设备制造业投资增长38.5%，医疗仪器设备及仪器仪表制造业投资增长32.4%，电子及通信设备制造业投资增长26.5%。

（五）四大地区增速梯次回落，工业大省支撑强劲

2021年前三季度，东部、中部、西部和东北地区规模以上工业增加值分别增长13.7%、12.9%、10.2%和7.7%，较上年同期分别加快12个、12.1个、7.8个和6.7个百分点。9月，东部、中部和西部地区分别增长3.1%、5.3%和1.5%，东北地区下降0.9%。工业大省中，1~9月，广东、江苏、山东、浙江、福建、河南和湖北规模以上工业增加值同比分别增长12.1%、15.8%、11.6%、16.6%、10.8%、7.9%和17.3%，两年平均增长5.2%、9.5%、7.2%、9.6%、6.2%、3.8%和2.0%。受钢铁产量下降拖累，河北省规模以上工业增加值连续5个月呈负增长；因缺"芯"影响汽车生产，吉林规模以上工业增加值连续3个月呈负增长；受限电限产影响，9月广东、辽宁等省规模以上工业增加值出现负增长。

（六）企业利润较快增长

利润保持较快增长态势。2021年1~9月，全国规模以上工业企业实现利润总额63441亿元，同比增长44.7%，两年平均增长18.8%。原材料行业效益高速增长。前三季度，原材料工业实现利润同比增长1.16倍，其中钢铁、有色、石油石化、化工行业分别增长1.56倍、1.37倍、3.11倍、1.33倍。大类行业中，有色金属冶炼和压延加工业增长1.62倍，黑色金属冶炼和压延加工业增长1.45倍，化学原料和化学制品制造业增长1.27倍。建材行业中，平板玻璃同比增长1.52倍，但水泥同比下降18.5%，对建材行业影响较大。由于机械等行业议价能力弱，价格传导不通畅，效益虽然有所改善，但增幅不如全部工业。前三季度，机械、电子行业利润同比分别增长13.2%、38.7%，其中计算机、通信和其他电子设备制造业增长38.7%，通用设备制造业增长17.9%，专用设备制造业增长17.8%，电气机械和器材制造业增长16.0%，非金属矿物制品业增长14.7%，汽车制造业仅增长1.2%。

受医药行业拉动，消费品工业效益有所改善。前三季度，消费品工业利润同比增长23.2%，其中医药行业同比大幅增长69.2%，纺织、轻工、烟草同比分别增长31.1%、9.0%、5.0%。大类行业中，纺织业仅增长1.4%，农副食品加工业下降7.1%。

前三季度，营业收入利润率为6.96%，同比提高1.09个百分点；规模以上工业企业每百元营业收入中的成本为83.73元，同比减少0.57元。9月末，规模以上工业企业每百元资产实现的营业收入为92.2元，同比增加9.7元；产成品存货周转天数为17.3天，同比减少1.5天；应收账款平均回收期为51.2天，同比减少3.8天。

二 工业运行存在的问题

（一）中下游行业、中小企业盈利能力较弱

利润率低，盈利空间小。一是2021年以来，原材料价格高企，原材料行

业盈利能力较强,但价格向下传导不畅,中下游行业盈利压力较大。机械、轻工、纺织行业利润增速远低于上游钢铁、有色、石化行业。二是轻工行业利润率逐月走低,第一季度轻工行业利润率已低于全国工业,1~9月轻工行业利润率为6.03%,低于全国工业0.93个百分点。近80%的轻工行业如家电、自行车、五金、家具等的利润率均低于制造业平均水平。轻工行业规下企业数占全行业企业数的84%,但其创造的利润仅占全行业利润的16%,说明中小企业运营困难。三是2019年2月至2021年3月,机械工业出厂价格连续26个月同比下降,直到2021年4月才由降转升,微幅增长0.1%,此后逐月小幅上升,至9月同比增长2.2%。应收账款高企,周转率下降。2020年底,机械工业应收账款总额5.4万亿元,占全国工业应收账款总额的近1/3,2021年1~9月应收账款总额仍高达5.78万亿元,应收账款周转率已由十年前的7次以上降至目前的4.0~4.5次。

(二)原材料价格高位运行

2021年以来,国际大宗原材料价格高企,石化、煤炭、金属价格上涨幅度较大。受国际原油价格上涨影响,国内石化相关行业价格涨幅较大,前三季度涨幅普遍在10%~30%。煤炭、金属等相关行业供给偏紧,价格涨幅相对较大。前三季度,煤炭相关行业价格同比上涨幅度超过30%,钢铁、有色行业价格同比上涨幅度超过20%。原材料价格高企直接推高工业生产者出厂价格。9月PPI同比上涨10.7%,PPI与CPI剪刀差进一步扩大,其中黑色金属冶炼和压延加工业、有色金属冶炼和压延加工业同比分别上涨34.9%、24.6%。9月工业生产者购进价格指数同比上涨14.3%,其中黑色金属材料类、有色金属材料类及电线类同比分别上涨23.3%和22.6%。

(三)全球缺芯片持续影响汽车、电子、消费等行业

2020年底由于供需错配,汽车芯片供应短缺状况延续至今,特别是2021年以来突发的各类事件持续影响芯片供应,车企纷纷采取扫货的方式"抢夺"市场资源,进一步加剧了芯片供应不足状况。多数企业库存处于历史低位,企业也无法再通过消耗库存的方式满足市场需求。

（四）受限电限产政策影响，工业企业承压加重

2021年第三季度以来，受到全国能源供给紧张等因素影响，我国江苏、浙江、广东等地采取限电停产措施，如受限电限产影响，9月广东规模以上工业增加值下降1.5%，年内首次呈负增长。长期限电生产会造成企业延期交货，生产企业被迫减单，企业接单也更为谨慎，出现部分订单被退订情况，订单流失严重；供应链不畅进一步推升上游行业和产品涨价趋势，中下游制造业行业成本进一步增加，利润空间被挤压。

三　信息化取得较快发展

（一）通信业经济运行情况

我国通信业运行态势良好。前三季度，电信业务收入累计完成11084亿元，同比增长8.4%，增速较上年同期提升5.2个百分点。三家基础电信企业实现电信利润1530亿元，同比增长11.2%，高出同期收入2.8个百分点。

新兴业务收入加快增长。积极发展IPTV、互联网数据中心、大数据、云计算、人工智能等新兴业务，前三季度共完成新兴业务收入1681亿元，同比增长28.8%，增速较上半年提高1.8个百分点。

5G网络加快建设。共完成固定资产投资2748亿元，其中，完成5G投资1299亿元，占全部固定资产投资的47.3%。截至9月末，移动电话基站总数达969万个，同比增长5.7%。其中，5G基站115.9万个，占移动基站总数的12%。5G手机终端连接数达4.45亿户，占移动电话用户的27.2%。

（二）互联网和相关服务业运行情况

2021年前三季度，互联网和相关服务业呈平稳发展态势，业务收入和营业利润持续较快增长。我国规模以上互联网和相关服务企业完成业务收入11633亿元，同比增长25.4%，两年平均增速为19.4%。实现营业利润966亿元，同比增长16.8%。

互联网企业完成固定资产投资额269.2亿元，同比增长16%，增速较上半年提高5.8个百分点。研发费用增长平稳，投入研发费用529亿元，同比增长11.9%。

（三）软件业经济运行情况

软件业务收入保持稳步增长。2021年前三季度，我国软件业完成业务收入69007亿元，同比增长20.5%，增速较上半年回落2.7个百分点，两年平均增长15.8%，较上半年提高1.1个百分点。其中，信息技术服务实现收入43980亿元，同比增长23.7%；软件产品实现收入17951亿元，增长17.0%；云计算大数据服务实现收入5573亿元，增长21.8%；电子商务平台技术服务实现收入6357亿元，增长33.3%；集成电路设计实现收入1586亿元，增长20.5%；嵌入式系统软件实现收入5850亿元，增长9.6%；信息安全产品和服务实现收入1227亿元，增长21.1%。

软件业实现利润总额增速小幅回升。2021年前三季度，软件业实现利润总额7937亿元，同比增长10.7%，增速较1~8月提高1.4个百分点，两年平均增长8.8%。

四 2021年工业全年增长预测及2022年发展趋势分析

从2021年世界经济发展看，外部环境更趋复杂严峻，特别是进入下半年后经济复苏的动能有所减弱。一是变异新冠毒株不断演变传播，无论是发达国家还是发展中国家的工业生产链均有断裂现象，全球制造业PMI连续5个月下行，我国制造业PMI也连续2个月在50%以下。二是大宗原材料价格高位震荡，国际货物运价居高不下，导致主要经济体产业供应链恢复受阻，预计未来一段时间我国进出口形势不容乐观，出口面临很大的不确定性。三是美国延续对我国遏制态势，美国借助实体清单对我国部分产业实施"断供"，加大对我国产业的围堵和打压力度。

从国内经济形势看，我国工业经济稳定恢复的趋势没有改变，特别是我国疫情防控形势向好，工业生产所受影响减小，"十四五"规划中的大项目正逐步得以布局和实施，下半年专项债发行提速，带动制造业投资和技改投资增速加快、基建投资也有望发力；随着疫苗接种率提高，抗疫防疫能力增强，居民消费有望重回2019年前的增长轨道。综合上述对我国工业经济形势的分析，结合国际经济形势，预计2021年规模以上工业增加值同比增长9.2%左右。

展望2022年，在坚持稳中求进工作总基调下，应把保持工业经济运行在合理区间作为工作重心，出台各种稳增长的政策措施，逐步夯实工业稳定恢复发展的基础，主要包括：积极促进消费的恢复，拓展有效投资领域，引导企业加大设备更新和技术改造投资。切实维护产业链供应链安全稳定，实施重大短板装备专项，推进重点领域数字化网络化智能化改造，分行业开展强链补链行动。加快推进产业结构优化升级，培育一批具有国际竞争力的先进制造业集群，指导企业严格落实过剩产能的置换政策，推动重点行业绿色低碳发展。加大数字经济发展力度，深化网络基础设施、应用基础设施改造，形成"5G+工业互联网"等新一代信息技术融合发展的格局。特别是在党的十九届六中全会精神鼓舞下，为2022年迎接党的第二十次代表大会召开，工业战线的各级政府部门、各个领域把振作工业经济特别是稳定制造业在国民经济的比重作为己任，促使工业经济向其潜在增长速度区间回归。预计2022年规模以上工业增加值同比增长5%左右。

五 对促进工业发展的政策与建议

加快实现科技自立自强。优化国家创新体系布局，完善科技创新体制机制，加大制造业创新中心建设力度，着力增强企业技术创新能力。

加快发展现代产业体系，培育完整内需体系，促进国民经济循环畅通。推进产业基础高级化、产业链现代化；统筹补短板、锻长板，改造传统产业，培育发展新兴产业，发展数字经济；培育信息消费，扩大有效投资，增强创造需求的能力，建设高效顺畅的流通体系。

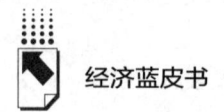

持续推进重要领域和关键环节改革。加强宏观经济治理，激发市场主体活力，支持大企业做大做强做优，加大对中小微企业的政策支持力度，培育一批专精特新"小巨人"企业和单项冠军企业。优化国内大循环空间布局，结合各地资源禀赋和特色优势，引导产业有序转移，培育先进制造产业集群。

促进绿色低碳循环发展，实行更高水平的对外开放。构建可持续的绿色低碳发展体系，推进资源高效利用，实施绿色制造工程，推动重点工业领域碳减排，提升资源循环利用效率。增强对外贸易综合竞争力，提高国际化双向投资水平，推动产业链供应链全球合作，构建国际经贸合作新格局。

参考文献

谢伏瞻主编《经济蓝皮书：2021年中国经济形势分析与预测》，社会科学文献出版社，2021。

谢伏瞻主编《迈上新征程的中国经济社会发展》，中国社会科学出版社，2020。

中国工业和信息化部：《2021年前三季度互联网和相关服务业运行情况》，工信部官网，2021年10月29日。

中国工业和信息化部：《2021年1~9月份电子信息制造业运行情况》，工信部官网，2021年10月22日。

中国工业和信息化部：《2021年前三季度通信业经济运行情况》，工信部官网，2021年10月20日。

B.16
服务业发展形势分析、展望及政策建议

刘玉红[*]

摘 要: 2021年前三季度,服务业延续稳步恢复态势,新动能快速发展,投资结构和外贸结构逐步改善,对经济增长的拉动作用持续增强,主要行业均呈现快速增长态势。2022年,国际货币政策转向、国内经济需求减弱等给我国服务业发展带来风险,但融合发展、现代服务业等新动能不断涌现、生活服务业加速恢复等也为服务业快速发展提供助力。为实现服务业的平稳健康发展,要保持政策前瞻性,积极应对国际金融风险,完善服务业基础设施,为服务业发展提供良好的市场环境;要加快服务业与工业融合发展,突出服务业的数字化特征,完善国内消费环境,为服务业快速发展提供增长动力。

关键词: 服务业 投资结构 现代服务业 生活服务业

一 服务业结构优化步伐加快

(一)服务业经济平稳运行

服务业对经济增长贡献率逐步提高。分季度看,第一、第二、第三季度

---

[*] 刘玉红,国家信息中心经济预测部。

服务业增加值分别增长15.6%、11.8%和9.5%，两年平均增速分别为4.7%、4.9%和4.9%，服务业增长对经济增长的贡献率分别为50.9%、53%和54.2%，服务业对经济增长的贡献率逐步提高。前三季度，服务业增加值296611亿元，同比增长11.8%，两年平均增长4.9%，服务业增加值占国内生产总值比重为55.7%，拉动国内生产总值增长6.7个百分点。

企业生产经营平稳增长。受到基数因素影响，2021年前8月我国服务业生产指数呈现平稳回落的走势，但是从两年平均数据看，2021年服务业生产指数基本在5%~6%平稳运行。8月受到疫情散点暴发的冲击，服务业生产指数有所回落，9月，服务业生产指数再次回升，当月指数为5.2%，两年平均5.3%。1~8月规模以上服务业企业营业收入同比增长25.6%，两年平均增速10.7%。分行业看，信息传输、软件和信息技术服务业以及科学研究和技术服务业企业营业收入增长较快，前8个月分别增长28.8%和34.8%，两年平均增速分别为17.4%和11.8%。规模以上高技术服务业、科技服务业和战略性新兴服务业企业营业收入同比分别增长22.0%、22.6%和23.2%，两年平均分别增长15.4%、15.0%和14.3%，分别快于规模以上服务业企业营业收入两年平均增速4.7个、4.3个和3.6个百分点。

企业生产预期继续改善。2021年以来，除了8月受疫情影响指数下降至45.2%，我国服务业商务活动指数均在50%以上区间运行，9月服务业商务活动指数再次回到52.4%，较8月上升7.2个百分点，重返景气区间。从行业情况看，调查的21个行业中有16个行业商务活动指数位于扩张区间，铁路运输、航空运输、住宿、餐饮等行业商务活动指数大幅回升至临界点以上，业务总量恢复性增长态势明显。前9个月商务活动预期指数持续高位运行，年内高点为2月63.2%，9月为58.9%。从行业情况看，与线上消费密切相关的邮政快递、电信广播电视及卫星传输服务、互联网软件及信息技术服务等行业商务活动指数均位于57.0%以上的较高景气区间。

表1 服务业生产经营相关统计指标

单位：%

时间	增加值增速	固定资产投资增速	规上企业营业收入增速	生产指数	商务活动指数
2021年2月			37.8	31.1	50.8
2021年3月	15.6	24.1	37.1	25.3	55.2
2021年4月			34.4	18.2	54.4
2021年5月			31.9	12.5	54.3
2021年6月	11.8	10.7	29.5	10.9	52.3
2021年7月			27.8	7.8	52.5
2021年8月			25.6	4.8	45.2
2021年9月	9.5	5.0		5.2	52.4

注：服务业增加值、固定资产投资和规上企业营业收入增速为累计增速。
资料来源：根据统计局数据整理。

（二）服务业发展势头良好

服务业支持经济增长作用明显。金融业继续有力支持经济增长，9月末，普惠小微贷款余额同比增长27.4%，支持了4092万户小微经营主体。2021年以来，我国假日市场恢复明显，春节、清明、劳动节和端午假期，国内旅游人次分别恢复至疫情前同期的75.3%、94.5%、103.2%和98.7%，旅游收入分别恢复至疫情前同期的75.3%、94.5%、103.2%和98.7%。国庆期间，国内旅游出游5.15亿人次，实现国内旅游收入3890.61亿元。

服务业新动能引领作用不断增强。2021年前三季度，信息传输、软件和信息技术服务业与金融业增加值同比分别增长19.3%和4.5%，两年平均分别增长17.6%和5.7%，合计拉动服务业增加值增长2.0个百分点。9月，信息传输、软件和信息技术服务业，金融业生产指数同比分别增长15.9%和4.8%，两年平均分别增长16.0%和6.6%，合计拉动当月服务业生产指数增长2.3个百分点，对当月服务业生产指数贡献率达44.2%。

服务业新业态发展活跃。2021年前三季度，社会消费品零售总额同比增长16.4%，两年平均增长3.9%；实物商品网上零售额同比增长15.2%，两年平均增长15.3%，占同期社会消费品零售总额的比重为23.6%，对社会消费

品零售总额增速拉动超过3个百分点。前三季度，快递业务量较上年同期的增量超200亿件，远高于上年同期的122.3亿件。1~8月，规模以上供应链管理服务企业营业收入同比增长50.0%，增速快于规模以上服务业企业营业收入24.4个百分点。工业软件快速普及，1~8月，工业软件产品收入同比增长17.0%，占软件产品收入的比重达9.4%，较上年同期提高0.5个百分点。

（三）服务业投资稳步增长

高技术服务业投资增长迅速。2021年前三季度，受到基数影响，服务业投资同比增速有所回落，第一季度、上半年和前三季度，服务业固定资产投资同比分别增长24.1%、10.7%和5.0%，两年平均增长4%、4.8%和3.4%。2021年以来高技术服务业固定资产投资增势较好，第一季度和上半年分别增长28.6%和12.0%，前三季度增长6.6%，高出全部服务业固定资产投资1.6个百分点，两年平均增长7.7%。分行业看，疫情对服务业正常生产的影响基本消除，2021年恢复到疫情前的正常投资结构，电子商务服务业投资继续领跑，2021年各月增速均保持在30%以上，前三季度实现43.8%的增速；检验检测服务业投资保持快速增长，前三季度实现增长23.7%；研发设计服务业投资在经历了2020年的负增长后，2021年快速反弹，前三季度增长15.7%。

高技术服务业吸收外资继续保持较高增速。2021年服务业继续成为国外对华投资的热点领域，前三季度，服务业实际使用外资6853.2亿元，增长22.5%，高于全国实际使用外资增速2.9个百分点，占全国实际使用外资总额的79.7%；高技术服务业实际使用外资同比增长33.4%，分别比服务业和高技术产业实际使用外资增速高10.9个和4.3个百分点。

表2 服务业投资增速相关情况

单位：%

时间	服务业	高技术服务业	检验检测服务业	电子商务服务业	研发设计服务业	服务业实际使用外资	高技术服务业实际使用外资
2021年2月		49.8		88.4	85.3	48.7	
2021年3月	24.1	28.6	55.7	30.2	48.2	51.5	43.9

续表

时间	服务业	高技术服务业	检验检测服务业	电子商务服务业	研发设计服务业	服务业实际使用外资	高技术服务业实际使用外资
2021年4月		18.1	46.1	39.1	38.1	46.8	34.0
2021年5月		17.1	39.6	47.7	27.7	41.6	37.6
2021年6月	10.7	12.0	30.1	32.9	28.4	33.4	42.7
2021年7月		8.8	25.7	42.7	27.2	29.2	36.0
2021年8月		6.3	23.6	36.0	18.7	25.8	35.2
2021年9月	5.0	6.6	23.7	43.8	15.7	22.5	33.4

注：所有指标增速均为累计增速。
资料来源：根据商务部网站相关数据整理。

（四）服务贸易结构步伐加快

我国服务贸易保持良好增长态势，服务出口整体好于服务进口。2021年前8个月，我国服务进出口总额32716.6亿元，同比增长9.4%。剔除旅行服务，1~8月我国其他服务进出口增长22.1%，其中出口增长30.5%，进口增长13.4%。分结构看，2021年服务出口表现明显好于进口，1~8月服务出口15499.9亿元，增长25.3%；服务进口17216.6亿元，下降1.8%。服务出口降幅小于进口27.1个百分点，带动服务贸易逆差持续下降，截至8月底，服务贸易逆差1716.7亿元，下降66.7%，同比减少5156.2亿元。

表3 我国服务贸易相关情况

单位：%，亿元

时间	服务进出口总额增速	服务出口总额增速	服务进口总额增速	服务贸易逆差	服务贸易逆差增速
2021年2月	-3.6	21.9	-18.6	432.8	-77.2
2021年3月	0.5	22.8	-13.5	666.9	-74.7
2021年4月	3.3	23.2	-10.0	720.4	-76.3
2021年5月	3.7	20.1	-7.5	1144.9	-67.3
2021年6月	6.7	23.6	-5.0	1204.6	-70.0
2021年7月	7.3	23.2	-4.0	1347.5	-70.0
2021年8月	9.4	25.3	-1.8	1716.7	-66.7

注：所有数据均为累计指标。
资料来源：根据商务部相关数据整理。

服务贸易结构调整升级速度加快。2021年以来,知识密集型服务贸易始终呈现较好发展态势。1~8月,知识密集型服务进出口14754.2亿元,增长12%,比上年同期加快3.5个百分点,占服务进出口总额的比重达到45.1%,比上年同期提升10个百分点。其中,知识密集型服务出口8038.2亿元,增长16%,占服务出口总额的比重51.9%;服务出口增长较快的领域,首先是个人文化和娱乐服务,2021年各月增速基本保持在30%以上,1~8月增速为34.3%;其次是知识产权使用费与电信计算机和信息服务,前8个月分别实现23.8%和20.6%的增长速度。知识密集型服务进口6716亿元,增长7.5%,占服务进口总额的比重达39%;进口增长较快的领域是知识产权使用费与电信计算机和信息服务,分别增长14.5%和14.3%。

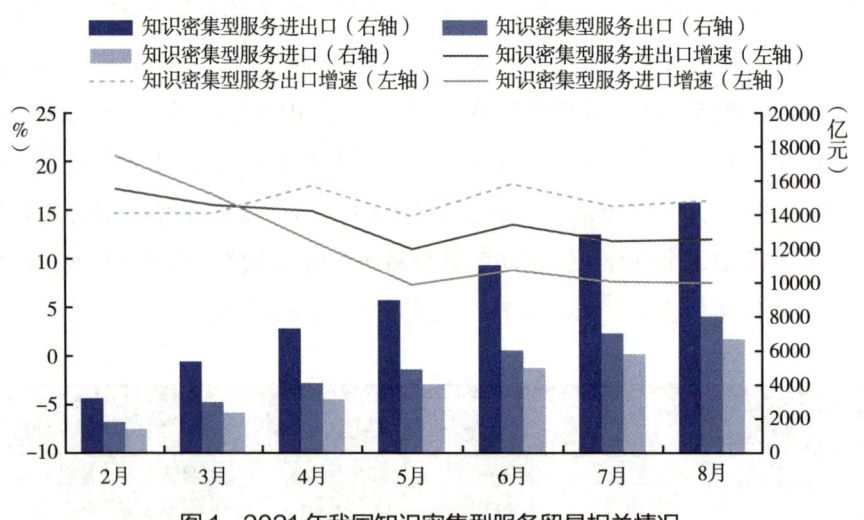

图1 2021年我国知识密集型服务贸易相关情况

注:所有数据均为累计指标。
资料来源:根据商务部相关数据整理。

旅游服务进出口继续下降。当前各国继续采取严格措施限制人员跨境流动,疫情对旅游服务进出口的影响仍在持续。2021年以来,我国旅游服务进出口延续了2020年以来的负增长态势,2月旅游服务进出口总额下降了一半,此后下降幅度逐渐收窄,到8月底,共实现旅游服务进出口贸易总额5064.8

亿元，增速升至-30.1%；旅游服务进口增速2021年以来也呈现逐渐好转的走势，下降速度逐渐放缓，从2月的-54.1%回升至8月的-28.3%；旅游服务出口增速则出现了一定程度的反弹，降幅收窄，5月增速达到-39.1%，而后又开始加速下滑，8月底增速再次回落至-43.4%，这是由于国内疫情相对稳定而国外疫情反复的情况较为明显，我国旅游服务出口面临的不确定性增加，增速呈现波动走势。

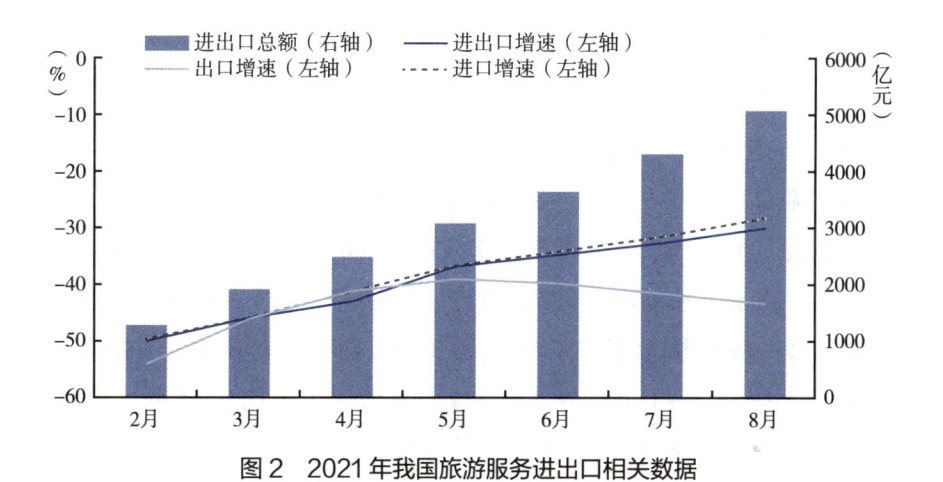

图2　2021年我国旅游服务进出口相关数据

资料来源：商务部网站。

二　服务业行业结构分析

（一）信息传输、软件和信息技术服务业快速增长

生产继续保持快速增长。第一季度、上半年和前三季度，我国信息传输、软件和信息技术服务业增加值增速分别为21.2%、20.3%和19.3%，两年平均增速为17.1%、17.3%和17.6%，分别高于同期服务业增加值增速12.4个、12.4个和12.7个百分点。受基数影响，生产指数呈现月度回落态势，但从两年平均看，2021年以来信息传输、软件和信息技术服务业生产指数呈现稳步回升的走势，1~9月，两年平均增速为16%。受2020年固定资产投资增长过

快的基数影响，2021年以来信息传输、软件和信息技术服务业固定资产投资增速在第三季度呈负增长，但从下降速度看，8月开始企稳回升，1~8月累计下降5.4%，比前7个月回升了0.6个百分点。

互联网信息服务类市场活力增强。1~8月，我国规模以上互联网和相关服务企业完成业务收入10068亿元，同比增长25.4%，两年平均增速为19.4%。实现营业利润1033亿元，同比增长37.5%，增速较1~7月提高9.5个百分点，高出同期收入增速12.1个百分点。互联网平台服务收入高速增长，网络销售、物流类平台增势突出。1~8月，互联网平台服务收入3635亿元，同比增长42.2%，增速较1~7月回落6.1个百分点；在互联网业务收入中占比为36.1%，同比提高4个百分点。

软件业总体运行平稳。1~8月，我国软件业完成软件业务收入59710亿元，同比增长20.8%，增速比1~7月回落0.6个百分点，两年平均增速为15.3%，较1~7月提高0.5个百分点。其中，信息技术服务收入快速增长，1~8月，信息技术服务实现收入37951亿元，同比增长23.9%，高出全行业平均水平3.1个百分点，在全行业收入中占比为63.6%，比上年同期提高1.7个百分点。1~8月，软件业实现出口332亿美元，同比增长10.9%，增速与1~7月持平。近两年复合增长率为4.6%。其中，外包服务出口93.8亿美元，同比增长21.3%；嵌入式系统软件出口124亿美元，同比增长2.6%。

通信业运行态势良好。2021年以来，电信业务收入增速稳步提高，1~8月，电信业务收入累计完成9919亿元，同比增长8.4%，增速同比提升5.3个百分点，按照上年不变价计算的电信业务总量为10932亿元，同比增长27.5%。新兴业务收入快速增长，1~8月，三家基础电信企业积极发展IPTV、互联网数据中心、大数据、云计算等新兴业务，共完成新兴业务收入1491亿元，同比增长28.1%，增速较1~7月提高0.6个百分点，在电信业务收入中的占比为15%，拉动电信业务收入增长3.6个百分点。其中云计算和大数据收入同比增速分别达98%和34.8%。

表4　信息传输、软件和信息技术服务业相关数据

单位：%

时间	增加值	两年平均	生产指数	两年平均	固定资产投资
2021年2月			26.1	14.4	18.4
2021年3月	21.2	17.1	23.2	15.4	6.2
2021年4月					6.2
2021年5月					−5.0
2021年6月	20.3	17.3	21.5	16.6	−5.6
2021年7月			19.6		−6.0
2021年8月			16.2		−5.4
2021年9月	19.3	17.6	15.9	16	

注：根据统计局各月月报整理，部分数据有缺失，其中信息传输、软件和信息技术服务业生产指数为当月增速，其他指标均为累计增速。

（二）金融业总体运行平稳

金融机构对实体经济支持力度不减。2021年前三季度社会融资规模增量为24.75万亿元，比上年同期少4.87万亿元，比2019年同期多4.14万亿元。前三季度人民币贷款增加16.72万亿元，9月末，本外币贷款余额195.56万亿元。2021年上半年，我国宏观杠杆率为274.9%，比上年末低4.5个百分点，非金融企业、政府和住户部门的杠杆率分别回落3.1个、1.0个和0.4个百分点，均出现不同程度的下降。前三季度政府债券的净融资为4.42万亿元，比上年同期少2.32万亿元，比2019年同期多4276亿元。前三季度企业债的净融资为2.43万亿元，比上年同期少1.66万亿元，与2019年同期基本持平。前三季度非金融企业境内的股票融资为8142亿元，比上年同期多2043亿元。

普惠小微企业贷款维持较快增长态势。小微企业融资继续保持"量增、面扩、价降"的良好态势，9月末，普惠小微贷款余额同比增长27.4%，比各项贷款增速高15.5个百分点，普惠小微贷款支持了4092万户小微经营主体，同比增长30.8%，9月新发放的普惠小微企业贷款利率为4.89%，比

2020年12月下降0.19个百分点。金融在支持新动能、新产业、新业态方面也取得了较大进展，金融资源向国家的"专精特新"企业倾斜。2020年到2021年9月末，全国银行业金融机构累计对13.5万亿元贷款延期还本付息，其中支持中小微企业延期还本付息11.1万亿元，累计发放普惠小微信用贷款8.6万亿元。9月末，"专精特新"企业获贷款率71.9%，户均贷款余额7582万元，"专精特新"企业贷款余额同比增长18.2%，比全部贷款增速高6.3个百分点，贷款合同平均利率为4.52%，分别比上年末和上年同期低0.15个和0.25个百分点。

（三）交通运输业逐步恢复

固定资产投资持续增长。1~8月，完成交通固定资产投资21935亿元，其中，完成公路投资1.6万亿元，完成水运投资914亿元。从增速看，1~9月，交通固定资产投资增长2.4%，其中铁路投资下降4.2%，道路运输业投资增长4.0%。随着我国现代化高质量的国家综合立体交通网加快建设，1~8月水上运输业、航空运输业和管道运输业投资大幅增长，分别为27.5%、47.8%和32.5%。

营业性客货运继续恢复。1~8月，完成营业性客运量57.8亿人次，同比下降0.9%，两年平均下降30.2%。其中，完成公路营业性客运量35.2亿人次，同比下降17.0%；完成水路营业性客运量1.2亿人次，同比增长33.1%。1~8月，完成营业性货运量337.3亿吨，同比增长19.2%，两年平均增长6.6%。其中，完成公路营业性货运量253.2亿吨，同比增长22.6%；完成水路营业性货运量53.1亿吨，同比增长11.5%。1~8月，全国港口完成货物吞吐量102.6亿吨，同比增长10.4%，两年平均增长6.2%。其中，内外贸吞吐量同比分别增长12.3%和6.3%。完成集装箱吞吐量1.9亿标箱，同比增长11.1%，两年平均增长4.1%。

物流市场发展韧性较强。1~8月，全国社会物流总额205.2万亿元，按可比价格计算，同比增长12.7%，两年平均增长6.8%。从社会物流总额结构看，工业品物流总额同比增长13.1%，两年平均增长6.6%，其中，受"双控"影响，纺织、钢铁行业 8 月分别同比下降 2.5% 和 5.3%，高技术制造业大幅增长 26.1%；单位与居民物品物流总额同比增长 14.5%，两年平均增长 13.9%。1~8 月，物流业总收入 7.8 万亿元，同比增长 18.7%，两年平均增长 8.4%，物流企业收入利润率回升至 4% 以上，比上年同期提高 0.3 个百分点。

三 服务业发展面临更复杂的风险和挑战

（一）全球货币政策转向给我国金融市场带来冲击

全球央行超宽松货币政策立场面临转向。新冠肺炎疫情导致全球经济"骤停"和流动性危机，迫使主要央行全力量化宽松，全球经济实现了快速复苏，也推动了通胀压力走高。发达经济体央行开始释放货币政策转向信号，美联储 2021 年 6 月、9 月先后将 2023 年政策利率预测值由 0.1% 上调至 1%，并释放年末启动缩减购债的政策信号，首次加息时点预期在 2022 年下半年左右。欧央行预计 2021 年第四季度将降低购债速度，2022 年将退出紧急抗疫购债计划（PEPP）。英国央行已降低购债速度，9 月其态度进一步转"鹰"，释放可能在年底购债结束前就开始加息的信号。日本央行在收益率曲线控制框架下，择机削减了资产购买规模。部分新兴经济体率先启动加息。在高通胀压力下，截至 9 月末，巴西、俄罗斯和墨西哥央行 2021 年分别累计加息 425 个、250 个和 50 个基点，未来仍可能进一步加码。

当前我国金融运行承压问题有所显现。一是新增社会融资规模明显下降。前 8 个月，累计新增社会融资规模 21.7 万亿元，同比少增 4.36 万亿元。政府债券、企业债券、信托贷款少增幅度最大，分别较上年同期少增 2.1 万亿元、1.7 万亿元和 7194 亿元。政府债券少增主要与 2021 年以来财政政策边际收紧、地方专项债发行放缓有关，企业债券融资少增主要与 2020 年底以来债市违约潮的"余波效应"有关。二是房地产违约风险增大。受"三道红线"、房地产贷款集中度等政策调整影响，2020 年以来房地产企业违约风险事件明显增多，尤其是部分头部房地产企业先后陷入债务危机，截至 2021 年 6 月，中国工商银行、中国建设银行、中国交通银行房地产贷款不良率分别为 4.29%、1.56%、

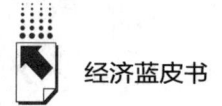

1.69%，较2020年末分别上升1.97个、0.25个、0.34个百分点。从债券市场看，2021年债券违约涉及主体分布于15个行业，其中房地产违约5家，违约金额占比41%。三是地方专项债发行不及预期。受2021年以来财政支出后置等影响，前8个月，累计新增地方专项债券约1.843万亿元，仅完成计划发行规模的50.5%，这对基建投资形成拖累，加大了经济下行压力。1~8月，基础设施投资（不含电力）同比增长2.9%，两年平均增长0.2%，较上半年回落0.5个百分点。

美联储货币政策调整对我国金融运行具有显著的政策溢出效应。从上一轮美联储货币政策正常化期间国际金融市场的表现看，全球股市、汇市、债市及大宗商品市场都将随着美联储政策调整而出现明显的波动，造成我国金融市场面临较大的下行压力。全球股市震荡加剧，国内股指共振调整，2013年美国开始缩减QE，美国道指在2014年初一度下跌千点，我国股市也受到了美国货币政策溢出效应的影响，沪深股指出现了阶段性回调，人民币贬值和资本外流加剧，人民币汇率也受美元走强的影响，由对美元单边升值转为单边贬值，从2014年初的接近6∶1贬值至2016年底的接近7∶1。其间资本流出加速，我国证券投资账户出现连续5个季度资本外流。国内资金利率联动上行，2016~2017年美联储加息期间，美债收益率走高强化国内市场利率上升预期，流动性趋紧，对国内利率上行造成一定的压力。全球货币政策转向将对我国金融稳定性带来较大冲击，美元升值，资本外流和汇率波动压力加大。国际金融市场的波动也会对我国金融市场产生传导效应，金融市场下行压力增大，金融市场风险头寸集中爆发、市场波动突然放大、潜在金融风险可能集中释放。

（二）需求减弱拖累服务业发展进程

国际服务需求复苏缓慢。2021年10月12日，国际货币基金组织（IMF）的《世界经济展望》将2021年全球经济增速预测值小幅下调至5.9%，而2022年的预测值则保持在4.9%不变。该报告认为，从宏观层面看，全球经济前景面临的风险增加，政策权衡取舍变得更为复杂。对我国服务业而言，2022年面临的风险仍然显著：一是疫情影响短期内无法消除，脉冲式冲击、周期性往复的局面或将延续，复苏动力逐渐减弱，特别是疫情反复导致低收入经济体的发展预期悲观加剧，经济复苏前景变得更为黯淡，发达经济体近期经济前景也变得不容乐观。二是国际服务业消费持续疲软，以美国为例，虽然美国整体消费已经反弹至疫情前水平，但是不可持续的，商品消费远远好于预期，但服务业消费持续疲软。目前美国大城市办公室的工作人员数量只有疫情前的1/3，而且此前的调查也显示，比起疫情前，职员和雇主现在仍偏向于在家办公，与疫情传播风险以及办公室出勤有关的服务业类目整体上处于压抑的状态。

国内经济下行压力加大导致服务业发展承压。一是受环保安全限产政策和原材料等成本上升影响，2021年以来工业生产边际继续走弱。9月工业增加值同比增长3.1%，8月为5.3%，回落2.2个百分点，从环比看，9月，规模以上工业增加值比上月增长0.05%，较8月的0.31%明显走弱。在企业经营不景气的情况下，生产性服务消费首当其冲，成为首先被缩减的对象，生产性服务业增长动力减弱，特别是与工业生产关系密切的研发设计、融资租赁等新兴服务业的发展受到较大影响。二是房地产行业疲态尽显。10月前15天35城房地产销量降幅收窄至10.6%，但降幅仍达到两位数，其中一、二线城市销量增速受2020年同期基数回落影响而有所上行，而三、四线城市销量降幅仍在扩大。10月第一周十大城市商品房库销比显著回升至66.4周，创10年以来同期新高。9月土地市场量升价跌，百城土地成交面积同比降幅略有收窄，而土地成交溢价率回落。三是疫情散点暴发拖累国内消费增长。9月，全国餐饮收入、线上餐饮收入增速较2020年同期分别上涨6.0个、3.6个百分点，但较2019年同期分别下降6.3个、1.6个百分点。2021年以来，服务业从业人员指数一直低于50%，9月为47.8%，比8月回升0.8个百分点，而分行业看，建筑业从业人员指数为52.6%，比上月上升2.0个百分点；服务业从业人员指数为46.9%，比上月回升0.5个百分点，表明接触性服务业仍未完全恢复。

（三）服务贸易抵御风险能力有待加强

我国服务贸易仍以传统行业为主。无论是出口还是进口，中国服务贸易都以传统的旅游、运输等资源型和劳动密集型行业为支撑，而航空、通信、建筑等资本密集型服务业以及金融、计算机和信息服务等技术知识密集型服务业对中国服务贸易的贡献微弱。受到疫情和运输价格大幅波动的影响，2021年以来我国传统服务贸易继续走弱，由于我国新兴服务在服务贸易总额中仅占35%左右，技术知识密集型服务业的快速增长无法抵消以旅游服务为代表的传统服务贸易下降大势。以旅游服务贸易为例，1~8月，我国旅游服务进出口5064.8亿元，同比下降30.1%，从表5来看，包含旅游的服务进出口1~8月仅增长9.4%，而剔除旅游的服务进出口增速则达到了22.1%。包含旅游的服务出口和进口增速分别为25.3%和-1.8%，而剔除旅游的服务出口和进口增速分别提高至30.5%和13.4%。

表5 包含和剔除旅游的服务进出口增速

单位：%

时间	服务进出口	剔除旅游的服务进出口	服务出口	剔除旅游的服务出口	服务进口	剔除旅游的服务进口
2021年2月	-3.6	21.1	21.9	29.1	-18.6	12.4
2021年3月	0.5	21.1	22.8	28.2	-13.5	13.6
2021年4月	3.3	20.6	23.2	27.9	-10.0	12.7
2021年5月	3.7	18.0	20.1	24.3	-7.5	11.4
2021年6月	6.7	20.6	23.6	28.3	-5.0	12.7
2021年7月	7.3	20.2	23.2	28	-4.0	12.0
2021年8月	9.4	22.1	25.3	30.5	-1.8	13.4

注：增速均为累计增速。
资料来源：商务部网站。

中国传统服务部门的进出口结构不合理。我国服务贸易逆差主要来源是传统服务贸易，前三大来源依次是旅行、知识产权使用费和运输，外汇管理局数据显示，上半年，服务贸易逆差438亿美元，同比下降43%。旅行、知识产权使用费和运输是主要的逆差项目。其中，旅行逆差444亿美元，同比下降28%，主要是跨境旅游和留学仍然受到境外疫情蔓延的影响；知识产权使用费逆差156亿美元，同比增长21%；运输逆差75亿美元，同比下降61%。传统服务部门的逆差较大主要原因是进出口结构不合理。以运输业为例，我国运输服务贸易87%都集中在盈利能力较弱的海运，比较优势逐步减弱。

四 服务业发展趋势展望

虽然中国服务业运行在短期内面临一定的压力和挑战，但是就2022年而言，中国服务业发展面临更多的积极因素，具有较大的发展潜力，主要体现在以下几个方面。

(一) 融合发展将是服务业发展的重要趋势

我国生产性服务业整体发展明显滞后。当前我国经济正由制造业主导向制造业和服务业并重转变，服务业和制造业之间也由简单的供需关系转向互为依赖和互为赋能的关系，服务业与制造业之间界限日趋模糊，两者实现融合发展日渐重要。在信息技术的推动下，制造服务化与服务制造化都表现出与互联网高度融合的趋势，商业模式不断创新，如大规模个性化定制、C2B、云制造等。但我国生产性服务业存在供给质量不高、市场化程度较低、服务功能单一、参与全球化程度不深等问题，服务增加值仅占GDP的1/4，远低于发达国家70%的水平。2021年以来，疫情的反复叠加大宗商品价格上涨等不利因素，加剧了生产性服务业增长动力不足的状况。

融合发展是实现我国经济高质量发展的重要途径。制造业企业的创新实力更强和经营效率更高，服务业企业的盈利能力则更为突出。应该从全产业链高度出发，发挥制造、服务各自优势，推进制造、服务各个环节的融合发展，以制造的高效率带动服务的效率提升，反过来又以专业化服务的优势促进制造生产效率的提升，进而推动"微笑曲线"实现整体向上跃升。为此，

2021年3月,发改委发布《关于加快推动制造服务业高质量发展的意见》,加速实现我国制造业与服务业的融合发展。

(二)服务业新动能增长方兴未艾

服务业领域制度创新力度加大和步伐加快。到2020年我国《外商投资准入特别管理措施(负面清单)》服务业条目已压缩至23项,银行、保险、证券、电信、分销等服务部门均已向外资开放。积极推进自由贸易战略,与26个国家和地区相继签署了19个自由贸易协定,加速了我国与贸易伙伴国在服务贸易、投资等领域的双向自由化进程。2013年上海自由贸易试验区成立至今,我国自贸区数量已达到21个,覆盖全部沿海省份,海南成为自由贸易港;2021年4月,服务业扩大开放综合试点首次扩容至天津、上海、海南、重庆4个省市。全面推广营业税改征增值税,实现增值税对货物和服务全覆盖,技术先进型服务业企业所得税优惠政策正式推广至全国。服务业领域的制度创新极大地释放了服务业发展活力和潜力,促进服务业高质量发展。

服务业创新投入不断加大。随着信息技术的深度发展和广泛应用,一些现代服务业呈现科技创新力度大、创新活跃的特征。我国现代服务业研发投入强度从2012年的1.97%上升到2020年的2.40%,其中软件研发服务业投入强度高达8.4%。2021年9月末高技术服务业固定资产投资增长6.6%,高出全部服务业固定资产投资1.6个百分点。1~8月,我国互联网和相关服务业全行业研发投入额313亿元,同比增长21.0%,增速同比提高4.1个百分点,与收入增速基本同步。《2020中国企业500强分析报告》显示,2020年中国企业500强产业结构持续调整升级,现代服务业入围181家,比2019年增加23家,企业增加数量比制造业企业多2家。

(三)生活服务业加速恢复

数字化生活服务业发展迅速。一是服务业向数字化转型具有良好的发展基础。截至2021年6月,我国网民总体规模增长至10.11亿,其中,网络购物用户规模达 8.12 亿，占网民整体的 80.3%；网络支付用户规模达 8.72 亿，占网民整体的 86.3%。10 亿网民构成了全球最大的数字社会，为我国服务业向数字化转型、推动服务发展提供了良好的基础。二是疫情加速生活服务业数字化渠道建设。疫情下企业加快数字化渠道建设，以增强自身抗风险能力。以餐饮企业为例，2019 年，餐饮企业中采用"纯堂食"和"堂食＋外卖"模式的比例分别约为 60% 和 35%，"纯外卖"型餐饮企业的占比仅为 4%~5%。疫情对餐饮企业造成巨大影响。2020 年 2 月，餐饮企业中"纯堂食"的比例降至 40%，"堂食＋外卖"的比例上升至 43%，"纯外卖"的比例增加至 17%；在疫情防控常态化下，餐饮企业的经营模式结构趋于稳定，50% 左右的餐饮企业仍然采用"纯堂食"模式，采用"堂食＋外卖"模式和"纯外卖"模式的比重分别达到 43% 和 8% 左右。三是企业数字化转型需求增加。从生活性服务业内部各行业看，其数字化水平差异较大。酒店业的数字化率约为 35.2%，餐饮业的数字化率为 15.1%，家政业的数字化率仅约为 3.5%，养老服务业的数字化率低于 1%。

数字生活服务业发展空间巨大。一是用户数量和质量稳步提高，随着收入水平的提高，一、二线城市服务消费更加成熟，用户稳步升高，服务消费进一步升级。根据阿里健康的数据，线上体检项目市场稳步增长，其消费者近 80% 集中于一、二线城市。三、四线城市的用户绝对数量不如一、二线城市，但是增速明显高于一、二线城市。二是文化和科技双赋能生活服务业。我国疫情防控形势向好，外资品牌加速布局中国市场，北京环球影城 9 月开园，地中海俱乐部未来 18 项投资计划中的一半将落地中国，默林集团近期在中国布局 3 家乐高乐园，希尔顿酒店集团计划到 2025 年将在中国管理 1000 家酒店。文化、娱乐、体育业与数字经济深度融合，观演＋旅游、博物馆＋旅游、美食＋旅游、研学＋旅游等都受到市场青睐，线上演播、沉浸式体验等新文娱业态和在线健身等新业态加速崛起。交通运输行业方面，快递公司加快生鲜产品冷库与网销产品仓储网点建设，大力发展农产品"生鲜电商＋冷链宅配""中央厨房＋食材冷链配送"等新模式。

五 政策建议

(一)采取多种措施化解政策转向的负向冲击

一是加强对美国金融市场和国际金融市场、跨境资金流动的跟踪监测,提高对跨境资金流出风险的预警能力。二是适度扩大人民币双向波动幅度,有序推进人民币自由兑换。加强人民币在国际贸易结算、投资、外汇市场及国际储备中的交易和运用,同时加强人民币汇率的预期管理,防止出现美元加息周期人民币单边大幅贬值现象。三是加强货币政策的国际协调,联合新兴市场国家敦促发达国家提高货币政策退出决策信息的透明度,降低政策外溢效应对其他国家的冲击。四是维持适度合理的流动性环境,保持市场利率平稳波动,加强与市场的沟通,引导和管理好预期。五是适度渐进压降美债投入,短期可以降低外汇储备美元集中度,降低投资风险;长期则有助于重置国际储备货币角色,逐步削弱美元霸权。

(二)切实有效促进"两业"融合发展

一是营造"两业"深度融合的产业生态。消除服务业和制造业在税收、金融、科技、要素价格方面的政策差异。享受高新技术企业待遇的制造业企业在剥离成为生产性服务企业后,仍可享受高新技术企业待遇。二是补齐生产性服务业发展短板。着力发展工业软件、工业互联网、供应链管理等新兴服务业,以及数字经济等"跨界"融合的新业态、新模式,引领制造业向数据驱动型创新体系和发展模式转变。立足于满足制造业多样化、个性化的市场需求,支持有优势的服务业企业实施跨地区、跨行业、跨所有制兼并重组,打造跨界融合产业集团和产业联盟。三是发展面向制造业服务化的新兴服务。实施"两业"融合众创金融试点工作,开展债券发行、信用贷款等金融产品和服务创新。依托中国自由贸易试验区、国家级自主创新示范区等创新开放载体,整合优势科研和教育资源等,建立一体化的制造业服务化公共创新平台和动态创新链。

（三）完善数字化基础设施，促进数字化服务良好发展

一是加强顶层设计的引领，通过明确各层级单位的责任分工、规范建设程序、统一技术标准，实现各部门的协同推进。二是加大新型基础设施建设投入，把握数字化发展的时代机遇，着力打造高速、移动、安全的新型基础设施，推动传统基础设施数字化改造。三是明确数据作为参与分配的生产要素的属性，构建数据确权与利益分配机制。四是以数字化转型推进产业链的现代化，大力推广各类数字化新模式、新业态，促进企业生产方式转变，发展数字化产业集群。五是联合政产学研用等各方的力量，打造对话与合作的平台，加强数字化转型供给侧和需求侧对接，强化跨行业的联动。

（四）进一步推动服务贸易高质量发展

一是完善体制机制。在服务贸易管理体制、开放路径、促进机制、政策体系、监管制度、发展模式等方面加强探索，加快体制机制和政策创新，推进新时代服务贸易高质量发展。二是扩大对外开放，逐步放宽教育、医疗、文化等生活性服务部门的外资准入限制，对于这些风险系数低的部门在加大开放力度的同时可以保留必要的限制性措施；而对于风险系数高的金融业，在深化金融科技战略、加速推进数字化经营的同时，积极稳步提升其对外开放水平。三是深化服务贸易创新发展试点，着力打造服务贸易创新高地，建设服务外包示范城市，推动服务外包产业转型升级，推动建设13个国家文化出口基地，积极拓展文化贸易。四是加强"一试点、一示范、多基地"建设。抓好加快数字化转型、推动重点领域发展、构建全球服务网络体系等工作。积极拓展特色服务出口基地，推动服务外包数字化、智能化、高端化转型，发展服务贸易新业态新模式，打造服务出口新增长极。

（五）完善国内消费环境

一是完善国内消费环境，放开跨境零售线下自提业务，优化退货通路，允许跨境零售实行"门店展示、线上交易、门店自提"，扩大免税店试点范

围，对免税商品推行负面清单管理。延长曾有出境记录的消费者在免税店"补购"期限，提高进境免税店购物限额。二是进一步挖掘乡村消费的潜力，强化物流配送体系建设，合理增加农村公共消费，提高教育、医疗、养老、育幼等公共服务支出效率。三是采取多种方式积极促进就业，明确灵活用工政策，鼓励服务业企业开展共享员工、兼职、非全日制就业等灵活就业方式探索。创新保障模式，支持企业实施综合工时制和适当放宽非全日制员工每天工作时间限制。全面落实失业保险技能提升补贴政策，补助在岗转岗培训，推进灵活就业社保补贴。四是促进居民收入增长。稳定居民收入预期，研究制定城乡居民收入合理增长的实施意见。落实各项增收政策，健全全社会各类从业人员工资正常调整机制，加大工资清欠力度，完善保障工资增长的第三方机制。

参考文献

中华人民共和国统计局：《服务业持续稳定恢复 新动能彰显发展活力》，http://www.stats.gov.cn/tjsj/sjjd/202110/t20211019_1823068.html，2021年11月19日。

《人民币汇率将在合理均衡水平上保持基本稳定》，https://finance.sina.com.cn/roll/2021-10-21/doc-iktzqtyu2657832.shtml，2021年10月21日。

《知识密集型服务贸易占比不断提升 进出口结构趋均衡》，http://www.xy178.com/news/107855.html，2021。

《大力推动数字经济高质量发展》，http://www.china.com.cn/opinion/theory/2021-07/16/content_77631895.htm，2021年7月16日。

《迈向新服务时代——生活服务业数字化发展报告（2021）》，https://www.sohu.com/a/497657294_120359514，2021年3月5日。

B.17 当前中国服务业的发展特征及高质量发展的政策建议

于 颖[*]

摘 要： 服务业是国民经济的重要组成部分，我国服务业增加值占GDP比重正逼近临界值。制造业前30年的发展经验同样适用服务业，从学习发达国家经验、自身形成产品服务，到产品服务输出全球，再到未来中国"服务链"无可替代。疫情冲击了服务业发展，也倒逼服务业加快数字化、智能化进程，展现了服务业发展的科技路径。目前服务业发展中短板多，需要抓住主要矛盾，建议产业政策基于"龙头、人才、多元、强化"四种策略，针对不同发展阶段的服务业分策施行：以龙头化为方向提高行业集中度，大力引进海外人才带动专业和商务服务业发展，着力增加文化相关服务出口，都是避免"鲍莫尔"病、实现高质量发展的重要抓手。2022年，全球经济周期回落叠加国际生产恢复，我国制造业出口增量渐渐回落，但出口份额保持稳定，投资呈现渐行渐下的长期趋势。非制造业内部大类分化，建筑业增速前高后低，生产性服务业增速前低后高，生活性服务业大概率将恢复至正常增长，但疫情是重要影响因素。

关键词： 服务链 生产性服务业 PMI 知识型服务业 "鲍莫尔"病

---

[*] 于颖，中采咨询首席经济学家。

服务业是国民经济的重要组成部分，近年来我国服务业增加值占GDP比重在50%以上，第三产业的GDP贡献度曾高达75%。服务业增加值占GDP比重正逼近临界值：消费贡献率在70%之前是正面因素，但在达到80%以后则会变成负面因素。发达国家在服务业占比提升过程中，出现了"鲍莫尔"病。这一观点自从刘鹤副总理于9月26日在2021年世界互联网大会乌镇峰会上提出后引发关注。如何平衡第二、第三产业的发展，正成为各界研究的重要问题。

本报告分析了2021年服务业发展特点，探讨了服务业发展中的主要短板，研究了服务业与制造业平衡发展的策略，提出了相应政策建议。

一 2021年服务业发展特征

2021年，服务业发展主要受疫情影响，疫情加剧，则服务业受创；疫情趋弱，则服务业恢复增长；生活性服务业波动尤其剧烈。2021年服务业PMI[①]分行业的经营状况指标如表1所示。

2021年服务业整体发展状态强于2020年，但除了批发业外，其他行业都弱于疫情之前的均值。信息服务业仍是增长最快的，但不是同比增幅最大的行业。批发业受大宗商品市场带动，景气度超过往年。生态保护环境治理及公共设施管理业虽然仍受疫情影响较大，但表现出比2020年更好的状态。租赁与商务服务业[②]虽然发展状态好于2020年，但相比疫情前表现最差。占比较大的房地产业增速先高后低，回落到低于疫情前水平，其他生活性服务业景气度弱于疫情之前。

---

① 本报告数据，除特别说明外，PMI有关资料来源于中国物流与采购联合会和国家统计局，EPMI资料来源于中采咨询。为简单起见，文中PMI数据均未用"%"标示。
② 《国民经济行业分类》（GB/T 4754-2017）中，"租赁与商务服务业（L）"包含租赁服务业（71）和商务服务业（72），非制造业PMI调查与此一致。下文美国的"专业和商务服务业"包含商务服务业（L）以及科学研究和技术服务业（M）。新兴产业EPMI中的"科技和商务服务业"包含商务服务业以及科学研究和技术服务业。

当前中国服务业的发展特征及高质量发展的政策建议

表1 2021年服务业PMI分行业的经营活动状况指标表现

分类	行业	2021年均值	与2020年差值	与疫情前3年均值差
生产性服务业	交通运输仓储和邮政业	51.8	-3.2	-0.1
	信息服务业	60.0	1.8	-1.8
	批发业	53.5	2.9	0.8
	租赁与商务服务业	47.8	3.0	-5.9
	生态保护环境治理及公共设施管理业	49.7	3.3	-2.2
生活性服务业	房地产业	46.7	1.2	-0.2
	零售业	51.1	-1.8	-2.8
	居民及其他服务业	47.9	2.3	-3.7
	住宿及餐饮业	48.5	-4.1	-2.7

从PMI数据看，2021年服务业发展呈现了如下特征。

（一）生产性服务业景气度更高

2021年1~10月，我国生产性服务业[①]PMI经营活动状况指标的均值为54.6，高于生活性服务业的51.7，两者差值2.9，高于近三年来的均值，也高于2020年的差值。一是说明生产性服务业受疫情影响更小，二是生产性服务业的经营效率比生活性服务业高得多。但生产性服务业相比制造业PMI的差值与其往年均值持平，2021年并未呈现加速增长态势。行业表现方面，景气度更高的是信息服务业、交通运输仓储和邮政业、批发业，其排名与往年相差不大。

2021年生产性服务业发展状况较好，有助于其在服务业中占比的提升。生产性服务业是制造业产业链的组成部分，也是制造业升级的关键一环。从发达国家的经验看，制造业发展离不开高质量的生产性服务业，我国服务业也并不独立于制造业之外存在。制造业PMI数据变化与生产性服务业、生活

---

① 国家统计局《生产性服务业统计分类（2019）》：生产性服务业分类的范围包括为生产活动提供的支持服务，以《国民经济行业分类》（GB/T 4754-2017）为基础，是对国民经济行业分类中符合生产性服务业特征有关活动的再分类。非制造业PMI调查开展较早，生产性服务业没有涵盖科学研究和技术服务业（M）。

性服务业的经营活动变化趋势一致，生活性服务业的发展拐点出现时间滞后半年左右。我国生产性服务业的 PMI 长期以来显示了高于制造业 PMI 的特征（见表 2），正是制造业需求不断升级的体现。

生产性服务业与高端制造业相同的特点是增加值包含的知识和技术含量高，是较晚转向发展中国家的产业。发达国家的生产性服务业占比往往高于生活性服务业，很多国家制定过扶持生产性服务业发展的产业政策，尤其是研究开发服务业，通常由社会投资、政府扶持。从可得数据看，发达国家服务业增加值在 GDP 中占比大约为 70%，而生产性服务业增加值在服务业中约占 70%，如美国生产性服务业增加值占 GDP 比重为 48%，即约占服务业的 70%[1]；依据 PMI 调研数据估算，中国生产性服务业约占服务业的 50%[2]，低于发达国家占比（这一测算，从后文中美服务业就业人数占比和薪酬数据也可得到相似结论）。

鉴于我国城镇化基础设施建设已经完成过半，目前各产业占比符合国情，未来大致是第二产业占比不低于 35%，第三产业占比在 55% 以上，其中生产性服务业占 60% 以上、生活性服务业占比不到 40%，即目前生产性服务业占比还有提升空间。

表 2　PMI 生产性服务业与制造业差值

项目	生产性服务业经营状况与制造业生产量差值的四年均值	生产性服务业经营状况与制造业 PMI 差值的四年均值
均值	2.9	4.8

（二）新兴服务业扩张需求更强

表 3 列出了新兴产业 EPMI 体系中健康医疗养老服务，文化、体育和娱

---

[1] 美国经济分析局网站资料。
[2] 依据 PMI 非制造业分行业数据回归测算，并非按照国家统计局行业划分计算其增加值占比。

乐业，科技和商务服务业三个新兴行业与其他服务业新订单的对比情况。

近5年，健康医疗养老服务业长期保持较快增长，稳居同期各行业需求强度的第一位，扩张速度最快；但2021年以来受疫情影响较为严重，增量动力略显不足。科技和商务服务业在一年多的数据方面，显示出强劲的需求，尤其是2021年，需求超过其他行业，排名第二，疫情月份表现更强劲。文化、体育和娱乐业时间序列较短（2021年开始发布），受疫情影响较大，但2021年非疫情月份的需求强，在22个可比行业中排名第四，已赶超其他传统服务业。

表3 新兴服务业需求好于传统服务业

项目		文化、体育和娱乐业	健康医疗养老服务业	科技和商务服务业
2021年对比往年均值	数值		-2.3	5.8
	排名		14	2
2021年非疫情月份对比往年均值	数值	6.4	-6.1	12.8
	排名	4	21	2
2016年至今长期均值	数值	46.4	60.2	52.9
	排名	20	1	9

（三）科技赋能，提高服务业抗疫能力

以非制造业PMI两年来的行业数据为基础，可计算出各个行业对疫情的承受能力提升，这种提升是减少人人接触的结果，也是利用科技、智能等手段带来的生产率提升。

首先，以2015~2019年为正常年度区间，以2020年2月为受疫情冲击的代表月份（简记为"202002"，其余类推），计算202002各行业相对于正常年度的偏离程度。因为住宿业等行业只有通过人人接触才能实现服务，其偏离程度数据是疫情冲击程度的标准值，而其他行业与之相对的偏离程度，就是本行业受疫情冲击的标准值。本行业不同时期与202002对比其受抑程度，

即可看出在科技推动下"抗疫能力"提升程度（其中，文化、体育和娱乐业数据时间较短，采用2020年8月为疫情最重月份。）

其中，偏离程度的计算公式为（当月值－均值）/标准差。

借助科技手段，可以既减少人人接触，又提升劳动生产率和营业收入，这在有些行业表现得尤其明显。我们仅仅分析这些人人接触非常必要的行业，观察其受益于智能、科技等手段使用的程度（见表4）。

表4　以住宿业2020年2月为基准，部分服务业2021年8月相对偏离程度的变化

行业	202002与住宿业比较	202108抗疫能力增强程度
邮政业	3.33	3.29
装卸搬运及仓储业	2.16	2.94
电信广播电视和卫星传输服务业	-1.09	2.38
文化、体育和娱乐业	-0.1	1.8
居民服务及修理业	1.1	1.77
零售业	4.07	0.93
租赁及商务服务业	-3.37	0.82
餐饮业	1.62	0.7
互联网及软件信息技术服务业	1.22	0.7
住宿业	0	0

综合分析看，各行业受益于智能、科技等手段使用带来的生产率提升程度不同。

邮政业和装卸搬运及仓储业受益于物联网技术的快速应用，抗疫能力边际提升幅度最大。互联网及软件信息技术服务业的劳动生产率一向较高，相对受益程度居中。密接性强的餐饮、旅游、文化等传统线下服务业抗疫能力因科技赋能而改善明显。零售业抗疫能力相对稍弱，但也有所提升。

邮政业、装卸搬运及仓储业发展的关键是物联网等技术的加速应用，疫后物流业科技含量、生产效率大幅提升，智慧物流提高了行业抗疫能力。电信广播、互联网信息技术等服务业数字化进程加快。科技手段实现了在物理隔离状态下的分布式工作、学习和生活，围绕网络服务出现了一些新业态，

网络营销、咨询等也大行其道。

餐饮、旅游、零售等传统销售企业受影响较严重，但企业自我革新也有所推进。比如，餐饮外卖平台和餐饮企业及时推出"无接触配送"服务，文旅企业通过跨界合作，提供增值服务、文旅+线上新业务等。

（四）价格突破前高，抑制需求

服务业 PMI 分项指标中最值得注意的是价格指标（见表5）。

2021年，收费价格和中间投入价格都创新高。中间投入价格最高时为54.9，是七年以来的高阈值，收费价格最高时为52，是四年以来新高，也接近2017年的高阈值。但进一步拆解后可以看出，价格向上的主要动力来自生产性服务业的发展，生活性服务业的价格走势较平。从历史经验推导，生活性服务的价格最终将受到传导，进而走向高位。

同时，从均值看，价格高企影响了企业营收和利润，并且这种状况仍将持续一段时间。两种价格的均值表现说明收入增速慢于成本增速，中间投入价格2021年持续高位，高于疫情前四年均值1.3个点，而收费价格该差值仅为0.7个点；从偏离程度测算，中间投入价格也高于收费价格。再结合新订单观察拟合指标利润，也是低于疫情前水平。这说明服务业已经承受了较大营收压力，未来一段时间内价格高位传导仍将抑制需求。

表5 PMI 服务业两种价格和利润指标

指标	利润	收费价格	中间投入价格
2021年1~10月均值	-4.2	50.7	53.4
疫情前四年均值	-2.0	50.0	52.1

二 服务业发展中相对突出的短板

服务业在经济增长中扮演着越来越重要的角色，但因为服务业相对于制造业生产率较低且难以提高，"鲍莫尔"病的研究使学界对于如何发展服务

业以及如何实现第二、第三产业均衡发展提出了众多看法。为避免"鲍莫尔"病，压缩工业部门占比并非良策，提高服务业劳动生产率、扩大服务业就业才能保证第二、第三产业均衡发展，既要提高生产率又要扩大就业，就需要推动服务业补短板、上水平，打造类似于中国制造产业链的中国"服务链"。

服务业高质量发展面临的问题多，应抓住我国服务业与发达国家落差较大的、与国内可比项反差最大的点，以便快速取得成效。分析数据可见，行业集中度不高、部分行业知识化不足、文化出口贸易较弱等是相对突出的短板。

（一）行业集中度不高

现代化供应链是降低成本、增加利润的重要路径，但是传统业态中多点式、分散式的经营模式会妨碍供应链的形成，而供应链现代化必须控制节点。大型企业拥有充足的资金和实力进行科研投入、设备和管理技术升级，行业集中度提升有利于提质增效，体现就是行业产能将持续向头部企业集中，在龙头化形成之前，每个行业都会一再重组出清，最终实现"细分垄断"[①]。

服务业龙头化与制造业龙头化的市场原理一致。除了供应链的要求，面对强大的跨国集团，我国企业要增强国际竞争力，必然要进一步兼并重组，扩大单个企业规模。

从美国不同规模的服务业企业就业情况可以发现，美国服务业市场已经走向龙头化。中小型企业的就业规模，2015年达到最高峰，近五年来数据腰斩。大型企业中，500~999人的企业就业基本维持小幅增长，而超过1000人的企业就业2005~2015年规模持平，近5年间增长了300%。互联网数字技术加快了就业向大企业集中的进程。

从中国非制造业PMI看，就业指标多年来处于50以下，单个企业的用工人数不断减少，但新订单指标常年高于50，两者反向，表示企业劳动生产率不断提高。

[①] 《周期性行业的出清》，《中国证券报》2017年6月；于颖：《2021年风险管理：博弈出清重组与中美背离期》，中采咨询网站，2021年1月。

从企业规模历史数据看（见表6），服务业大型企业的就业指标多年来高于中小型企业，说明大型企业吸纳了更多的就业。同时，从人员效率[①]指标看，小型企业的效率最高，大型企业紧随其后，中型企业的效率多年来为负值。两方面结合分析，大型企业和小型企业的人员管理成本都可能更低，大型企业效率高的源头是管理技术应用多、服务标准化程度高，小型企业效率高的源头是人员少，而中型企业两方面优势都没有，反而效率较低。长此以往，中型企业被兼并的概率较大，而小型企业的生存更多的是依赖创新，这与制造业的转型、出清、升级的历程是一致的，直到大型企业就业指标长期均值高于50，才表示龙头化进程接近结束。

从2021年1~10月数据看，我国服务业龙头化趋势进一步加强，疫情加剧了就业向大型企业集中，并且大型企业、小型企业的人员效率稳定，而中型企业两个数据表现仍然最弱。

从其他数据看，我国行业龙头化程度仍然不足，尤其是生活性服务行业的供应链整合较弱，企业竞争力不强。例如，据中国连锁经营协会数据，2020年，我国连锁百强销售规模占社会消费品零售总额的6.1%，而美国前十家龙头企业就占美国零售总额的近30%，这两个占比数据近五年来基本稳定。再如，根据2019年欧美和中国的消费行业上市公司财务数据，从前五位和前十位公司的市值和营业收入两个角度看，欧美的行业集中度为70%~90%，中国只有40%~50%。餐饮、养老、健康、旅游、文化等行业都急需加快龙头企业发展，其中地方文旅品牌的"服务链"潜力更值得重视和挖掘。

表6 非制造业PMI中不同规模企业的就业相关指标表现

规模	前五年均值		2021年1~10月均值	
	就业	人员效率	就业	人员效率
大型企业	49.6	3.1	49.5	2.4
中型企业	48.9	-0.4	47.1	0
小型企业	47.9	3.3	47.4	3.3

① PMI拟合指标，人员效率＝新订单－就业，数值越大表明单位雇员完成的订单数量越多，企业人员效率越高。

（二）专业和商务服务业发展相对最慢

从就业占比和薪酬增幅数据可以看到，我国的专业和商务服务业[①]相对于其他知识密集型服务业发展最慢、缺口大、人才缺乏。

我们整理了中美11个可比的分行业就业数据并计算其占比，以便结合中美薪酬数据分析各服务行业发展潜力[②]。我国建筑业、制造业提供了超过30%的就业岗位，而美国只有不到15%。随着工业自动化，加上固定资产投资增速持续低位，未来我国第二产业剩余劳动力持续向缺口较大的服务业转移。而从服务业就业占比和薪酬看，我国部分行业发展相对成熟，部分行业发展潜力较大。

数据可见，专业和商务服务业发展相对最慢，不仅历史水平低，而且发展速度也慢于其他知识密集型服务业。2019年，我国该行业就业占比7%，而美国超过14%，我国占比仅为美国的一半；从薪酬水平看，它是中美两国薪酬比最低的行业，十年来中美薪酬增幅差也排名倒数。从PMI的经营活动数据看，专业和商务服务业疫前的长期均值远低于服务业的平均水平，2021年它还是相比疫情前表现最差的行业。

专业和商务服务业是典型的"知识密集型"服务业，我国相应知识体系仍不完整，许多事关制造业效率的服务体系，都在专业和商务服务业范围内，如供应链服务、数据整合分析、人力资源管理、科研服务等，我国相关知识储备不足，关键是人才缺口大，也没有相应开展职业培训。在这种人力资本非常重要而我国基础薄弱的行业，产业政策的边际效应更大，必须从构造基础体系做起，而引进海外领军人才对行业发展的带动作用更大。

其他知识型服务业发展较快，就业潜力不大，如公共事业、信息服务、金融业等。在这几个行业，中美就业占比基本持平，中美薪酬比也小于制造

[①] 行业名称含义见第289页页下注①。后文为方便比较研究，涉及三个行业名称时，均使用"专业和商务服务业"。

[②] 美国就业和薪酬分行业数据涉及13个大类，贸易运输合并到交通运输仓储，其他服务未对比。中国就业和薪酬分行业数据由两部分合成，一是国家统计局按行业分城镇单位（非私营企业）就业人员数据，二是私营企业和个体就业人员数据。

业，一方面说明高薪酬促进了人才流动，中国和发达国家之间的这两类人才基本互通；另一方面，增加值占比扩张的空间也相对较小。占比持平、薪酬比水平居中的有教育医疗与交通运输、仓储和邮政业，这是近年来我国基建和民生快速发展的结果。

批发和零售业方面，中国就业占比较美国高1倍。批发和零售业中超过一半的营收来自批发业，这是制造业的关联行业，因此形成就业高占比。由于网络技术的带动，预计批发和零售业还会迎来阶段性市场出清，就业占比降低，产生冗余劳动力。

但同样是劳动密集型的住宿和餐饮业，中国就业占比反而远低于美国。这是因为外出的消费层级高于零售，受限于中国人均收入低，非必须消费占比也低。这一行业未来容纳的多为专业程度较低的人员。

图1 2019年中美服务业就业占比

注：①因教育医疗、金融业、软件和信息技术服务业缺少私营企业就业数据，这三个行业为城镇非私营企业就业占比。② 2020年中国部分行业数据缺失，2021年数据未出，使用2019年数据。

资料来源：国家统计局、美国劳工部。

工业发展，科技进步，就业人员流向服务业，这是后工业化时期正常的发展过程，但在这个过程中，如果以服务业为代表的"停滞部门"占比增加，而总效率未提高，则会出现"鲍莫尔"病。知识型服务不仅是服务业自

身的高质量增量，反过来也能形成工业制造更多的附加值，提升全社会经济效率。这种良性循环的关键在于制造业流出的人员能够提供工业所需要的知识服务，但目前我国第二产业流出的劳动力，并不具备知识储备，只能流向低知识型服务业，如果流向专业的商务服务业就面临无法胜任岗位要求的问题。因此，劳动力充分就业与服务业发展质量两个问题殊途同归，建议政府加大人力资本投入，一方面替代基建投资，另一方面提升居民收入，除引进人才、扩大高校和高职招生规模外，可以根据企业需求组织地方性职业技能培训。

（三）文化相关服务输出很弱

服务贸易是国内经济增长的重要组成部分，也是服务业发展水平的重要标志。

2019年后受贸易摩擦和疫情的影响，我国服务贸易逆差有所减少，但主要原因是进口减少而不是出口增加，我国服务贸易的竞争力仍然偏弱。在内外双循环的科学框架下，经济存在内生动力与外部资源驱动，如果说内部的驱动力是以科技提高生产率，那么外部增量的驱动力就是以产业链优势扩大净出口。内部结构相对固化，对于经济增长的贡献提升偏慢，而来自国外的投资和消费更容易形成短期内的经济增量和居民收入增量。

1. 我国对外服务贸易总量小、分化大

美国服务出口额居全球首位，2020年，美国出口总额为2.1万亿美元，而服务出口为0.46万亿美元，占比高达21.9%。反观我国，2020年出口总额为17.9万亿元[①]，其中服务出口为1.9万亿元，占比仅为10.6%。

我国对外服务贸易分项的分化一向明显。其中，我国优势产业如建筑、加工服务存在贸易顺差，但加工服务因工资大幅上涨而增速呈回落趋势。信息服务业存在贸易顺差，但疫情后出口额和顺差额增速降低。运输服务方面，中国运输设备以及配套的金融服务与国际航运集团差距较大，要实现运输服

---

① 中国货物出口资料来源于海关总署，服务出口资料来源于商务部，本报告出口总额为海关总署发布货物出口数据与商务部发布服务出口数据的合计。

务顺差需要投入大量资本。知识产权使用领域的逆差，与我国商务服务业薄弱现状一致，要转成顺差需要领先的全产业科技水平，需要长期投入。

2. 文化相关服务国际竞争力极弱、潜力也大

我国对外服务贸易相对最薄弱的是文化和旅游分项，增加相关服务出口对经济稳定增长非常必要，而且由于基数较低，空间大、拉动快。

旅游是我国服务逆差占比最高的大类，2019年以前旅游占逆差行业总额的69%，近两年因进口减少而回落至61%；旅游服务出口总额自2017年以来已经连续五年呈负增长，是对外服务贸易中增速最低的分项，中美贸易摩擦、疫情都不是其负增长的最主要原因。对外文化和娱乐服务也是弱项，五年来逆差增加了6倍，其出口额虽然呈正增长，但占比一直仅为0.5%。

作为有5000多年文化历史的传统东方大国，文旅产业原本具有出口优势，却存在巨大的服务逆差，主要原因有：一是由于经济积弱，中国文化近百年来难以通过资本扶持而实现规模输出；二是由于文化折扣的存在，我国文化产品不被海外受众认同或理解而导致其价值降低；三是国内文旅投资较少，不能形成品牌效应，接待能力和设施也有限；四是文化产业政策较为封闭，至今没有在国际上形成商业化氛围，也无法有效带动入境旅游发展；五是由于意识形态的差异，中国文化的海外传播渠道受限。

3. 文化"服务链"可期，国际经验可借鉴

日韩经验方面，20世纪经济快速发展以来，日韩通过文化投资和输出，形成了强有力的文化产业壁垒，不仅获得了相当可观的服务收入，也提升了民族文化和其他产业品牌的影响力。

印度的服务顺差形成过程也可资借鉴。中美贸易摩擦加剧，印度成为对美国服务贸易顺差最大的国家。顺差的形成来自某种产业优势的存在，印度对美国服务顺差的主要来源是软件服务业。计算机和信息服务一直是支撑印度服务出口的主要分项，其占比基本保持在30%以上，尤其是2012年以来，其占比持续增加，2015年达到峰值，为37.1%。从印度的发展轨迹可以看出，商业优势形成后短期将很难被超越，正如中国制造业的全产业链优势很难被削弱。

由此可见，打造"服务链"相当重要。我国非制造业PMI中出口订单长期均值仅为49.4，其中建筑业为51.1，服务业为49，生产性服务业为48.5，低于其新订单指标2~4个点。除了服务业主要面向本土的约束外，其知识不够密集、品牌不够有影响力，无法对外服务也是重要的原因。例如建筑业方面，我国形成了技术优势和产业链优势，出口能力相对较强，出口订单相对新订单的长期偏离程度为-1.7，高于服务业的-2.9。

分析各国服务贸易数据并结合我国国情可见，文旅产业出口贸易牵一发而动全身。从微观上看，文旅贸易是产业问题，提升的是出口；从宏观大局上看，文旅贸易是输出问题，提升的是国力。

综上所述，我国服务业发展中比较突出的短板有：一是服务业的行业集中度低，难以形成集群和品牌效应，二是知识型从业人员缺乏，三是文化领域不论是市场机制还是覆盖面都显不足。这些短板不仅从前文数据可以看出，在我国众多的十年数据序列里也体现出一些特殊、剧烈的反差。

例如，在专利的发明、实用新型、外观设计三大类型中，外观设计十年来的申请受理量仅增长了10.7%，远低于同期实用新型的27.5%和发明的21.2%。法律服务方面，十年来，公证员人数增长了10%，而公证文书数量增长了27%；民事诉讼增长了182%，律师总人数仅增长了120%。此外，文化市场经营从业人数十年来居然减少了16.6%，同时艺术教育业从业人数减少了0.6%。

三 2022年服务业形势展望

2022年，经济大概率除去疫情因素后进入常规发展模式。疫情防控常态化下生活方式发生转变，全球服务贸易结构或将调整，随着一系列"十四五"规划落地，《关于推进贸易高质量发展的指导意见》《关于推动生活性服务业补短板上水平提高人民生活品质的若干意见》等的实施，适当的政策调整将助力服务业发展，增加"知识服务业"的比重，形成服务业出口贸易的产业链优势，促进第二、第三产业均衡发展。

（一）宏观环境对服务业形成制约

2021年下半年全球PMI数据高位回落,2022年处于全球经济周期回落期,预计中国经济环比增速稳中有落,全年同比增速中枢继续下行。由于美元国际货币的地位将无法从根本上提升其制造业竞争力,我国制造业出口份额不会急剧下降,但制造业PMI中枢低于2021年。建筑业PMI前高后低,在部分月份高位运行。

（二）服务业各大类的发展出现分化

服务业2022年发展趋势将与疫情发展形势明显相关。若疫情可控,则最终消费支出的GDP贡献率将重新回到60%以上,若疫情不可控,则生活性服务发展受限。在疫情可控情形下,我国生产性服务业增速跟随制造业出现一定程度的回落,年内呈现前低后高,年底可见转机。生活性服务业大概率以收费价格高、经营活动弱为特征,但利润上升可使企业生存环境好于2021年。其中房地产业目前已经接近4年低位阈值,但仍需低位运行一年时间才能量价向上,预计2022年稳态低位。

（三）服务业发展的其他特点

第一,利用科技稳定抗疫成为常态。从前述分析可见,市场自发的科技助力已经在2021年并将继续在2022年展现对服务业的促进作用,专业和商务服务等业态抗疫能力继续增强,餐饮、住宿、旅游等密接行业出现更多技术辅助手段。

第二,新兴服务业、知识型服务业的扩张速度继续快于其他传统服务行业,文化娱乐、健康医疗、科技和商务服务、信息服务等服务业将得到更多产业政策的支持。

第三,服务业总体价格将一路走高,是2020年原材料成本上涨传导的后果。价格回升一方面促进服务业企业的利润增加,另一方面成本压力上升,抑制企业扩大规模。

第四，服务贸易出口继续保持逆差，大类格局可能好转但不会有根本性改变。

四 政策建议

制造业前30年的发展经验同样适用服务业，从学习发达国家、自身形成产品服务，到未来产品服务输出全球，再到服务链无可替代。五年前我们倡议的加大创新供给，以新业态、新模式、新技术启动新消费时代，未来应继续加力。从实用主义出发，本报告在政策方面仅关切前述较突出的短板，提出见效更快的建议，不求面面俱到，而求切中肯綮。

（一）"龙头、人才、多元、强化"，分策打造"服务链"

增长动力来自价值缺口，凡是存在价值缺口的领域，就存在发展潜力。产业政策的目标就是促使潜力更快成为现实，建议区分为"龙头、人才、多元、强化"四种策略，针对不同发展阶段的服务行业分策施行，以期未来打造完整的"服务链"。

推动服务业供给侧改革，加快服务业龙头化。对服务业中不涉嫌垄断的领域鼓励兼并重组，比照2015年以来的制造业供给侧改革，实行服务业领域的供给侧改革，基于制造业供应链优势，打造完整的服务链。可借助行业协会加快推进流程标准化、智能化、连锁化、品牌化，为提高行业集中度做好制度建设工作，也为进入国际市场打好基础。龙头化策略更适用于传统服务业，如运输、仓储、零售、住宿、餐饮等。

强化海外人才引进和创业激励。领军人才策略适用于基础薄弱的知识型服务业，如专业和商务服务业。对于急需的领军人才，应加大海外引进力度；对创办知识型服务业企业的高学历人员，比照工业战略性新兴产业政策给予相应激励。其他如社会培训、服务业研发投入加计所得税税前扣除等，也是辅助策略。

鼓励多元化资本参与，对外打造中国文化品牌，增强文化输出服务能力。

多元资本策略主要适用于文化、体育、娱乐、旅游等行业。针对前文提出的制约因素，应鼓励海外和民营资本参与文化贸易，提升我国文化产品和服务的海外认同度，做好国际传播，推动相关基础设施建设，完善相关产业环境，放宽行业准入条件。加强文旅业对外服务贸易，带动餐饮、零售、中医药等行业发展，促进我国其他产业品牌形象提升。

进一步实行强化策略。强化策略适用于进展可观、规模与质量相对领先的信息服务业、金融服务业。积极应用数字技术、智能技术，推动科技进步；推动资本市场发展，发挥其居民财富效应。

防止运动式减碳加大经济波动幅度。运动式减碳加大价格波动幅度，虽然服务业能耗较低，但受制造业传导，服务业初现价格回升苗头。尽管价格上升初期抑制服务业需求，但经济周期后半程，服务业收费价格缓慢上升往往是服务营收的增项，若价格波动过于剧烈，企业未来预期紊乱，容易增加调控困难。

（二）多措并举，增加居民财产性收入

财税、货币政策方面，主要聚焦居民财产保障和合理的收入分配，对于消费券可继续因城施策。

住房、金融资产等财产有保障，居民才能有消费意愿。房地产业、金融业都属于服务业中占比较大的行业，我国居民财富在房产价值上有集中体现，近年来流向股票市场。10月习近平总书记发表在《求是》杂志上的《扎实推动共同富裕》指出，着力扩大中等收入群体规模。"要增加城乡居民住房、农村土地、金融资产等各类财产性收入"。股票市场繁荣，既有利于增加直接融资比重，减轻债务压力，也有利于全民分享经济发展成果。对于房地产业要抑制其泡沫化，2022年经济下行期更需要谨防房产价值下跌，稳定居民消费信心。

消费券用于救济救急，并非稳定时期的最佳选项，有数据估算，2020年打折消费券政策实施后，拉动消费增长3~5倍，其区分人群的效果好于发放现金。2022年中若经济急速下行，可由地方政府决定择机推出，并鼓励向增

收地方财政的领域发放。

分级税收保障共同富裕，主要在于消费税、财产税方面取其最高层级加税、最低层级减税，出台遗产税、赠与税政策，以增强政府转移支付能力，保障新兴服务业发展。

在经济下行期间，货币政策宜松不宜紧，保障债务安全存续，利率政策应跟随美元政策相机而动。

参考文献

国家发展改革委员会:《关于推动生活性服务业补短板上水平提高人民生活品质的若干意见》，2021。

《商务部 中央宣传部等17部门关于支持国家文化出口基地高质量发展若干措施的通知》（商服贸函〔2021〕519号），2021。

国家统计局:《中华人民共和国2020年国民经济和社会发展统计公报》，2020年2月28日。

国家统计局:《文化产业继续保持良好发展态势》，2021年10月31日。

B.18 中国碳中和的战略与实现路径[*]

张永生 禹湘[**]

摘　要： 中国提出碳中和目标，是进入新发展阶段的战略选择。碳中和固然是一个巨大挑战，但也是中国开启全面建设社会主义现代化国家新征程的重大战略机遇。全球碳中和共识与行动，标志着传统工业时代的落幕，一个新绿色发展时代的开启。碳中和将给中国经济带来脱胎换骨的变化，有望开启新的高质量发展奇迹。但是，这个奇迹能否实现，取决于中国能否实现发展范式的根本转变。

关键词： 碳中和　碳达峰　发展范式转变

2020年9月22日，习近平主席在第75届联合国大会上承诺，中国二氧化碳力争2030年前达峰，努力争取2060年前实现碳中和。这一承诺体现了中国的大国担当，也是中国开启全面建设社会主义现代化国家新征程的重大战略机遇。当然，正如习近平主席在联合国大会发言中指出，绿色转型是一场生产生活方式的自我革命，挑战也非常巨大。

---

[*] 本报告是在笔者相关演讲的基础上形成的。
[**] 张永生，中国社会科学院生态文明研究所所长、研究员；禹湘，中国社会科学院生态文明研究所。

一 中国为什么提出"双碳"目标

中国提出碳中和目标,不是为了应对气候变化谈判战术层面的考量,而是体现中国的大国担当,是中国进入新发展阶段的战略选择,是党的十八大后中国发展理念深刻变化的结果。

(一)从"要我减"到"我要减"

在应对气候变化上,中国从早期的"要我减"变成"我要减",经历了一个转变过程。在应对全球气候变化的早期,中国关注的重点主要是国内环境问题,对全球气候变化问题并没有太充分的认识。当时比较普遍的发展观念认为,减排会影响经济发展,而发展是第一要务。虽然自1983年起环境保护就是中国的基本国策,但由于在传统工业化模式下环境保护和经济发展相互冲突,经济高速发展带来了环境的恶化。

随着环境问题日益严重,中国意识到传统发展模式不可持续,减排符合自己的内在利益。因此,党的十八大后,发展理念发生重大转变,生态文明建设被提升至前所未有的高度,中国在认识和行动上不断深化,采取了非常严厉的环保政策,主动提出2030年前碳达峰、2060年前碳中和目标。

(二)气候雄心与大国担当

中国提出碳中和目标,展现了中国的气候雄心和大国担当,是中国新发展理念和自信心的体现,说明在发展理念和发展实践上,中国正从西方发达国家的"学习者",日益成为世界"引领者"。

中国的气候雄心是新发展理念的体现。习近平主席在2015年巴黎气候大会重要讲话中提出了两个"共赢"。一是绿色复苏可以实现经济发展与应对气候变化之间的共赢;二是应对气候变化可以实现各国之间的共赢,是各国机遇共享,而不是各国零和博弈。

中国的气候雄心,体现为两个"由内到外"。一是内在发展理念到外在行动的体现。中国雄心勃勃的应对气候变化行动，是基于新发展理念。二是中国在国际上倡议的应对气候变化的立场，是国内行动在国际上的延伸，国内行动和国际行动具有高度一致性。

二 碳中和是发展范式的深刻转变

（一）全球范围的碳中和

迄今为止，有140多个国家以各种形式承诺了碳中和。这意味着发展范式的深刻转变。第一，大多数国家加入了碳中和的行列。这些国家碳排放含量占全球的75%左右，人口占60%左右，经济规模占75%左右。第二，这些国家有七成左右都属于发展中国家。按照过去常规发展模式，碳排放要先到达一个高峰后再下降，整体呈倒"U"形曲线。这么多发展中国家承诺碳中和，通过低碳模式实现经济起飞，是对传统发展模式和发展理论的颠覆性改变，是一个划时代的转变。

这种发展范式的转变，不同于过去讨论的发展方式转变。过去更多的是强调效率提升、产业升级，以及"微笑曲线"。诚然，一个国家可以升级到产业链的顶端，通过将高排放产业转移到其他发展中国家或地区来减少本国生产端的碳排放；但是，其消费端的碳排放，却因进口高碳产品而不会减少。对全球减排和应对气候变化而言，这种产业升级就没有太大的实质意义。生态文明视角下的绿色转型，则是指从发展内容到发展方式的转型。

（二）回到发展的初心

当物质财富增长到一定程度，增长的内容和方式就要发生转变。如果新的增长模式没有出现，此时又要实现经济增长，那增长就必须建立在物质消费主义基础上，靠过度消费来促进增长。因此，相当部分的所谓现代经济活动，本质上都是凯恩斯意义上的"挖沟填沟"，GDP高增长并没有带来与之匹配的福祉提升。发展目的和手段的本末倒置，成为现代经济增长的普遍现象。这就是所谓"高增长、低福祉、高环境代价"的发展模式。因

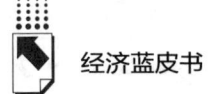

此，如果不彻底改变这种发展模式，单纯靠效率提高，就无法解决不可持续问题。

发展的初心是为了提高人们的福祉，或过上美好生活。什么是美好生活？一个人不仅有物质方面的需求，还有非物质方面的需求。这些不同的需求，需要通过不同的发展内容来满足。不同的内容，则对应着不同的资源概念，包括有形的物质资源，以及无形的知识、生态环境、文化等资源。绿色转型实际上是从发展理念、资源的概念，到生产和消费的内容，以及商业模式、政策等方面系统性的转变。

这些需求，既包括市场化的需求，也包括非市场化的需求，而GDP更多的只是对市场化内容的测度。因此，如果增长过于以GDP为导向，就难免会使经济发展过度物质化，大量非物质化需求得不到满足。这种增长不仅会影响人们的福祉，导致发展的目的和手段本末倒置，也会带来大量生态环境问题。

全球范围的碳中和共识与行动，将彻底重构传统工业时代形成的经济体系和空间格局。现有的经济体系，大都是在传统工业时代形成的。如果发展的内容和方式发生改变，就意味着经济体系的重塑。无论是工业、服务业等行业概念，还是城市和乡村等空间概念，都将发生巨大改变。尤其是，在互联网条件下，这种改变更会加速。在这个过程中，能源、交通、建筑、农业等的内容和方式也将发生很大变化。

三 碳中和目标的实现机制

（一）碳中和驱动经济跃升

中国提出2060年前实现碳中和目标，表明了中国的决心。这就形成了一个强大的市场预期，无论是受碳中和冲击较大的行业还是绿色新兴产业，无论是政府部门还是企业，都形成了碳中和的预期。虽然现在还无法准确预见从现在到2060年的40年时间会出现哪些具体的技术，以及碳中和实现的具体路径会怎样，但市场预期的形成非常重要，因为只要有了稳定的预期，大家就会采取一致行动,很多预期就会自我实现。

绿色转型会驱动经济发展更具竞争力。比如,从传统能源结构到新能源结构,从燃油车到电动车,都会让经济更具竞争力。党的十八大后,中国坚决摒弃了"先污染、后治理"的老路。"十四五"期间,中国经济保持较高增长速度,环境状况也有大幅改善。除了 GDP 增长之外,保护环境还带来很多非市场化的福祉提升。这可能并未在 GDP 中得以反映,但作为无形的福祉提升,却可以被居民切身感受到。

(二)碳中和与开启新征程

全球范围的碳中和共识与行动,标志着传统工业时代的落幕,一个新绿色发展时代的开启。这个重大的历史性转变,与中国开启全面建设社会主义现代化国家新征程的时间节点恰好同步。对中国而言,这是一个重大的历史机遇。过去我国讲实现现代化,更多的是追赶西方国家。但是,按照"人与自然和谐共生的现代化"这个新的标准来看,其实西方国家也未能实现。比如,发达国家的碳排放都很高,可持续发展(SDGs)表现也不如意。这就意味着,中国有可能在绿色转型这个新事物上形成竞争力,缩小同发达国家的差距。

在新绿色发展时代,中国不少产业在全球具有领先优势,包括光伏、风能、电动车、机器人、5G、互联网、高铁、特高压等。中国现有大约 3.72 亿辆汽车,每年销量达约 2500 万辆,如果全部换成电动汽车,将成为巨大的新增长来源。现在更重要的是生活方式的改变。

正如 40 多年前很少有人料到中国改革开放会带来如此翻天覆地的变化一样,从现在到 2060 年前实现碳中和,中国有可能在绿色发展上创造新的奇迹。只不过,前一个 40 年,中国更多的是在学习西方国家经济发展经验,而这种传统工业化模式本质上又难以持续;后一个 40 年,中国则会走上可持续的绿色发展之路。如果说工业革命是西方国家为世界做出的重大贡献,那么现在全球兴起的绿色发展,就可能给中国提供一个为全球做出新的重大贡献的机会。

四 "双碳"目标与中国制造业转型的挑战

由于中国化石能源消费比重高达85%，工业碳排放占70%左右，实现"双碳"目标面临的最直接的挑战，就是能源转型和工业转型。根据2021年9月22日中共中央、国务院发布的《关于完整准确全面贯彻新发展理念做好碳达峰碳中和工作的意见》，到2025年，非化石能源消费比重达到20%左右；到2030年，非化石能源消费比重达到25%左右，风电、太阳能发电总装机容量达到12亿千瓦以上；到2060年，非化石能源消费比重达到80%以上。关于中国能源转型，目前已有大量研究和情景分析。这里着重讨论"双碳"目标与中国制造业的问题。

第一，中国制造业面临的最大挑战包括如何实现"双碳"目标、"制造业占比稳定"，以及GDP增长。2020年，中国制造业增加值占GDP比重约27%，2035年GDP还要倍增，从2020年的100万亿元增加到约200万亿元。如果保持制造业占比基本稳定，同时实现2030年前碳达峰目标（工业达峰会更早），未来新增的27万亿元制造业增加值，在2035年时基本就是零碳排放的。这是一个非常大的挑战。目前，工业碳排放占全社会碳排放的70%，这些碳排放主要集中在六大高耗能行业。如果把直接、间接和过程排放都算进来的话，六大高耗能行业占到工业碳排放的80%左右。如何同时实现这三个目标，从根本上要依靠制造业转型。制造业不能按过去那样的模式来发展，需要大幅提高产品的附加值。

第二，碳中和是否会提高中国制造业成本？如果从总成本计算，绿色转型反而会带来全社会成本的下降，包括外部成本、隐性成本、长期成本、福祉损失和机会成本等，只是这些成本过去没有体现在商品价格中。在传统发展模式下，企业看起来成本低、效率高，但一旦把上述成本考虑在内，传统发展模式将促成高成本经济。绿色转型很大程度上就是将所有的成本都考虑进来"算总账"。这样一来，要重新定义很多概念，政策的含义也会不一样。从2010年起，中国就是全球第一制造业大国。作为世界工厂，中国很大程度上是在为全球生产，但很多生态环境的代价却留给了自己。如果以牺牲环境和福祉为代价维持我国制造业的竞争力，反而会造成成本高昂。

第三，如果将碳排放纳入成本，是否会降低中国制造业在国际上的相对竞争力？总体上不用担心，因为现在不只是中国在为实现碳中和目标而努力，全球都在以此为目标。中国制造业的竞争力总体不会因实现"双碳"目标而下降，但是个别行业和个别产品可能受到一些影响。在一些新兴领域，如太阳能、风能装机设备、智能电动汽车等，全球范围的"双碳"目标实现，反而会大大提升中国制造业的国际竞争力。

第四，"双碳"目标预期会带来相对价格的大幅调整。绿色转型意味着经济结构大幅调整，高碳经济的比重会下降，低碳经济的比重会上升。这种调整，正是通过高碳和低碳产品相对价格的变化来实现的。有的产品价格上涨，有的产品价格则下降。这就是资源在全社会重新优化配置的过程。可以预期，高碳产业的成本会越来越高，产品的相对价格也会越来越高，需求会越来越少。但与此同时，新能源、智能电动车等新兴绿色行业的产品价格大幅下降，今后新能源相关的成本会很低。

五 "双碳"目标纳入生态文明建设整体布局

2021年3月15日，习近平总书记在主持召开中央财经委员会第九次会议时强调要"把碳达峰、碳中和纳入生态文明建设整体布局"。对于碳中和的理解，目前社会上普遍存在简单化倾向，很多人将其简单地视为新能源替代化石能源的问题，没有充分认识到碳中和是生产和生活方式发生全面而深刻的转变。只有"纳入生态文明建设整体布局"，才能真正实现碳中和目标。

（一）为什么要纳入生态文明建设整体布局

首先，如果不将碳中和纳入生态文明的整体布局，碳中和目标就很难实现。实现碳中和，前提条件当然是新能源替代化石能源。但是，实现这个"替代"需要系统性转变，否则，碳中和的目标就不能"自我实现"。比如，就能源体系的转换而言，它涉及政府的环境监管体系、能源价格体制、碳排放交易体系、绿色技术创新体制、商业模式、用能端的电气化、金融体系、财政税收体系、绩效考核体系等，还涉及城市体系、交通体系等。其中任何一个方面缺位，都可能使这个转型无法完成。

其次，如果不将碳中和纳入生态文明的整体布局，推动碳中和的过程可能就会走入误区。我们真正要解决的是传统发展模式不可持续的问题，包括气候变化、高资源消耗、生物多样性丧失、环境污染等。气候变化只是不可持续发展问题的一个维度。解决气候变化问题的同时必须要能够促进其他不可持续问题的解决。如果不将碳中和目标纳入生态文明的整体布局，则碳中和目标的实现，就不一定会促进其他不可持续问题的解决，最坏的结果，甚至可能会加剧不可持续的危机。除了气候体系外，生物多样性、环境、资源等子系统中的任何一个崩溃，都可能导致全球生态环境体系的崩溃。

（二）减污降碳必须相互促进

一是新能源固然会大大降低碳排放，但其生产会带来大量资源消耗、生态环境破坏。目前，人们更多的是关注新能源生产本身的碳排放，相对忽略新能源及其相关产业的快速发展，实际上其会带来所谓关键矿物需求的大幅增加。根据国际能源署的报告，生产同样的电力，光伏发电对金属矿物的需求是燃气发电的5倍左右；一辆电动车对金属矿物的需求是常规汽车的6倍。要实现2050年全球净零碳目标，金属矿物总需求会提高6倍。因此，应对气候变化问题，可以减少一些方面的资源消耗、改善生态环境问题，如减少燃煤有利于改善空气质量，但也会在另一些方面加剧资源消耗、生态环境等问题。

二是即使上述新能源生产过程引发的资源消耗和环境破坏问题都不存在，假定我们有了百分百的可再生能源，并且成本非常低廉，远远低于化石能源成本，这也不意味着不可持续问题就能得到解决，因为新能源的使用同样也带来大量的资源消耗和生态环境破坏。比如，人们会因能源价格低廉而使用更多的电器，而即使电器的生产和消费不产生碳排放，但电器的生产过程也需要消耗资源、对生态环境产生影响。使用的能源越多，带来的资源消耗和污染问题就越多。

六 碳中和的战略与实现机制

为稳步推进"双碳"目标的实现，中国出台了"1+N"的措施，制定了详细的时间表、路线图、施工图。这里重点强调其中的战略和实现机制。

（一）关于碳中和战略

实现碳中和目标，最重要的是解决战略认识问题，总体方向不能走偏。至于其他问题，更多的是技术性问题，相对容易解决。

一是信心问题。由于中国工业化还没有完成，一些人担心实现碳中和目标是否会阻碍中国工业化进程。经济学家通常相信市场的力量，认为如果能源和资源出现枯竭，市场一定会自发地出现新的能源和资源。比如，化石能源枯竭了，新能源和替代能源就会出现。2060年前实现碳中和，实质上相当于假定全球化石能源在2050年或2060年枯竭。这样，我们面临的问题就转变为：如何在这种条件下构建一个繁荣的新世界？况且，目前太阳能、风能的成本几乎已经同燃煤电价成本相当，接下来还会大幅下降。基于电动车、互联网、5G、机器人，探讨假定化石能源枯竭后如何打造一个繁荣的新世界，大家就不会有太大的担心。

二是战略方向问题。实现碳中和目标有两种方式，一种是"低碳排放、低中和"，就是减排减到最后剩下一点，最后用中和的方式，如碳捕捉、碳汇等方式来解决。另一种是"高碳排放、高中和"。也就是还按照目前的方式来生产，但使用碳捕捉技术。实现碳中和目标的根本是要解决可持续发展问题，而减碳只是可持续发展中的一个维度。如果只是解决减碳的问题，并不能解决其他不可持续问题。

三是碳中和的时间窗口问题。虽然碳达峰、碳中和时间上有先后顺序，但它们之间并没有必然的逻辑关系，不是碳达峰后才开始实现碳中和，而是

现在就要按照碳中和的内在要求彻底转变生产生活方式，实现早达峰和低峰值。2035年要基本实现现代化，从现在到2035年是绿色转型的一个时间窗口期。如果现在不抓紧转型，就会被锁定在一个高碳状态，再转型成本就会更高。

四是路线图问题。要按照2060年前碳中和、2030年前碳达峰目标来倒推。碳中和不是选择题，而是一道必须解决的应用题。全国不同行业、不同地区的情况不一样，应制定一个不同的规划。具体的路线当然涉及很多技术问题，包括电力体制改革、成本和收益分析、减排曲线斜率等。实现碳中和目标，既不能因循守旧，也不能盲目冒进。

（二）关于碳中和的实现机制

从传统的发展模式转向绿色发展的新模式，相当于从旧分工结构转向新分工结构。比如，从化石能源结构转向新能源结构，从燃油车结构转向智能电动车结构。要实现这种转变，有以下先决条件。

一是政府决心。中国领导人的远见卓识，使其能够洞察历史发展大势。与此同时，中国的体制又为这种远见卓识转化为政策与行动提供了保障。

二是要有新的市场约束条件。严格限制碳排放，就意味着企业的约束条件发生改变，由此带来不同的行为模式。

三是形成稳定的市场预期。稳定的预期会引导市场主体的行为。目前，市场已经给出明确反应。由于化石能源代表历史，其融资正变得越来越困难。若新能源和电动车代表未来的发展方向，市场就会有大量投资。有了稳定的市场预期，实现碳中和目标就有了良好的条件，就会成为"自我实现"的目标。

（三）两大政策着力方向

一是促进低碳新经济发展。比如，新能源、智能电动车在发展过程中会出现很多问题，包括新能源运行不稳定问题、上网安全问题、电价问题等，都需要着力解决。

二是要特别重视转型公正。虽然长远来说转型是一个战略机遇,但很多产业会受到严重冲击。首当其冲的就是化石能源,包括煤炭、石油和一些重化工业的部门、行业和地区,还有特定的就业人群。国家要采取强有力的措施去帮助其转型,包括职业培训、财政转移支付等。

参考文献

张永生:《2060 碳中和,打造绿色繁荣新世界》,https://www.sohu.com/a/469558899_100042088,2021。

张永生:《碳中和是中国的战略机遇,有望开启下一个 40 年发展奇迹》,https://baijiahao.baidu.com/s?id=1697457997869646643&wfr=spider&for=pc,2021。

张永生:《碳中和技术创新:迫切需要新的商业思维和商业模式》,https://baijiahao.baidu.com/s?id=1699355799815847129&wfr=spider&for=pc,2021。

张永生:《中国制造业竞争力总体不会因"双碳"目标而下降》,https://baijiahao.baidu.com/s?id=1700972656077807508&wfr=spider&for=pc,2021。

张永生:《碳中和不是简单地用新能源替代化石能源》,https://baijiahao.baidu.com/s?id=1705336029848922139&wfr=spider&for=pc,2021。

张永生、巢清尘、陈迎等:《中国碳中和将引领全球气候治理和绿色转型》,《国际经济评论》2021 年第 3 期。

International Energy Agency, "The Role of Critical Minerals in Clean Energy Transitions," *World Energy Outlook Special Report*. IEA, 2021.

投资、消费与对外贸易

Investment, Consumption and Foreign Trade

B.19
投资形势分析与2022年展望

张长春[*]

摘　要： 2021年前三季度，全国投资两年平均增长3.8%，总体保持了稳定恢复增长态势。国有控股投资两年平均增速低于疫情前水平，民间投资在经济持续稳定恢复和出口需求带动下增长较快，但恢复动力趋于减弱。基础设施投资增长趋缓。制造业投资增速下降，但高技术制造业投资快速增长。房地产开发投资平稳增长。中部地区投资恢复动力较强，恢复持续性较好。受利用外部资源和外部市场受限、外部约束增强、稳预期困难增大等因素影响，未来投资仍会面临一定下行压力。应按照加快构建新发展格局要求，

---

[*] 张长春，中国宏观经济研究院投资研究所。

准确把握新形势下投资消费循环新特征，调整优化投资方向和投资重点，充分发挥投资增长对消费增长的促进作用，不断加强投资的事中事后监管，合理引导投资主体预期，提高投资消费循环效率。

关键词： 民间投资　制造业投资　投资消费循环

一　投资保持恢复性增长

2021年前三季度，投资总体保持了稳定增长态势，但投资恢复性增长仍受到疫情以及原材料价格上涨、芯片供应紧张等因素影响。

（一）投资恢复力度有所减弱

2021年前三季度，在统筹疫情防控和经济社会发展的一系列政策措施下，全国投资（不含农户，下同）在年初出现大幅恢复性反弹的基础上，持续增长，但动力趋于减弱。1~9月全国投资累计同比增长7.3%，两年平均增长3.8%。从两年平均增速变动看，1~2月两年平均增速为3.5%，此后逐月稳定恢复，1~6月增速达到9.1%，1~7月开始增速放缓，1~8月增速减缓为4%，1~9月延续此前增速放缓趋势。从1~7月开始，投资的两年平均增速已低于疫情前2019年全年5.1%的水平。

从投资的所有制结构看，前三季度，国有控股投资同比增长5%，分别比2019年同期、全年增速低2.3个百分点、1.8个百分点。同期，民间投资同比增长9.8%，比2019年前三季度增速和全年增速均高5.1个百分点。从上半年开始，民间投资恢复性增长动力逐渐减弱，1~6月、1~7月、1~8月民间投资同比分别增长15.4%、13.4%、11.5%。前三季度，政府和国企投资增速明显低于疫情前的2019年，民间投资在经济持续稳定恢复和出口强劲带动下快速增长，但增长动力趋于减弱。

从投资构成看，前三季度，建安工程、设备工器具购置、其他费用分别增长11.5%、-3.8%、1.9%，而2019年三项费用分别增长5.4%、-0.9%、10.6%。前三季度建安工程费用增长较快，表明投资建设中人工、材料、施工机具使用等费用保持了较快增长，新建项目较多，土建工程量较大。设备工器具购置费用呈负增长，一定程度上反映了以技术设备更新换代为主的升级改造类投资增长较慢。其他费用包含土地使用费，严控房价地价减缓了其他费用的增速。

（二）主要领域投资增速趋于下降

基础设施投资增长趋缓。基础设施（不含电力、热力、燃气及水的生产和供应业，下同）投资上半年、1~7月、1~8月和前三季度分别增长7.8%、4.6%、2.9%和1.5%，增速不断下降。前三季度，基础设施投资两年平均增长0.4%，其中，公共设施管理业、道路运输业投资同比接近零增长，铁路运输业投资增长-4.2%，这几个以国企为投资主体、投资规模较大的行业不增长或负增长，成为前三季度国有控股投资和全国投资增速下降的重要原因。

制造业投资增速下降。制造业前三季度投资增长14.8%，两年平均增长3.3%，其中高技术制造业投资同比增长25.4%。制造业投资增速2020年全年下降2.2%，2021年初大幅反弹，此后因金属和有色金属制造业投资增速减缓、汽车制造业投资增速下降以及2020年基数等原因，制造业投资增速不断下降。上游原材料价格高企、芯片供应紧张等因素使部分制造业企业生产经营困难，融资能力下降。部分地区在能耗管理上采取的"运动式"做法也抑制了部分消耗排放较大的重资产制造业投资。

房地产开发投资平稳增长。房地产开发投资自2020年初受疫情影响大幅下跌后，逐月恢复，2020年全年房地产开发投资增速恢复到7%，明显高于同期全国投资增速。2021年第一、第二、第三季度，房地产开发投资两年平均增速分别为7.6%、8.2%、7.2%，保持总体平稳增长态势。房地产开发投资平稳增长主要来自商品房需求带动，前三季度，商品房销售面积同比增长11.3%，销售额同比增长16.6%，分别比2019年同期增长9.4%、20.9%，两年平均分别增长4.6%、10%，销售额增速显著快于销售面积增速，反映了市场需求仍然旺盛。

（三）中部地区投资增长较快

2021年前三季度，东部、中部、西部、东北地区投资分别增长7.8%、13.3%、5.5%、8.2%，中部和东北地区投资增速分别高出全国平均增速6个和0.9个百分点，东部地区略高于全国平均增速，西部地区低于全国平均增速1.8个百分点。第一、第二季度中部地区投资增速分别达到39.9%、22.3%，分别高于全国平均增速14.3个、9.7个百分点，其他地区投资增速均低于全国平均增速。中部地区要素空间相对东部地区更大，发展基础相对西部和东北地区更好，投资环境不断完善，在各地区投资恢复增长中动力更强、持续性更好。

前三季度，31个省份中有20个省份投资增速高于全国平均水平，具体来说，东部地区有6个，中部地区有5个，西部地区有7个，东北地区有2个。其中，湖北、新疆、吉林、广西、海南、江西、甘肃、浙江、山西和安徽等10个省份的投资增速超过10%。投资呈负增长省份集中在西部地区，部分政府投资占比较大、政府债务负担较重省份出现较大幅度的负增长。

二 未来投资面临下行压力

受内外部长短期因素影响，未来投资仍会面临较大下行压力，同时，保持投资平稳增长也存在诸多有利因素，如不出现新的重大外部冲击，2021~2022年投资增长将能够为稳增长、稳就业提供较好支撑。

（一）利用外部资源和市场受限

一些西方大国基于战略竞争考虑，对我国在科技领域进行封锁、技术领域进行排斥，阻挠我国科技发展，给部分高新技术企业投资带来不利影响。

关键零部件断供限供使部分企业的简单再生产难以为继，扩大再生产受阻。出口和对外投资限制也会影响部分高技术产品投资。一些西方大国在对外投资上抹黑影响我国企业在部分国家和地区的投资，间接影响国内以对外投资项目为市场的部分原材料和设备投资。

一些西方大国试图遏制我国科技进步，限制我国正常的进出口贸易、利用外资和对外投资，这些打压行为会给我国部分高技术领域投资增长和投资结构优化带来不利影响，进而影响投资和供给的质量和效率，损害我国基于比较优势的国际分工合作效率。

（二）投资下行中外部约束增强

近年来投资下行压力较大的重要原因是储蓄率处于长期下降通道。储蓄率的长期变动主要受人口年龄结构、收入分配制度、社保体系健全程度等因素影响。从第二次世界大战以来主要经济体储蓄率变动和经济增长绩效看，随着人口年龄结构变化，储蓄率呈现长期下降趋势，由人口、储蓄、技术进步等因素决定的潜在增长率也呈趋势性下行。日本等经济体在人口老龄化、储蓄率下降、潜在增长率下行过程中，比较顺利地通过参与国际分工实现全球分工效率提升，国内经济增速不断下台阶但积累了大量境外财富，通过进出口、利用外资和对外投资等国际分工活动，部分抵消了人口老龄化对本国国民福利的不利影响。在我国快速老龄化导致的储蓄率、投资增速、潜在增长率趋势性下行中，西方主要大国阻挠我国充分发挥比较优势，限制我国参与国际分工的范围和深度，这会对国内投资和供给的质量和效率产生不利影响。

推动经济发展向绿色低碳转型是高质量发展的内在要求，实现"双碳"目标是我国向世界做出的庄严承诺，但绿色低碳发展增加了投资、生产经营活动的环保约束。能耗"双控"和排放管控力度加大必然会增加项目建设的钢材、水泥、砂石、玻璃等原材料成本和企业生产经营成本，降低利润水平，相应减弱企业内源、外源融资能力。技术知识密集型行业受消耗排放影响较小，但部分关键元器件、零部件、设备等进口受制于人会影响这些领域的高质量投资。

（三）稳定投资预期困难增多

企业会依据未来市场供需状况预判投资项目的收益和风险，居民家庭和个人的消费决策主要依据当前和未来的可支配收入变动，当预期不明朗或预期不好时，企业和家庭的理性选择是观望。从企业看，主要西方大国持续对我国关键零部件、元器件进口及产品出口设限，部分高技术制造业、信息等现代服务业企业担忧生产规模扩大、国际竞争力增强后可能会受到打压。能源原材料价格上涨以及汽车芯片、动力电池等供给紧张，导致部分传统制造业链条上的企业成本和利润剧烈波动。地方在鼓励芯片、新能源等新兴产业发展以及限制禁止高能源资源消耗等传统产业发展过程中，不顾当地实际和市场规律，简单粗暴地采取"油门""刹车"都踩死的做法，导致部分新兴产业领域企业投资失误和部分传统产业领域企业投资"打水漂"。部分新兴产业和新兴业态快速成长后需要适度予以规范，而规范政策往往具有探索性和创新性，政策制定者有时缺乏与市场沟通的经验，政策变动过频。这些内外部市场和政策变化，影响企业市场预期，挫伤企业投资积极性。

从居民看，外部环境变化、内部结构调整，以及疫情带来的就业机会、收入水平变动，增加了其对未来收入预期的不确定性。生育政策的调整总体上会增加家庭生活、子女教育等方面支出，使部分家庭的消费决策更趋谨慎。居民收入预期不稳、消费决策审慎影响企业销售，进而传导到企业生产经营和扩大再生产，影响企业投资。

此外，全球疫情总体形势趋于缓解，但其演变进程复杂。疫情对全球经济社会发展的影响仍具不确定性。西方主要经济体为应对疫情、恢复经济出台的超常规干预政策的外溢效应显现，全球能源资源市场、农产品市场、金融市场出现大幅波动，输入性通胀风险上升，影响家庭收入和消费预期以及企业投资预期。国内疫情零星散发、境外疫情输入限制聚集消费，不利于企业运营和项目建设。一些与居民家庭利益密切相关的改革措施对市场的影响也具有不确定性。

与此同时，稳投资也具备诸多有利条件。从外部看，境外供给恢复可

能会减少我国出口需求，但出口企业在复杂严峻的国际环境中的表现充分表明，出口企业适应性较强，出口市场回旋余地较大，基于境外市场需求的国内投资有较大支撑作用。从内部看，疫情对生产生活秩序的冲击总体趋于减弱，规上工业企业盈利能力和投融资能力有所提高，财政和货币政策仍有较大操作空间。投资、消费继续恢复具备市场和政策条件，稳投资具有较稳固的现实基础。如果不再出现严重冲击经济发展的外部重大突发事件，2020~2021年投资平均增速会略低于2021年前三季度的水平，2022年同比增速有望恢复到4%左右。

三 提高投资和消费循环效率

为顺应加快构建新发展格局的新形势新要求，充分发挥投资对内需特别是对消费的促进作用，加强投资预期管理，实现投资和消费相互促进。

（一）准确把握新形势下投资和消费循环新特征

投资或直接满足消费需求，或为生产活动创造条件，生产活动或直接生产消费品，或经过或长或短的生产环节后最终生产出消费品，从投资到生产再到消费不管经历环节多长，最终都是为了满足消费，这决定了投资和消费必须形成循环。

新形势下，投资和消费循环的新特征是部分外循环可能转向内循环。部分投资和生产活动由外部市场转向内部市场，会改变国内原有的行业和产品市场竞争格局，国内市场竞争加剧在提升行业整体竞争力的同时，会导致竞争力较弱的部分企业被淘汰。关键产品和技术断供给国内企业提供替代机会，同时供应链的调整和重构会影响部分投资和消费循环的规模和质量。

（二）调整优化投资方向和投资重点

按照加快构建新发展格局的要求，投资和消费循环必须做出适应性调整。一是增加满足现实消费的投资。教育、医养等民生领域要在以公益性为主的前提下，优化政府和社会资本合作模式，扩大优质供给，满足居民差异化需求。从消费能力看，不像购房支出那样需要一次性拿出大额资金，多数居民家庭具备托幼、教育、医疗、养老费用支付能力。从消费迫切性看，多数居民家庭有通过子女教育改变家庭境况、实现阶层跃升的意愿，追求身心健康和更好晚年生活是温饱后城乡居民的普遍愿望，这些领域的需求长期旺盛。从国家发展看，人力资本在任何国家都是保持经济持续增长和国力不断增强的重要基础性资源，人力资本投入在实现个人更好发展的同时，通过外溢效应促进社会发展。在经济潜在增长率趋势性下行和国际竞争趋于严峻的内外部环境下，将更多社会资源投入人力资本领域，可以延缓潜在增长率下行节奏，增强综合国力，是利国利民的好事。此外，市政工程、农业农村、公共安全、生态环保、物资储备、防灾减灾、民生保障以及基础设施、新型城镇化、交通水利等，或直接满足居民消费，或与百姓生产生活密切相关，都是需要持续投入的领域。

二是加大催生新消费的投资。围绕消费智能化、网联化、绿色化、品质化升级，加大在集成电路、新能源汽车以及数字技术、生物技术、新材料、5G和千兆光网等创造新消费的重点领域的投资，解决产业链供应链的堵点断点问题，释放发展享受型新消费潜力，畅通从新投资到新供给再到新消费的循环。加大消费新模式、新业态投资，推动线上线下消费融合，提升消费智能化和便捷性，释放新消费群体的消费需求。建设信息基础设施，运用互联网、大数据、人工智能等技术对传统基础设施进行智能化改造，为供需高效对接提供基础条件。继续深化"放管服"改革，放松管制，维护市场平等竞争秩序，激发各类创新主体创新创业创造活力，为改善供给、创造消费营造宽松的制度环境。

（三）充分发挥投资增长对消费增长的带动作用

保持投资合理增长，促进市场规模较快增长，不仅可以通过相关企业营收、利润的较快增长为企业研发和更新改造提供资金，为打通产业链供应链堵点、提升投资和消费循环效率创造条件，还能夯实居民就业、收入增长的基础，促进居民消费增长，实现投资和消费的相互促进。以往宏观管理实践表明，在经济总量和市场规模较快增长的环境中解决经济循环不畅问题，往往事半功倍，在外部需求具有不确定性的环境下，适度扩大有效投资可以增加就业和收入，促进消费，实现以投资增长带动消费增长。

通过有效投资促进居民消费，加快将"十四五"规划纲要确定的重大工程落实到具体投资项目，积极推进一批有利于扩展发展空间、夯实发展基础、推动转型升级、改善社会民生的重大项目建设。加快中央预算内投资资金拨付进度，统筹考虑专项债券资金跨年度平衡使用，依法合规加快办理项目审核备案以及项目用地、规划许可、环评手续，确保2021年底2022年初形成实物工作量，促进完成2021年全年发展目标，为2022年开局争取主动。

（四）有效改善投资项目的事中事后监管

随着投融资体制改革的不断深入，企业投资项目的事前审核大幅减少，但投资建设规律并不会因投融资体制改革而有所改变。近年来，因投资决策失误和建设管理不到位而导致投资项目失败的案例并不鲜见，个别地方甚至出现不少项目失败案例，给投资者、参建方、地方政府带来很大损失，成为地方债务负担沉重的重要原因。要减少和避免此类情况的出现，首先，项目单位要切实坚持科学决策，投资咨询力量较弱的基层要重视引入合格投资咨询机构，引导企业做好项目前期咨询评估，避免在政策、市场等信息不充分时就盲目上马项目。其次，当投资项目申请补助等政策支持时，上级政府部门应对所辖区域内不符合产业政策、不具备竞争优势的简单重复项目，坚决不予财政资金、专项债券等方面的融资支持。最后，省级政府投资管理部门要严格按照《企业投资项目事中事后监管办法》要求落实属地责任，运用法治手段监督规范企业投资活动，依法抵制低质低效项目，严肃处理违规违法投资建设行为。发挥省级政府在政策、信息、技术等方面的优势，用好"窗口指导"手段，及时提醒基层政府的盲目投资行为，避免出现成批项目"烂尾"。

（五）合理引导投资主体预期

全面深化改革，推动有效市场和有为政府更好结合，为预期管理创建更好制度政策环境。增强宏观政策的前瞻性，保持政策连续性稳定性，引导投资主体形成合理的收益风险预期，引导居民形成合理的就业和收入预期。重视政策制定时与市场沟通，增强政策出台时间节点、具体内容、调整范围等方面的透明度，政策发布后及时通过新闻发布会、政策解读等形式与市场沟通，方便市场对政策内容的准确理解和广泛传播。管理部门定期发布市场信息和政策信息，回应改革发展和经济运行热点难点。加强部门间政策协调与配合，避免政策规定相互掣肘和政策效应互相抵消，提高政策可信度和有效性，增强政策公信力。在严守安全底线的前提下为新产业新业态发展留足空间，落实和完善包容审慎监管要求，根据发展新趋势新要求逐步完善监管政策。

参考文献

谢伏瞻主编《经济蓝皮书：2021年中国经济形势分析与预测》，社会科学文献出版社，2021。

谢伏瞻主编《迈上新征程的中国经济社会发展》，中国社会科学出版社，2020。

张长春：《坚持问题导向远近结合改善投资环境》，《财经界》2018年第13期。

张长春：《投资低位企稳 结构趋于优化》，《中国经贸导刊》2019年第3期。

张长春：《创造更有吸引力的投资环境》，《中国招标》2018年第19期。

B.20
消费市场形势分析与2022年展望

王微 王念[*]

摘 要： 2021年消费市场经历了国内疫情和极端天气以及国际环境变化等冲击和考验，全面确立了复苏走势，消费重回经济增长第一动力地位，展现出强大韧性。当前，消费创新升级的内生动能依旧强劲，在供给升级、渠道重组、市场重构中加快孕育新机。也要看到，重点大宗商品消费不振、企业经营困难导致社会集团消费下降、服务消费未全面纳入统计导致预期低估、外来消费持续中断无法回补等因素增加了短期消费增速下行压力。展望未来，消费发展机遇和风险并存。综合判断，我国宏观经济仍将保持稳健增长，经济循环更加通畅，应对各类风险挑战的能力不断增强，预计2021年第四季度社会消费品零售总额同比增长2.5%左右，全年增长12.1%左右。2022年社会消费品零售总额将实现6.5%~7.1%增速，消费的"压舱石"作用进一步巩固。

关键词： 消费 经济增长 社会消费品零售总额

一 消费市场全面复苏，韧性和动力日益凸显

在经历了新冠肺炎疫情反复冲击、经受住国外环境复杂多变考验后，

---

[*] 王微，国务院发展研究中心市场经济研究所所长，研究方向为消费、商贸流通；王念，国务院发展研究中心市场经济研究所，研究方向为消费和流通。

2021年我国消费市场全面确立了复苏向好走势，消费重回经济增长第一动力地位，强大国内消费市场的稳定性、韧性和底盘作用得到进一步彰显。

（一）消费市场全面复苏，增长的韧性日益凸显

2021年消费市场已经完全走出2020年下滑的阴霾，全面步入快速复苏进程。2021年1~9月社会消费品零售总额达到318057亿元，实现了月均15%的较高水平增长，与2019年相比，月均同比增幅达到7.7%。从环比来看，虽然7月疫情出现反复造成消费环比回落，但8月迅速回正，9月增幅进一步扩大，展现出较强的韧性。从同比来看，单月增速呈现前高后稳走势，这主要是受2020年前低后高的基数特征的影响（见图1）。

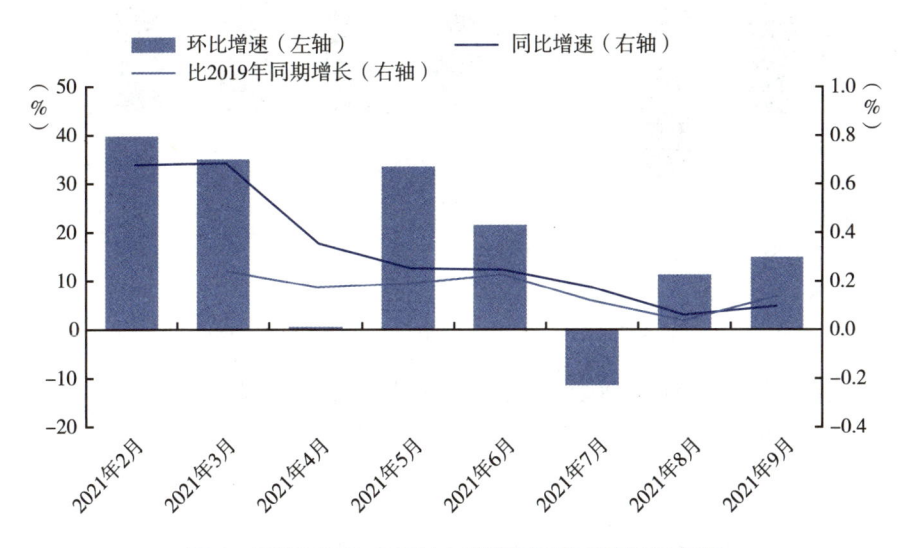

图1 2021年2~9月社会消费品零售总额增长情况

资料来源：国家统计局。

（二）消费对经济的贡献突出，"压舱石"作用逐步恢复

2021年，最终消费重回经济增长的主引擎地位，拉动作用逐季提升，基本扭转了2020年动能不足的疲弱态势。第一季度最终消费支出贡献率为

53.5%，第二季度快速上升到77.1%，第三季度进一步提升到78.8%，超过疫情前水平。最终消费支出季均拉动经济增长6.6个百分点，分别高于资本形成总额与货物和服务净出口4.9个和4.3个百分点（见图2）。我国超大规模消费市场不仅为经济增长提供了有力支撑，也为世界经济复苏提供了强大动力。

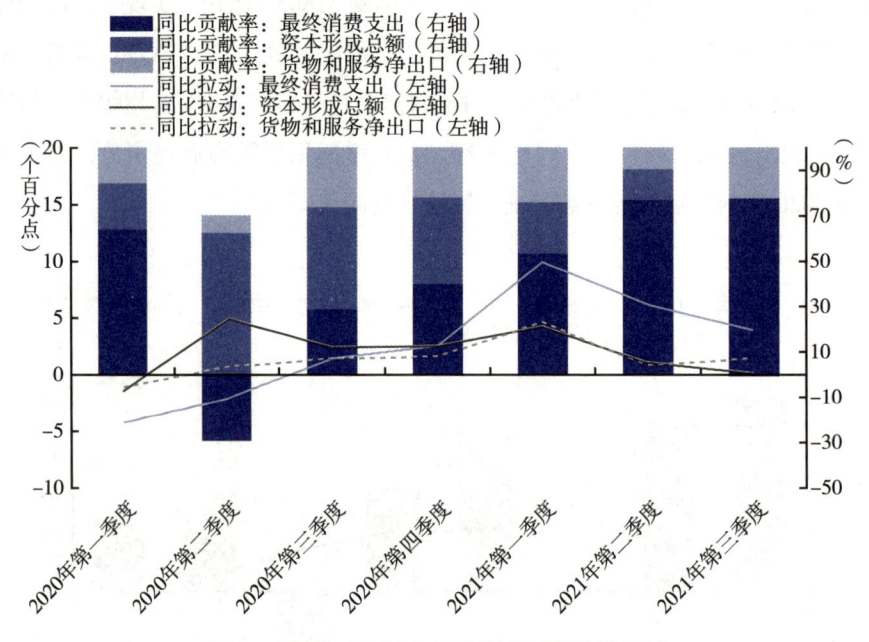

图2 2020~2021年三大需求对经济的贡献

资料来源：国家统计局。

（三）消费市场供求总体平衡，居民消费价格运行温和平稳

2021年疫情反复和国际环境变化没有改变我国消费市场供求格局，供需总体平衡，居民消费价格总体温和平稳。前三季度CPI上涨0.6%，同比涨幅在-0.3%~1.3%，环比波动也保持在-0.5%~1.0%，总体处于温和运行区间。从商品类别来看，带动价格上涨的主要商品是燃料，月均环比增速为1.7%，比RPI高1.6个百分点，主要受国际大宗商品涨价影响。但是也要看到，PPI

大幅上涨的压力也开始向居民消费领域传导,近期食品、蔬菜等部分消费品也开始出现涨价信号,特别是进入第三季度,核心CPI涨幅开始超过CPI,消费市场价格上涨的压力正在积累和显现(见图3)。

图3 2021年1~9月CPI和RPI运行情况

资料来源:国家统计局。

二 消费创新升级动能强劲,市场在分化重组中育新机

我国经济正从中高收入阶段向高收入阶段迈进的关键时期,消费结构持续升级和提质创新成为需求增长的主导,也将成为实现高质量发展的重要动力。2021年,新国货消费和免税零售的引领功能加快显现,数字化推动线上线下消费渠道交融走向深入,以中心城市、都市圈和城市群、乡村为主的多层次消费体系加快形成,从供给升级、渠道重组、市场重构三方面推动消费市场加快创新升级。

（一）供给升级：新国货和免税零售引领作用日益凸显

第一，新一轮新国货消费全面崛起，成为实现更高水平供需动态平衡的新路径。新国货发展呈现"多领域并发""高频率新发""短时期爆发"三大突出特征。2020年排名前20位的新国货品牌覆盖10个生活消费领域，单个品牌销售规模为28.3亿~2506亿元（平均222亿元），同比增速为7.7%~3225.2%（平均229%）。更为重要的是，新国货创新周期不断缩短，2020年新国货排名前100的品牌成立时间基本在10年以内，平均在3年左右，部分品牌成立时间不到2年就实现了销量的爆发式增长。新消费推动新供给和新产业发展，成为带动投资生产增长的重要动力。

第二，国内免税政策创新加快，持续引导和吸引消费回流。经测算，我国居民每年赴境外购物消费支出规模约为1.3亿元，占社会消费品零售总额的2.9%。吸引消费回流的政策成效明显，2021年十一假期海南免税购物消费同比增长77%，比2019年同期增长249%，承载消费回流的商业设施和品牌仍在不断优化和升级。相关服务性消费也蕴含较大挖掘潜力。另外，国际消费中心城市正在加快免税政策创新和布局市内免税店，这将进一步提升我国全球消费资源配置能力和对全球消费者的吸引力。

（二）渠道重组：数字化推动线上线下消费渠道交融走向深入

第一，线上消费增长动能不减，消费模式创新层出不穷。网络零售持续拉动消费市场扩容，前三季度全国实物商品网上零售额同比增长15.2%，继续保持两位数较快增长；两年平均增长15.3%，比社会消费品零售总额两年平均增速快11.4个百分点，实物商品网上零售额对社会消费品零售总额增速拉动超过3个百分点。社交电商、垂直电商、直播带货等数字渠道创新涌现，利用线上消费大数据不断拓展新市场空间，例如，2021年"双十一"预售期间，李佳琦和薇娅直播间通过直播带货创造了单日近189亿元的销售额。

第二，数字技术加快向线下赋能，推动消费渠道创新分层与融合。2021

年以来，传统接触式线下消费渠道面对疫情反复冲击，主动拥抱互联网，谋求数字化转型步伐进一步加快。通过数字技术加快向线下赋能，不仅有效地弥补供给缺位，而且推动了消费渠道加速创新重构。以近年来创新比较活跃的鲜活农产品消费为例，形成了生鲜O2O、智慧菜场、社区团购等多样化的数字化新渠道。例如，浙江具备基础数字能力的"放心市场"已接近1100家，覆盖率超过50%，具备较高数字化水平的"智慧菜场"已建成114家，占全省的5.3%；社区团购持续快速扩张，进一步加快与社区便利店、社区菜场等线下渠道的合作，在全国300多个地级城市、2600多个县城铺设了中心仓、网格仓等配送设施，2021年上半年销售规模达1000亿元，融资规模达到262亿元，均超过2020年全年。

（三）市场重构：以中心城市、都市圈和城市群、乡村为主的多层次消费体系加快形成

第一，国际消费中心城市进一步发挥引领国内外消费升级和配置全球消费资源的枢纽功能。国际消费中心城市是消费创新的风向标，集中承载了满足消费升级需求的场景和资源，对全国消费具有重要的引领带动作用。2021年7月上海、北京、广州、重庆、天津成为国家首批培育建设国际消费中心城市试点，各城市试点实施方案已经出台，极大地促进了各城市消费市场的恢复和创新。2020年下半年以来，国际消费中心城市消费市场率先恢复，社会消费品零售总额增速明显超过全国城镇和乡村市场；2021年上半年继续保持高速增长，分别高于城镇和乡村1.7个和1.0个百分点（见图4）。国内外品牌首店加速聚集，新国货的时尚引领力度不断加大，2020年全国首店品牌高达390多个，其中国货品牌（含港澳台）占比约70%，较2019年提升约10个百分点[1]。2021年上半年，上海、北京新开首店分别为513家和434家，消费创新的引领作用快速提升。

第二，区域一体化进程加快，推动都市圈和城市群成为消费实现新高地。

---

[1] 资料来源：赢商大数据。

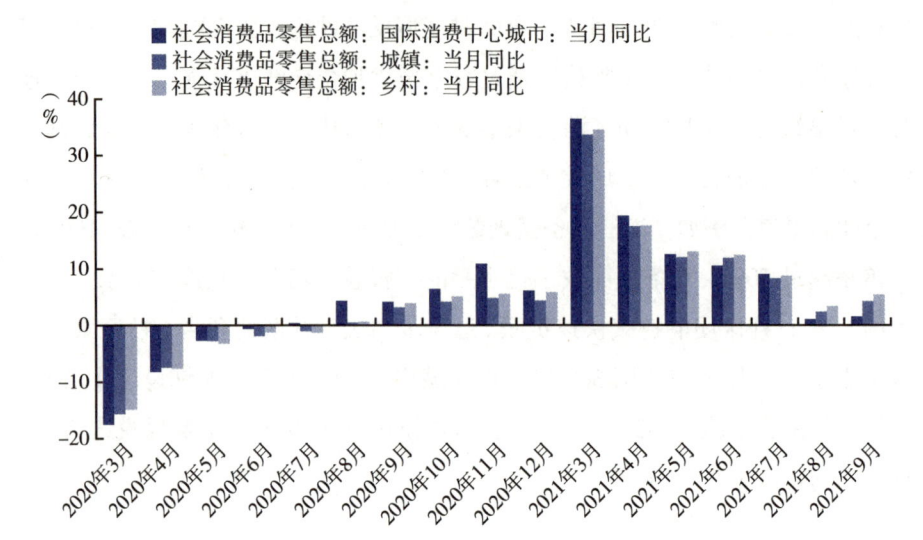

图 4 2020~2021年国际消费中心城市、城镇和乡村消费增速

注：由于数据可得性，国际消费中心城市数据仅包含北京、上海、广州、重庆。
资料来源：国家统计局。

国际经验显示，美国大都市圈的零售占比由50年代末的55%提升到1982年的接近80%，日本东京都市圈的零售额占比在城市化率从72%上升到86%的过程中，由36%提升到41%。我国幅员辽阔，长三角、粤港澳大湾区、京津冀城市群和成渝地区双城经济圈等一批区域发展战略加快推进，促进消费进一步向都市圈和城市群汇集。初步测算，长三角、粤港澳大湾区、京津冀、成渝地区社会消费品零售总额在全国的占比分别为24.2%、10.5%、7.9%、8.1%，合计占比超过50%，已经是我国消费市场的半壁江山（见表1）。

表 1 都市圈和城市群消费市场规模

单位：亿元，%

项目		社会消费品零售总额	在全国消费市场的占比
京津冀	北京	15063.7	3.69
	天津	4218.2	1.03
	河北	12985.5	3.18

续表

项目		社会消费品零售总额	在全国消费市场的占比
长三角	上海	15847.6	3.88
	江苏	37672.5	9.23
	浙江	27343.8	6.70
	安徽	17862.1	4.38
粤港澳大湾区	广东	42951.8	10.53
成渝	四川	21343.0	5.23
	重庆	11631.7	2.85
合计			50.71

注：为统一口径便于计算，粤港澳大湾区仅测算广东数据，若加上香港和澳门，则我国都市圈和城市群合计占消费市场的比重更大。

资料来源：国家统计局。

第三，全面推进乡村振兴持续释放乡村消费活力。2020年8月以来，乡村社会消费品零售总额月度同比增速持续高于城镇。[①] 2021年前三季度，农村居民收入增长持续快于城镇居民，支撑人均消费支出同比增长18.1%，比城镇居民高4.7个百分点。随着农村物流体系和商业设施不断完善，城乡双向畅通的消费市场体系加快构建，乡村消费仍有较大成长空间和挖掘潜力。

三 消费增速短期内较快回落的趋势需要警惕

进入第三季度以来，社会消费品零售总额增速的回落速度有所加快。特别是7月多地疫情出现反复，对暑期消费影响较大，7~8月社会消费品零售总额出现连续下降。此后，国庆假期出行人数和旅游收入与"五一"和中秋假期相比也出现大幅回落，多种迹象引发对第四季度消费出现趋势性过快下滑的担忧。其中，重点大宗商品消费下滑、企业经营困难导致社会集团消费下

① 仅2021年2月乡村社零增速大幅低于城镇，主要是受就地过年的非常规因素扰动。

降、服务消费未被全面纳入统计导致对总消费增长低估、外来消费持续中断且短期内无法回补是主要原因。

(一)重点耐用商品消费下滑明显且增长后劲不足

汽车、家用电器和音响器材、通信器材是近年来居民消费升级的重点,在限额以上社会消费品零售总额中的占比约为40%。2021年以来,上述三类耐用消费品销售增速出现回落,相对回落幅度在18类商品中最大,对消费的拖累最为明显,是造成当前消费过快下滑的主要原因(见图5)。其中,汽车消费受供给端芯片制约和需求端前期政策刺激下需求提前释放的双重影响,增长后劲不足;家电消费受近期商品房成交大幅下滑和毕业季就业率不达预期及租房需求下降拖累。

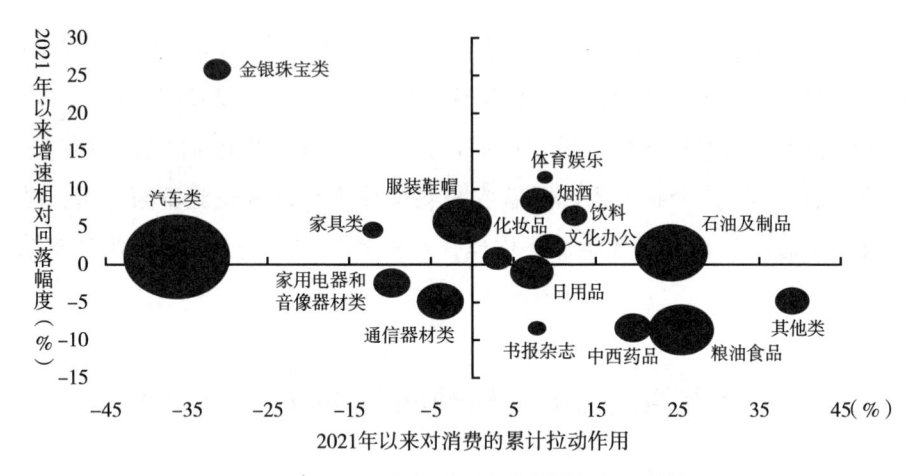

图5 2021年以来各类型消费的增长与贡献情况

注:基于限额以上企业商品零售总额累计值结构测算各类消费的占比,用球的大小表示。Y轴衡量某类商品相对全部商品累计增速的变化,小于零表示回落。计算公式:某类商品2021年以来增速相对回落幅度=(2021年9月该商品限额以上零售总额累计增速-2021年2月该商品额以上零售总额累计增速)/(2021年9月限额以上企业商品零售总额累计增速-2021年2月限额以上企业商品零售总额累计增速)。X轴衡量2021年以来某类商品对全部商品消费的累计拉动作用,小于零表示拖累。计算公式:某类商品2021年以来累计拉动作用=2021年9月该商品限额以上零售总额累计增速-限额以上企业商品零售总额累计增速。

资料来源:国家统计局。

（二）企业经营困难导致社会集团消费下降

在最终消费市场中，政府及事业单位、企业等也是重要的消费主体，其贡献的社会集团消费约占社会消费品零售总额的30%，对于稳定和提振消费的作用不容忽视。[①]2021年以来，社会集团消费增速开始低于居民消费增速，且差距有逐步拉大的趋势（见图6）。受疫情冲击影响及原材料大幅上涨等因素影响，大量中小企业经营困难，营业收入下降利润空间压缩，中小企业发展指数由2021年3月的87.5降至8月的86.8。[②]据调研了解到，企业普遍大幅缩减销售费用、行政管理费用等成本类支出，原定的商务活动、举办年会、发放实物奖励等计划大面积取消，导致企业带动的社会消费品零售下滑。此外，机关事业单位支出也受财政支出压缩约束，各类社会集团消费支出缩减明显。

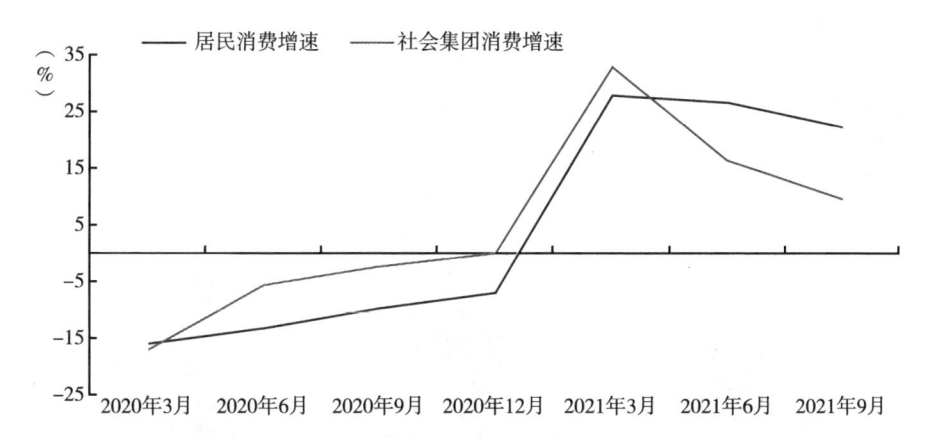

图6　2020~2021年居民和社会集团消费增速对比

资料来源：笔者测算。

---

① 30%占比的值是综合多种估算方法和调研情况得到的结论。首先，社会集团消费暂时无法在统计数据中体现。其次，基于投入产出表支出类测算，政府消费在最终消费中的占比约为28%。再次，根据笔者测算，居民消费总额＝居民消费支出×人口×服务消费占比，社会集团消费总额＝社会消费品零售总额－（服务类消费支出＋居民投资类支出）。测算结果为社会集团消费约占社会消费品零售总额的50%，但这一测算方法对居民消费有显著低估。最后，据多地调研了解到，政府消费占社会消费品零售总额的10%~12%，企业和事业单位消费占比要高于政府消费，为18%~25%。因此，综合考虑，社会集团消费约占30%是比较接近的水平。

② 资料来源：中国中小企业协会。

（三）服务消费未全面纳入统计导致对总消费增长低估

服务消费规模可观、内容广泛、创新活跃、潜力较大，2021年以来恢复情况好于商品消费，在居民消费支出中的占比已经从2020年低于50%恢复到50%以上（见图7）。部分城市服务消费恢复速度快于商品消费。例如，北京前三季度市场总消费额同比增长16.8%，两年平均增长2.4%，其中服务消费额同比增长19.2%，两年平均增长4.9%。但是在全国消费统计中，除餐饮外的服务消费内容尚未纳入社会消费品零售总额统计范畴，导致统计数据不能充分体现服务消费回升势头。另外，以社交电商、直播带货、剧本杀、密室逃脱等为代表的新消费模式快速增长，但这类消费大多通过自然人之间的微信支付或支付宝转账实现交易，尚未合理纳入统计，导致当前消费统计数据存在一定程度的低估。

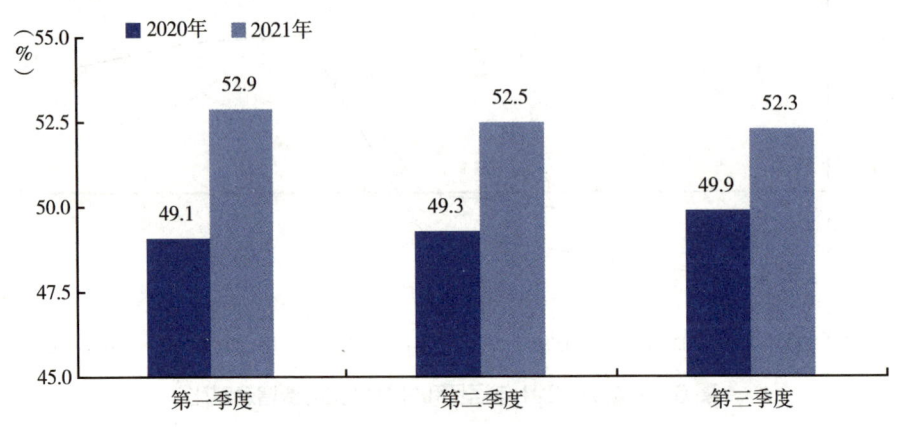

图7　2020~2021年分季度居民服务消费占比

资料来源：国家统计局。

（四）外来消费中断且短期内无法回补

外来消费是我国社会消费品零售总额的重要组成部分，体现了我国消费市场的全球连通性和对外吸引力，这部分消费受全球疫情影响最大。经测算，

2019年境外居民在国内总消费规模近万亿元，其中计入社会消费品零售总额的商品和餐饮消费规模为3232.6亿元，在社零总额中的占比为0.79%。疫情导致跨境人员流动受限，预计2021年外来消费下降81.0%，[①]造成2848.5亿元消费损失，2021年社会消费品零售总额损失0.64%。考虑到除商品和餐饮外，境外居民还有大量交通、住宿、娱乐等服务消费，综合测算消费损失总额将高达8068.4亿元，相当于社会消费品零售总额的1.8%，与2020年整个广西的消费市场规模相当（见表2）。

表2 外来消费规模及其占社会消费品零售总额的比重测算

单位：亿元，%

项目	消费规模	占社会消费品零售总额的比重
2019年境外居民在国内消费（总计）*	9156.54	2.22
2019年境外居民在国内消费（商品和餐饮）**	3232.63	0.79
2021年估计损失的境外居民消费（总计）	8068.36	1.80
2021年估计损失的境外居民消费（商品和餐饮）***	2848.46	0.64

注："*"测算方法：2019年国际旅游外汇收入×当年美元汇率（1美元对人民币6.9762）。"**"测算方法：2019年国际旅游外汇收入中商品销售和餐饮的部分合计。"***"测算方法：根据公安部出入境人次数据测算，2021年6月恢复至2019年同期的19.47%。中国旅游研究院（文化和旅游部数据中心）预测2021年入境旅游人次同比减少81.3%。综合考虑推测境外居民在国内消费仅恢复到2019年同期的19.0%。根据统计局公布的1~7月社零两年平均增速4.3%测算得到2021年损失的境外居民消费在社零中的占比为1.80%（总额）和0.64%（商品和餐饮）。

资料来源：国家统计局、公安部、文化和旅游部数据中心。

四 未来消费趋势展望与短期判断

总体来看，2022年乃至"十四五"期间，我国消费持续增长的基本面不会改变，消费提质升级的总势头不会改变，消费长期向好的大趋势不会改变。

[①] 根据公安部出入境人次数据测算，2021年6月恢复至2019年同期的19.47%。中国旅游研究院（文化和旅游部数据中心）预测2021年入境旅游人次同比减少81.3%。综合估计2021年境外居民在国内消费下滑81.0%。

但是，消费能力与消费意愿这两大支撑消费长期发展的核心因素存在一些不确定和不稳定因素，同时消费市场还面临房价和物价大幅波动的风险。

（一）消费持续增长的有利因素

第一，开启建设现代化新征程是消费市场发展壮大的根本底气。当前我国已经全面实现小康，正在开启建设社会主义现代化国家的新征程。"十四五"期间我国人均国民收入持续提高，并有望于2025年进入高收入国家行列，我国城乡居民的生活消费水平也将再上新台阶。尽管当前疫情仍时有反复，但全球经济已经进入全面恢复阶段。2020年中国是全球唯一实现经济正增长的主要经济体，2021年在2020年高基数的情况下，经济恢复依然保持较快速度，消费市场规模已经超过疫情前水平，消费再次成为经济增长的第一动力，显示出强大的韧性和活力。因此，我国消费健康发展的基本面没有变，消费提质升级的总势头没有变，消费长期向好的大趋势没有变。

第二，加快构建新发展格局为消费创新升级提供了更为广阔的空间。党的十九届五中全会提出坚持扩大内需这个战略基点，加快培育完善的内需体系，以强大国内市场支撑国内国际双循环相互促进的新发展格局加快形成。当前我国正涌现出许多不同于以往的新消费，成为畅通国民经济循环的重要原动力，新消费推动新供给新产业发展，更好满足城乡居民日益增长的美好生活需要，从而加快构建消费和投资良性互促的强大国内大市场。同时，中国市场的强大需求，也将吸引全球的要素资源，推动更有效率地实现内外市场联通，既能更好满足中国市场消费创新升级需求，也为国际社会注入更多正能量，形成了国内外增长互促、供需互补的国际国内双循环。

第三，2022年经济稳健增长的环境仍然比较乐观。2020年以来，世界主要经济体经济均呈现复苏态势，但第三季度以来，在疫情反复和全球供应链循环遇阻等冲击下又出现放缓态势。在此背景下，我国以前三季度国内生产总值同比增长9.8%、两年平均增速5.2%的成绩，持续引领了世界经济复苏，取得的成绩来之不易。国际组织在下调全球经济增速预测值的同时，对中国

2022年的经济增长仍然显示出信心。国际货币基金组织、世界银行、经合组织三大国际组织对2022年中国GDP增速的预测值分别为5.6%、5.4%、5.8%，高于全球平均水平0.7个、1.1个、1.4个百分点。

（二）消费市场稳定面临诸多不利因素影响

第一，就业稳定和收入增长面临压力。前三季度全国居民人均可支配收入名义增速为10.4%，实际增速为9.7%，两年平均实际增速为5.1%，总体来看同比增速仍低于疫情前水平，分别低于2018年和2019年1.4个和0.7个百分点。从趋势来看，第四季度及2022年就业稳定和收入增长仍然存在较大压力和不确定性，特别是近期疫情反复多点散发叠加不少地区出现极端天气或安全事故，以及原材料价格持续过快上涨，对企业生产经营活动影响较大，大量服务企业、中小微制造企业以及大量个体工商户生产经营活动收缩或停业，导致9月中小型企业PMI回落至47.5，第三季度居民经营性收入下滑明显，同比增速只有3.4%，就业压力进一步加大。居民特别是年轻群体就业压力依然不小，9月16~24岁就业人员调查失业率为14.6%，明显高于2018~2019年的水平。在多重因素影响下，居民就业和收入信心下降，央行调查问卷显示，第三季度居民收入感受、收入信心、就业感受、就业预期四个指数均出现不同程度下滑，分别较上季度下降1.5个、1.4个、3.2个、2.7个百分点。

第二，居民消费倾向回升进程恐遭延迟甚至中断。2021年以来，我国居民消费倾向大幅下滑态势已经扭转，出现企稳回升势头，且呈现恢复速度逐季加快趋势。乐观估计，如果下半年继续保持良好势头，按年内居民消费倾向前低后高、逐季上升的一般规律推算，全年居民消费倾向有望达到69.4%，基本恢复到疫情前正常走势[①]（见图8）。但是，10月新冠肺炎疫情反复多点散发，中断了消费倾向回升的进程，全年居民消费倾向预计较疫情前水平低4个百分点。2022年消费倾向恢复依然存在不确定性，对消费的抑制程度还可

---

① 假设不考虑新冠肺炎疫情，居民消费倾向保持年均0.3个百分点降幅，则2021年居民消费倾向为69.5%，为正常水平。如果2021年居民消费倾向修复情况乐观，全年同比提升3.5个百分点，则2021年全年将达到69.4%，接近正常水平。

能被放大。例如，城镇特别是一、二线城市居民消费倾向恢复较慢，而这些人群是扩大消费的主力军（见图9）；又如，服务消费和耐用品边际消费倾向恢复较慢，而这些领域是消费提质升级的主战场（见表3）。另外，疫情多次反复可能造成部分城乡居民消费心理和行为的永久性改变，如减少社交或外出消费，亟须提供公益类心理辅导服务，或者适时组织开展活动等激活并维持消费热情。

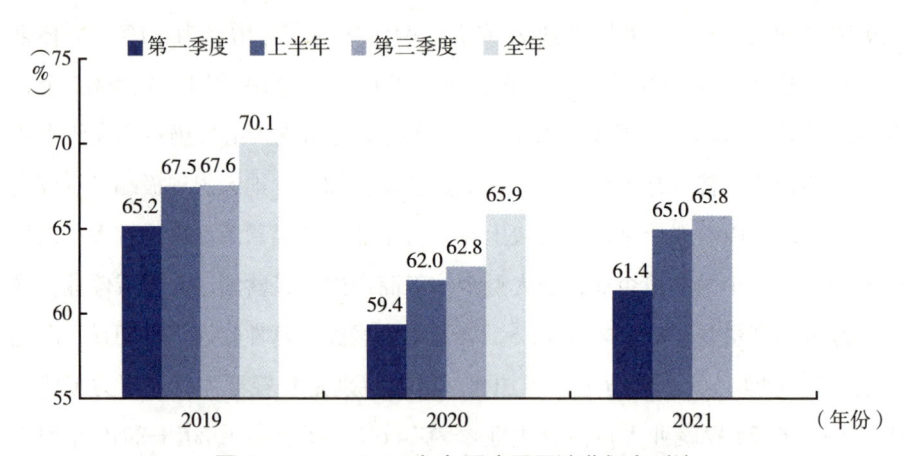

图8 2019~2021年各季度居民消费倾向对比

资料来源：国家统计局。

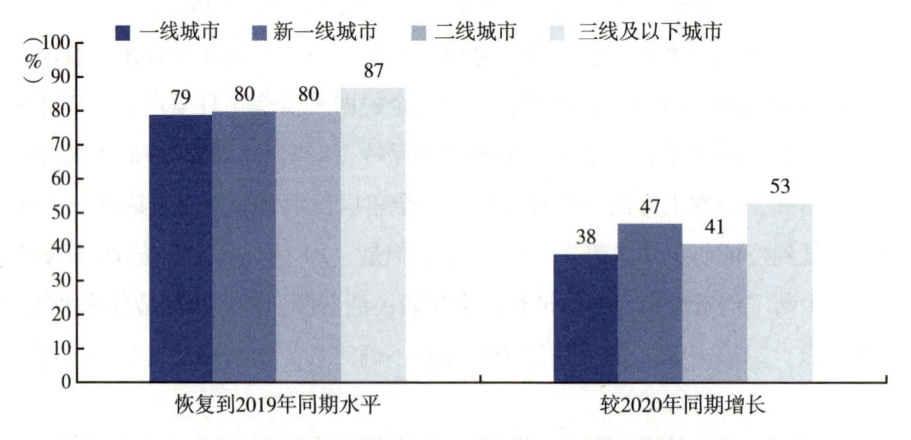

图9 各类型城市购物中心客流情况衡量的消费倾向

资料来源：汇客云。

表3 当前与疫情前居民消费收入弹性比较

单位：%

项目	食品消费	耐用品消费	服务消费
当前居民消费收入弹性	25.0	4.6	19.0
疫情前居民消费收入弹性	18.1	5.9	44.2

资料来源：国家统计局，笔者测算。

第三，房地产市场下行可能导致居住类消费出现趋势性过快下滑。第三季度以来，房地产市场出现明显下行趋势，7~9月全国商品住房月度销售额同比降幅从7.2%扩大到16.9%。10月，克尔瑞百强房企销售额同比下降15.1%。传统的"金九银十"销售旺季不旺，房地产市场下行的预期越来越强烈，观望情绪日渐浓重，市场下行预期持续加强。新房和二手房成交量持续萎缩，导致家具、家电、家装（三大类消费合计约占社会消费品零售总额的8%）等相关居住类消费增长放缓。

第四，居民消费价格过快上涨压力凸显，可能抑制消费支出。2021年以来，受国际市场大宗商品价格持续上涨等因素影响，我国PPI全年呈现持续高位上涨态势，近期上涨压力开始向居民消费价格CPI传导。加之近期天气异常和自然灾害等因素影响，CPI价格涨幅扩大趋势显现。10月CPI环比由上月持平转为上涨0.7%，同比上涨1.5%，涨幅比上月扩大0.8个百分点。9月交通工具和家用器具价格环比涨幅扩大，10月菜篮子价格指数涨幅接近5%。

综合判断，我国宏观经济仍将保持稳健增长，经济循环更加通畅，应对各类风险挑战的能力不断增强。预计2021年第四季度社会消费品零售总额将实现2.5%左右增长，全年社会消费品零售总额同比增长12.1%左右，两年平均3.4%。2022年社会消费品零售总额同比增长6.5%~7.1%，消费拉动经济增长的作用进一步加强（见表4）。

表4　不同情形下的社会消费品零售总额增速预测

单位：%

预测时间区间		预测同比增速
2021年	第四季度	2.5
	全年	12.1
	两年平均	3.4
2022年	基准情形	6.8
	乐观情形	7.1
	悲观情形	6.5

资料来源：笔者测算。

五　促进消费持续恢复和稳定增长的政策建议

一是继续保持宏观政策稳定性，加大稳企业、稳就业的政策支持力度。进一步做好"六保"特别是保就业保民生保市场主体工作。针对大宗商品价格高位运行、生产成本大幅上升等给企业带来的影响，要以市场化、普惠化方式加大帮扶力度助力企业纾困；对于受疫情影响严重、不能正常经营的企业特别是服务业中小微企业要给予必要的政策扶持，并全部纳入阶段性缓税免税范围。

二是切实消除政策障碍，充分释放被抑制的消费潜能。落实汽车消费从购买管理向使用管理转变，从购买限制转向使用管理，尽快放开不合理的汽车限购政策，在一定期限内增加购买指标，缩短指标申请的等待周期。教育培训消费是当前线下消费的核心场景，对其他消费的带动作用较强，建议出台引导教育培训等消费性服务业健康发展的配套细则，稳定市场预期，引导合理的消费需求有序释放。公积金也是重要的消费力来源，建议以提取和支付为重点环节，改革公积金制度，全面推广公积金支持租房消费的先进经验和做法，试点公积金支持托育、健康等服务消费。此外，金银珠宝、高档酒水和化妆品、邮轮游艇等高端消费增长空间大，应尽快破除相关行政性规定或税收等方面的政策限制，进一步释放能释中高端消费潜能。

三是多措并举支持新国货创新发展，强化供给引领带动能力。加快实施"三品"升级战略，建设一批高水平的消费品质量控制和技术评价实验室，将品牌设计企业、设计师工作室、设计师、品牌营销和品牌运营等专业服务人员纳入"双创"政策支持范围。支持国货进入免税零售市场，鼓励免税店增售国产品牌。将新国货品牌作为国际消费中心城市首发经济、首店经济支持重点，发挥地方政府积极性，支持品牌引进的奖励、补贴、税收返还等政策向新国货倾斜。加强舆论引导，在"双品购物节""中国品牌日"等政府部门组织的宣传平台中设置新国货宣传推广内容，将"热爱国货"纳入爱国主义教育内容。

四是合理加大财税政策支持力度，促进消费提质升级。加快免税零售政策创新，分类降低免税购物限制，提高口岸免税消费额度，统一各类免税渠道购买权限，鼓励有零售经验或有国际品牌渠道的企业申请免税牌照，增设一批特色免税店，放宽免税购物认可的出入境时间限制。以鼓励创新为导向，允许商贸零售类企业的研究开发费用享受税前加计扣除政策，提升流通企业支持扩大消费的能力和意愿。适应居民消费升级趋势调整消费税税目，适当降低高档化妆品、贵重首饰及珠宝玉石等商品税率，释放减税促消费的积极信号。

五是顺应数字化时代加快发展要求，更大力度地促进消费创新。加快数字消费基础设施建设，强化数字赋能，持续激发数字经济创新创业活力，加速培育新产品新品牌新业态，打造数字消费新载体、新场景、新模式，以数字经济创新激发新需求。

六是注重节庆活动创新，加快假日消费恢复。2021年中秋和十一假期是对春运的一次压力测试，事实证明我国有实现精准防控的能力，能在人员有序流动、疫情防控、社会成本管控中实现较好平衡。针对即将到来的新年春节等重要假期，在加强合理有效防控的基础上，鼓励地方政府组织安排节庆活动，参考上海"五五购物节"等地方经验，通过线上线下互动、城市周边联动、政府企业合作等多种方式促进节假日消费，有效释放消费潜能。

七是稳定消费信心和预期，有序修复消费场景。稳房地产市场预期，深化差异化房贷利率改革，对于首套房和唯一住房且购房满一定年限的家庭，可适当下调房贷利率，释放合理的住房消费。规范消费信贷市场，增加保障性租赁住房供应，引导租金稳步下降。防范2021年第四季度以及2022年居民消费品价格出现过快上涨。

扎实做好冬季蔬菜、水果等生活必需品保供。提升疫情防控政策执行的精准性和灵活性，全力推进新冠疫苗接种工作，在本轮疫情传播稳定控制的情况下，为春运提前做好压力测试和应急预案。修复旅游消费场景，推广"一码畅游""便捷入住"等数字旅游项目，灵活放开区域跨省游，结合区域文化特点在不同季节引导旅游目的地轮换，适当采取景区门票和高速收费优惠措施，鼓励有条件的地方政府发放文旅消费券。

八是合理引导社会集团消费。鼓励和支持团餐消费、扶贫消费等新型消费模式和业态健康发展。适当调整政府采购中关于科技产品和电子设备等创新升级较快产品的不合理限制和要求，促进国产品牌消费和支持国货创新，完善促进产品循环利用的机制和政策。

参考文献

王微、王念：《2020年消费形势分析与2021年展望》，《时代经贸》2021年第1期。

王微：《深刻认识党领导建立中国特色社会主义市场经济的改革历程与经验》，《中国经济时报》2021年11月1日。

王微：《从供给侧建设国际消费中心城市》，《经济》2021年第9期。

王微：《新消费：为新发展格局注入强大新动能》，《中国经贸导刊》2021年第7期。

王微：《坚持扩大内需这个战略基点 促进中国经济行稳致远》，《清华金融评论》2021年第4期。

王微：《新发展阶段扩大内需的主攻方向》，《经济日报》2021年3月22日。

B.21
中国外贸形势分析与2022年展望

高凌云*

摘　要： 2021年，面对全球疫情起伏不定等严峻形势，在习近平新时代中国特色社会主义思想的指引下，各地各部门坚决贯彻落实党中央、国务院有关外贸稳增长的决策部署、迎难而上，我国进出口贸易规模及其全球占比创造历史峰值，在以新动能、新业态等为表征的高质量发展方面更是持续推进。但是，当前我国外贸发展中也存在国际海运效率低、产业链风险增多、贸易条件恶化等问题。建议在参与国际多边机构改革、维护全球产业链正常运转、激发外贸市场主体活力、发展外贸新模式和新业态等方面推出更有力的举措，助力外贸在构建新发展格局中担当更加重要的角色。

关键词： 对外贸易　产业链　新发展格局　进口　出口

2021年，虽然我国外贸规模和质量都有进一步提升，继续成为引领全球经济复苏的最重要力量，但还是存在不少的问题，需要毫不动摇的推动外贸高质量发展走深走实。下文，从2021年对外贸易基本情况、取得的成绩、存在的问题、2022年展望与政策建议等方面展开分析。

---

* 高凌云，中国社会科学院世界经济与研究所研究员，研究方向为国际投资与贸易。

一 2021年前三季度我国对外贸易基本情况

2021年以来，我国进出口贸易增速呈现较明显的前高后低走势（见图1）。据海关统计，2021年1~9月累计进出口贸易总额43741.1亿美元，比上年同期上升32.8%；其中，出口24008.2亿美元，同比上升33.0%；进口19732.9亿美元，同比上升32.6%；贸易顺差4275.4亿美元，同比扩大31.1%。其间，上半年同比增速较高，如4月进出口增速分别高达43.9%、32.1%；但下半年增速开始回落，如9月进出口增速分别下降为17.6%、28.1%。

2021年我国进出口贸易增速呈现前高后低的特征，很大程度上是存在一定的低基数效应，但低基数效应逐步消退。新冠肺炎疫情2020年下半年开始得到有效防控，同期进出口月度同比增长呈现前低后高的态势，由此造成的低基数会抬高2021年上半年和拉低2021年下半年的同比增速。剔除基数效应之后[①]，2021年前三季度进出口同比增长率分别为18.1%、22.5%和25.5%，基数效应对实际增速的影响逐渐下降。

图1 我国进口、出口贸易额与增速变动

资料来源：海关总署。

---

① 以2018~2019年平均增速作为2020年"正常"增速，对2020年基数进行调整。

（一）出口方面

从贸易方式上看，一般贸易、加工贸易出口均大幅增长，但一般贸易出口增速更高。2021年1~9月，一般贸易出口14632.5亿美元，同比上升36.0%，占出口总额的60.9%，份额比上年同期增加1.4个百分点；加工贸易出口5841.6亿美元，同比上升20.1%，占出口总额的26.9%，份额比上年同期减少了2.6个百分点。

从市场分布上看，除日本增速略低外，对主要贸易伙伴出口均大幅上升。2021年1~9月，美国、欧盟、东盟、中国香港、日本、韩国分列中国内地出口地区前六位，中国内地对其出口分别为4115.4亿美元、3670.1亿美元、3455.9亿美元、2473.1亿美元、1216.6亿美元、1074.1亿美元；除对日本出口同比增速为17.7%之外，中国内地对美国、欧盟、东盟、中国香港和韩国的同比增速分别高达32.9%、32.0%、29.9%、34.1%和33.7%。

从商品结构上看，除纺织纱线、织物及其制品外，传统劳动密集型产品均大幅上升，高新技术产品和机电产品出口均同比大幅上升。2021年1~9月，我国传统劳动密集型产品，如箱包及类似容器、鞋靴、服装及衣着附件、家具及其零件、玩具等同比分别上升36.2%、35.1%、25.3%、38.7%、45.9%；但是，随着各国疫情防护物资的产能恢复，我国纺织纱线、织物及其制品出口同比下降了10.7%。另外，我国农产品、机电产品和高新技术产品出口分别为594.9亿美元、14124.4亿美元、6881.1亿美元，同比分别上升9.2%、33.3%、29.1%。

（二）进口方面

从贸易方式上看，一般贸易和加工贸易进口同样大幅上升，但一般贸易进口同比增速显著高于加工贸易进口。2021年1~9月，一般贸易进口12410.4亿美元，同比上升36.0%，占进口总额的62.9%，份额比上年同期增加了1.8个百分点；加工贸易进口3531.1亿美元，同比上升25.2%，占进口总额的17.9%，份额比上年同期减少1.1个百分点。

从市场分布上看，中国大陆自主要贸易伙伴进口均呈现上升态势。2021年1~9月，东盟、欧盟、中国台湾、韩国、日本、美国为中国大陆前六大进口来源地，中国大陆自其进口额分别为2849.5亿美元、2323.2亿美元、2395.2亿美元、1550.0亿美元、1534.0亿美元和1315.8亿美元，同比分别上升32.7%、27.9%、28.9%、22.8%、22.2%和43.5%。另外，中国自澳大利亚的进口也大幅增加至1275.8亿美元，同比上升45.5%。

从商品结构上看，大宗能源、原材料商品进口总体呈上升趋势，但农产品进口增幅显著大于机电产品和高新技术产品。2021年1~9月，大豆、铁矿砂及其精矿、煤及褐煤、原油、成品油、天然气、初级形状的橡胶、天然及合成橡胶、钢材、未锻压铜及铜材等大宗能源、原材料商品进口额合计5483.1亿美元，排前两项的是原油、铁矿砂及其精矿，进口额分别为1844.7亿美元、1508.3亿美元，同比分别上升33.8%和76.0%。但是，除天然气外，其他主要大宗能源、原材料商品都是量跌价升。同期，农产品进口同比上升33.1%，机电产品和高新技术产品进口分别同比上升24.6%和25.1%。值得关注的是，空载重量超过2吨的飞机进口量比上年同期翻番，进口总额更是上升167.1%（见图2）。这可能是因为一方面，随着疫情逐步得到有效防控，民用航空市场需求逐步恢复，增加飞机购买以提前做好准备；另一方面，随着我国电子商务需求和人们生活水平的日益提升，航空客运需求增长迅速，增加了对飞机的进口需求。

图2 我国进口空载重量超过2吨飞机情况

资料来源：海关总署。

（三）贸易差额情况

从贸易方式上看，一般贸易和加工贸易顺差均扩大，但一般贸易顺差增幅显著大于加工贸易顺差增幅。2021年1~9月，一般贸易项下实现顺差2222.1亿美元，较上年同期扩大30.0%，加工贸易项下实现顺差2310.1亿美元，同比扩大13.0%。

从市场分布上看，对主要顺差来源地的顺差均扩大，而对主要逆差来源地的逆差也均扩大。2021年1~9月，美国、中国香港、欧盟和东盟为中国内地前四大顺差来源地，贸易顺差分别为2799.6亿美元、2396.3亿美元、1346.9亿美元和606.4亿美元，同比分别扩大28.1%、32.2%、37.6%和15.8%。中国台湾、澳大利亚、韩国和日本为中国大陆的前四大逆差来源地，分别产生逆差1254.2亿美元、809.4亿美元、476.0亿美元和317.4亿美元，同比分别扩大26.3%、65.9%、4.0%和38.0%。

从商品种类上看，农产品贸易逆差大幅扩大，但机电产品和高新技术产品顺差也大幅扩大。2021年1~9月，农产品产生贸易逆差1061.8亿美元，同比扩大51.6%；机电产品产生贸易顺差5749.0亿美元，同比扩大48.4%；高新技术产品产生顺差810.0亿美元，同比扩大68.7%。

二 2021年我国对外贸易的特点

2021年以来，全球疫情起伏不定，世界经济复苏艰难，我国外贸发展面临的不稳定、不确定性因素依然不少。各地各级各相关部门坚持以习近平新时代中国特色社会主义思想为指导，坚决贯彻落实党中央、国务院决策部署，完整准确全面贯彻新发展理念，统筹推进口岸疫情防控和促进外贸稳增长，加快营造市场化、法治化、国际化的口岸营商环境，各类外贸主体也迎难而上，促使我国外贸呈现增长较快、质量更高两大特点。

（一）外贸规模及其全球占比再创新高

中美贸易摩擦三年及疫情暴发两年后，我国进出口贸易规模及其全球占比均创历史峰值。从规模看，由于第四季度的数据尚属未知，不妨考虑两种情景：第一，较为乐观的情景是，假设2021年第四季度相比2020年同期完全不增长，则2021年全年进出口总额将达到57364.2亿美元，同比增长约23.4%；第二，考虑到2020年第四季度疫情有所缓解，进出口增长情况较好，那么较为稳妥的情景是，假设2021年第四季度相比2019年同期完全不增长，则2021年全年进出口总额也将达到55935.0亿美元，同比增长约20.3%。结合世界贸易组织（WTO）对2021年全球货物贸易量将增长10.8%的预测值，大致可以推测上述两种情景下，我国进出口贸易占全球货物贸易的比重分别为14.6%和14.2%。因此，无论是进出口贸易规模还是进出口贸易规模占全球比重，均将创造历史峰值（见图3）。这充分说明，疫情期间产业配套齐全、市场规模巨大、经济稳定增长等优势使我国作为全球消费市场、供应方和资本提供方的重要性日益凸显，其他国家对我国的依存度上升。

图3 我国进出口总额及其占世界的比重

注：2021年为预测。
资料来源：海关总署与Wind数据库。

（二）外贸高质量发展持续推进

首先，外贸增长的内生动力不断增强。一是民企外贸韧劲继续凸显，活力持续增强。面临疫情冲击，民营企业充分发挥生产经营自主灵活的优势，敏锐捕捉市场机会，迅速响应国内国际市场需求，展现出了强劲的外贸发展活力和韧性。2021年前三季度,我国民营企业出口、进口分别为13369.7亿美元、714.2亿美元,同比增速分别为38.6%、42.3%,分别高出整体增速6.6个、9.7个百分点,继续保持我国第一大外贸经营主体地位。二是有进出口实绩的民营企业增加。2021年前三季度,我国有进出口实绩的企业达到52.67万家,同比增加3.4万家。①

其次,进出口商品结构持续升级。2021年以来,我国机电产品进出口保持较快增长态势。一方面,我国机电产品竞争优势较强。2021年第一至第三季度,出口额分别为4285.9亿美元、4708.7亿美元和5136.5亿美元,同比增速分别为53.2%、29.5%和22.2%;同期占我国出口总额的比重分别为60.4%、58.2%和58.2%。另一方面,我国积极扩大重要设备和关键零部件等进口。2021年第一至第三季度,我国机电产品进口额分别为2566.0亿美元、2851.4亿美元和2959.2亿美元,同比增速分别为17.1%、10.2%和6.1%;同期占我国进口总额的比重分别为42.8%、42.4%和42.2%。虽然机电产品进出口占进出口总额的比重随季度表现出较大的波动,但依据机电产品进出口占我国进出口总额的比重从2019年第一季度至今数据所绘制的线性趋势线仍具有明显的正向斜率(见图4)。

再次,贸易新业态迅速发展。新冠肺炎疫情突袭而至,全球正常贸易往来一度被迫中断,出口短期内受阻。而以跨境电商为代表的外贸新业态、新模式打破线下交易的不便,通过线上方式承接了部分出口重任,畅通了出口渠道,在一定程度上弥补了外贸企业出口下滑导致的销售损失,为我国"稳外贸"贡献了不小的力量。不仅如此,跨境电商还显示出了外贸数字化的抗风险性,为外贸企业数字化转型树立了支点。2021年前三季度,我国跨境电商进出口增长20.1%,市场采购出口增长37.7%。

最后,出口市场更加多元。推进我国对外贸易高质量发展的关键是继续开拓出口市场,降低对单一市场的依赖。图5显示,整体上看,截至2021年第三季度末,表征我国出口市场多元化程度的赫芬达尔指数②尽管存在季节变

---

① 李婕:《外贸稳中向好再创佳绩》,《人民日报》(海外版)2021年7月14日。
② 赫芬达尔指数是用来测量市场多元化程度的指标。公式表示为:$\sum_{i}^{N}\left(\frac{X_i}{X}\right)^2$。式中,$X$为进口或出口总额;$X_i$为出口目的地或进口来源地中第$i$位国家或地区的规模;$N$为出口目的地或进口来源地总数。该指数值越大,表示市场越集中;反则反之。

动，但线性拟合线呈明显的下降态势，说明我国出口市场更趋多元。从具体国别和地区来看，中国大陆排前十位的贸易伙伴分别为东盟、欧盟、美国、日本、韩国、中国香港、中国台湾、澳大利亚、俄罗斯、印度。其中，

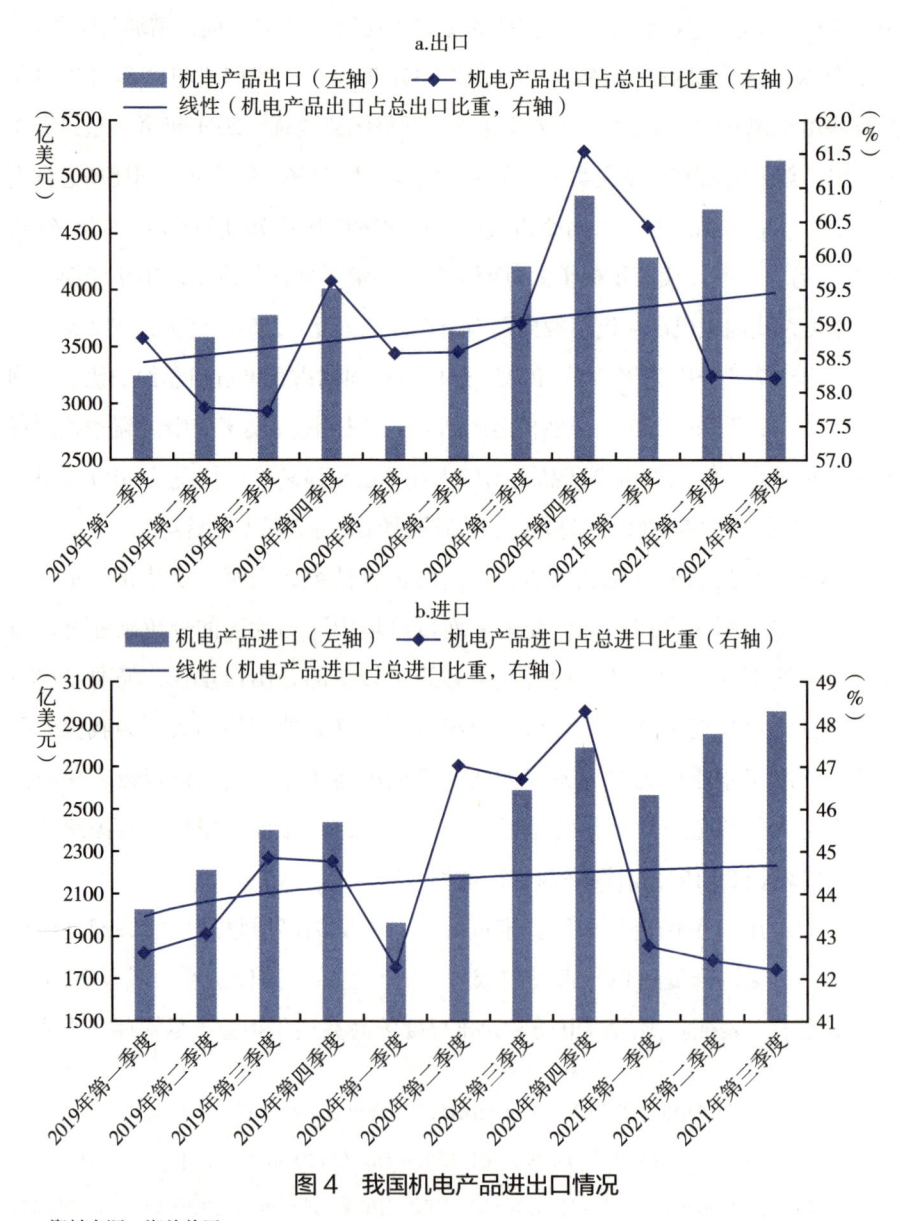

图4 我国机电产品进出口情况

资料来源：海关总署。

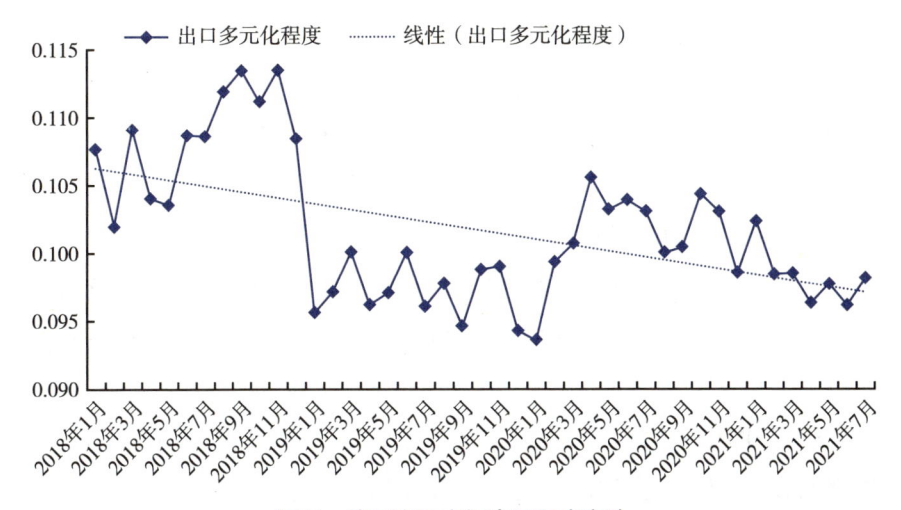

图5 我国出口市场多元程度变动

资料来源：根据海关总署数据计算。

我国已经连续12年保持东盟第一大贸易伙伴的地位，东盟已经连续2年保持我国第一大贸易伙伴的地位，充分展示了我国和东盟合作的巨大潜力和强大韧性。截至2021年9月，我国对东盟进出口额3455.9亿美元，我国自东盟进口额2849.5亿美元，同比分别上升29.9%、32.7%。

三 2021年我国对外贸易面临的主要问题

尽管2021年我国外贸呈现增长较快、质量更高等特征，但是仍然存在国际海运效率低、产业链风险增多、贸易条件恶化等较为突出的问题。

第一，海运运力供需失衡。一方面，我国外贸进出口海运需求快速增加。我国外贸进出口货物超过九成都是通过海运完成的，随着2020年下半年至2021年对外贸易大幅增长，部分国外订单转移至疫情得到有效防控的我国，加上国外"宅经济"对日用消费品的需求旺盛，外贸出口猛增，客观上增加了运输需求。另一方面，海运运力供给不足。一是受疫情影响，相关港口采取相关人员与货物的防疫措施，主动降低码头处理能力，延长口岸通关时间，作业效率大幅下降；而大量船舶在锚地等待泊位，消耗了宝贵的运力资源，

也导致大量空集装箱滞留国外和国内"一箱难求"。二是2021年海外疫情蔓延、船员用工紧张。三是苏伊士运河停运和深圳盐田港疫情等"黑天鹅"事件叠加，部分运输船被迫变更航线绕道，可能导致整个运输链条中断，加剧了全球港口拥堵和运力不足问题。

从2020年5月开始的本轮国际集装箱运输市场运价上涨程度前所未有。全球货运集装箱"一箱难求"的情形至今仍未解决，海运运费又不断刷新历史纪录，外贸企业的利润大幅下降。截至2021年9月底，中国出口集装箱运价指数（CCFI）达3220.6点，较2019年同期上涨397.8%，较2020年同期上涨314.8%；中国—上海出口集装箱运价指数（SCFI）达4614.1点，较2019年同期上涨445.5%，较2020年同期上涨223.1%。

第二，产业链受到产业转移、疫情与政治干扰等因素的多重冲击。新冠肺炎疫情暴发之前，以降低生产成本、充分利用资源、实现投资分散化等为目标的国际产业转移是正常的经济考量。疫情暴发之后，我国是世界上产业门类最齐全的国家，在认真做好疫情防控的前提下，积极推进企业复工复产，为全球疫情防控作出了重要贡献，但是，欧美国家通过这次疫情认识到，不掌握部分重要行业的供应链和生产供应，将对国家经济和社会安全造成极大威胁。因此，以美国为首的西方大国对供应链战略与政策作出重大调整，加大了对战略产业与敏感行业的限制与保护力度，要求将生产线迁移至国内或更近、更安全的地方，试图减少对中国的依赖。

上述因素对产业链的影响正在显现。尤为值得注意的是，半导体芯片短缺对我国高技术产品出口的冲击。第一，我国进出口中有很大一部分是加工贸易方式，这在高新技术产品进出口中体现的较为突出。第二，以加工贸易方式实施的进口变动通常快于出口变动，存在一定的时滞。图6显示，我国以集成电路进口为主的高新技术产品进口，2020年底至2021年初增速较快，但是2021年2月以来，增速逐渐下降；而与之对应的高新技术产品出口下降，滞后约两个月。无论是产业链按照市场规律的自发"外溢"，还是疫情、经贸政治摩擦外力导致的被迫"外溢"，都会对我国产业链安全构成严峻挑战。

图6 高新技术产品进出口情况

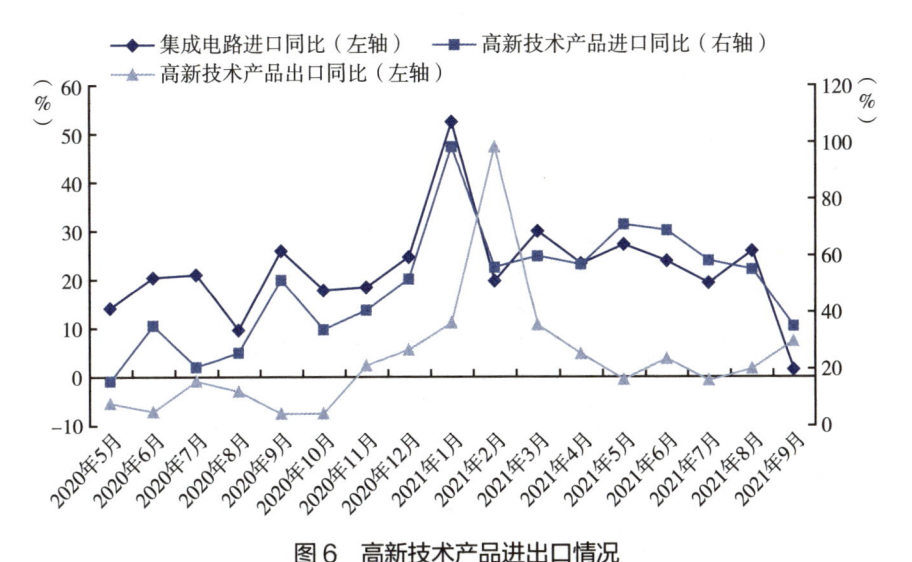

资料来源：根据海关总署数据计算。

第三，贸易条件恶化。从主要进口商品来看，2021年前三季度，进口量同比平均上升7.8%，进口价格平均同比上升27.2%，共同拉动进口额平均上升35.3%，其中，价格因素对进口增长的贡献率为77.8%，价格因素对进口贡献不断增加，成为拉动进口的最主要因素。这主要是因为2021年以来国际大宗商品市场价格整体呈现持续上涨态势。截至10月中旬，反映国际市场大宗商品价格的路透CRB指数相比2020年底累计上涨超过40%，相比2020年的最低点涨幅超过130%。数量贡献的下降主要是受到芯片等部分原材料短缺、电力供应紧张、进口成本上涨等因素影响，国内进口需求偏弱，部分工业原材料进口量回落。自2021年3月以来，我国制造业PMI逐月走弱。9月，我国制造业PMI为49.6，自2020年3月以来首次处于收缩区间；制造业进口PMI为46.8，连续4个月处于收缩区间，并呈现下降趋势。制造业景气度延续下行趋势，国内经济动能边际放缓，进口需求下降。

从主要出口商品来看，由进口原材料和中间品价格提升、国内电力紧张等现象所引发的成本提升，最终将传导到出口品价格。对主要出口商品进行量价分解可知，价格因素对出口增长的贡献率为48.9%，比第二季度贡献率提

图7 我国进出口价格指数与贸易条件变化

资料来源：根据海关总署数据计算。

升了8.1个百分点。但是，出口商品平均价格增长幅度明显小于进口价格上升幅度，导致我国对外贸易条件于2021年3月后不断恶化。图7显示，2019年9月到2021年2月，我国贸易条件平均为1.06，状况较为理想；但2021年3月以来，我国贸易条件平均仅为0.90，显示每1单位出口换回的进口单位数更少。

四 2022年我国对外贸易展望

2021年，我国外贸发展面临的不稳定性稍有减弱，外部市场持续复苏、"十四五"开局、我国稳外贸政策措施逐步落实到位、基数较低等都是重要原因。但是，疫情在部分国家和地区出现反弹带来的不确定性增加，而且替代效应对我国出口增长的支撑逐渐减弱。整体来看，2021年我国外贸总体规模进一步增长，继续成为引领全球经济复苏的重要一极。

展望2022年，我国外贸发展面临的不确定、不稳定因素依然较多。从国际看，第一，全球疫苗接种范围持续扩大，疫情防控、入境限制等政策逐渐放松，各国"适'疫'能力"不断增强，疫情对生产生活的冲击慢慢减弱，部分发达国家和新兴经济体的供给状况可能会得到改善，与防疫产品有关的产能转移以及"宅经济"带来的产能转移将会全部或部分消失。第二，主要国家在疫情期间推出的大规模刺激政策相继退出，导致全球需求特别是大宗商品需求无法延续增长态势。第三，海外供应链修复程度不及预期。因德尔塔毒株蔓延，现有疫苗的防护效果受到冲击，再加上一些国家疫情防范意识下降和相关防控措施不断放松，多国疫情还可能出现反弹；不仅欧美发达国家的供应链恢复较慢，即使前期疫情防控较好的东南亚国家在病毒变异后，供应链也进一步受损，而其他欠发达国家受制于疫苗普及程度不足，供应链尚待启动。第四，中美进行了务实、坦诚、建设性的交流。双方同意本着平等和相互尊重的态度继续沟通，为两国经贸关系健康发展和世界经济复苏创造良好条件。中美已成立联合工作组，并就具体问题取得进展。

从国内看，第一，我国经济长期向好的基本面没有改变。我国统筹疫情防控和经济社会发展卓有成效，疫情防控形势向好，疫苗大范围推广，国内稳定的产业链供应链仍具较强优势，出口竞争力凸显，内需逐步恢复常态。第二，我国外贸企业因国际物流成本激增、人民币汇率波动加剧、原材料价格大幅上涨，以及部分地区招工难、用工贵等导致的综合成本上升问题日益突出，多地自9月开始的"双控"升级，进一步推升了上游的材料价格。第三，替代效应逐渐减弱。随着疫苗接种率提高、海外生产持续修复、供需缺口逐渐缩小，我国出口替代效应或将逐步减弱。不过，由于世界各国开始面临病毒变异等新挑战，我国疫情防控成就卓著、供应链完备的优势将继续凸显，我国对其他国家出口的替代效应虽然减弱，但仍将为我国扩大出口带来机遇。第四，海外订单部分前置。因海运阻滞导致的运输周期延长，为确保如期到货，海外订单出现部分前置；而且，海外消费者为提高网购及时到达的概率，正在提前进行购物，这进一步前置了进口订单。

根据国际货币基金组织（IMF）2021年10月发布的《世界经济展望》，2022年全球经济将增长4.9%，中国国内生产总值将增长5.6%；结合2021年

前三季度我国国内生产总值同比实际增长9.8%,以及经合组织、世界银行等国际机构近期对2022年全年我国经济增速作出的预测;基于贸易引力模型,估计2022年我国进出口总额同比上升12.3%,仍将保持较快增长趋势。

五 结语

越是环境复杂,越是要以更有力的举措推动外贸高质量发展。目前,在支持各国抗击疫情、促进全球抗疫合作等方面作出力所能及贡献的基础上,针对全球疫情反复、原材料价格高企、海运物流不畅等问题,建议如下。

第一,积极参与国际多边机构改革。坚持世界贸易体制、规则,坚持双边、多边、区域次区域开放合作,推动国际经济贸易领域相关规则的制定,增加同各国各地区利益汇合点,在全球经济治理中提供中国经验、提出中国方案、贡献中国智慧,促进经济全球化朝着开放、包容、普惠、平衡、共赢的方向发展。

第二,切实维护全球产业链正常运转。积极调整我国产业链布局,加强核心技术研发,提高原始创新能力,增强对战略性行业和重要环节的整体竞争力和控制力。积极参与全球产业链重构进程,充分利用自身的资金和产业链优势,优化产业链、供应链结构,不断强化中国在全球产业链中的地位,增强中国企业的竞争优势。

第三,精准激发外贸市场主体活力。重点围绕企业面临的突出困难和问题,进一步加大信保、贸易融资、减税降费、通关便利等政策力度,特别是要加强物流和港口收费项目的监督检查,有效对冲国际海运价格上升压力,激发各类市场主体特别是中小微外贸企业的活力。

第四,大力发展外贸新模式、新业态。完善跨境电商发展支持政策,推动企业利用数字新技术整合交易和售后等全链条,加强对生产供应链的柔性改造,以进一步提升应对外部需求波动的能力。

站在"十四五"新起点上,只要坚持稳中求进工作总基调,完整、准确、全面贯彻新发展理念,构建新发展格局,拿出务实举措,就一定能推动外贸稳中提质态势持续巩固，并使外贸在构建以国内大循环为主体、国内国际双循环相互促进的新发展格局中担当更加重要的角色。

参考文献

冯其予：《外贸该如何保持良好增长》，《经济日报》2021年8月6日。

高凌云：《形成国内国际双循环的良性互动》，《人民日报》2020年8月25日。

高凌云：《我国外贸强劲复苏仍将持续》，《人民日报》2021年1月6日。

高凌云：《巩固外贸稳中提质态势》，《人民日报》2021年8月20日。

李婕：《外贸稳中向好再创佳绩》，《人民日报》（海外版）2021年7月14日。

新华社：《十问中国经济》，《人民日报》2021年10月25日。

中华人民共和国商务部综合司、国际贸易经济合作研究院：《中国对外贸易形势报告（2021年春季）》，http://zhs.mofcom.gov.cn/article/cbw/202106/20210603069385.shtml，2021年6月30日。

就业、收入与共同富裕

Employment, Income and Common Prosperity

B.22
就业优先战略应充分考虑青年就业问题

都 阳[*]

摘 要: 近年来,通过实施积极的就业政策,在经历外部环境剧烈波动、全球"大流行"疫情严重冲击的情况下,劳动力市场总体得以保持稳定。然而,不同群体的就业状况呈现分化,其中,青年失业问题日趋严峻,已经成为保持劳动力市场稳定的主要矛盾。今后,在实施积极的就业政策的过程中,应该把解决青年就业问题作为重点,充分发挥市场机制在劳动力资源配置中的决定性作用,努力遏制青年失业率不断上升的趋势。

---

* 都阳,中国社会科学院人口与劳动经济研究所研究员,研究方向为人口与劳动经济。

就业优先战略应充分考虑青年就业问题

关键词： 就业优先　青年就业　周期性失业

近年来，通过实施积极的就业政策，在经历外部环境剧烈波动、全球"大流行"疫情严重冲击的情况下，劳动力市场总体保持稳定。截至2021年9月，全国城镇调查失业率月度平均值为5.16%，各月失业率及平均失业率均控制在年度调控目标之下。在就业总体保持平稳的情况下，不同群体的就业状况呈现分化，其中，青年失业问题日趋严峻。2021年9月，16~24岁城镇人口的调查失业率为14.6%，高出同期城镇调查失业率9.7个百分点。青年失业问题已经成为保持劳动力市场稳定的主要矛盾。今后，在实施积极的就业政策的过程中，应该把解决青年就业问题作为重点，充分发挥市场机制在劳动力资源配置中的决定性作用，努力遏制青年失业率不断上升的趋势。

一　青年失业问题不断加剧

青年劳动者是劳动力市场上最活跃的群体，同时，由于缺乏劳动力市场经验，青年的就业问题也具有广泛性。一直以来，中国通过实施积极的就业政策针对青年群体给予了关注。例如，在不同的时期，根据就业形势的变化，针对青年农民工、大学毕业生的就业问题都曾经实施过专门的就业促进措施。从其他市场经济国家的发展经验看，在劳动力市场制度日益完善、劳动力市场的流动性下降的情况下，青年失业问题将暴露得更加明显。如果在青年失业率不断上升时不能很好地解决该群体的失业问题，其还有可能长期化。近年来数据表明，青年失业率呈逐步上升的趋势。图1展示了2018年1月以来16~24岁及25~59岁城镇人口的调查失业率变化情况，显示出青年群体的失业状况有以下特点。

首先，青年失业率明显高于其他群体，如图1所示青年失业率曲线自2018年1月以来始终处于10%以上，而25~59岁群体的失业率基本维持在4%~6%。较之于其他群体，青年失业问题的相对严重程度更甚。如表1所示

16~24岁组的月度失业率的年度均值与25~59岁组的月度失业率的年度均值之比不断扩大，由2018年的2.45上升至2021年的3.18。可见，在实现劳动力市场上主要就业群体的"稳就业"目标的同时，积极的就业政策还需要更多的关注日益严峻的青年失业问题。

此外，青年群体在劳动力市场似乎表现出更多的脆弱性。2020年新冠肺炎疫情对劳动力市场带来了严重的冲击，但其他群体的失业率很快恢复到正常的水平，而青年群体的失业率却居高不下。2020年1~5月是疫情冲击最为严重的时期，25~59岁组的月度失业率平均值为5.32%，16~24岁组的月度失业率平均值为13.6%。2021年1~5月，疫情对劳动力市场的冲击总体趋于缓和，25~59岁组的月度失业率平均值已经下降到4.74%，非常接近2019年同期的4.70%水平，但16~24岁组的月度失业率平均值仍然维持在13.36%的高位，也显著高于2019年同期10.78%的水平。为什么青年就业群体在劳动力市场遭遇冲击时恢复得更加缓慢，对此还需要更多的信息并通过更严格的实证分析才能找到答案，但在劳动力市场遭到冲击时，加强对现有岗位的保护，从而增加新进入劳动力市场者的就业难度，可能是其中的重要原因。

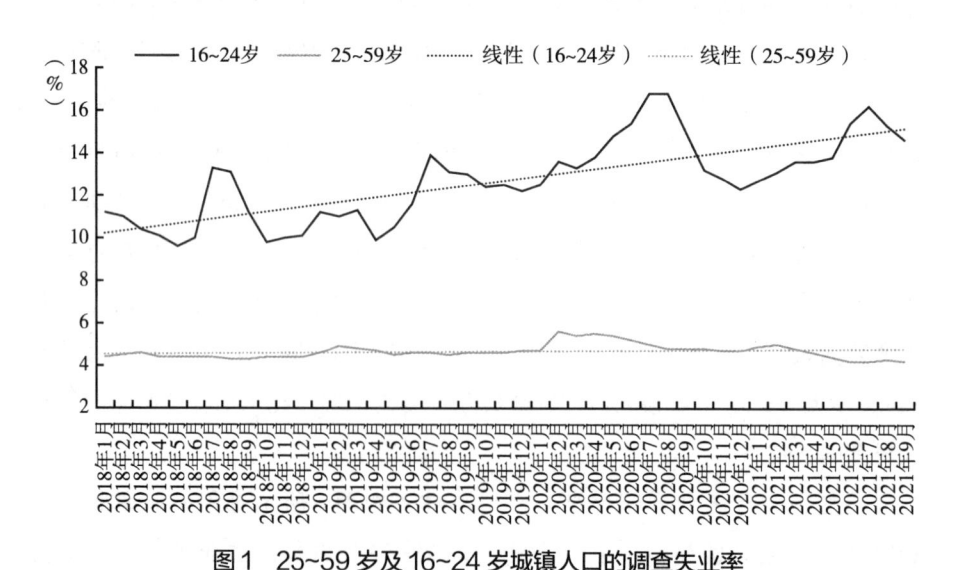

图1 25~59岁及16~24岁城镇人口的调查失业率

资料来源：Wind。

其次，如图1所示，青年失业有一定的周期性特征，意味着大学毕业生构成了青年失业的最主要群体。每年7~9月的毕业季，是大学毕业生寻求就业集中时期，青年失业率也在这一时期高企，随后开始回落。国家统计局尚未系统公布分学历的青年失业数据，但根据部分报道的信息，20~24岁大专以上人口的调查失业率明显高于16~24岁群体的调查失业率。需要注意的是，疫情的冲击（或其他原因）使得毕业季的失业严重程度似乎在加剧。如表1所示，如果将每年的7~9月定义为毕业季，这3个月的平均失业率偏离全年平均失业率的程度提高，2018年高出1.71个百分点，2019年高出1.45个百分点；2020年则高出了2.01个百分点。2021年虽然疫情对其他群体的就业影响已经消失，但青年就业群体在毕业季的失业率仍然高出年度平均1个百分点以上。

最后，除了周期性特征以外，青年失业率的整体趋势开始上扬，长期失业率可能增加。如图1所示16~24岁群体的失业率趋势线明显向右上方倾斜，这一趋势在25~59岁群体失业率曲线中没有体现出来。这意味着青年失业率的长期中枢开始偏离主要就业群体的长期均值。毕业季更高的失业率，在其后回落至较高的均值，意味着部分青年劳动者可能陷入长期失业困境，需要进一步摸清长期失业的具体情况，予以政策应对。

表1 2018~2021年青年失业率情况

项目	2018年	2019年	2020年	2021年
16~24岁失业率				
7~9月平均（%，a）	12.53	13.33	16.20	15.37
全年平均（%，b）	10.82	11.88	14.19	14.25
a-b（个百分点）	1.71	1.45	2.01	1.11
25~59岁失业率				
全年平均（%，c）	4.41	4.64	5.05	4.48
b/c	2.45	2.56	2.81	3.18
城镇就业增长率（%）	2.51	2.16	2.26	—

注：2021年数据截至10月。
资料来源：笔者根据Wind资料计算。

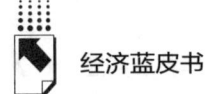

城镇调查失业率虽然是反映就业状况最重要的指标，要全面评估人力资源的使用状况还需要进一步考察劳动参与变化情况。当失业率高企时，一部分求职者会因对就业成功的可能性预期低而退出劳动力市场，这种现象被称为沮丧的工人效应。在中国劳动力市场受到冲击较为严重的时期，这一效应曾经导致失业人口大量增加，是当时就业不充分的重要原因。在青年失业率持续高企的情况下，有必要关注沮丧的工人效应是否会加剧青年失业问题。因此，在分析青年就业状况时，不仅要关注青年失业率变化，还需要结合经济活动人口变化，才能更准确地反映青年就业状况的全貌。遗憾的是，目前的城镇调查失业统计体系没有公布劳动参与情况。为了分析青年群体的劳动参与变化情况，利用已有的信息，在一定假设的基础上，推算青年群体的经济活动人口变化情况。

由于60岁及以上人口的劳动参与水平很低，对劳动总供给的影响很小，以16~59岁群体的经济活动人口数量为城镇经济活动人口总量，16~59岁群体的失业率为城镇调查失业率。如果16~24岁组中经济活动人口占16~59岁组经济活动人口的比重为u，失业率为u_1，25~59岁组中经济活动人口占16~59岁组经济活动人口的比重为$1-u$，失业率为u_2，那么，可以根据上述两个群体的失业率及总体失业率（u）计算出u值，如（1）式所示。在不考虑16~24岁组人口占16~59岁人口的比重[①]的情况下，u实际上反映了16~59岁组的人口劳动参与变化情况，我们根据（1）式计算出2018年1月以来月度的值，并据此绘制图2。

$$a=\frac{u-u_2}{u_1-u_2} \quad (1)$$

---

① 16~24岁组的人口占16~59岁组人口的比重下降，也会导致图2的曲线向右下方倾斜。2018年16~24岁组人口占16~59岁组人口的比重为15%，2019年为14.6%，2020年为14.5%，2021年为14.6%，幅度变化不大，考虑到图中显示的是月度经济活动人口变化情况，人口比重的影响更小。

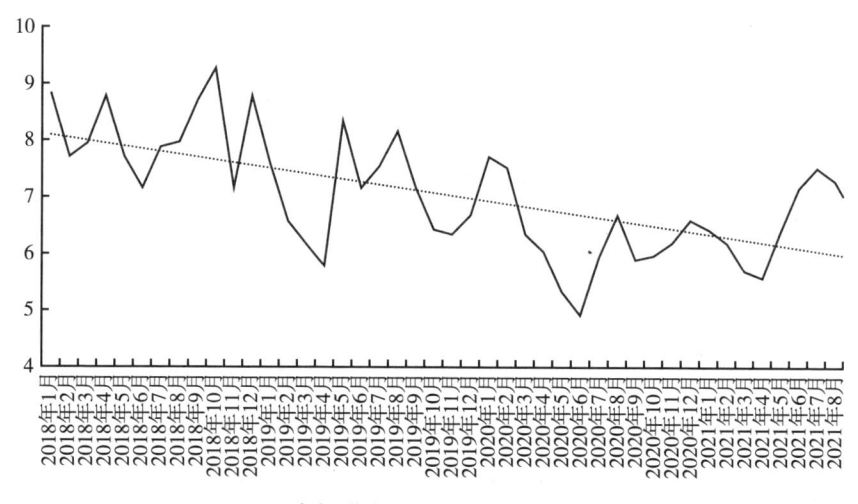

图2 青年群体的劳动参与水平持续下降

资料来源：笔者根据 Wind 资料估算。

图2显示，青年群体不仅失业率居高不下，其相对的劳动参与水平也出现下降趋势。期初的 u 值为8.8，期末已经下降了2.1~6.7，图中趋势线明显向右下方倾斜，反映出青年群体由于劳动力市场上就业机会不足，参与意愿逐渐下降。

综合上述分析可以看到，自2018年以来青年失业问题呈现逐渐加剧态势，失业率居高不下，且失业率曲线的总体趋势明显上扬。与此同时，青年群体的劳动参与水平逐渐降低。青年群体在劳动力市场上的脆弱性愈发明显，与其他群体的失业率差距不断拉大，在遭受疫情冲击后恢复变得更加缓慢。青年失业率波动具有很强的周期性，表明大学毕业生是青年失业群体的主要来源，也应该成为下一步"稳就业""保就业"工作中应该重点关注的群体。

二 解决青年失业问题的迫切性

青年是社会中最活跃的群体，提升青年就业率是保持社会稳定和可持续发展的重要条件。因此，青年就业问题在世界各国都受到高度关注。与此同

时,青年失业率高于其他群体也是一个普遍现象。中国的青年就业形势、失业产生的原因等与其他经济体有相似之处,但也有其个性化特征。无论是短期因素还是中长期因素,解决青年失业问题都具有迫切性,主要体现在以下几个方面。

首先,青年失业率高企将加剧中国劳动力市场的结构性矛盾。自从中国劳动力市场跨越刘易斯转折点后,劳动力市场的总量平衡就不再是就业问题的主要矛盾所在,但就业的结构性矛盾却一直存在。导致就业结构性矛盾的原因很多,既有劳动力供给结构的调整机制难以迅速适应劳动力市场需求变化的原因,也有特定发展阶段经济结构变化加速所引发的岗位匹配难度增加的原因。

需要注意的是,如果近年来青年群体失业趋势变化是由青年群体失业性质变化所致,进一步加剧了劳动力市场的结构性矛盾。从以往的情况看,以大学毕业生为主体的青年失业群体大多具有摩擦性失业的特征,即在毕业季失业率升高,但随着时间的推移,劳动力市场的供求信息逐步得到消化,青年失业率就会逐步下行。但从目前青年群体失业趋势看,失业率趋势线存在明显的上扬,青年失业率如果长期居高不下,意味着短期的摩擦性失业有可能越来越多地转换成长期失业。青年群体长期脱离劳动力市场,一方面将导致个人失去"干中学"提升人力资本的机会,另一方面在劳动力市场总体供求关系趋于紧张的情况下,加剧就业的结构性矛盾。

其次,从中国人口转变的过程看,由于劳动年龄人口数量下降,劳动力市场规模缩小成为中国经济发展中面临的重大挑战。中国以往经济增长的源泉主要来自两个方面,即劳动力市场规模的扩大和劳动生产率的提升。中国的人口老龄化进程即将加速,劳动力市场总体规模也将缩小。据测算,在"十四五"时期劳动力市场规模变化对经济增长的影响弹性约为-0.5。可见,青年失业率居高不下,将加剧上述总量变化趋势,对经济增长造成直接的损害。

最后,人口快速老龄化已经成为中国经济发展中面临的最严峻的挑战之一,而提升劳动生产率是应对人口老龄化的终极之道。较之其他很多国家而言,中国独特的人口转变过程导致未来几十年的人口老龄化进程明显提速,作为一个未富先老的国家，应对人口老龄化的任务也较之发达经济体更加艰巨。如前所述，不断提升劳动生产率是应对人口老龄化的核心所在，而劳动生产率提升的基础是劳动者具有更高的人力资本水平。而年轻的人口队列具有更高的人力资本，恰恰是中国在应对人口老龄化时的优势所在。如图3所示，中国年轻的劳动力的平均受教育年限明显高于接近退休人群。根据2015年1%人口抽样调查数据计算，20岁组人口的平均受教育年限达到了12.8年，已经接近发达国家的平均受教育水平，而60岁组人口的平均受教育年限仅为7.4年，前者高出后者73%。这意味着，利用好青年劳动力，以人力资本更高的年轻劳动力替代人力资本较低的老年劳动力，是中国成功应对人口老龄化的希望所在。

显然，要发挥图3所示的人力资本队列优势，首先需要提升年轻劳动力的劳动参与水平、降低其失业率。因此，目前年轻队列的高失业率使我国在人力资本结构上原本具备的优势丧失。除了提高年轻劳动者的就业率以外，还需要使人力资本的差距映射为劳动生产率的差距。这就需要通过提升劳动力市场的竞争性，使年轻劳动者作为更高的人力资本以更高的劳动生产率体现出来，才能真正利用好近几十年来国家、社会和个人对人力资本的巨大投入。

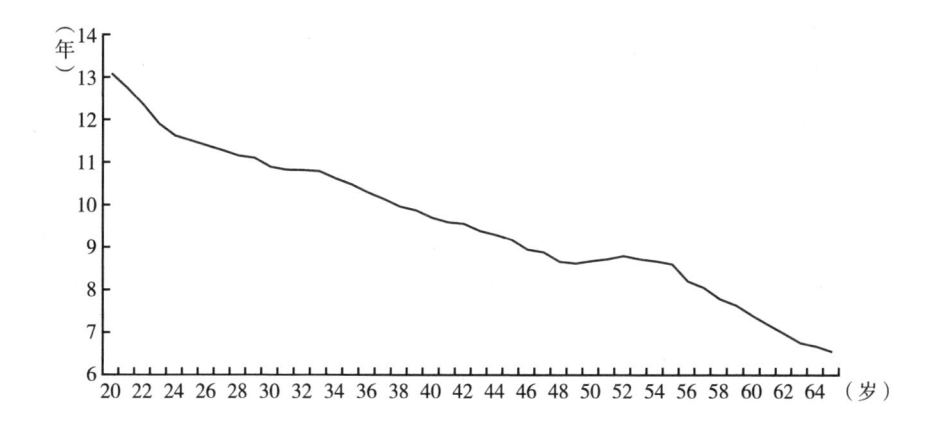

图3 分年龄的平均受教育年限

资料来源：笔者根据国家统计局《2015年1%人口抽样调查资料》计算。

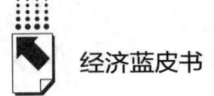

综合上述因素来看,解决青年失业问题具有一定的迫切性。虽然从数量关系上看,青年就业人口占劳动力市场总人口的比重并不高,但其较高的人力资本水平是我国赖以应对人口老龄化的重要基础。积极的就业政策必须更加关注青年就业问题,将其作为重点关注的群体,通过完善相关的劳动力市场制度和就业政策,充分利用宝贵的人力资源。

三 造成青年失业问题的原因

青年失业问题在全球范围具有普遍性。无论是在发达经济体还是新兴经济体,青年失业率都高于其他群体。例如,经济合作与发展组织(OECD)国家青年失业率普遍高于其他群体。而且,在遭遇就业冲击时,青年群体在劳动力市场上表现出更强的脆弱性:在遭受国际金融危机冲击后,OECD国家的青年失业率从2007年第四季度的12.1%上升至衰退期高峰的17.3%,失业率增长的幅度(5.2个百分点)约为其他群体的两倍;新冠肺炎疫情的冲击也造成了类似的影响。导致中国青年失业问题的原因既有与其他国家相类似的普遍性因素,也与中国特定发展阶段的特征和特定的政策举措相关。因此,只有分析造成青年就业困境的共性因素,理解中国特定阶段青年失业的原因,才能解决好当前的青年失业问题。

一直以来,高校扩招被认为是导致中国青年失业问题的主要原因。客观上看,高等教育规模扩张的确集中增加了高技能人才的供给,造成了一定时期的就业压力。但如果简单地将青年失业归因于高等教育扩张,则既无助于理解当前青年失业问题,也无益于寻找到恰当的解决方案。其一,高等教育扩张从总体上看是顺应经济发展阶段需要的。一方面,中国经济增长由要素积累转向全要素生产率提高,必然对技能型人才的需求增加;另一方面,如前所述,中国人口结构的急剧变化,也迫切需要新加入劳动力市场的年轻人具有更高的人力资本,并成为劳动生产率不断提升的基础。从实际情况看,高等教育的扩张已经成为既定的事实,当前更重要的是将扩张的结果转换成积极的因素,利用好这个红利。近年来,一些产业部门的发展已经使工程师红利初露端倪，例如，信息技术、医药的 CRO、部分高端制造业等技术密集型行业，丰富的人才储备逐渐展现出一定的国际竞争力。这说明只要找到契合经济增长的模式，完全可以实现经济高质量发展和青年就业的兼容。

其二，高校扩招已经有很多年，但前文所述的青年失业的新特征只是最近几年的事情。这意味着仅仅从总量关系上理解青年失业问题，难以找到令人满意的答案。当然，一些长期的问题，如高等教育与劳动力市场的关系问题一直没有很好地解决，有可能使青年失业矛盾不断积累，从而使青年失业率从周期性高位的回落变得越来越不明显。

导致青年失业率高企的另一个普遍的原因是劳动力市场上的就业保护对不同群体间产生了不同的影响。就业保护是很多国家劳动立法的重要内容，是平衡雇主与雇员关系的重要基础，主要是对解雇的程序、赔偿等内容做出具体规定。有关就业保护的立法和政策是保护劳动者合法权益的重要内容，而就业保护的程度历来是劳动力市场上安全性与灵活性平衡的焦点。不过，就业保护立法和政策大多以劳动力市场上现有的岗位为对象，着眼于对现有岗位上劳动者的保护。而且，就业保护立法和保就业政策的目标，也只关注其一阶效应和短期效应，即是否使现有岗位上的劳动者实现持续、稳定的就业。

对于任何一个成熟的市场经济体而言，就业保护是必不可少的制度安排，是规范劳动力市场、形成和谐劳动关系的基石。不过，从优化制度设计的角度看，也应该考虑就业保护的长期效应和二阶效应。尤其是在不同群体之间造成的福利差别，并不是就业保护制度的初衷。首先，严格的就业保护降低了劳动力市场的流动性，对在岗的劳动者可能有一定的保护，但流动性降低使新进入者的就业机会减少，造成了不同群体之间福利的相对差异；其次，长期执行严格的就业保护可能造成资本和劳动等生产要素配置的扭曲，阻碍经济效率的提升和生产率的提高。而经济效率的损失最终会通过产品和服务的价格传导至劳动力市场，使就业需求和新增就业岗位减少，而青年群体就业更依赖于岗位的增加。

就业保护的严格程度与青年就业的负向关系在发达国家已经有所体现。图4根据OECD国家的资料绘制，横轴为根据各个国家劳动立法构造的度量就业保护严格性的指数，数值越高表示对现有岗位上就业的保护程度越高。由于就业保护对经济发展和劳动力市场的影响需要一定时间才能体现出来，以2015年的就业保护严格性指数作为基期，观察其对2015~2020年不同群体失业率的影响。图中的纵轴是2015~2020年20~24岁人口失业率与40~54岁人口失业率之比。图4中的每一个点代表一个OECD国家，2015年的就业保护严格程度越高，2015~2020年20~24岁人口失业率与40~54岁人口失业率的比值就越大，图中的拟合曲线也向右上方倾斜。这意味着，严格的就业保护可能在长期对青年就业形成负面影响，制定保就业和稳就业政策时需要考虑到不同群体间利益关系的平衡。

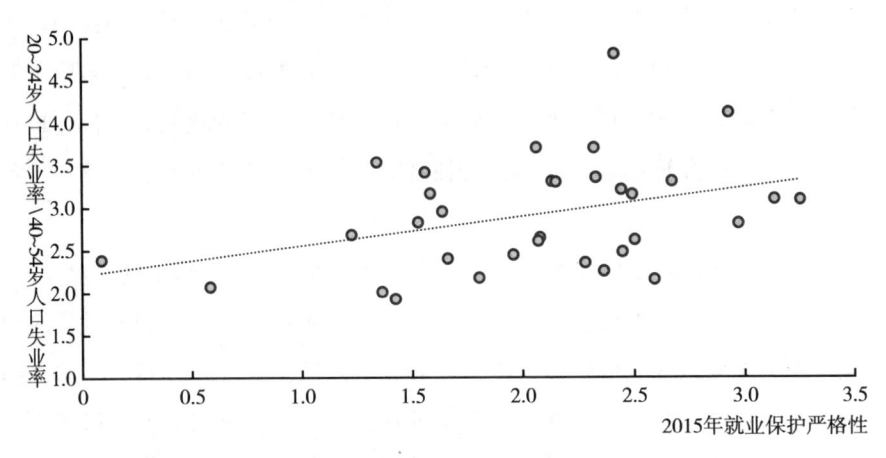

图4 OECD国家就业保护的严格程度与青年失业程度

资料来源：OECD统计资料，stats.oecd.org。

由于大学毕业生是青年失业群体的主体，从需求侧看，解决青年就业问题的终极方法是不断提供越来越多的高质量就业岗位。大学毕业生的人力资本水平相对较高，而且多年的教育投资使其对劳动力市场回报有更高的期待，这些因素叠加推高了大学毕业生的保留工资水平。从国家国家统计局公布的部分月份的分教育水平的失业率看，20~24岁大学本科的失业率要高于同年龄组大学专科的失业率。这可能与本科毕业生有较高的保留工资有关。在这种情况下，一旦高质量就业岗位的增长相对不足，青年失业率就会上升。因此，长期来看，促进经济的结构转型，一方面可以通过结构转型产生新的就业岗位，而青年入职新岗位不存在与现有岗位就业者的竞争，因而不会因就业保护而产生劳动力市场的摩擦；另一方面，通过促进基于全要素生产率的结构转型，可以产生更多适合具有更高的人力资本的劳动者的就业岗位，有助于缓解大学生的就业压力。

四 政策建议

本研究分析表明，近年来青年失业问题日趋严重。从保持短期劳动力市场稳定，以及从长期促进经济可持续发展的角度看，更好地解决青年失业问题具有必要性和紧迫性。在2022年实施积极的就业政策、推进"稳就业""保就业"工作中，要进一步细分政策关注的目标群体，加强政策的针对性，努力遏制青年失业率不断攀升的势头，具体来说应该关注以下几个方面的工作。

（一）继续扩大就业

对于新进入劳动力市场的年轻人来说，其就业岗位有两个来源：新就业岗位的创造和原有就业岗位的调整。显然，为了保持劳动力市场的稳定，新创造的就业岗位数量越多，越有利于解决青年就业问题。但近年来，城镇就业增长趋缓，如图5所示，2015年城镇就业增长率为3.1%，到2020年已经下降到2.3%，图5中向右下方倾斜的趋势线也表明了这一点。影响城镇就业总量增长的因素很多，既与经济增长的短期波动有关，也与经济增长的就业弹性相关。但客观上看，一旦新增就业岗位的速度放缓，对即将进入劳动力市场的年轻人会产生更大的负面影响。

图5 城镇就业增长率

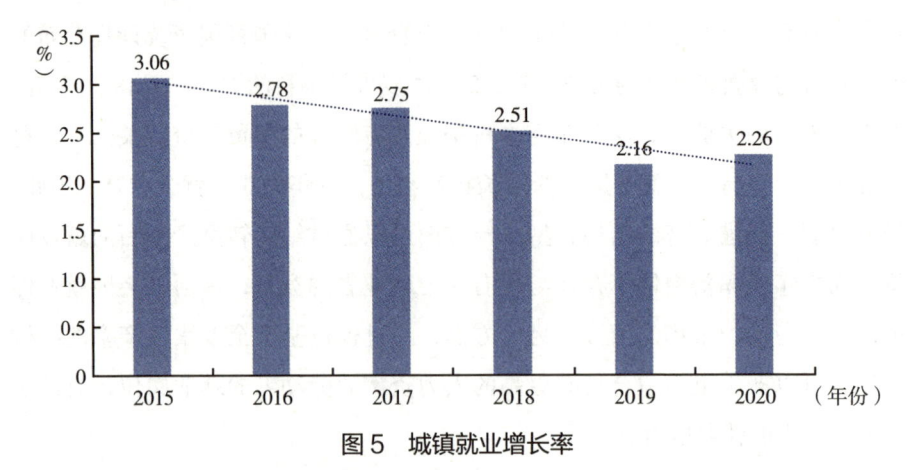

资料来源：笔者根据《中国统计年鉴》数据计算。

要解决青年失业率持续偏高的问题，同时保持原有就业格局的稳定，就需要在劳动力市场上实现就业的帕累托改进。因此，较之于促进劳动力市场既有岗位的流动而言，实现就业岗位总量的增加可能是更有效的手段。

（二）积极就业政策注重群体间的平衡

从青年失业率变动趋势看，长期的结构性因素与疫情冲击及周期性因素的叠加，使以大学毕业生为主的青年群体就业面临较大的困难。解决青年劳动者的就业问题，需要认识到在当前人口结构发生重要变化、人口老龄化加速演进的情况下，青年失业率变化趋势呈现恶化，以及青年失业周期可能延长对劳动生产率提升和经济持续发展所产生的不良后果。因此，要把青年群体作为积极就业政策的主要瞄准对象，实施具有针对性的就业促进方案，具体的政策措施也需要短期和长期并举。短期政策的主要目标是遏制青年失业率不断上升的趋势，避免青年人长期脱离劳动力市场使失业由短期失业、摩擦性失业向长期失业、结构性失业转化。通过创造公共岗位、增加见习机会、帮扶企业扩大招聘范围等多项措施，切实解决好青年群体的就业问题，帮助他们渡过难关。这一方面，一些经济体的经验和做法值得借鉴，例如，韩国颁布的《促进青年就业特别法案》规定，每年3%的公共岗位空缺须拿出来雇用年轻的失业者，并取得了一定的成效。

从长期看，青年就业困难与劳动力市场僵化有很大关系：对现有岗位的过度保护必然降低岗位的流动性，新进入劳动力市场的年轻劳动者获得岗位的难度就会增大，导致青年群体的失业率上升，且表现出与其他群体不同的趋势。因此，要不断深化劳动力市场改革，通过增强劳动力市场的灵活性，为青年人就业开拓空间。

（三）为青年创业就业创造条件

青年是创业的最主要的群体，创业带动就业是实现就业倍增、缓解青年失业问题的重要途径。创业受到经济周期的影响很明显。要利用好现有的支持青年创业的政策体系，加大财政、金融手段对青年创业的支持力度，解决好青年创业中遇到的融资难问题。与此同时，要为青年创业创造良好的制度环境，青年群体初涉市场，缺乏经营和管理的经验，而降低创业的门槛，减少创业的制度壁垒，就是对青年创业的支持。此外，还需要完善包容创业失败的社会化支持体系，通过加强失业救助等手段，加大对创业的支持力度，降低青年人因为创业失败而需要承担的风险，增强其创业意愿。

（四）促进结构调整有利于解决青年就业问题

在新发展阶段促进经济的结构调整是贯彻新发展理念、构建新发展格局的必然要求。当前，促进经济结构调整的主要方法是将经济增长由以往依靠生产要素的积累转变为依靠全要素生产率的提升。虽然促进经济结构调整的出发点是提高经济增长的可持续性以及不断提升劳动生产率，而不是仅仅为了解决青年就业问题，但促进经济结构调整以及由此引发的就业结构变化，在客观上可能有助于解决青年就业问题。已有的研究表明，就业结构变化将引起技能需求变化，而年轻劳动力的人力资本水平对结构变化的劳动力市场有更强的适应性。因此，继续推进新发展阶段的既定目标，推动经济结构的转型升级将会对解决青年失业问题产生积极的效果。

参考文献

蔡昉、都阳、王美艳:《中国劳动力市场的转型与发育》,商务印书馆,2005。

都阳、贾朋:《劳动供给与经济增长》,《劳动经济研究》2008年第3期。

都阳、贾朋、程杰:《劳动力市场结构变迁、工作任务与技能需求》,《劳动经济研究》2017年第5期。

都阳、封永刚:《人口快速老龄化对经济增长的冲击》,《经济研究》2021年第2期。

OECD,"OECD Employment Outlook 2016", OECD Publishing, Paris. http://dx.doi.org/10.1787/empl_outlook-2016-en,2016.

OECD,"OECD Employment Outlook 2021: Navigating the COVID-19 Crisis and Recovery," OECD Publishing, Paris, https://doi.org/10.1787/5a700c4b-en.

Han, Joseph, "The Labor Market Impacts of Delayed Mandatory Retirement," *Policy Study* 2019-03, Korea Development Institute, 2019.

B.23
中国国民收入分配形势分析与政策建议

张车伟　赵文　李冰冰*

摘　要： 我国加大宏观政策力度，应对经济下行压力，分配格局继续调整，国民收入分配向非金融民营企业和居民倾斜。受疫情影响，雇员劳动报酬份额略有下降，居民收入增速放缓，中低收入居民受影响更大，居民收入差距继续扩大。数据要素和知识技术要素在国民收入分配中已经占据了一定的份额，反映了依靠创新驱动带来的可观回报。要继续缩小不合理的收入差距，协调推进初次分配、再分配、三次分配的收入分配改革，推动更多低收入人群迈入中等收入行列。

关键词： 收入分配　劳动报酬　收入差距

一　国民收入初次分配

（一）数据要素报酬

习近平总书记高度重视数据要素在促进经济高质量发展中的作用，在2017年12月主持十九届中共中央政治局第二次集体学习时指出，"要构建以数据为关键要素的数字经济"，并对建设现代化经济体系与大数据发展和应用做出了精辟论述。2019年10月，中共十九届四中全会公报指出，"健全劳动、

---

* 张车伟，中国社会科学院人口与劳动经济研究所所长、研究员，研究方向为人口与劳动经济；赵文，中国社会科学院人口与劳动经济研究所副研究员，研究方向为人口与劳动经济；李冰冰，中国社会科学院人口与劳动经济研究所助理研究员，研究方向为人口与劳动经济。

资本、土地、知识、技术、管理、数据等生产要素由市场评价贡献、按贡献决定报酬的机制",将数据确认为七大类生产要素之一。《中共中央 国务院关于构建更加完善的要素市场化配置体制机制的意见》(2020年3月30日),为深化要素市场化配置改革明确了方向。

学术界对数字经济和数据要素的概念进行了探讨。蔡跃洲和马文君认为数据是数字经济时代的新生产要素,具备关键要素低成本、大规模可获得的基本特性和非竞争性、低复制成本、非排他性、外部性、即时性等技术经济特征,这是数据要素提升企业生产经营效率的基础。[1] 徐翔等认为数据生产要素具有虚拟性和非竞争性特征,以及由此产生的边际产出递增、强正外部性、产权模糊与衍生性等特点。[2] 熊巧琴和汤珂认为数据资产具有可复制性、价值不确定性等特征,数据资产的交易和定价与传统资产、金融资产不同。[3] 许宪春和张美慧认为,数字化赋权基础设施、数字化媒体、数字化交易、数字经济交易产品是形成广义数字经济的关键要素。[4] 金星晔等认为数字技术和数字化信息是数字经济的两个关键要素。[5]

2015年,十八届五中全会提出了要实施"国家大数据战略",标志着大数据战略正式上升为国家战略。此后,《促进大数据发展行动纲要》和《国家信息化发展战略纲要》先后出台,为数字经济的发展提供了指导性意见。2016年发布的《二十国集团数字经济发展与合作倡议》提出了数字经济的一种定义,认为"数字经济指的是以数字化信息与知识作为生产要素,以信息化网络为载体,以ICT的使用来促进效率提升和宏观经济结构优化的经济活动总和"。

数据要素的报酬核算,首先涉及数据要素的定义问题,而这离不开数字经济的定义。数字经济是以数据要素作为关键生产要素的经济活动。生产要素是维系经济主体生产经营过程中所必须具备的基本社会资源,具有部分可

---

[1] 蔡跃洲、马文君:《数据要素对高质量发展影响与数据流动制约》,《数量经济技术经济研究》2021年第3期。
[2] 徐翔、厉克奥博、田晓轩:《数据生产要素研究进展》,《经济学动态》2021年第4期。
[3] 熊巧琴、汤珂:《数据要素的界权、交易和定价研究进展》,《经济学动态》2021年第2期。
[4] 许宪春、张美慧:《中国数字经济规模测算研究——基于国际比较的视角》,《中国工业经济》2020年第5期。
[5] 金星晔、伏霖、李涛:《数字经济规模核算的框架、方法与特点》,《经济社会体制比较》2020年第4期。

替代和整体不可替代的特征。从这个意义上说,关键生产要素的定位意味着没有数据要素,就没有数字经济。

从历史来看,关键生产要素的引入和大规模运用是新的经济活动与旧的经济活动有着本质不同的主要特征。第一次工业革命,煤和蒸汽机的引入使得前后的经济活动划分为农业时代和工业时代。第二次工业革命,石油和电力的引入使得前后的经济活动划分为蒸汽时代和电气时代。第三次工业革命,芯片的引入使得前后的经济活动划分为机械化时代和自动化时代。煤、蒸汽机、石油、电力和芯片就是那个时代经济活动的关键要素。如果抽取出这些关键要素,就不能称为那个时代。数据要素也是这个道理。它将前后的经济活动划分为自动化时代和智能化时代(或者信息化时代)。诚然,其他的经济活动也会受到数据要素的沾染和渗透,但数据不是那些经济活动的关键要素。就好像机械化的农业一样,没有机械的农业仍然是农业,而没有耕地的经济活动一定不是农业,因此,耕地是农业的关键要素,机械不是。只有那些没有数据要素就不能存在的经济活动,才能被称为"真"数字经济。因此,数据要素的报酬总额,不会超过数字经济本身的增加值规模。估计出数字经济的增加值规模,能够帮助判断数据要素报酬的规模。目前,国内关于数字经济增加值的测算范围和测算方法均未统一,使得测算结果存在一定差异,而且均未给出初次分配中数据要素的报酬规模。

作为一般信息的数据和作为生产要素的数据,对于生产经营活动来说,意义是不同的。作为一般信息的数据本身早已存在于经济社会活动中,但在农业经济和工业经济时代都没有被定义为生产要素。这是因为,有了数据信息,生产活动的效率可能会更高,但没有数据信息,仅从实践经验出发,这些生产活动也能够进行下去。从上述定义出发,拥有和使用数据的行业并不一定属于数字经济。建立和保有数据库的支出不能等同为数据要素的报酬来源。数据资本价值本身可能很难计算,但数据库建立和保有的支出容易统计,因此,将在形成数据资产的过程中,收集数据的费用、建立数据库的费用作为数据要素报酬,可能是容易出现的错误。比如,目前绝大多数的数据库属于生产活动中所产生的附加产品,实际上不一定起到了数据要素的作用,因此也不一定能因持有数据而分得报酬。即便能够得到数据资本的价值，也不能像固定资产那样使用简单折旧的方法计算数据要素报酬。数据要素报酬的规模应该取决于它的经济贡献，而不是建立它的成本。总之，数据库资本化核算得到的结果不能等同于数据要素的报酬。

根据本报告对数字经济和数据要素的定义，我们设计了一套要素报酬份额轧差方法来估计数据要素报酬的规模。笔者使用2012年、2015年、2017年和2018年的《投入产出表》，核算了数字经济的增加值规模，[1]进而得到了数据要素报酬的规模，并对2012~2020年的缺失值进行估计，结果如表1所示。利用《投入产出表》和结构赋值的方法估算某种经济成分规模的方法，是在核算制度还不完善、核算结果尚未公布的情况下，较为合理有效的先行先试路径，张车伟等[2]和许宪春等[3]使用类似的方法分别估计了中国健康经济的增加值规模和中国数字经济的增加值规模。

表1 数字经济增加值和数据要素报酬规模

单位：亿元，%

年份	数字经济增加值	数据要素报酬	数字经济增加值占全国GDP的比重	数据要素报酬占全国GDP的比重	数据要素报酬占数字经济增加值的比重
2012	24973	5955	4.64	1.11	23.8
2013	29436	6376	4.96	1.08	21.7
2014	34760	7142	5.40	1.11	20.5
2015	40215	8788	5.84	1.28	21.9
2016	41239	8551	5.53	1.15	20.7
2017	51006	12398	6.13	1.49	24.3
2018	57317	14129	6.24	1.54	24.7
2019	58741	14029	5.95	1.42	23.9
2020	65719	15837	6.47	1.56	24.1

---

[1] 张车伟、赵文、王博雅：《新经济：概念、特征及其对增长和就业的贡献》，载张车伟主编《中国人口与劳动问题报告No.18》，社会科学文献出版社，2017。

[2] 张车伟、赵文、程杰：《中国大健康产业：属性、范围与规模测算》，《中国人口科学》2018年第10期。

[3] 许宪春、常子豪：《关于中国数据库调查方法与资本化核算方法研究》，《统计研究》2020年第5期；许宪春、张美慧：《中国数字经济规模测算研究——基于国际比较的视角》，《中国工业经济》2020年第5期。

（二）按照要素划分的初次分配格局

从要素分配来看，劳动要素、资本要素、公共要素[1]和混合收入是国民收入最主要的组成部分（见图1）。2020年，劳动报酬份额为36.2%，资本报酬份额为31.2%，公共要素报酬份额为7.7%，数据报酬份额约为1.6%，混合收入占比为19.1%。土地要素报酬，包括地租和土地类税收两个部分，报酬份额为1.8%。知识技术使用国家统计局发布的"研究与试验发展经费支出"数额，并根据"劳动—资本"的报酬比率拆分为知识技术（劳动）和知识技术（资本）两个部分，占比分别为1.3%和1.1%。

从趋势来看，2012年以来，劳动、知识技术（劳动）、知识技术（资本）、数据、资本的要素报酬占国民收入的份额提高，土地要素报酬份额稳定，公共要素报酬份额和混合收入份额降低。劳动报酬份额和混合收入份额的变化幅度大致相当，说明劳动报酬的增量来源主要是从自雇经济转入雇员经济的农民工。资本报酬份额和公共要素报酬份额提降的幅度大致相当，说明政府和企业的分配关系得到了有效调节。

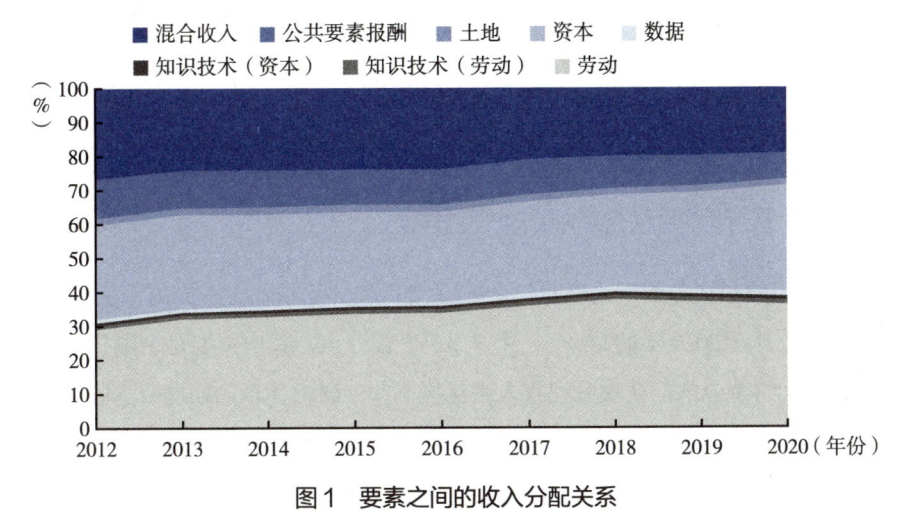

图1 要素之间的收入分配关系

资料来源：根据国家统计局（data.stats.gov.cn）、住房和城乡建设部《全国住房公积金2020年年度报告》、国家税务总局《中国税务年鉴》和财政部2020年全国财政决算数据计算。

---

[1] 公共要素是指政府部门持有的除了土地之外的生产要素。

2020年，包括知识技术（劳动）在内的全国雇员劳动报酬占GDP的份额为37.4%，比2019年下降了0.1个百分点，比2012年提高了7.6个百分点。雇员劳动报酬份额2012~2019年持续提高，2020年出现下降，主要是为了应对疫情冲击，降低了社保费率，雇主单位缴纳的社保基金总额下降。2020年，雇主单位缴纳的社保基金占雇员劳动报酬的比重约为10.5%，较2019年下降了1.9个百分点（见图2）。

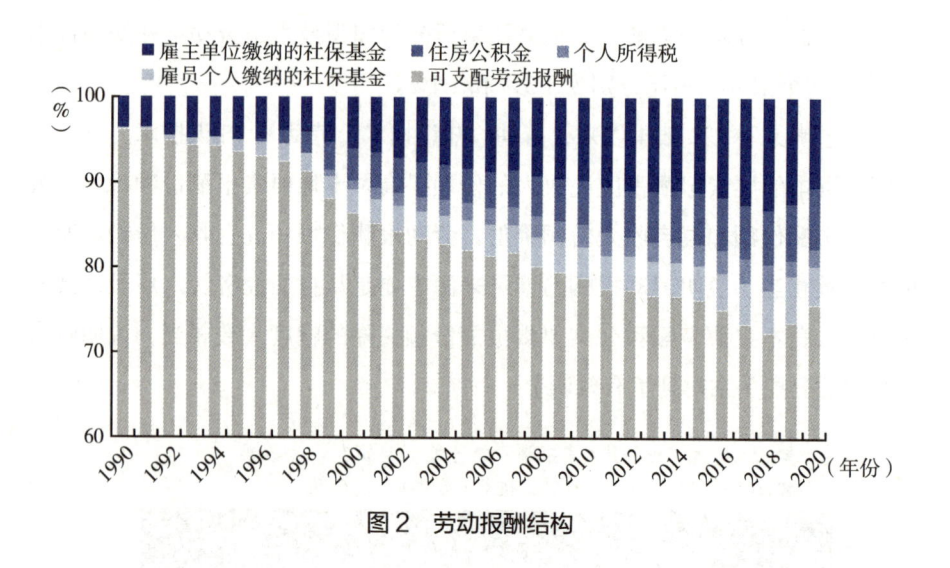

图2 劳动报酬结构

（三）按照部门划分的初次分配格局

从部门间初次分配格局来看，企业部门初次分配收入有所提高，从2019年的25.8%上升至2020年的26.4%，上升0.6个百分点，其中主要是金融机构部门和非金融民营企业部门初次分配收入占比提高。金融机构部门初次分配收入占比3.8%，较2019年上升0.3个百分点；非金融民营企业部门初次分配收入占比提高1.4个百分点，非金融国有企业部门初次分配收入占比降低1.1个百分点。

金融机构部门初次分配收入占比提高，主要是由于金融业增加值增长较快。2020年金融业增加值增长7%，快于全国同期2.3%的增速，相比来看，工业、建筑业、房地产业的增加值增速分别为 2.4%、3.5%、2.9%，接近全国平均水平；交通运输、仓储和邮政业增加值与上年持平，增长 0.5%；而批发零售、住宿餐饮业的增加值均较 2019 年下降，增速分别为 -1.3%、13.1%。与 2019 年增速相比，其他行业增速均低于 2019 年增速，而金融业增加值增速甚至略高于 2019 年增速。① 与此同时金融机构利息来源保持增长，其中主要是企业债券、金融债券规模增长带来的利息收入增长。根据统计局数据，2020 年全年发行公司信用类债券 14.2 万亿元，比上年增加 3.5 万亿元，增幅 32.7%。2020 年新增企业债券 4.44 万亿元，同比增加 1.1 万亿元，增长 33.2%，高于 2019 年 26.8% 的增速。

非金融民营企业初次分配收入占比上升，是多种因素叠加的结果。受疫情影响，虽然非金融民营企业增加值有所下降，较 2019 年下降 1.3 万亿元，但社保降费使得雇佣成本总额下降更多，减税也为民营企业留下了更多的收入。根据财政部的报告，为保居民就业、保基本民生、保市场主体，2020 年赤字规模增加 1 万亿元，发行 1 万亿元抗疫特别国债。实施阶段性大规模减税降费，出台实施 7 批 28 项减税降费政策以支持中小微企业、个体工商户和困难行业企业。2020 年为帮助企业渡过难关，为市场主体减免社保费 1.7 万亿元，减负总规模超过 2.6 万亿元。②

非金融国有企业初次分配收入占比下降，主要是因为劳动者报酬增长较快。根据国家统计局数据，2020 年国有城镇单位就业人员工资总额较 2019 年增长 10.9%，高于城镇单位工资总额平均涨幅（2020 年城镇单位工资总额涨幅 6.4%，较 2019 年 9.1% 的涨幅下降 2.7 个百分点），而 2018 年和 2019 年的这一增长率仅为 5% 左右。具体来看，国有城镇单位就业人员平均工资较上年增长 9.3%，增幅低于 2019 年，工资总额的增长主要是因为国有城镇单位就业人员数量增加，根据工资总额和平均工资计算的国有城镇单位就业人员数量 2020 年为 5514 万人，较 2019 年增长 80 万人，而近年来国有城镇单位就业人员数量逐年下降，如 2019 年就业人员数量较 2018 年下降了 280 万人。

---

① 数据来源：统计局分行业增加值指数，https://data.stats.gov.cn/easyquery.htm?cn=C01。
② 财政部部长刘昆：《关于 2020 年中央决算的报告——2021 年 6 月 7 日在第十三届全国人民代表大会常务委员会第二十九次会议上》。

表2　国民收入分配格局变化：初次分配

单位：%

年份	初次分配总收入				
	非金融国有企业	非金融民营企业	金融机构	政府	居民
2018	5.0	17.4	3.6	12.8	61.2
2019	4.6	17.7	3.5	12.7	61.4
2020	3.5	19.1	3.8	13.5	60.1

资料来源：根据住房和城乡建设部《全国住房公积金2020年年度报告》、国家税务总局《中国税务年鉴》和财政部2020年全国财政决算数据计算。

2020年，初次分配中政府收入占比为13.5%。其中政府部门生产税净额来源大幅下降，2020年政府公共财政收入中生产税净额较2019年下降约4000亿元，而补贴增加1000亿元。生产税下降，一方面受疫情影响，工业和服务业增值税减收超出预期，另一方面也有下调增值税税率的原因[①]。

二 国民收入再分配

（一）再分配

1. 部门间再分配格局

再分配继续向居民部门倾斜。2020年居民部门可支配收入占比高于初次分配收入占比0.6个百分点。与此相比，2019年居民部分可支配收入占比低于初次分配收入占比1.1个百分点，2018年低1.8个百分点。

与上年相比，政府部门可支配收入总规模下降。政府可支配收入规模的下降主要是因为政府初次分配收入增幅较小，但再分配环节社会保险福利支出持续增长，其中主要是企业职工基本养老保险基金支出增加。这与近期"60后"女性的退休高峰期到来有关。根据财政决算报告，企业职工基本养老保险基金较上年增加约3000亿元。收入税来源方面，企业所得税较上年下降，

[①] 财政部部长刘昆：《关于2020年中央决算的报告——2021年6月7日在第十三届全国人民代表大会常务委员会第二十九次会议上》。

这主要是由于疫情，2020年上半年工业企业利润受到较大影响；而个人所得税收入较上年增加，一方面是随着经济的恢复，居民收入恢复增长，另一方面是股权转让等财产性收入增加①。

表3 国民收入分配格局变化：再分配

单位：%

年份	可支配总收入					
	非金融国有企业	非金融民营企业	金融机构	政府	居民
2018	4.4	14.6	2.8	18.7	59.4
2019	3.8	15.3	2.7	17.8	60.3
2020	3.1	16.4	2.9	16.9	60.7

资料来源：根据住房和城乡建设部《全国住房公积金2020年年度报告》、国家税务总局《中国税务年鉴》和财政部2020年全国财政决算数据计算。

在目前我国的财政收支框架下，再分配包括政府（1）向企业和个人征收的财产税、所得税等经常税，（2）政府向居民支付的社会保险、社会补助，（3）政府向国有企业、金融机构支付的补助，（4）保险机构支付的赔付。再分配占GDP的比重从2001年开始持续提高，2017年达到22%，2020年约为20%（见图3）。2020年再分配规模约为20.4万亿元。从结果上看，再分配占GDP的比重与居民收入差距具有大致的相反关系。另外，我国还有6万亿元的实物社会转移。实物社会转移是政府和为住户服务的非营利机构关于个人消费货物和服务所承担的支出，如免费教育、免费医疗等。实物社会转移为缩小实际收入差距起到了重要作用。

2. 延迟退休年龄对再分配的影响

2018年7月，我国在企业职工基本养老保险省级统筹基础上，建立中央调剂基金，对各省份养老保险基金进行适度调剂，确保基本养老金按时足额发放。② 2018年当年安排给地方的中央调剂基金支出2406.8亿元，2019年为

---

① 财政部部长刘昆：《关于2020年中央决算的报告——2021年6月7日在第十三届全国人民代表大会常务委员会第二十九次会议上》。
② 《国务院关于建立企业职工基本养老保险基金中央调剂制度的通知》（国发〔2018〕18号）。

图3　再分配占GDP的比重与基尼系数

6273.8亿元，2020年达到7370.05亿元。

2020年养老保险基金发放压力仍然较大。一方面是受疫情影响，为支持企业复工复产，国家出台了阶段性减免养老保险费政策，使得养老保险基金收入受到较大影响。另一方面，养老保险基金待遇保持增长，2020年按照2019年退休人员月人均基本养老金的5%进行了调整。①据2020年社会保险基金决算报告，"黑龙江、辽宁和青海3省企业职工基本养老保险基金已穿底"，即在接受了中央调剂基金对地方养老保险基金的补助之后，仍然存在硬缺口。针对这一问题，中央财政额外补助181亿元，同时动用全国社会保障基金补助500亿元，共计681亿元，向黑龙江、辽宁、青海三省分别分配298亿元、356亿元、27亿元。②

如果要维持当前的养老保险待遇水平年均名义增长率5%，并且维持养老保险基金可持续，需要从延迟退休年龄、提高缴费强度两方面发力。根据对人口增长趋势和人口年龄结构变化趋势的测算，如果保持目前的制度设计以及待遇水平和缴费强度，到2035年我国养老保险基金结余将变为负数（见图4方

---

① 《人力资源社会保障部　财政部关于2020年调整退休人员基本养老金的通知》（人社部发〔2020〕22号）。
② 财政部：《关于2020年中央社会保险基金决算情况的说明》。

案 1）。如果维持养老保险缴费强度年均增长 5%、养老金待遇水平年均增长 5%，并保持当前的退休年龄不推迟，那么我国养老保险基金到 2025 年出现亏空（见图 4 方案 2），也就是说缴费强度的提高速度要持续快于待遇水平的提高速度，才有可能保持养老基金有结余。如果在方案 2 的基础上延迟退休年龄 5 岁，那么养老保险基金出现亏空年份推迟到 2032 年（见图 4 方案 3），即单独的延迟退休年龄政策仍不足以维持养老保险基金可持续。如果在延迟退休年龄基础上，提高养老保险基金缴费率，年均缴费强度提高程度设定为 6%（即假定工资年均名义增长 6%），将待遇水平设定为年均增长 5%，那么可在 2035 年前保障养老保险基金运营可持续（见图 4 方案 4）。未来，要继续健全养老保险制度体系，促进基本养老保险基金长期平衡，完善城镇职工基本养老金合理调整机制，逐步提高城乡居民基础养老金标准，合理分担老龄化压力，适时调整社会保险费率。

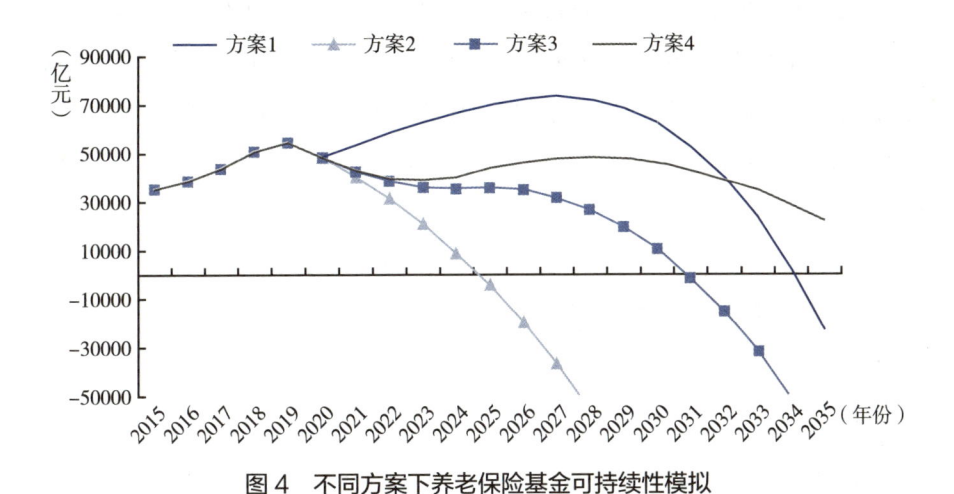

图 4 不同方案下养老保险基金可持续性模拟

（二）居民收入

1. 居民收入增长和内部差距

2020 年，居民可支配收入总额占 GDP 的比重为 43.5%，比 2019 年下降了0.2个百分点。从季度数据来看，2021年前三季度分别比2020年同期有所下降，说明2021年居民可支配收入总额占GDP的比重会继续下降（见图5）。

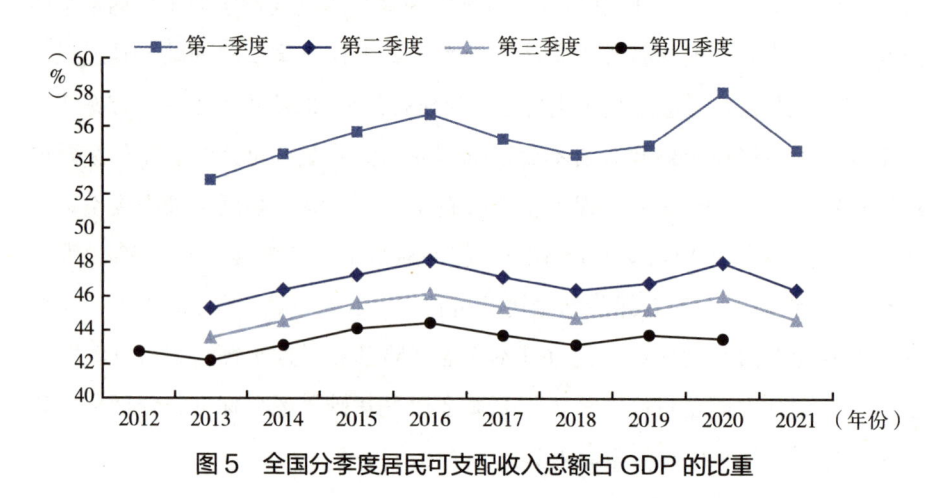

图5　全国分季度居民可支配收入总额占GDP的比重

2020年，居民收入差距指数（居民人均可支配收入平均数除以中位数）较2019年有所提高，基尼系数也从2019年的0.465提高到了2020年的0.468，说明居民收入差距有所扩大。从季度居民收入差距指数来看，2021年前三个季度均比上年同期要高，且第三季度的提高幅度加大，说明2021年居民收入差距会继续扩大（见图6）。

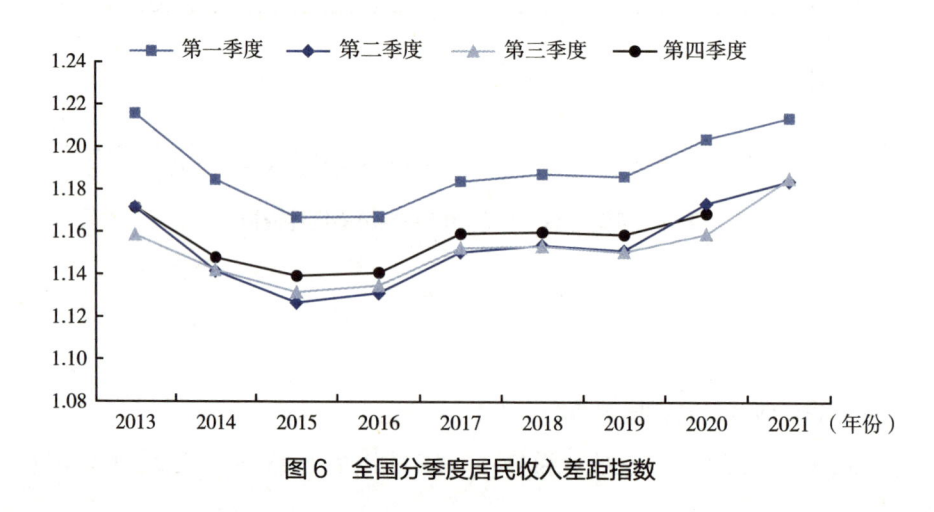

图6　全国分季度居民收入差距指数

2. 扩大中等收入群体

扩大中等收入群体，主要的矛盾是初次分配中的劳资分配关系。要继续提高劳动报酬份额，为扩大中等收入群体奠定基础。初次分配不合理，再分配和三次分配的难度会比较大。再分配既要注重对虚拟经济领域的再分配，还要注重防止脆弱群体由于各种原因出现收入跌落现象，注重农民工市民化和农村土地财产化。快速老龄化会削弱个人所得税的作用，需要及早研究遗产税问题。三次分配要注意防止"慈善理财"现象。从长期考虑，扩大中等收入群体的有效途径是加大对人力资本的投资和实现人力资本投资均等化。

根据国家统计局发布的信息，2018年我国中等收入群体规模已经超过4亿人，但没有说明统计口径。我们按照国家统计局发布的居民就业身份数据，估计了我国中等收入群体规模。2013年，全国中等收入群体约3.9亿，其中城镇约2.8亿，农村约1.1亿。2019年全国中等收入群体超过4.7亿，其中城镇约3.5亿，农村约1.2亿。从占比来看，2013年，全国中等收入群体占全部居民的比重约28.8%，2019年提高到了33.5%，其中城镇占比从37%提高到了39.9%，农村占比从18.9%提高到了22.9%。

表4 全国中等收入群体规模和占比

单位：万人，%

项目	2013年	2014年	2015年	2016年	2017年	2018年	2019年
全国中等收入群体	39362	38737	43248	43973	44418	45946	47298
全国城镇中等收入群体	27591	26771	31460	32316	33381	34384	35267
全国农村中等收入群体	11771	11966	11788	11656	11038	11562	12031
全国中等收入群体占比	28.8	28.1	31.3	31.6	31.7	32.7	33.5
全国城镇中等收入群体占比	37.0	34.9	39.7	39.4	39.6	39.8	39.9
全国农村中等收入群体占比	18.9	19.6	20.0	20.3	19.8	21.4	22.9

中等收入群体能够持续扩大，一方面是因为经济的持续快速增长，另一方面则与较为合理的经济结构有关。根据国际经验，第二产业占比较高，则

更容易保持较小的收入差距，有利于中等收入群体的扩大。反之，当出现了产业空心化，即第三产业占比过高的情况，尤其是金融和房地产业占比过高后，收入差距容易扩大，中等收入群体的规模将受到抑制甚至缩减。我国第二产业占比一直保持在40%左右，避免了产业空心化倾向，有利于缩小收入差距，同时，金融和房地产业占比较小，也有利于扩大中等收入群体。

整体来看，目前我国的初次分配、再分配、三次分配的分配格局对于稳定中等收入群体规模是有利的，但对于扩大中等收入群体并不十分有利。

初次分配中劳动报酬占GDP的份额偏低，不利于扩大中等收入群体。劳动报酬是中等收入群体主要收入来源。党的十八大以来，我们抓住分配中的主要矛盾，分配关系的重要调整是雇员劳动报酬占GDP的份额从2012年的31%上升到了2020年的38%，实现了与劳动生产率同步提高，尽管较过去有了一些提高，但横向比较来看，与发达国家不低于50%的劳动报酬份额相比还有一些差距。2011年，美国雇员劳动报酬份额约为54.9%，日本约为52%，英国约为56.3%，德国约为55.8%，法国约为57.8%。2017年，美国雇员劳动报酬份额约为55.4%，日本约为50.7%，英国约为55%，德国约为57.9%，法国约为58.6%。劳动报酬具有收入均等化的作用，资本报酬具有收入集中化的作用。资本报酬份额偏高，收入差距就容易扩大，金融风险也容易集聚，而初次分配的这种偏差越大，再分配和三次分配的阻力也就越大。因此，要抓住主要矛盾，理顺初次分配中的劳资分配关系，这是国民收入合理分配的基础和关键。

增加财产性收入是扩大中等收入群体的重要途径，但目前中等收入居民新增收入难以形成储蓄和财产性收入。中等收入居民的收入增速连续5年低于全体居民平均水平，中等收入居民新增收入难以跑赢新增利息。2020年初，我国住户部门杠杆率约为64%，债务余额约为55.5万亿元（房贷占比为54%）。按照平均收益率5.4%计算，债务利息每年超过3万亿元，同时，2019年居民新增收入约3.6万亿元，2020年只有2万亿元。绝大部分新增收入被利息抵消，2020年出现了新增收入不能抵消利息的情况，制约了消费能力。中等收入群体的收入增长在目前高债务结构下很难形成储蓄和财产性收入。

金融化虚拟化问题削弱再分配效果，是亟待解决的重要问题。再分配是政府对居民财产和收入的直接调节。发达国家的再分配，20 世纪 70 年代后出现了重大偏差，对收入的调节力度过大，而对财产的调节无力。这一问题的产生，与经济金融化虚拟化有直接关系，即国民财富的增长，越来越多的部分表现为金融虚拟资产而不是居民收入。这对于依靠劳动报酬和金融杠杆生存的大部分居民而言非常不利，不仅伤及劳动积极性，还带来了重大金融风险。我国再分配重点加强了基础性、普惠性、兜底性民生保障建设，取得了良好的效果，但对经济金融化虚拟化的针对措施不够。2012 年以来，我国再分配的总规模一直保持在 GDP 的 20% 左右，但虚拟经济的总规模从 2012 年的 3.7% 提高到了 2019 年的 5%，这意味着越来越多的财富没有被再分配所调节。未来要提高工作预见性和主动性，全面把控财富的创造形式、获取方式，注重和初次分配相配套，遏制过高收入。

增大三次分配的同时，要避免三次分配侵蚀和弱化再分配。党的十八大以来，我国慈善事业取得了长足进步，《慈善法》和《慈善信托管理办法》构建了制度框架。但慈善事业捐赠总额只有千亿级[①]，慈善事业所筹集的款物占 GDP 之比为 0.14%~0.15%，人均捐赠额占居民人均可支配收入之比为 0.34%、占居民人均消费支出之比不到 0.5%。其中 3/4 的是企业捐赠，个人捐赠只占 1/4，与高收入国家相比还有较大差距。这说明我国慈善组织动员的慈善资源规模较小，对收入分配调节作用偏小。慈善项目简单重复，失范现象时有发生，慈善组织运行能力有待提高。部分慈善组织信息公开不足，透明度不高；多头募捐、欺诈募捐及募捐财物"跑、冒、滴、漏"等现象并不鲜见，强行摊派募捐现象仍有发生。慈善组织数量和规模普遍偏小。在数量上，全国慈善组织数量不到全国社会团体的 1%，而且依法认定和新增慈善组织的增速缓慢。要注意避免"借慈善之名行避税之实"的现象，真正做到税后慈善。

---

① 《慈善法》草案说明，http://www.npc.gov.cn/zgrdw/npc/lfzt/rlyw/node_28594.htm。

我国的三次分配是再分配结束后，个人或组织出于自愿的捐赠，是"税后慈善"。这与发达国家的"慈善理财业"有本质不同。发达国家的三次分配往往以慈善基金的面貌出现，实质是拿本该用来缴税的钱去避税，是"税前慈善"，弱化了再分配。

3. 基本公共服务均等化

当前基本公共服务均等化存在的主要问题是城乡、地区、群体之间的基本公共服务不均等。这既有长期以来我国经济发展相对落后、区域发展不平衡、城乡二元结构等历史原因，也有社会治理体系不健全、分配制度不合理等制度原因。要建立完善的基本公共服务均等化的法律法规，完善基本公共服务的统一供给标准，发展公益事业促进公共服务供给多元化，着力突出国有公办单位的公益性和服务性，坚决避免过度市场化和逐利化。

我国经济发展与民生发展并不同步，还满足不了广大群众日益增长的基本需求，主要体现在以下三个方面。

城乡基本公共服务不均等。城乡之间在居住、就业、社保、教育、文化、医疗等方面存在明显差距。基础设施方面，与城市相比，2020年，全国农村集中供水率只有88%，全国农村自来水普及率只有83%。基本医疗服务方面，农村人均卫生费用、千人卫生技术人员、千人医疗卫生机构床位数均不到城市的一半。此外，农村居民参保率较低。

地区之间基本公共服务不均等。基础设施方面，东部地区铁路、公路密度高于中、西部地区数倍。公共教育服务方面，东部地区人均教育经费支出、人均医疗卫生财政支出、人均职业医师数量均较大幅度地超过西部地区。此外，东部地区的社会保障水平也普遍高于西部地区，以广东、甘肃两省为例，2020年前者最低月工资标准是后者的1.4倍，最低生活保障标准是后者的1.5倍。

社会群体之间基本公共服务不均等。由于职业、户籍的不同，不同群体享受的基本公共服务也大不相同。2020年，行政事业单位与企业职工之间，前者享受到基本养老金、基本医疗保险的总体水平约为后者的2倍。虽然2016年国家已着手对"双轨制"进行改革，但完全扭转这一状况还需要一个较长的过程。不同行业职工之间,电力、石油、保险等部分垄断行业实行企业年金制度,其退休职工养老金远高于一般性竞争行业退休职工养老金。

上述问题的产生,既有长期以来我国经济发展相对落后、区域发展不平衡、城乡二元结构等历史原因,也有社会治理体系不健全、分配制度不合理等制度原因。轻视社会建设的思想,影响了基本公共服务均等化的统筹规划安排。片面理解"发展是硬道理",在政绩观上出现偏差,对关系群众切身利益的教育、医疗卫生、社会保障等,往往放在次要位置。城乡投入长期失衡,影响了基本公共服务均等化的资源配置。城市福利水平高成为农民工融入城市的巨大门槛,大量农民工人在城市身份在农村,难以享受到城市居民的基本公共服务,成为推进基本公共服务均等化的难点。供给标准不完善,导致基本公共服务均等化缺少遵循。此外,基本公共服务供给主体单一、难以满足群众多样化公共服务需求,政府职能转变不到位、部门之间职能交叉且沟通协调不够等,也是造成基本公共服务不均等的原因。

三 总结和建议

(一)总结

近年来,为了应对经济下行,我国继续调整国民收入分配结构。2020年,部门可支配收入继续向非金融民营企业部门和居民部门倾斜;雇员劳动报酬总额占GDP的比重略有下降,其原因是工资水平增速放缓和社保降费。以数据要素为代表的新经济要素在国民收入中的比重不断提高,反映了依靠创新驱动带来的可观回报。再分配占GDP的比重有所下降,居民收入差距有所扩大。随着人口年龄结构转变,要维持当前的养老保险待遇水平年均名义增长率,并且维持养老保险基金可持续,需要从延迟退休年龄、提高缴费强度两方面改革。

大量地创造财富,合理地分配财富,是实现共同富裕的两个必要步骤。进入新时代,我国社会主要矛盾已经转化为人民日益增长的美好生活需要和不平衡、不充分的发展之间的矛盾。城乡、区域、行业、群体之间不合理的

收入差距是这种不平衡的表现，是阻碍实现共同富裕的重要方面。缩小不合理的收入差距，就要协调推进初次分配、再分配、三次分配的收入分配改革，推动更多低收入人群迈入中等收入行列。

初次分配是市场形成的分配关系。在制度不完善的市场中，初次分配的结果往往是拉大收入差距。即便是发达国家，初次分配的基尼系数也普遍较高，OECD国家总体约为0.46，美国、德国、意大利等约为0.5，比我国还要高。过去，我国居民收入差距较大的一个重要原因是劳动报酬在初次分配中的比重偏低。在外需旺盛的情况下，收入差距大一些，更倾向于资本一些，有利于扩大投资，促进经济增长。虽然分配关系不尽合理，但毕竟普通劳动者实际收入提高较快。当下国际环境更加复杂严峻，依靠内需拉动经济增长，必须把分配关系摆正理顺。党的十八大以来，我们抓住主要矛盾，分配关系的重要调整是雇员劳动报酬占GDP的份额从2012年以来持续提高，实现了与劳动生产率同步提高。之所以能够实现初次分配的迅速优化，是因为我国以公有制为主体的按劳分配的社会主义基本经济制度和市场经济有机结合起来，具有不断解放和发展社会生产力的显著优势。我国坚持构建高水平社会主义市场经济体制，纠正市场分配的不合理之处，为国民收入的合理分配奠定扎实基础。

再分配是政府对居民财产和收入的直接调节。发达国家的再分配，在20世纪70年代后出现了重大偏差，对收入的调节力度过大，而对财产的调节无力。这一问题的产生，与经济金融化有直接关系，即国民财富的增长，越来越多的部分表现为金融资产而不是居民收入。这对于依靠劳动报酬和金融杠杆生存的大部分居民非常不利，不仅伤及劳动积极性，还带来了重大金融风险。我国再分配制度日益完善，重点加强了养老、教育、健康、安全等基础性、普惠性、兜底性民生保障建设，顺应了人民对高品质生活的期待，适应了人的全面发展和全体人民共同富裕的进程，取得了良好的效果。未来要提高工作预见性和主动性，全面把控财富的创造形式、获取方式，注重和初次分配相配套，既要保护劳动者积极性，又要遏制以垄断和不正当竞争行为获取过高收入。

三次分配是国民收入合理分配的重要补充。我国的三次分配是再分配结束后，个人或组织出于自愿，在道德的影响下的捐赠，是"税后慈善"，也是乐善好施美德的具体表现。这与发达国家的"慈善理财业"有本质不同。未来，随着社会富裕程度和道德水平的提高，逃税避税明显减少，三次分配必将发挥更大的作用，成为弘扬优秀文化、营造良好氛围、履行社会责任、构建政商关系、缩小收入差距、转变继承观念的重要途径。

立足新发展阶段，改善收入分配格局，既是构建新发展格局、保持经济高质量发展的内在要求，又是落实共享发展的新发展理念的具体体现，还是提高经济发展的自主性平衡性和协调性、防范化解重大金融风险的必然选择。目前，与新发展阶段相适应的收入分配格局正在形成，制约消费需求和国内大循环的顺畅程度的因素正在消除。要协调推进三次收入分配，协调好劳动与资本、企业与政府、高收入群体与中低收入群体、中央和地方、实体经济和虚拟经济、新经济和传统经济的分配关系，扩大中等收入群体。历史经验表明，劳动报酬具有收入均等化的作用，资本报酬具有收入集中化的作用。资本报酬份额偏高，收入差距就容易扩大，金融风险也容易集聚，而初次分配的这种偏差越大，再分配和三次分配的阻力也就越大。因此，要抓住主要矛盾，理顺初次分配中的劳资分配关系，这是国民收入合理分配的基础和关键。要加快构建高水平社会主义市场经济体制，保护和激发劳动者创造财富的积极性，继续坚持提高劳动报酬份额，创造更多勤劳致富的机会。

（二）建议

促进农民工落户城镇，促进农村土地财产化。农民工是未来中等收入人群的主要来源，在劳动就业、子女就学、社会保障、住房保障等方面应享有同等权利和机会，有更多的机会跻身中等收入人群行列。需要深化农村土地制度改革，推进宅基地流转、置换方式创新，让农村居民合理分享土地升值收益。因此，要尽快对耕地、宅基地、集体经营性建设用地实行所有权与用益物权分离，让农民凭借对土地用益物权可以抵押、担保、转让，进而从中获得更多的财产性收入。

稳定现有中等收入人群的收入增长。要防范脆弱中等收入人群滑落为低收入人群。他们的收入可能因工作变动、失业、家庭变故、自然灾害等不确定因素的冲击而受到严重影响，甚至跌落为低收入者。要通过减负来稳定中等收入群体。降低生育、教育、医疗和养老等相关生活成本。从长期考虑，扩大中等收入群体，实现共同富裕的有效途径是加大对人力资本的投资和实现人力资本投资均等化。

继续促进中低收入劳动者的收入增长。要加快构建高水平社会主义市场经济体制，保护和激发劳动者创造财富的积极性，继续坚持提高劳动报酬份额，创造更多勤劳致富的机会。完善工资指导线制度，建立统一规范的企业薪酬调查和信息发布制度。根据经济发展、物价变动等因素，适时调整最低工资标准，发布部分行业最低工资标准。维护劳动者合法权益。以非公有制企业为重点，积极稳妥推行工资集体协商和行业性、区域性工资集体协商，健全工资支付保障机制，重点监控拖欠工资问题突出的领域和容易发生拖欠的行业，完善与企业信用等级挂钩的差别化工资保证金缴纳办法。

研究开征遗产税。我国快速老龄化将减弱个人所得税的调节作用。遗产税将是调节贫富差距的重要手段。开征遗产税可以刺激公益慈善事业的发展。合理选择税制模式，可以采用总遗产税制，实行先税后分的办法，并将遗产赠与税纳入归集范畴，防止纳税人生前将财产大量转移而逃避税务。在遗产税起征点的确定上，要确定合理的基数，随着社会发展和居民财富状况变化动态调整，实行税率累进制。

继续完善个人所得税制度。提高起征点。要认识到个人所得税不仅是调节居民收入差距的政策工具，也是调节要素分配的政策工具。工薪所得税早已成为个人所得税的主体部分，在劳动报酬份额偏低的情况下，减免个人所得税有利于缩小收入差距。

建立监测居民初次分配收入差距和再分配收入差距的统计办法。目前，国家统计局所公布的居民收入差距指标，包括收入中位数和基尼系数，都属于再分配后的收入差距，对初次分配收入差距的监测不足。长期来看，再分配规模应该与国民收入有一个大致稳定的比例。这一比例过低不利于缩小收入差距，比例过高则会带来"养懒人"的问题，而我国目前缺少相关资料，建议制订监测居民初次分配收入差距的统计办法，对居民初次分配收入差距进行摸底调查。

加强慈善文化培育,优化慈善事业生态。联合宣传、文化和新闻部门,利用报纸杂志、广播电视、互联网、公益广告等多种形式,加大《慈善法》的普法力度。加大对为慈善事业做出重要贡献的个人和组织的表彰力度,鼓励包括慈善捐赠、慈善项目、志愿服务、专业服务等在内的各类慈善行为。在《慈善法》中增加保护慈善组织权益的条款和章节,尤其是财产权利、知识产权、名誉权的保护等,确保慈善组织日常权益维护有法可依。

应按照保底线、广适应、重质量原则,加强对各地基本公共服务供给标准的协调指导,尤其要确保欠发达地区达到国家统一供给标准,避免出现大的不平衡。地方政府应在确保达到国家标准的基础上,根据地方经济发展和群众基本公共服务需求,制定适合当地的公共服务标准,努力为群众提供更高质量的服务。

应对基本公共服务供给标准实行动态管理,定期调整并及时向社会公布,确保供给标准与经济发展状况和群众实际需求相适应。国家和各级政府应建立基本公共服务均等化通报制度,定期向社会发布基本公共服务均等化进展情况,自觉接受社会和群众监督。

要发展公益事业促进公共服务供给多元化。发挥政府统筹协调作用,完善政府购买服务、税费减免等政策措施,引导社会力量参与公共服务供给,形成以公共财政为主体、社会各方共同参与的公共产品供给机制,增加社会公共产品的供给。

要指导国有公办单位强化服务职责。坚持公共资源"取之于民、用之于民"的原则,指导国有企业、公立医院、公办学校、公共培训机构等国有公办单位把服务民生作为首要职责,着力突出国有公办单位的公益性和服务性,坚决避免过度市场化和逐利化。

参考文献

蔡跃洲、马文君:《数据要素对高质量发展影响与数据流动制约》,《数量经济技

术经济研究》2021年第3期。

金星晔、伏霖、李涛:《数字经济规模核算的框架、方法与特点》,《经济社会体制比较》2020年第4期。

熊巧琴、汤珂:《数据要素的界权、交易和定价研究进展》,《经济学动态》2021年第2期。

徐翔、厉克奥博、田晓轩:《数据生产要素研究进展》,《经济学动态》2021年第4期。

许宪春、常子豪:《关于中国数据库调查方法与资本化核算方法研究》,《统计研究》2020年第5期。

许宪春、张美慧:《中国数字经济规模测算研究——基于国际比较的视角》,《中国工业经济》2020年第5期。

张车伟、赵文、程杰:《中国大健康产业:属性、范围与规模测算》,《中国人口科学》2018年第10期。

张车伟、赵文、王博雅:《新经济:概念、特征及其对增长和就业的贡献》,载张车伟主编《中国人口与劳动问题报告No.18》,社会科学文献出版社,2017。

B.24
以改善收入和财富分配格局扎实推进共同富裕

黄群慧 邓曲恒*

摘 要： 共同富裕是高标准的共享发展，推进共同富裕需要保持一定的增长速度，通过高质量发展夯实共同富裕的物质基础。国民总收入的分配直接关系到全体人民共同富裕的推进。本报告对宏观分配格局以及居民收入和财富格局进行了考察，发现居民部门在国民收入中的份额较为稳定，劳动收入份额逐渐上升，但仍处于较低水平。从居民收入和财富格局看，城乡居民之间的收入差距有所缩小，居民收入的地区差距总体呈现下降趋势，但总体上居民收入差距并未明显缩小，财富差距在近年来的拉大幅度较为明显，但与国际比较绝对差距水平不高。因此，需要进一步改善收入和财富分配格局，优化经济发展果实的分配。

关键词： 宏观分配 居民收入差距 财富差距

习近平总书记在 2021 年 8 月 17 日中央财经委员会第十次会议上指出，共同富裕是社会主义的本质要求，是中国式现代化的重要特征，要坚持以人民为中心的发展思想，在高质量发展中促进共同富裕。[1]习近平总书记的这一

---

* 黄群慧，中国社会科学院经济研究所所长、研究员，研究方向为发展经济学；邓曲恒，中国社会科学院经济研究所研究员，研究方向为发展经济学。
[1] 《习近平主持召开中央财经委员会第十次会议》，新华网，2021 年 8 月 17 日。

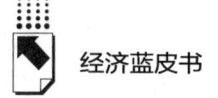

精辟论述为促进共同富裕提供了根本遵循。高质量发展是实现共同富裕的基础，也是实现共同富裕的途径。协调发展和共享发展既是高质量发展的内在组成部分，也是共同富裕的题中应有之义。促进城乡和区域协调发展，缩小城乡之间、不同区域之间的发展差距，坚持以人民为中心的发展思想，促进全体人民对发展成果的共享，不仅有助于实现共同富裕，也是高质量发展的内在要求。

一 引言

共同富裕本身可以是一个状态或结果，也可以是一个过程或行为。作为一种状态或结果，共同富裕意味着全体人民都过上富裕美好的生活，是全社会所有人的整体富裕。共同富裕，与贫富悬殊的两极分化"反义"，但又与平均主义的"均富"不"同义"。共同富裕所描述的不是少数人富裕、贫富差距巨大的状态，也不是平均主义的同等富裕、一样富裕的情况；作为一个过程或者行为，共同富裕则意味共同致富和共同发展，全体人民都有追求发展、勤劳致富的共同的权利和机会，通过共同努力和共同奋斗的过程，最终实现全体人民的共同发展。共同富裕也不是没有差别的同步富裕，可以一部人先富裕起来，先富带动后富。

作为中国式现代化的重要特征，共同富裕作为一种状态或结果，体现为中国式现代化的目标要求；共同富裕作为一个过程或行为，则体现为中国式现代化的实现路径。从目标要求看，其一方面内涵是要求中国实现社会生产力高度发展、社会全面进步的发达状态——"富裕"，另一方面内涵是要求现代化成果由全体人民共享，满足全体人民的美好生活的需要——"共同"。共同富裕作为中国式现代化的目标要求，体现了中国共产党为全体人民谋福利的社会主义核心价值观，也是建成社会主义现代化强国的重要衡量标准。从实现路径看，中国式的现代化道路要求正确处理公平与效率的关系，形成人人参与发展过程、人人享有发展成果的公平普惠的环境条件和制度体系，要动态把握发展生产力与消除两极分化的两方

以改善收入和财富分配格局扎实推进共同富裕

面现代化战略任务，形成既有利于促进生产力发展又有利于缩小贫富差距的现代化政策体系。

共同富裕需要分阶段促进。以习近平同志为核心的党中央擘画了实现共同富裕的宏伟蓝图和路线图。党的十九大报告指出，到二〇三五年，人民生活更为宽裕，中等收入群体比例明显提高，城乡区域发展差距和居民生活水平差距显著缩小，基本公共服务均等化基本实现，全体人民共同富裕迈出坚实步伐；到本世纪中叶，全体人民共同富裕基本实现，我国人民将享有更加幸福安康的生活。[1] 党的十九届五中全会再次强调，到二〇三五年基本实现人民生活更加美好，人的全面发展、全体人民共同富裕取得更为明显的实质性进展。[2] 因此，在新发展阶段，推动全体人民共同富裕取得更为明显的实质性进展，成为推动中国式现代化进程、实现第二个百年目标的一项重大战略性任务。要实现这个战略任务，必须把握好以下两个方面的政策思路。

一方面，推进共同富裕首先需要保持一定的经济增长速度，以实现2035年人均国内生产总值达到中等发达国家水平的经济增长目标，夯实共同富裕的物质基础。实现共同富裕首先要保证"富裕"，中国现在还是中等收入国家，要通过持续深化改革开放来不断解放和发展生产力，通过创新驱动保证中国经济增长处于合理区间，保证不断提升"富裕"水平和持续做大"蛋糕"能力。基于现代化规律，到工业化后期和后工业化阶段，经济潜在增速开始下降。根据人口预测模型、资本存量估算、全要素生产率计算等测算表明，与中国现代化进程总体趋势相符合，"十四五"期间中国平均GDP增速为5.4%，2021~2035年中国平均GDP增速将为4.9%，到2050年潜在增速能保持在3.3%以上。这表明我国经济增长还在相当长的时期保持足够的潜力，我国有能力在"十四五"时期跨越"中等收入陷阱"，也有能力到2035年人均GDP基本达到中等发达国家的最低门槛水

---

[1] 习近平：《决胜全面建成小康社会 夺取新时代中国特色社会主义伟大胜利》，载本书编写组《党的十九大报告辅导读本》，人民出版社，2017，第28页。
[2] 《中国共产党第十九届中央委员会第五次全体会议公报》，载本书编写组《党的十九届五中全会〈建议〉学习辅导百问》，党建读物出版社、学习出版社，2020，第5页。

平。[①]但是，总体上看到2035年经济增长能够达到中等发达国家水平的潜力基础还需要进一步筑牢。在新发展阶段，既要保证宏观经济政策稳定性和连续性，促进供给侧结构性改革政策与需求侧管理政策有效协同，从而实现经济潜在增长率；又要通过深化体制机制改革和实施高水平开放，提高科技创新水平和高水平自立自强能力，进一步畅通国民经济循环，不断提升经济潜在增长率。

另一方面，以改善收入和财富分配格局为重要抓手，在促进高质量发展与构建新发展格局中推动共同富裕。新发展阶段我国社会主要矛盾是日益增长的美好生活需要与不平衡、不充分发展之间的矛盾，如何提高发展的平衡性、协调性、包容性，推进高质量发展，是新发展阶段深化现代化进程的关键。收入和财富分配格局决定了发展成果的分享方式与结果，而在收入和财富分配领域的不平衡不充分问题是制约高质量发展的一个主要矛盾。从构建新发展格局角度看，这也是生产、交换和消费各环节循环畅通，实现高水平供需动态平衡的一个关键制约。在新发展阶段，需要围绕人的全面发展深化分配体制改革，在一次分配中要注重经济增长的包容性和协调性，二次分配中要加大分配力度和聚焦公平公正，三次分配中要强化企业社会责任。要提高社会流动性，逐步实现全体人民收入水平、财富存量水平、公共服务水平不断提升，中等收入群体显著扩大，基本公共服务实现均等化，城乡区域发展差距和居民生活水平差距显著缩小。这不仅会直接促进共同富裕的实质进展，也会促进以居民消费为主体的内需格局的形成，从而有利于加快构建以国内大循环为主体、国内国际双循环相互促进的新发展格局。

二 宏观分配格局

收入分配格局包含宏观分配格局和居民收入分配格局两大部分。宏观分配

[①] 黄群慧、刘学良：《新发展阶段中国经济发展关键节点的判断和认识》，《经济学动态》2021年第2期。

格局考察国民收入在居民、企业、政府三大部门之间的分配，直接体现了居民部门在经济增长中的分享程度。宏观分配格局也从功能性分配的角度，考察国民收入在劳动要素和资本要素之间的分配。由于劳动收入是大多数人的主要收入来源，劳动报酬份额直接关系到居民收入，对偏低的劳动报酬份额予以适度提高通常会起到缩小收入差距的作用。通过考察宏观分配格局以及居民收入分配格局，可以把握国民收入在居民、企业、政府三大部门之间的分配，劳动和资本两大生产要素在国民收入中的份额，居民部门内部的收入分配状况及其变动趋势，从而厘清从国民总收入到居民收入分配的整个链条。

表1列出了2000年以来居民部门、企业部门和政府部门在初次分配以及再分配中的比重。[①] 可以看到，居民部门无论是在初次分配还是再分配中的比重在2000年后都呈现下降态势。这与20世纪80年代末90年代初的"工资侵蚀利润"形成了鲜明的对比。2000~2008年，居民部门在初次分配和再分配的比重逐渐下降，这无疑不利于居民对经济增长成果的分享。党的十七大报告提出，要逐步提高居民收入在国民收入分配中的比重，提高劳动报酬在初次分配中的比重。居民部门在国民收入分配中的份额随之在2009年后开始逐步提升。但总体来看，居民部门份额的上升幅度并不大，2009年以来份额维持在60%~63%。

使用再分配流程中各部门的可支配收入份额减去初次分配流程中各部门的初次分配份额，可以清楚地看出再分配流程中各部门利益重新分配的情况。表1显示，再分配之后各部门收入份额的变动幅度并不算很大。因此，在当前的分配制度下，中国宏观分配格局主要是由初次分配决定的，再分配的力度还有待加强。具体来说，企业部门的可支配收入份额比初次分配中的收入份额有所降低。2002~2010年，居民部门是再分配的受损者。2011年之后，居民部门转而成为再分配的受益者。

---

① 国家统计局对2000年以后的资金流量表根据全口径财政收入详细数据、国际收支平衡表数据等进行了调整，而2000年以前的资金流量表未做相应调整。因此，2000年前后的资金流量表并不是完全可比的，本报告只根据2000年以后的资金流量表对宏观收入分配格局进行分析。

表1　各部门在初次分配和可支配收入中的份额

单位：%

年份	初次分配 政府	初次分配 企业	初次分配 居民	可支配收入 政府	可支配收入 企业	可支配收入 居民
2000	13.13	19.72	67.15	14.53	17.93	67.54
2001	12.67	21.40	65.93	15.01	18.92	66.07
2002	13.94	21.57	64.49	16.23	19.34	64.43
2003	13.62	22.28	64.09	16.09	19.94	63.97
2004	13.74	25.12	61.14	16.44	22.51	61.05
2005	14.20	24.52	61.28	17.55	21.60	60.84
2006	14.53	24.74	60.73	18.21	21.54	60.25
2007	14.74	25.65	59.61	19.01	22.10	58.89
2008	14.73	26.61	58.66	18.98	22.74	58.28
2009	14.58	24.73	60.69	18.28	21.19	60.53
2010	14.99	24.51	60.50	18.41	21.19	60.40
2011	15.38	23.95	60.67	19.19	20.03	60.78
2012	15.63	22.73	61.65	19.54	18.47	61.99
2013	15.22	24.12	60.66	18.94	19.77	61.29
2014	15.24	24.67	60.09	18.85	20.50	60.65
2015	14.95	24.16	60.89	18.55	19.81	61.64
2016	14.46	24.25	61.28	17.89	20.01	62.10
2017	14.03	25.41	60.56	17.96	21.19	60.85
2018	12.79	26.03	61.19	16.80	21.84	61.36
2019	12.67	25.91	61.42	15.87	21.88	62.25

注：根据国家统计局公布的资金流量表（实物交易）得到。2018年开始政府部门资金运用中社会保险缴纳调整至居民部门资金运用中，为了具有可比性，我们将其调回至政府部门资金运用中（感谢赵文副研究员提供了相关调整数据）。

从劳动收入份额来看，尽管近几年劳动收入份额逐渐上升，但中国劳动收入份额的绝对数值仍然较低，中国的劳动收入份额还有较大的上升空间。表2描述了2000~2019年我国劳动报酬份额与欧盟及部分发达国家的劳动报酬份额的变动趋势。表2显示，2000年以来，我国劳动报酬份额呈现先震荡下降再逆势回升的趋势。除了若干年份出现反复之外，劳动报酬份额从2000年的52.70%降到2011年的46.81%，2012年之后缓慢上升，2019年达到

52.03%，但仍然略低于 2000 年的水平。

尽管近年来我国劳动报酬的份额持续上升，但从国际比较来看，劳动报酬份额依然较低。在仅考虑雇员劳动报酬的情况下，欧盟 27 国的平均水平以及日本、美国的劳动报酬份额都在 50% 以上。2019 年欧盟 27 国的劳动报酬份额为 53.10%、德国为 59.40%、法国为 57.62%、英国为 55.46%、美国为 55.48%、日本为 53.92%。虽然我国 2019 年的劳动报酬份额达到了 52.03%，但值得注意的是，我国在统计劳动报酬时不仅包含雇员的劳动报酬，也包含自雇劳动者混合收入中的劳动报酬。自雇劳动者主要指农户和个体经济户，这一部分群体在我国所占比例依然比较大。

我国农业劳动力在 2020 年占全部劳动力的 23.60%，农业劳动生产率较低是影响劳动报酬份额进一步提高的重要原因。改革开放以来，随着家庭联产承包责任制的实施以及化肥、种子等农业科技的进步，我国的农业劳动生产率大为提高。非农就业对农村剩余劳动力的消化吸收，进一步提高了农业的劳动生产率。据统计，农业劳动生产率在 1978~2011 年期间提高了 3.66 倍，[1] 在 2011~2019 年期间则又提高了 0.83 倍。[2]

然而，我国整体上是一个地少人多的国家，分散化、小规模的农村土地经营模式制约了农业劳动生产率的进一步提高。从国际比较的角度看，我国的农业劳动生产率仍处于一个较低的水平。根据世界银行的统计数据，以 2015 年不变价美元计算，2019 年我国农业的平均劳动生产率为 5609.01 美元。尽管我国的农业劳动生产率高于世界平均水平（4035.29 美元），但在有数据的 165 个国家与地区中，我国的农业劳动生产率仅排第 87 位。我国的农业劳动生产率不仅远低于地广人稀的发达国家，而且也低于地少人多的日本和韩国。[3]

---

[1] 卢锋、刘晓光、李昕、邱牧远：《当代中国农业革命——新中国农业劳动生产率系统估算（1952-2011）》，2014 年 2 月。

[2] https://databank.worldbank.org/reports.aspx?source=2&series=NV.AGR.EMPL.KD&country=#.

[3] 2019 年加拿大、美国、澳大利亚、日本、韩国的农业劳动生产率分别为 113112.65 美元、100061.65 美元、86838.25 美元、17763.23 美元、20571.92 美元。

表 2　劳动报酬份额及劳动报酬、增加值的名义增长率

单位：%

年份	中国劳动报酬份额	劳动报酬名义增长率	增加值名义增长率	欧盟及部分发达国家的劳动报酬份额					
				德国	法国	英国	美国	日本	欧盟（27国）
2000	52.70	—	—	58.91	56.66	54.62	59.22	52.25	53.00
2001	52.51	10.12	10.52	58.00	56.75	55.62	59.14	52.02	52.69
2002	53.62	12.07	9.74	57.63	57.18	54.89	58.22	50.93	52.68
2003	52.81	11.16	12.87	57.54	57.29	54.59	57.56	50.49	52.63
2004	50.60	12.79	17.71	56.22	56.84	55.54	57.17	50.21	51.92
2005	50.30	14.99	15.67	55.60	56.94	55.30	56.33	50.88	51.83
2006	49.10	14.18	16.97	54.27	56.94	55.84	56.31	51.56	51.40
2007	48.00	20.13	22.88	53.58	56.24	56.48	56.62	51.39	50.99
2008	47.79	17.62	18.15	54.63	56.35	55.45	56.86	52.53	51.77
2009	48.83	10.93	8.55	57.32	57.88	55.99	55.57	53.22	53.22
2010	47.33	14.16	17.78	56.10	57.86	56.10	54.77	51.58	52.69
2011	46.81	16.53	17.83	55.82	57.82	55.85	54.90	52.52	52.43
2012	49.20	15.42	9.80	56.92	58.25	55.12	54.88	52.30	52.80
2013	50.67	16.58	13.20	57.13	58.40	55.45	54.68	51.78	52.78
2014	50.74	9.66	9.52	56.99	58.46	54.40	54.84	52.05	52.67
2015	51.57	8.76	7.00	57.38	58.01	54.30	55.29	51.09	52.24
2016	51.80	8.39	7.91	57.49	58.26	54.40	55.27	51.80	52.47
2017	51.57	9.89	10.38	57.66	58.64	54.61	55.40	51.88	52.54
2018	51.67	12.23	12.00	58.55	58.71	54.87	55.25	53.36	52.99
2019	52.03	8.05	7.31	59.40	57.62	55.46	55.48	53.92	53.10

注：根据国家统计局公布的资金流量表（实物交易）得到。欧盟及部分发达国家数据根据 AMECO 数据库整理得到。

三　居民收入分配格局

居民收入差距集中体现在城乡差距、地区差距、行业差距上。近年来，城乡居民之间的收入差距有所缩小，但城镇内部的收入差距有所扩大，而农村内部的收入差距有所缩小。居民收入的地区差距自2003年以来进入下降通道，尽管近年来略有反复，但总体呈现下降趋势。城镇非私营单位的行业收入差距自2003年以来逐渐上升，在2008年到达一个高点后缓慢下降。城镇私营单位的行业收入差距也在2009~2013年经历了一个下降的过程，而后开始拉大。

（一）城乡居民的收入差距

从城乡居民收入比来看，由于农村改革早于城镇，1978~1985年城乡居民收入比出现过一个短暂的下降（见图1）。家庭联产承包责任制提高了农村劳动力和土地资源配置效率，再加上对工农产品价格的调整，农村居民收入快速上升。随着改革在城镇地区的推进，城镇居民收入增长速度超过农村居民，城乡居民收入差距也随之扩大。到1992年，城乡居民收入比已超过改革前的水平。1994年城乡居民收入比达到一个阶段性高点，之后城镇居民收入受到国企改革的影响，而农村居民收入得益于农产品价格的上涨以及外出务工收入的增加，城乡居民收入比有所下降，1997年回落到2.47∶1。随后，城镇居民收入再次以快于农村居民收入的速度增长，城乡居民收入差距不断扩大，2009年城乡居民收入比达到3.33∶1的最高水平。但近年来一系列促进农民增收的政策开始显现效果，城乡居民收入差距呈现明显的下降趋势。尤其是党的十八大以来实行的城乡社会保障一体化、脱贫攻坚工程和乡村振兴战略，提高了农村居民的收入与福利，缩小了城乡居民之间的收入差距。

（二）城镇内部与农村内部的收入差距

统计年鉴将城镇居民分为低收入户、中等偏下户、中等收入户、中等偏上户和高收入户五组，对农村居民也进行了类似的分类。比较不同收入组之间的收入差距，可以大致了解城镇以及农村地区内部的收入差距。简单起见，这里只选取低收入户、中等收入户和高收入户进行分析。

图 1　城乡居民收入差距

注：2013 年以前的农村居民收入为纯收入，2013 年及以后为可支配收入。城镇居民收入均为可支配收入。

资料来源：国家统计局。

图 2 列出了城镇地区不同收入组之间的收入差距。可以看出，2000 年以来，城镇居民收入差距总体呈现扩大趋势，中等收入户、低收入户与高收入户之间的收入差距逐渐扩大，中等收入户的收入增长速度也要快于低收入户。到 2008 年，城镇地区不同收入组间差距到达一个高点，其中高收入户的平均收入分别是中等收入户的 2.479 倍和低收入户的 5.707 倍。2000 年以来城镇地区收入差距扩大主要受两个方面因素的影响：一方面，市场化和所有制改革提高了劳动力的教育回报率，工资向高学历、高技能劳动力倾斜，产生了扩大收入差距的作用。另一方面，城镇居民收入差距扩大还与农民工的大量流入有关，农民工流入在增加城镇劳动力供给的同时也压低了城镇低技能劳动力的工资水平。随着城镇劳动力市场供求关系的变化，农民工流入对城镇工资的影响逐渐减弱。此外，2008 年以来政府实行了一系列缩小收入差距的政策，最终使城镇居民收入差距自 2008 年以来出现了一定程度的下降，这一下降趋势一直持续到 2015 年左右[1]。2015 年以来，城镇地区收入差距出现了进

---

[1] 由于统计口径的变化，2013 年及以后年份的数据与 2013 年之前的数据无法直接比较。

一步扩大的趋势,其中高收入户与中等收入户之间收入差距扩大的趋势较为明显,低收入户与中等收入户之间的收入差距也有小幅扩大。

图2 城镇地区不同收入组人均可支配收入的差异

注:从2013年起,国家统计局开展了城乡一体化住户收支与生活状况调查,2013年及以后的数据与之前年份数据的统计口径有所差异。

资料来源:2012年及以前的数据来自2014年《中国统计年鉴》,2013年及以后年份的数据来自2020年《中国统计年鉴》。

图3列出了农村地区不同收入组之间的收入差距。2000年以来,农村地区收入差距出现了扩大的态势。其主要原因是低收入户的收入较低,增长速度缓慢,导致其与中等收入户和高收入户之间的差距逐渐扩大,且在2004年以后扩大的速度加快。而高收入户和中等收入户的收入差距以相对较为平稳的速度扩大,二者的收入差距在2003年到达高点,2004年小幅下降,此后长期维持在较为稳定的水平。

2016年,农村地区收入差距扩大趋势在2016年得到遏制,收入差距转而有较大程度的缩小。其中,低收入户与中等收入户收入之比从2016年的26.94%提高到2019年的30.48%,低收入户与高收入户收入之比也从10.57%提高到11.82%。其主要原因在于近年来"精准脱贫、精准脱贫"以及脱贫攻坚战等政策的大力实施,这些政策均直接作用于农村地区的低收入群体。

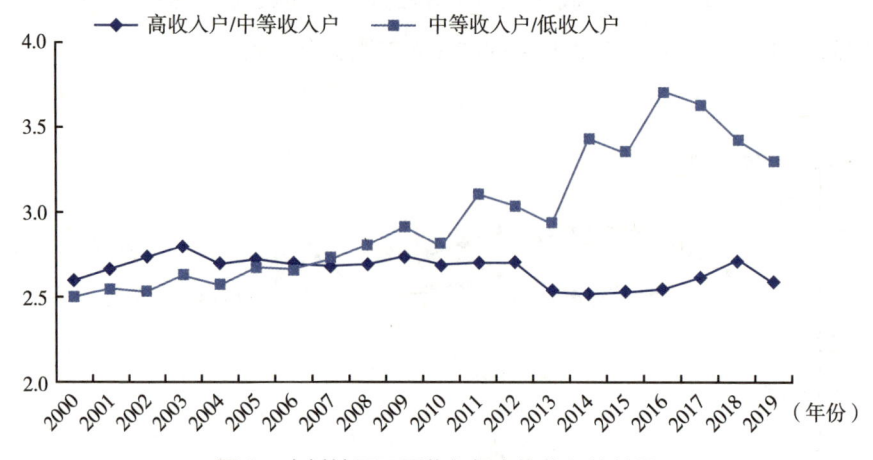

图 3　农村地区不同收入组人均收入的差异

注：2013年起，国家统计局开展了城乡一体化住户收支与生活状况调查，2013年及以后的数据与之前年份数据的统计口径有所差异。

资料来源：2012年及以前的数据来自2014年《中国统计年鉴》，2013年及以后年份的数据来自2020年《中国统计年鉴》。

（三）地区收入差距

地区收入差距取决于各地区的自然禀赋、发展机会、工业化传统、市场发育等历史和现实原因，是收入差距的重要组成部分。图4基于分省份人均GDP，以变异系数来衡量地区之间人均收入的不平等情况。从图4可以看出，1992年以来，地区收入差距逐渐扩大，并持续到21世纪初。2003年以后，地区收入差距进入下降通道，这一方面得益于国家实施的一系列地区发展战略，如2002年开始的西部大开发，后续的东北老工业基地振兴、中部崛起等战略，缩小了地区发展差距；另一方面，人口的大规模流动也为地区收入差距的缩小创造了条件。然而，需要注意的是，2014年以来，地区收入差距又有逆势上扬的趋势，应予以警惕。地区收入差距在2020年有所下降，这既可能意味着地区收入差距开启下降的通道，也有可能与疫情对经济活动的冲击存在地区差异有关。

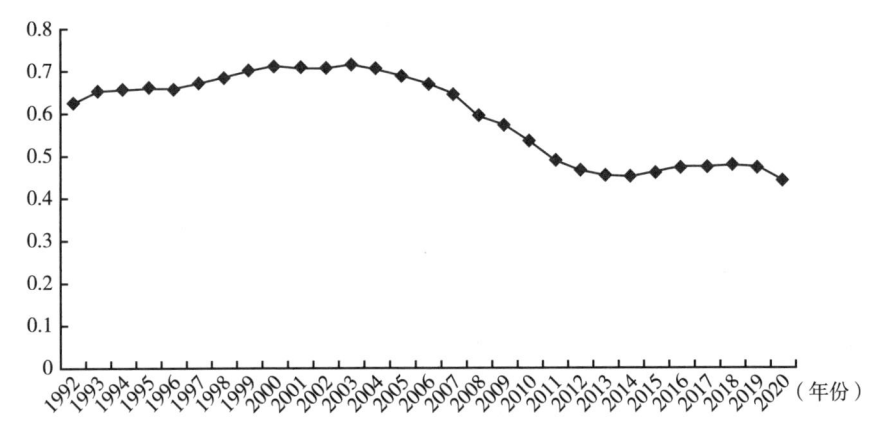

以改善收入和财富分配格局扎实推进共同富裕

图4 分省份人均GDP的变异系数

资料来源：国家统计局。

（四）行业收入差距

由于城镇非私营单位[①]与私营单位的工资决定机制有所不同，在分析行业收入差距时，有必要将城镇私营单位和非私营单位区分开来。图5使用分行业人均工资变异系数来度量行业收入差距。城镇非私营单位行业收入差距自2003年以来波动上升，在2008年到达一个高点后缓慢下降。城镇私营单位行业收入差距也在2009~2013年经历了一个下降的过程，但随后开始快速上升。城镇私营单位行业收入差距扩大的一个原因在于近年来信息传输、计算机服务和软件业的高速发展极大地提高了这一行业就业人员的工资水平。2013年信息传输、计算机服务和软件业城镇私营单位就业人员平均工资是制造业就业人员平均工资的1.375倍，到2019年提高到1.614倍。这一行业工资差距尽管扩大了收入差距，但在一定程度上有利于进一步推动信息技术进步。

---

① 在统计年鉴中，城镇单位指不包括私营单位的其他就业单位，为了与城镇私营单位进行区分，我们将城镇单位称为城镇非私营单位。

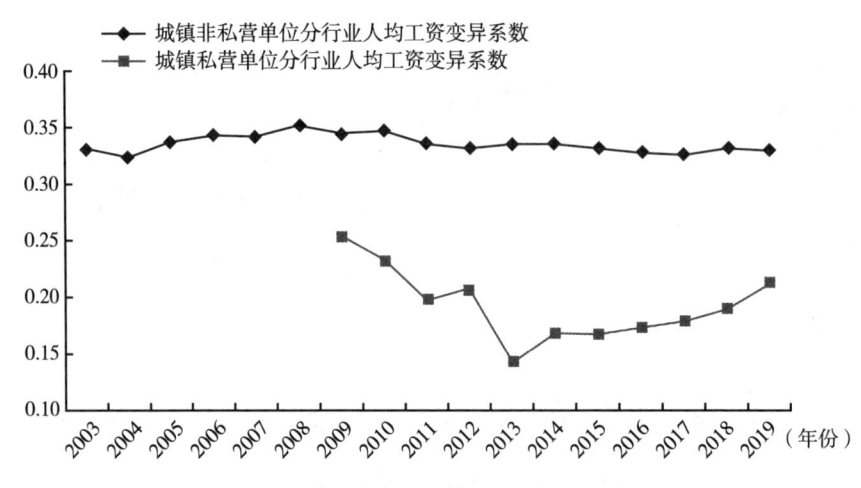

图5 城镇私营单位和非私营单位分行业人均工资变异系数

资料来源：分行业人均工资来自国家统计局。

除了信息技术相关行业收入大幅上升以外，城镇私营单位金融行业工资水平也快速上升，对扩大城镇私营单位行业工资差距有直接作用。以金融和房地产业为主的虚拟经济部门不断扩大，导致中国经济出现"脱实向虚"的发展趋势，这不仅不利于经济高质量发展，而且由于金融业具有垄断性质，其工资水平提高带来的收入差距扩大还是分配不公的表现。制造业是高度竞争的行业，将制造业工资与金融业和房地产业工资相比，我们可以大体了解因产业结构不合理而导致的行业收入差距的变化趋势。从图6可以看到，城镇非私营单位金融业与制造业人均工资差距自2010年以来呈现逐渐下降的态势。城镇私营单位金融业与制造业人均工资差距也呈现下降趋势，但2016年以来有明显的回升。这可能意味着金融业过度发展导致的"脱实向虚"问题仍然较为严重。无论是城镇非私营单位还是城镇私营单位，金融业人均工资远远高于制造业和房地产业人均工资，且私营单位金融业人均工资增长速度在2016年以来有明显加快的趋势。这说明转变当前不合理的"虚""实"经济结构，推动经济"脱虚向实"，既可以促进经济高质量发展，也可以改善收入分配结构，实现效率和公平的携手共进。房地产业人均工资与制造业人均工资差距则有明显的缩小趋势，2019 年房地产业与制造业人均工资之比已经接近于 1，这主要应归功于近年来房地产市场的调控政策。

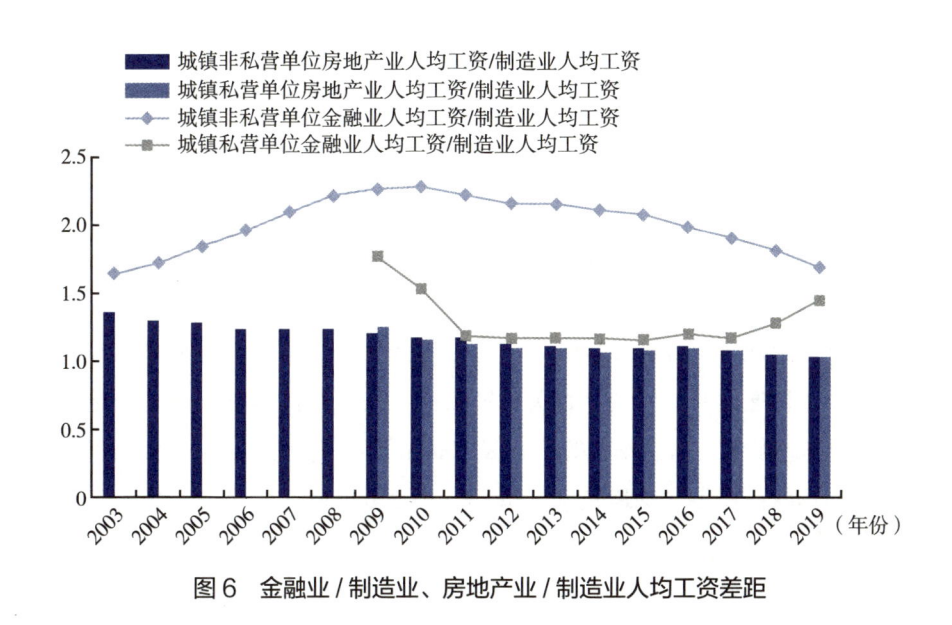

图 6　金融业 / 制造业、房地产业 / 制造业人均工资差距

四　居民财富的分配格局

相对收入这一流量而言，财富反映的是在某一时点上所获得的各类资源的积累量，体现的是存量。很明显，财产与收入之间具有密切的联系，收入的结余促成财产的积累，而财产也能通过财产性收入等渠道促进收入增长。此外，财产作为居民的资产，其自身也具有保值增值的功能，同样也会促成财产的积累。与收入分配一样，财产分布也反映了经济发展果实的分享状况。作为衡量福祉的重要指标，收入和财产的分配状况直接关系到改革发展成果能否更多更公平惠及全体人民，直接体现共同富裕的实现程度。然而，由于财产结构、资产价格以及生命周期等原因，收入分配与财产分布并不完全一致。因此，需要在夯实共同富裕的物质基础之上，通过改善收入和财富分配格局，将丰裕的经

济增长果实合理地进行分配，逐步推进全体人民共同富裕。

改革开放之前，"重积累、轻消费"的宏观分配模式使得居民所获得的收入和财产相对有限，城乡居民在满足必要的消费之外，欠缺财产积累的渠道和基础。改革开放以后，随着城乡居民收入水平的不断提高以及家庭联产承包责任制的推行、住房改革的实施、个私企业的兴起、金融市场的繁荣等，居民的财产积累渠道不断拓宽，居民的财产呈现不断增长的态势。在财富以快于收入的速度增长的同时，居民财产分配格局也发生了深刻的变化，财富分布的差距逐渐扩大，并超过了收入分配的差距。

改革开放以来，我国的经济建设取得了举世瞩目的成就。从总量上看，我国的国内生产总值于2010年超过日本跃居全球第二大经济体，2020年国内生产总值突破100万亿元大关。伴随着经济的快速增长，居民的收入和财产也进入了快速增长的轨道。相关研究表明，我国居民的财产在改革开放以来呈现快速增长的态势。李实等[1]以及Knight等[2]的研究表明，1995~2002年居民人均总财产净值实际增长了1.14倍，而2002~2013年居民人均总财产净值则实际增长了4.53倍。

尽管中国经济在近几年步入结构调整期，增长速度有所减缓，但居民人均财产依旧保持着较高的增长速度。经济日报社中国经济趋势研究院于2015年、2016年、2017年、2018年在全国范围先后进行了样本数量为12000户、36000户、48000户、30000户的家庭财富调查，提供了居民财产分布格局的最新图景。表3根据经济日报社各年的家庭财富报告，整理了2015~2018年中国居民人均财产净值的相关情况。2015~2018年，城乡居民的人均财产净值都得到了一定程度的增长。相较于2015年，2018年我国家庭人均财产增长44.86%，城镇家庭人均财产是农村人均财产的倍数略有扩大，从2015年的3.22倍扩大到3.34倍。

---

[1] 李实、魏众、丁赛：《中国居民财产分布不均等及其原因的经验分析》，《经济研究》2005年第6期。

[2] Knight, John, Li Shi and Wan Haiyuan, "China's Increasing Inequality of Wealth: Piketty with Chinese Characteristics?" Department of Economics Discussion Paper Series No. 862, University of Oxford, 2018.

从收入和财产的增长速度来看,相关研究都发现居民财产的增长要快于居民收入的增长。例如,基于中国居民收入分配调查数据的研究表明,1995~2002年居民人均总财产净值实际增加了1.14倍,年均实际增长率为11.5%,而同期GDP的实际年均增长率为8.2%,居民人均收入的实际增长率为5.4%。[①] 如表3所示,经济日报社中国经济趋势研究院实施的中国家庭财富调查则显示,2016年我国家庭人均财产为169077元,与2015年相比,增长幅度为17.25%。人均可支配收入在2015~2016年的实际增长率则为6.32%。与2016年相比,2017年的家庭人均财产增长了14.94%,同样也要快于同期的人均可支配收入增长率(7.33%)。而与2017年相比,2018年的家庭人均财产增长了7.49%,增长速度高于人均可支配收入增速(6.44%)。

表3 2015~2018年家庭人均财产

单位:元

区域	2015年	2016年	2017年	2018年
城镇	208317	240023	274724	292920
农村	64780	76761	84099	87744
全国	144197	169077	194332	208883

资料来源:根据经济日报社中国经济趋势研究院发布的《中国家庭财富调查报告》(2016~2019年)整理得到。

我国居民的财产增长速度要远快于美欧发达国家。根据OECD数据库,除了美国和智利居民财产增速相对较快以外,其他OECD国家居民财产的增长都较为缓慢。[②] 部分国家的居民财产在近年甚至出现负增长。[③] 2013~2019年,美国居民财产增长了40.15%。相比之下,中国的居民财产仅在2015~2018年就增长了44.86%。

---

① 李实、魏众、丁赛:《中国居民财产分布不均等及其原因的经验分析》,《经济研究》2005年第6期。
② https://stats.oecd.org/Index.aspx?DataSetCode=WEALTH#。
③ 比如法国(2014~2017年)、奥地利(2014~2017年)、希腊(2014~2018年)、意大利(2014~2016年)、英国(2015~2017年)等国家的居民财产有所缩水。

然而，在居民财产快速增长的同时，中国居民的财产差距也显著扩大。根据 Knight 等的计算结果（见表 4），[①] 我国居民财产净值的基尼系数在 2002 年为 0.495，而当年居民收入的基尼系数为 0.424。但 2002~2013 年，收入的基尼系数仅上升了 0.02 个点，而财产净值的基尼系数则上升了 0.122 个点。尽管 2002~2013 年财产分布的差距有所扩大，但各个财产等分组的财产均值在此期间都出现了可观的增长。例如，第一等分组的人均财产净值从 2002 年的 3748 元增加到 2013 年的 7688 元，增长了 1.05 倍。第二等分组和第三等分组的财产则分别增长了 1.74 倍和 1.86 倍。第四等分组到第九等分组的人均财产均增长 2~3 倍。而第十等分组财产在 2002~2013 年的增长幅度则达到了 4.76 倍。总体而言，各个等分组的财产都有所增长，但增长幅度不尽相同。人均财产净值越高的等分组，财产的增长幅度也越大。

表 4 中国财产和收入的基尼系数变化

项目	2002 年	2013 年	2002~2013 年变化
收入	0.424	0.444	0.020
财产	0.495	0.617	0.122

资料来源：Knight, John, Li Shi and Wan Haiyuan, "China's Increasing Inequality of Wealth: Piketty with Chinese Characteristics?" Department of Economics Discussion Paper Series No. 862, University of Oxford, 2018. Table 1.

从家庭财产的构成来看，房产净值是家庭财产最重要的组成部分。统计数据表明，2015 年房产净值在全国家庭的人均财产中的占比为 65.61%；而在城镇和农村家庭的人均财产中，房产净值的比重分别为 67.62% 和 57.60%。房产净值在人均财产中的份额在 2016 年和 2017 年则分别为 65.99% 和 66.35%。

房产增值也是财产增长的重要推手。根据中国居民收入分配调查数据相关年份的计算结果，1995 年和 2013 年，城镇居民房产净值在家庭财产中的比重分别为 67% 和 78%。1995 年至 2002 年，城镇居民的财产净值增长了

[①] Knight, John, Li Shi and Wan Haiyuan, "China's Increasing Inequality of Wealth: Piketty with Chinese Characteristics?" Department of Economics Discussion Paper Series No. 862, University of Oxford, 2018.

114%，而房产净值则增长了250%。而在2002年至2013年，城镇居民的财产净值增长了543%，而房产净值则增长了683%。同样，房产净值也是农村居民财产净值的重要组成部分，并推动了农村居民财产的增长。1995年和2013年，农村居民的房产净值在家庭财产中的比重分别为31%和59%。在2002年至2013年期间，农村居民的财产净值增长了390%，而房产净值则增长了552%。

房产净值在家庭财产中的份额极高以及自身分布的不均等，使得房产净值成为家庭财产差异的最重要成因。研究表明，房产净值对财产分布的基尼系数的贡献率在2002年和2013年分别为63.6%和78.%。而房产套数以及面积在不同家庭之间的分布以及房产价格在不同区域的差异化上涨不仅作用于房产净值的规模，也决定了房产净值自身分布的不均等，进而影响到财产差距。调查数据显示，2018年93.03%的居民家庭拥有一套住房，拥有两套及以上住房的家庭占比为3.82%，没有住房的家庭仅占3.14%。中国人民银行的调查表明，2019年我国城镇居民家庭的住房拥有率为96.0%，有一套住房的家庭占比为58.4%，有两套住房的占比为31.0%，有三套及以上住房的占比为10.5%。房产价格的上涨是房产净值增长以及财产差距拉大的另一重要原因。统计数据显示，2002~2013年期间住房价格的上涨贡献了56.9%的居民房产净值的增长。模拟分析则表明，如果2002~2013年期间各地的住房价格保持不变，那么2013年财产的基尼系数将从实际的0.617降为0.561，也就是说住房价格的上涨对财产差距的贡献率达到了45.53%。从国际比较的视角来看，我国居民的财产差距并不突兀。研究表明，英国（2000年）、意大利（2002年）、芬兰（1998年）、瑞典（2002年）、法国（2010年）、美国（2001年）居民财产的基尼系数分别为0.66、0.60、0.68、0.89、0.66、0.83。[1]然而，值得注意的是，尽管我国居民财产差距的绝对水平不高，但居民财产差距的增长速度很快。例

---

[1] Cowell, Frank, Eleni Karagiannaki and Abigail Mcknight, "Accounting for Cross-Country Differences in Wealth Inequality," *Review of Income and Wealth*, Series 64, Number 2, 2018. Arrondel, Luc, Pierre Lamarche, and Frédérique Savignac, "Does Inequality Matter for the Consumption-Wealth Channel? Empirical Evidence," *European Economic Review*, Vol. 111, 2019.

如，美国居民的财产基尼系数1989~2019年为0.78~0.86，而中国居民的财产基尼系数2002~2013年从0.495上升到了0.617。①

五 优化收入与财富分配格局的政策建议

随着改革不断深入，市场在资源配置中的决定性作用日益突出，因资源配置扭曲而造成的收入差距逐步缩小；现行标准下农村贫困人口全面脱贫，乡村振兴、区域经济协调发展战略以及基本公共服务均等化的推进，这对缩小城乡和区域收入差距发挥了很好的作用；个人所得税综合所得汇缴、房产税等税制改革，也会有利于发挥再分配对收入差距的调节作用。但是，收入和财富分配格局是经济社会综合运行的结果，因而其变化趋势也受到多重因素的影响。从当前的经济社会发展和收入分配形势来看，中国的收入和财富差距在最近几年仍然可能维持在高位，为此，需要在以下几个方面做出努力，进一步改善收入和财富分配格局，扎实推进共同富裕，需要在以下几个方面做出努力。

（一）逐步缩小因不规范的分配秩序造成的过大收入差距

适度的收入差距能够发挥激励导向作用，但过大的收入差距会抑制消费和投资，不利于经济增长和高质量发展，也不利于共同富裕目标的实现。失范的收入分配秩序下所产生的收入差距，则会导致部分社会成员产生不满情绪，影响社会稳定和谐，进而阻碍经济增长。因此，要加强规范收入分配秩序，坚持按劳分配为主体、多种分配方式并存的分配制度，更加注重社会公平，着力提高低收入者收入水平，逐步增加中等收入者比重，有效调节过高收入，坚决取缔非法收入，促进共同富裕。

（二）不断消除因体制机制不完善而造成的不合理的收入差距

不合理的收入分配破坏了市场秩序、竞争规则和法律制度，损害了正常

---

① Aladangady, Aditya, and Akila Forde, "Wealth Inequality and the Racial Wealth Gap," FEDS Notes, Washington: Board of Governors of the Federal Reserve System, October 22, 2021.

参与市场竞争的经济主体的利益,既缺乏效率,也有损公平。目前,还存在一些由制度不完善带来的不合理的收入差距,例如劳动力市场竞争程度不高,劳动力存在行业、部门、地区进入壁垒,导致劳动力要素难以公平合理地获得劳动报酬;资本市场的政府管制和垄断使资本要素价格难以完全由市场决定,致使资本要素容易获得超过其边际产出的价格或收益,而垄断的资本市场则导致资本获得超额利润;资源类生产要素分配不公,其产生的巨额收入进入少数人手里;法律制度和治理体系的漏洞导致灰色收入和隐性收入等。推进共同富裕,需要消除不合理的收入差距。

(三) 有效提高劳动报酬在初次分配中的比重

劳动收入是大多数人的主要收入来源。从宏观分配格局的角度看,扩大就业、深化工资制度改革、促进中低收入职工工资合理增长是提高劳动报酬在初次分配中的比重的根本举措。从居民收入分配的角度看,建设统一的劳动力市场,根据效率原则配置劳动力资源,鼓励劳动力自由流动,不仅能够促进效率的提高,而且能够消除不公平的收入差距。应加快建设统一的劳动力市场,破除劳动力市场的制度性分割,促进劳动力在城乡之间、地区之间及行业之间的自由流动,通过劳动力的自由流动促进城乡之间、地区之间及行业之间工资率的均等化,实现等量劳动获得等量报酬。

(四) 充分发挥再分配对收入差距的调节作用

再分配是对初次分配的再调节,也是缩小收入差距和实现社会公平的重要手段。但无论是从中国的宏观分配格局还是从微观层面的居民收入分配来看,再分配调节力度都很小。研究表明,我国初次分配收入的不平等程度在数值上与 OECD 国家相差不大。但 OECD 国家通过税收和转移支付等再分配政策,使得可支配收入的分配不平等程度大为降低。相比之下,我国再分配政策对收入差距的调节效果还有待提高,需要完善以税收、社会保障、转移支付为主要手段的再分配调节机制,加大税收调节力度。

（五）积极增加中等收入群体的规模和比重

增加中等收入群体的规模和比重，构建橄榄形收入分配格局，是促进共同富裕的有效途径。通过优化与完善人力资本结构、产业结构、基本公共服务体系，实现效率与公平的统一，在高质量发展的过程中实现中等收入群体的扩大。当前产业结构出现过早"去工业化"的倾向，同时也存在"脱实向虚"的问题，由此也导致了行业之间的收入差距。产业结构的内部失衡或多或少形成了对中等群体规模的压缩效应。进一步优化产业结构，不仅有利于高质量发展，夯实共同富裕的物质基础，而且能够促进中等收入群体的扩大。

（六）稳妥探索调节财富分配差距的有效措施

由于财产的累积效应，财产差距一般大于收入差距。控制房价，开征房产税，坚持房住不炒，避免房产成为拉大财产差距的主要推手。房产是家庭财产的最主要组成部分，房产价值差距也构成家庭财产差距的主要来源。如果房价持续上涨，低收入人群没有能力购房，富裕人群将住房作为投资品而购买多套住房，这必然会拉大财产差距。此外，房价过高带来的巨大增值收益也会吸引更多的人群进行住房投资，影响实体经济发展，加剧经济下行压力。因此，控制房价及其上升预期，稳步推行房产税，使住房回归居住属性，提高低收入群体的购房能力，减少多套住房者的住房持有套数，有利于缩小财产差距。除了房产税以外，遗产税和赠与税是发达国家解决财产存量积累的重要手段。开征遗产税和赠与税，有利于减弱父辈对子辈财产的影响，降低财产的代际传递带来的财产差距扩大，并推进收入和财产的代际公平。

参考文献

本书编写组《党的十九大报告辅导读本》，人民出版社，2017。

本书编写组《党的十九届五中全会〈建议〉学习辅导百问》,党建读物出版社、学习出版社,2020。

黄群慧、刘学良:《新发展阶段中国经济发展关键节点的判断和认识》,《经济学动态》2021 年第 2 期。

经济日报社中国经济趋势研究院家庭财富调研组:《〈中国家庭财富调查报告 2016〉发布——家庭财富房产为主 理性投资占据主流》,http://paper.ce.cn/jjrb/html/2016-04/29/content_299559.htm,2016 年 4 月 29 日。

经济日报社中国经济趋势研究院家庭财富调研组:《〈中国家庭财富调查报告 2017〉发布——房产净值成家庭财富最重要组成部分》,http://www.ce.cn/xwzx/gnsz/gdxw/201705/24/t20170524_23147241.shtml,2017 年 5 月 24 日。

经济日报社中国经济趋势研究院家庭财富调研组:《〈中国家庭财富调查报告 2018〉发布——房产净值增长是家庭财富增长核心因素》,http://www.ce.cn/xwzx/gnsz/gdxw/201812/28/t20181228_31136890.shtml,2018 年 12 月 28 日。

经济日报社中国经济趋势研究院家庭财富调研组:《〈中国家庭财富调查报告 2019〉发布——房产占比居高不下 投资预期有待转变》,http://paper.ce.cn/jjrb/html/2019-10/30/content_404687.htm,2019 年 10 月 30 日。

李实、魏众、丁赛:《中国居民财产分布不均等及其原因的经验分析》,《经济研究》2005 年第 6 期。

中国人民银行调查统计司城镇居民家庭资产负债调查课题组:《2019 年中国城镇居民家庭资产负债情况调查》,《中国金融》2020 年第 9 期。

Aladangady, Aditya, and Akila Forde, "Wealth Inequality and the Racial Wealth Gap," FEDS Notes. Washington: Board of Governors of the Federal Reserve System, October 22, 2021.

Arrondel, Luc, Pierre Lamarche, and Frédérique Savignac, "Does Inequality Matter for the Consumption-Wealth Channel? Empirical Evidence," *European Economic Review*, Vol. 111, 2019.

Cowell, Frank, Eleni Karagiannaki and Abigail Mcknight, "Accounting for Cross-Country Differences in Wealth Inequality," *Review of Income and Wealth, Series* 64,

Number 2, 2018.

Knight, John, Li Shi and Wan Haiyuan, "China's Increasing Inequality of Wealth: Piketty with Chinese Characteristics?" Department of Economics Discussion Paper Series No. 862, University of Oxford, 2018.

Abstract

In 2021, maintaining epidemic prevention and control measures on a continuing basis, China's economy generally showed a good recovery trend. However, because of the uncertain and unstable epidemic trend and external environment, the downward pressure on the economy has increased, and there are kinds of risks and challenges to maintain the stable operation of the economy. In 2022, we should appropriately increase the countercyclical regulation of macro policies and pay more attention to cross-cyclical regulation: proactive fiscal policy should be more active and efficient, continue to maintain a moderate expenditure intensity, emphasis more on promoting industrial transformation and upgrading and people-centered urbanization, and hedge the downward pressure of economic growth; prudent monetary policy should stabilize the volume and lighten the burden, enhance the stability of the growth of total credit, guide the average financing interest rate of the real economy down to reduce the interest burden of the real economy and effectively deal with cost driven inflation; adhere to the employment priority policy, accelerate the elimination of structural contradictions in the labor market, and strengthen the expansion and quality of urban employment; strive to ensure supply and price stability, and effectively reduce enterprise operation costs; at the same time, we should pay attention to strengthening coordination of fiscal, monetary, industrial and competition policies. We should not only prevent mutual constraints, but also avoid policy superposition and resonance.

In 2022, it is suggested to focus on the following key tasks: First, strive to ensure supply and price stability, effectively reduce enterprise operating costs and deal with cost driven inflation; Second, fully tap the potential of the domestic market and speed up the construction of a new development pattern; Third, improve the modernization level of the industrial chain and supply chain, and effectively enhance the stability and resilience of the industrial system; Fourth, promote the work of towards the goals of carbon dioxide peaking and carbon neutrality in an overall and orderly manner, and steadily develop the comprehensive green transformation of economic and social development; Fifth, accelerate the income growth of urban and rural residents, and strive to draw the background color of people's livelihood for common prosperity; Sixth, coordinate development and security, and carry out the task of risk prevention and resolution in key areas; Seventh, accelerate the improvement of science and technology management system and mechanism, and constantly strengthen the ability of scientific and technological innovation; Eighth, strive to enhance the coordination of regional development and promote the formation of a new pattern of bidirectional flow of urban and rural factors; Last, accelerate the reform in key areas and build a new open economic system at a higher level.

Keywords: China's Economy; Cross-cycle Regulation; Industrial Chain Resilience; Green Transformation; Risk Prevention

Contents

Ⅰ General Report

B.1 Analysis and Prediction of China's Economic Situation in 2022
    Research Group of Council on Macro Economic Studies of CASS / 001

Abstract: In 2021, maintaining epidemic prevention and control measures on a continuing basis, China's economy generally showed a good recovery trend. However, because of the uncertain and unstable epidemic trend and external environment, the downward pressure on the economy has increased, and there are kinds of risks and challenges to maintain the stable operation of the economy. In 2022, we should appropriately increase the countercyclical regulation of macro policies and pay more attention to cross-cyclical regulation: proactive fiscal policy should be more active and efficient, continue to maintain a moderate expenditure intensity, emphasis more on promoting industrial transformation and upgrading and people-centered urbanization, and hedge the downward pressure of economic growth; prudent monetary policy should stabilize the volume and lighten the burden, enhance the stability of the growth of total credit, guide the average financing interest rate of the real economy down to reduce the interest burden of the real economy and effectively deal with cost driven inflation; adhere to the employment priority policy, accelerate the elimination of structural contradictions in the labor market, and strengthen the expansion and quality of urban employment; strive to ensure supply and price stability, and effectively reduce enterprise operation costs; at the same time, we should pay attention to strengthening coordination of fiscal, monetary, industrial and competition policies. We should not only prevent mutual constraints, but also avoid policy superposition and resonance. In 2022, it is suggested to focus on the following key tasks: First, strive to ensure supply and price stability, effectively reduce enterprise operating costs and deal with cost driven inflation; Second, fully tap the potential of the domestic market and speed up the construction of a new development pattern; Third, improve the modernization level of the industrial chain and supply chain, and effectively enhance the stability and resilience of the industrial system; Fourth, promote the work of towards the goals of carbon dioxide peaking and carbon neutrality in an overall and orderly manner, and steadily develop the comprehensive green transformation of economic and social development; Fifth, accelerate the income growth of urban and rural residents, and strive to draw the background color of people's livelihood for common prosperity; Sixth, coordinate development and security, and carry out the task of risk prevention and resolution in key areas; Seventh, accelerate the improvement of science and technology management system and mechanism, and constantly strengthen the ability of scientific and technological innovation; Eighth, strive to enhance the coordination of regional development and promote the formation of a new pattern of bidirectional flow of urban and rural factors; Last, accelerate the reform in key areas and build a new open economic system at a higher level.

Keywords: China's Economy; Industrial Chain Resilience; Green Transformation; Risk Prevention

II Macroeconomic Situation and Policy Outlook

B.2 Global Economic Recovery and Supply Chain Security in Pandemic

Zhang Bin, Xu Qiyuan and Wang Bijun / 024

Abstract: The global economy is expected to grow at 5.7 percent in 2021. Under different vaccine access conditions and policy support, economic recovery in advanced economies is more robust than in low-and middle-income economies. Inflation risk is rising due to pandemic-induced supply shortage. Central banks in US and Europe began to consider tapering, and this will give emerging economies another test. Supply chain security attracted more concerns in pandemic. Both multinational companies and government in advanced economies are seeking measures on that. China's overseas expansion of supply chain is constrained.

Keywords: Global Economy; Commodity; Supply Chain

B.3 Growth Slowdown and Development Transformation under the Background of China's Demographic Transition

Zhang Ping, Yang Yaowu / 039

Abstract: "Speeding up the construction of its large domestic circle as main form, promote a new structure of domestic and international dual circulation development" is the road of development and transformation chosen by China under the background of economic slowdown. Based on the analysis of external economic environment and various domestic shock superposition factors that may weaken China's economic growth in short-term, this paper interprets the inevitable trend, theoretical logic and practical challenges of the development of "dual circulation" from the growth logic under the "demographic transition", in order to analyze how China can break the path dependence on the international circulation and shift to the "dual circulation". China must increase labor share and promote consumption through domestic structural reform; build a circulation system with domestic circulation as the main body by the synchronous improvement of human capital and innovation efficiency; deepen the Belt & Road Initiative, and actively promote high-level opening up to the world and implement the "dual circulation" strategy.

Keywords: Demographic Transition; Dual Circulation; Talent Dividend; Social Investment; Exchange Rate Stability

B.4 China's Economic Trend in 2022 and Policy Suggestions

Zhu Baoliang / 062

Abstract: In 2021, China's economic growth continues maintaining the leading position in the world, the industrial chain and supply chain keep stable, the new driving force of economic development is being enhanced, the employment situation has been improved, prices are generally controllable, and the annual economic growth is expected to be about 8.1%. At the same time, the downward pressure on the economy has increased, supply constraints and insufficient demand have emerged simultaneously, enterprises have difficulties in operation, and hidden risks of financial risks have been exposed. In 2022, we should adhere to the principle of seeking progress while maintaining stability, put steady growth in a more prominent position, continue to implement active fiscal policy and prudent monetary policy, constantly deepen reform and opening up, strive to expand domestic demand, strive to enhance the vitality of individual agents within the economy, strive to stabilize the confidence of market agents, and maintain sustained, stable and healthy economic development.

Keywords: Output Gap; Price Scissors; Expectation Management

B.5 Give Priority to Maintaining Stability and Cope with Bilateral Pressure of Supply and Demand: China's Economic Situation Analysis and Prospect in 2022

Chen Changsheng / 074

Abstract: In 2022, the external environment is projected to be still complex and severe. Developed countries are taking the lead in opening borders, which will bring new pressure to China's epidemic prevention and control. The tension of international supply chain caused by global shortage and the negative impact by the rise of global price center will continue, the factors supporting China's rapid export growth will be weakened, and the spillover effect of policy exit of major economies will increase. At the same time, domestic consumption and investment are restricted by many factors. Rising prices and short-term inputs shortage restrict supply. It is expected that both sides of domestic supply and demand may be under pressure, and the downward pressure on the economy will increase. To accomplish the economic work well in 2022, we need to put steady growth in a more prominent position, strengthen policy pertinence, effectiveness and coordination, accelerate the elimination of supply side constraints, release suppressed domestic demand, promote the restoration of balance between supply and demand, timely and properly resolve risks, maintain overall economic and social stability, accelerate the construction of a new development pattern, and promote new progress in high-quality development.

Keywords: Steady Growth; External Environment; Supply and Demand

B.6 China's Economic Situation, Prospect and Policy Suggestions

Sun Xuegong / 084

Abstract: In 2021, China's economic development showed strong resilience, keeping sustained recovery through the year, with main economic indicators staying reasonable range, quality and efficiency of economic growth continuously improving, and high-quality development of the economy making new progress. Although the trend of continuous economic and social repair and improvement may not change in 202, some kinetic motivation might be weakened, the early policy thrust may be reduced, the recovery pattern after the global pandemic can be changed, the spillover impact of the Fed's monetary policy exit is about to increase. Besides, risk factors in economic operation are accumulating step by step, short-term shocks will increase, which may increase the economic downward pressure. Therefore, for the economic work of 2022, we should adhere to the principle of seeking progress while maintaining stability, comprehensively promote epidemic control and economic & social development, maintain the continuity and flexibility of policies, and pay attention to solving problems such as financial risks, ensuring people's livelihood and market players, and stabilizing exports.

Keywords: Quality of the Economy; Efficiency of the Economy; Supply Constrain; Financial Market Risks; Macroeconomy

Ⅲ Financial Operations and Tax Analysis

B.7 China's Fiscal Situation ,Status Analysis, Outlook and Policy Suggestions

Yang Zhiyong / 096

Abstract: Fiscal performance in 2021 will be better than that in 2020. At the same time, fiscal revenues and expenditures are also under great pressure. The growth rate of revenue in general public budgets declined quarter by quarter, and revenue of government-managed funds also came under considerable pressure.The rigidity of fiscal expenditure in many fields determines that there are various difficulties in reducing fiscal expenditure. Slower economic growth in 2022 could further put pressure on fiscal revenue. With the deepening of reform in various fields and the launch of new work, the corresponding demand for fiscal expenditure has been put forward, and the pressure on fiscal expenditure has increased further. In 2022, China should continue to implement proactive fiscal policies and further improve its macroeconomic governance system. Fiscal policies should pay more attention to releasing the vitality of the market, optimizing the structure of fiscal expenditure should give better play to the role of the market, increase fiscal input in basic research, promote the research of key and core technologies, and promote the formation of a sound industrial ecology. The government should also make efforts in the following areas: further improve the social security system to promote common prosperity; To coordinate opening-up and economic security and promote further improvement of the level of economic opening-up; Several effective measures should be taken to forestall and defuse risks of local government debt, advance fiscal and taxation reforms, and promote the sound operation of public finance.

Keywords: Fiscal Policy; Fiscal Risk; Modern Fiscal System; Macroeconomic Governance

B.8　Analysis of China's Taxation Situation and Prospect of 2022

Zhang Bin / 119

Abstract: The growth rate of tax revenue in the first three quarters of 2021 was 24.8%, 20.4% and 9.1% respectively, and the cumulative growth rate reached 18.4%, which was higher than the growth rate of nominal GDP in the same period. The proportion of tax revenue in GDP reached 17.1%, with an increase of 0.6 percentage points over the same period of 2020, but still lower than the level of 17.9% in the same period of 2019. Considering the increasing downward pressure on economic growth after entering the third quarter, the price of bulk commodities running at a high level, as well as the phased tax deferment policy for small, medium and micro enterprises in manufacturing industry implemented in the fourth quarter, it's expected that the tax revenue would continue to maintain a low growth rate in the fourth quarter of 2021 and 2022.

Keywords: Tax Revenue; Tax & Fee Reduction; Tax System Reform

B.9 Taxation Situation in 2021 and Prospect of 2022

Fu Guangjun / 136

Abstract: In 2021, tax revenue increased 24.0% in the first quarter, 5.7 percentage points higher than the economic growth rate. The cumulative growth rate in the second quarter was 21.5%, slightly down from the first quarter, and much higher than the economic growth rate of 8.8 percentage points. The third quarters' cumulative growth rate was 18.1%, which was higher than the economic growth rate of 8.3 percentage points. Except for the cultivated land occupation tax, the growth rate of main tax revenue increased higher than that of the previous year. The growth rate of tax revenue in major coastal provinces with major tax sources showed a high growth trend, which directly led to the high growth rate of national tax revenue. In 2021, China's macroeconomy also showed a high growth trend. In addition, after the epidemic prevention and control, the economy has recovered, and the tax revenue will continue to maintain a high growth state in the fourth quarter. It is expected that the annual tax revenue growth will still be higher than the economic growth. The tax revenue growth forecast in 2022 will basically keep pace with the economic growth.

Keywords: Taxation Situation; Tax Revenue; Tax

Ⅳ Monetary & Financial Situation and Risk Prevention

B.10 Analysis of China's Monetary and Financial Situation and Risk Prevention
  Zhang Xiaojing, Fei Zhaoqi and Cao Jing / 157

Abstract: Thanks to the effective control of COVID-19 epidemic, the efficient hedging of counter-cyclical regulation policies and the orderly connection of cross-cyclical adjustments, China's monetary policy and financial situation gradually returned to a relatively neutral level from extremely loose in 2021. Specifically, under the background of tighter macro policies and weaker financing demand, the growth rate of credit and total social financing, and macro leverage ratio decreased; the liquidity in money market was generally stable, and the short-term interest rate fluctuated at a low level; the domestic stock market was characterized by slight increase, differentiated internal structure and intensified volatility; the bond market was trapped into structural asset shortage, and credit bond financing recovered with obvious differentiation; the real estate market has cooled significantly; the soaring trend of domestic commodity prices has been effectively controlled; RMB exchange rate continued to rise. Looking forward to 2022, China's financial risk prevention mainly lies in four aspects: external shock risk, real estate risk, local goverment debt risk, and small and medium-sized bank risk. Accordingly, monetary and financial policies need to focus on the dynamic balance between steady growth and risk prevention, and strengthen cross-cyclical adjustments. Firstly, adhere to the structural regulation and moderately loose the aggregate monetary policy to achieve potential economic growth. Secondly, focus on preventing external shocks, especially the spillover risk caused by the change of Fed's policy; Thirdly, prepare major domestic risk response plans including the prevention of real estate risks; fourthly, promote the market-oriented reform of interest rate to reduce the financing cost of real economy.

Keywords: Macro-finance; Monetary Policy; Cross-cyclical Adjustments

B.11　China's Balance of Payments: Change, Impact & Prospect

Zhang Ming, Liu Yao / 184

Abstract: In 2021, China's balance of payments generally maintained a "positive and negative" pattern, with a basic balance of BOP and a steady increase in IIP. However, it also showed some structural characteristics, such as weak driving force of current account surplus accumulation, rising volatility of non-reserve financial accounts, deviation of reserve assets deposit flow, and significant outflow of net errors and omissions. The change of China's balance of payments will have a certain potential impact on the macro-economy. Looking ahead to 2022, China's balance of payments will show structural features such as a slight decrease in current account surplus, a slight decrease in the quarterly balance of non-reserve financial accounts, a slight decrease in reserve assets, and still significant net outflow of errors and omissions. The annual data will maintain a "positive and negative" pattern of balance of payments. In order to further improve China's balance of payments situation, we can strengthen the reform of RMB exchange rate formation mechanism, prudently promote capital account opening, incorporate macro-prudential policies into long-term means of managing capital flows, improve financial risk monitoring and early warning system, and further optimize China's balance of payments structure.

Keywords: Balance of Payments; Current Account; Non-reserve Financial Account; Reserve Assets; Errors and Omissions

B.12　Review of China's Stock Market and Prospect of 2022

Li Shiqi, Zhu Pingfang / 203

Abstract: In 2021, China's stock market remains stable operation, and the market vitality has been significantly increased. The financial system has contributed to the green and low-carbon development. Financial regulations have consistently been strengthened. Major progress has been made in deepening reform of the capital market, and steady progress has been made in high-level of two-way opening. The performance of the upstream industry is generally better than the downstream industry. Cyclical stocks have been particularly strong, and the track of new energy is strong as well. Developed economies around the world have maintained unconventional quantitative easing policies. The central government has continued to deepen supply-side structural reforms, the monetary policy has been flexible and appropriate, and financing costs have been stably reduced. In 2022, the A-share market will have an upward internal momentum, and the structural opportunities will increase significantly. It is necessary to pay attention to the core role of scientific and technological innovation under the dual circulation pattern, the long-term mission of sustainable development under the carbon dioxide peaking and carbon neutrality targets as well as the intense pursuit of a better life under common prosperity.

Keywords: China's Stock Market; Macroeconomics; Capital Market; Scientific and Technological Innovation

V Industrial Development and Low–Carbon Transformation

B.13 Analysis of China's Agricultural Situation, Prospect of 2022 and Policy Suggestions

Li Guoxiang / 224

Abstract: It is estimated that China's agricultural productivity will grow, grain output will amount to 670 million tons and pork will reach 55 million tons in 2021. Meanwhile, China's imports in the cereals, soybeans and meats were enlarged. The supply of agricultural products was abundant, and the prices of agricultural products and food are generally stable. To be more specific, hog and pork prices fell sharply, while most other agricultural prices rose. The farmers' income grew rapidly, and the income gap between urban and rural residents was further narrowed. In 2022, China's grain output is expected to reach a new level of 700 million tons, pork production will be reduced to 50 million tons, grain imports may decrease, agricultural and food prices may face upward pressure, and the per capita disposable income of farmers is expected to exceed ￥20,thousand yuan.

Keywords: Agricultural; Grain Production; Pork Production; Agricultural Import; Food Prices

B.14 China's Industrial and Economic Situation, Prospect and Policy Suggestions　　　　　　　　　　*Shi Dan, Zhang Hangyan* / 242

Abstract：In the first three quarters of this year, due to factors such as the epidemic situation, flood conditions, and energy control policies, the growth rate of industrial production has slowed down, but the leading role of equipment and high-tech manufacturing is prominent, and the trend of industrial upgrading is obvious. At present, the industrial economic recovery is still unstable and unbalanced, and the structural differentiation among industries, regions and enterprises is still continuing. The impact of sharp rise in raw material prices on the cost of downstream industries, especially small and medium-sized enterprises, continues to appear, and exports are facing a high correction. In the fourth quarter of this year and next year, China's industrial economy will move forward under pressure. While seeking "stability", it is still necessary to "progress" in order to solve the structural problems of China's industry and achieve high-quality development of industrial economy.

Keywords: Industrial Economy; Structural Differentiation; Small and Medium-sized Enterprises

B.15 Analysis and Prediction of Economic Operation of Industrial Informatization in 2021 and Prediction of Development Trend of 2022

Ha Yue, Xie Sanming / 257

Abstract: In 2021, China's industrial economy maintained a stable recovery trend. Its operation characteristics were as follows: First, industrial production continued to recover, the export driving role was enhanced, and the level of capacity utilization was improved. Second, the operation of the industry was divided, the raw material industry grew rapidly and doubled its profits; the production of the electronics industry maintained rapid growth, and the profit growth of the machinery industry was far lower than that of all industries; the consumer goods industry was still in the recovery stage, and the benefits had improved. Third, the communication industry operated stably, the Internet and related service industries showed a steady development trend, and the software business income maintained rapid growth. Existing problems: the price of raw materials is high, and the profitability of middle and downstream enterprises and small and medium-sized enterprises is poor; "Lack of core" continues to affect automobile, electronics and other industries; under the influence of the limited power and production policy, the production pressure of industrial enterprises has increased. Based on the analysis of domestic and international economic situation and environment, we judge that the trend of stable recovery of China's industrial economy has not changed, and the added value of industries above designated size is expected to increase by about 9.2% year-on-year in 2021. Looking forward to 2022, the industrial added value is expected to increase by about 5% year-on-year.

Keywords: Industrial Economy; Information Industry; Industrial Informatization

B.16 Service Industry Development Situation, Prospect and Policy Suggestions

Liu Yuhong / 267

Abstract: In the first three quarters, the service industry continued to recover steadily, the new momentum developed rapidly, the structures of investment and foreign trade improved gradually, keeping increasing its pulling effect on economic growth, and all the main service industries showed a trend of rapid growth. In 2022, the shift of international monetary policy and the weakening of domestic economic demand will bring risks to the development of China's service industry. However, the rapid development of service industry is also assisted by the continuous emergence of new momentums such as integrated development and modern service industry, and the accelerated recovery of consumer services. In order to realize the steady and healthy development of the service industry, we should maintain forward-looking policies, actively respond to international financial risks, improve the infrastructure of the service industry, and provide a good market environment for its development; We should accelerate the integrated development of industry and services, improve the digital characteristics of service industry, improve the domestic consumption environment, and provide a strong boost for its rapid development.

Keywords: Service Industry; Investment Structure; Modern Service Industry; Consumer Service

B.17 Promote High-quality Development of China's Service Industry

Yu Ying / 287

Abstract: The service industry is an important part of the national economy, and the proportion of China's service industry in GDP is approaching a critical value. The development experience of the manufacturing industry in the first 30 years is also applicable to the development of the service industry, from learning from developed countries and self-forming products and services, to exporting products and services to the world, to the irreplaceable future China's "service chain. The epidemic has impacted the development of the service industry, and also forced the service industry to accelerate the process of digitization and intelligence, showing the technological path of the development of the service industry. At present, the service industry has many shortcomings and needs to grasp the main contradictions. It is recommended that the industrial policy adopts four strategies of leading, talent, diversifying, strengthening", and implements separate policies for the service industry at different stages of development: to increase industry concentration in the direction of leading Intensifying efforts, to attract overseas talents to drive the technology and business service industries, and to focus on increasing the export of cultural-related services. Above are all important means to avoid "Baumol" disease and to achieve high-quality development. In 2022, the global economic cycle will be down and international production will be restored. China's manufacturing export growth will gradually decline, but the export share will remain stable, and investment will continue to be in a long-term trend of gradual decline. The non-manufacturing industry will be divided into categories. The construction industry will be first high then low, and the productive service industry will be first low then high. The life service industry will recover from frustration to normal growth with a high probability. However, the epidemic situation will be an important constraint.

Keywords: Service Chain; Productive Service Industry; PMI; Knowledge-Intensive Service; Baumol's Disease

B.18 The Strategic Opportunity and Pathway Analysis of China's Carbon Neutrality

Zhang Yongsheng, Yu Xiang / 305

Abstract: China's carbon neutrality commitment is a strategic opportunity when

China step into a new stage of development. Carbon neutrality is a huge challenge, but it is also a major strategic opportunity for China to start a new journey of building a moderately prosperous society. The global consensus and action on carbon neutrality marks the end of the traditional industrial era and the beginning of a new era of green development. Carbon neutrality will bring trans- formative changes to China's economy and is expected to begin a miracle of high-quality development in the next forty years. However, achieving this target depends on whether China can realize a fundamental change in its development paradigm in ecological civilization.

Keywords: Carbon Neutrality; Carbon Dioxide Peaking; Development Paradigm Shift

Ⅵ　Investment, Consumption and Foreign Trade

B.19　Investment Situation in 2021 and Prospect of 2022

Zhang Changchun / 316

Abstract: In the first three quarters of 2021, China's investment increased by an average of 3.8% of two years, and generally maintained a stable recovery growth trend. The average growth rate of state-owned holding investment in the past two years was lower than that before the epidemic. Private investment grew rapidly driven by the sustained and stable recovery of the economy and export demand, but the momentum for recovery and growth tended to weaken. The growth of infrastructure investment slowed down. The growth rate of manufacturing investment decreased, while the investment in high-tech manufacturing increased rapidly. Investment in real estate development increased steadily. The investment recovery momentum in the central region was strong and the recovery sustainability was good. Affected by the restrictions to utilize the external resources and markets, enhanced external constraints, increased difficulties in stabilizing expectations and other factors, future investment may still face certain downward pressure. In accordance with the requirements of accelerating the construction of a new development pattern, we should accurately grasp the new characteristics of the investment- consumption circulation under the new situation, adjust and optimize the investment direction and investment focus, give full play to the role of investment growth in promoting consumption growth, constantly improve the supervision in process and afterwards of investment, reasonably guide the expectations of investors and improve the efficiency of investment- consumption circulation.

Keywords: Private Investment; Manufacturing Investment; Investment-Consumption Circulation

B.20　Consumption Market Situation and Prospect of 2022

Wang Wei, Wang Nian / 326

Abstract: In 2021, though experienced the impact and test of domestic epidemic, extreme weather and international environmental change, the consumer market fully established the recovery trend, and consumption returned to be the first driving force of economic growth, showing strong resilience. At present, the endogenous driving force of consumption innovation and upgrading is still strong, and the breeding of new opportunities are being accelerated in supply upgrading, channel restructuring and market reconstruction. It also should be noted that the sluggish consumption of key commodities, the decline of social group consumption caused by business difficulties, the underestimation of expectations caused by the failure to fully integrate service consumption into the statistics, the continuous interruption of external consumption and the inability to make up for it have increased the downward pressure on the growth of short-term consumption. Looking forward to the future, consumption development opportunities and risks coexist. According to comprehensive judgment, as China's macro-economy will still maintain steady growth, the economic cycle will be smoother, and the ability to cope with various risks and challenges can be continuously enhanced, it's expected that the total retail sales of social consumer goods might increase by about 2.5% year-on-year in the fourth quarter of 2021 and about 12.1% in the whole year. In 2022, the total retail sales of social consumer goods may increase by about 6.5% to 7.1%, and the "ballast" of consumption will be further consolidated

Keywords: Consumption; Economic Growth; Total Retail Sales of Consumer Goods

B.21 Analysis of China's Foreign Trade Situation in 2021 and Prospect

Gao Lingyun / 345

Abstract: In 2021, in the face of severe situations such as the ups and downs of the pandemic, all localities and departments resolutely implement the decisions and deployments of the Party Central Committee and the State Council on the steady growth of foreign trade and face difficulties directly under the guidance of Xi Jinping Thought on Socialism with Chinese Characteristics for a New Era. As a result, China's import and export trade has not only created a historical peak in terms of scale and its global share, but also continued to advance in terms of high-quality development characterized by new kinetic energy and new business formats. However, the current development of China's foreign trade also has problems such as low efficiency of international shipping, increased industrial chain risks and deteriorating terms of trade. It is recommended to introduce more powerful measures in participating in the reform of international multilateral institutions, maintaining the normal operation of the global industrial chain, stimulating the vitality of foreign trade market players, and developing new foreign trade models and new business formats to help foreign trade play a more important role in building a new development pattern.

Keywords: Foreign Trade; Industry Chain; New Development Pattern; Emport Export

Ⅶ Employment, Income and Common Prosperity

B.22 Employment Priority Strategy Should Fully Consider Employment of the Youth

Du Yang / 360

Abstract: Despite the severe fluctuations in the external environment and the serious shock of the Covid-19, thanks to the implementation of active employment policies, China's labor market has remained stable on the whole. However, the employment situation of different groups diverge, with youth unemployment becoming more and more serious, which has become the main contradiction to maintain the stability of the labor market. In the future, in the process of implementing the active employment policy, we should focus on solving the problem of youth employment, give full play to the decisive role of market mechanism in the allocation of labor resources, and strive to curb the rising trend of youth unemployment.

Keywords: Employment Priority; Youth Employment; Cyclical Unemployment

B.23 Analysis of China's Income Distribution Situation and Policy Suggestions

Zhang Juwei, Zhao Wen and Li Bingbing / 375

Abstract: China has strengthened macro policies to cope with the downward pressure on the economy, and continues to adjust the distribution pattern to make the national income distribution inclining to non-financial private enterprises and residents. Affected by the epidemic, the share of employees' labor remuneration has decreased slightly, the growth rate of residents' income has slowed down, low-and middle-income residents were more affected, and the income gap is continuing to expand. Data and knowledge technology have occupied a certain share in national income distribution, reflecting the considerable returns brought by relying on innovation drive. We should continue to make efforts to narrow the unreasonable income gap, coordinate and promote the income distribution reform of primary distribution, redistribution and tertiary distribution, and promote more low-income people to enter the ranks of middle income.

Keywords: Income Distribution; Labor Remuneration; Income Disparity

B.24 Improving the Patterns of Income and Wealth Distribution, Making Solid Progress towards Common Prosperity

Huang Qunhui, Deng Quheng / 397

Abstract: Common prosperity is shared development with a high standard. Steady growth rate is needed to achieve common prosperity, which provides solid material basis for common prosperity. The distribution of national income directly affects the common prosperity of all people. This report examines the macro-distribution pattern and the patterns of household income and wealth. It is found that the household sector receives a stable share of national income, and the labor income share increases but is still at a relatively low level. From the household income and wealth patterns, the income gap between the urban and rural residents has narrowed, the household income gap among regions shows a declining trend on the whole, while the household income inequality does not, and wealth inequality has widened at a fast pace, but not higher comparing with the international level. Therefore, the patterns of income and wealth distribution have to be improved to achieve common prosperity.

Keywords: Macro-distribution; Household Income Inequality; Wealth Inequality

权威报告·连续出版·独家资源

皮书数据库
ANNUAL REPORT(YEARBOOK) DATABASE

分析解读当下中国发展变迁的高端智库平台

所获荣誉

- 2020年，入选全国新闻出版深度融合发展创新案例
- 2019年，入选国家新闻出版署数字出版精品遴选推荐计划
- 2016年，入选"十三五"国家重点电子出版物出版规划骨干工程
- 2013年，荣获"中国出版政府奖·网络出版物奖"提名奖
- 连续多年荣获中国数字出版博览会"数字出版·优秀品牌"奖

皮书数据库　　"社科数托邦"微信公众号

成为会员

登录网址www.pishu.com.cn访问皮书数据库网站或下载皮书数据库APP，通过手机号码验证或邮箱验证即可成为皮书数据库会员。

会员福利

- 已注册用户购书后可免费获赠100元皮书数据库充值卡。刮开充值卡涂层获取充值密码，登录并进入"会员中心"—"在线充值"—"充值卡充值"，充值成功即可购买和查看数据库内容。
- 会员福利最终解释权归社会科学文献出版社所有。

数据库服务热线：400-008-6695
数据库服务QQ：2475522410
数据库服务邮箱：database@ssap.cn
图书销售热线：010-59367070/7028
图书服务QQ：1265056568
图书服务邮箱：duzhe@ssap.cn

社会科学文献出版社 皮书系列
卡号：172371979225
密码：

S 基本子库
SUB DATABASE

中国社会发展数据库（下设 12 个专题子库）

紧扣人口、政治、外交、法律、教育、医疗卫生、资源环境等 12 个社会发展领域的前沿和热点，全面整合专业著作、智库报告、学术资讯、调研数据等类型资源，帮助用户追踪中国社会发展动态、研究社会发展战略与政策、了解社会热点问题、分析社会发展趋势。

中国经济发展数据库（下设 12 专题子库）

内容涵盖宏观经济、产业经济、工业经济、农业经济、财政金融、房地产经济、城市经济、商业贸易等 12 个重点经济领域，为把握经济运行态势、洞察经济发展规律、研判经济发展趋势、进行经济调控决策提供参考和依据。

中国行业发展数据库（下设 17 个专题子库）

以中国国民经济行业分类为依据，覆盖金融业、旅游业、交通运输业、能源矿产业、制造业等 100 多个行业，跟踪分析国民经济相关行业市场运行状况和政策导向，汇集行业发展前沿资讯，为投资、从业及各种经济决策提供理论支撑和实践指导。

中国区域发展数据库（下设 4 个专题子库）

对中国特定区域内的经济、社会、文化等领域现状与发展情况进行深度分析和预测，涉及省级行政区、城市群、城市、农村等不同维度，研究层级至县及县以下行政区，为学者研究地方经济社会宏观态势、经验模式、发展案例提供支撑，为地方政府决策提供参考。

中国文化传媒数据库（下设 18 个专题子库）

内容覆盖文化产业、新闻传播、电影娱乐、文学艺术、群众文化、图书情报等 18 个重点研究领域，聚焦文化传媒领域发展前沿、热点话题、行业实践，服务用户的教学科研、文化投资、企业规划等需要。

世界经济与国际关系数据库（下设 6 个专题子库）

整合世界经济、国际政治、世界文化与科技、全球性问题、国际组织与国际法、区域研究 6 大领域研究成果，对世界经济形势、国际形势进行连续性深度分析，对年度热点问题进行专题解读，为研判全球发展趋势提供事实和数据支持。

法律声明

"皮书系列"（含蓝皮书、绿皮书、黄皮书）之品牌由社会科学文献出版社最早使用并持续至今，现已被中国图书行业所熟知。"皮书系列"的相关商标已在国家商标管理部门商标局注册，包括但不限于LOGO（ ）、皮书、Pishu、经济蓝皮书、社会蓝皮书等。"皮书系列"图书的注册商标专用权及封面设计、版式设计的著作权均为社会科学文献出版社所有。未经社会科学文献出版社书面授权许可，任何使用与"皮书系列"图书注册商标、封面设计、版式设计相同或者近似的文字、图形或其组合的行为均系侵权行为。

经作者授权，本书的专有出版权及信息网络传播权等为社会科学文献出版社享有。未经社会科学文献出版社书面授权许可，任何就本书内容的复制、发行或以数字形式进行网络传播的行为均系侵权行为。

社会科学文献出版社将通过法律途径追究上述侵权行为的法律责任，维护自身合法权益。

欢迎社会各界人士对侵犯社会科学文献出版社上述权利的侵权行为进行举报。电话：010-59367121，电子邮箱：fawubu@ssap.cn。

社会科学文献出版社